GRANDE HOTEL ABISMO

STUART JEFFRIES

Grande Hotel Abismo
A Escola de Frankfurt e seus personagens

Tradução
Paulo Geiger

1ª reimpressão

Copyright © 2016 by Stuart Jeffries
Publicado pela primeira vez pela Verso em 2016.

*Grafia atualizada segundo o Acordo Ortográfico da Língua Portuguesa de 1990,
que entrou em vigor no Brasil em 2009.*

Título original
Grand Hotel Abyss: The Lives of the Frankfurt School

Capa
Victor Burton

Preparação
Osvaldo Tagliavini Filho

Índice remissivo
Luciano Marchiori

Revisão
Jane Pessoa
Fernando Nuno

Dados Internacionais de Catalogação na Publicação (CIP)
(Câmara Brasileira do Livro, SP, Brasil)

Jeffries, Stuart
    Grande Hotel Abismo : a Escola de Frankfurt e seus personagens / Stuart Jeffries ; tradução Paulo Geiger. — 1ª ed. — São Paulo : Companhia das Letras, 2018.

    Título original: Grand Hotel Abyss : The Lives of the Frankfurt School.
    Bibliografia.
    ISBN 978-85-359-3093-1

    1. Alemanha – Vida intelectual – Século 20 2. Escola de Frankfurt de Sociologia – Biografia 3. Escola de Frankfurt de Sociologia – História 4. Filósofos – Alemanha – Biografia 5. Sociologia – Alemanha – História – Século 20 6. Sociólogos – Alemanha – Biografia 7. Teoria crítica – História – Século 20 I. Título.

18-13460   CDD-301.01

Índice para catálogo sistemático:
1. Escola de Frankfurt : Filósofos : Sociologia : Teorias   301.01

[2021]
Todos os direitos desta edição reservados à
EDITORA SCHWARCZ S.A.
Rua Bandeira Paulista, 702, cj. 32
04532-002 — São Paulo — SP
Telefone: (11) 3707-3500
www.companhiadasletras.com.br
www.blogdacompanhia.com.br
facebook.com/companhiadasletras
instagram.com/companhiadasletras
twitter.com/cialetras

Para Juliet e Kay

Sumário

Introdução — Contra a corrente 9

PARTE I: 1900-20

1. Condição: Crítica 23
2. Pais e filhos e outros conflitos 42

PARTE II: A DÉCADA DE 1920

3. O mundo de cabeça para baixo 77
4. Um pouquinho do outro 107

PARTE III: A DÉCADA DE 1930

5. Mostre-nos o caminho para o próximo bar 137
6. O poder do pensamento negativo 149
7. Nas mandíbulas do crocodilo 171
8. Modernismo e todo aquele jazz 188
9. Um novo mundo 204

PARTE IV: A DÉCADA DE 1940

10. O caminho para Portbou 223

11. Em aliança com o diabo 232

12. A luta contra o fascismo 260

PARTE V: A DÉCADA DE 1950

13. A sonata fantasma 275

14. A liberação de Eros 294

PARTE VI: A DÉCADA DE 1960

15. Contra a parede, filhos da puta 317

16. Filosofando com coquetéis molotov 340

PARTE VII: DE VOLTA DO ABISMO: HABERMAS E A TEORIA CRÍTICA

APÓS A DÉCADA DE 1960

17. A aranha de Frankfurt 369

18. Paixões arrebatadoras: A teoria crítica no novo milênio 400

Notas 411

Leitura suplementar 435

Índice remissivo 441

Introdução

Contra a corrente

Pouco antes de morrer, em 1969, Theodor Adorno disse a quem o entrevistava: "Eu estabeleci um modelo teórico de pensamento. Como poderia suspeitar que pessoas quisessem implementá-lo com coquetéis molotov?".[1] Este foi, para muitos, o problema com a Escola de Frankfurt: ela nunca se curvou à revolução. "Os filósofos têm apenas interpretado o mundo de diversas maneiras; a questão é transformá-lo", escreveu Karl Marx.[2] Mas os intelectuais da Escola de Frankfurt viraram de cabeça para baixo a 11ª tese de Marx sobre Feuerbach.

Desde sua criação em 1923, o instituto de pesquisa marxista que ficou conhecido como Escola de Frankfurt esteve acima de partidos políticos e era cético quanto à luta política. Seus principais membros — Theodor Adorno, Max Horkheimer, Herbert Marcuse, Erich Fromm, Friedrich Pollock, Franz Neumann e Jürgen Habermas — foram exímios na crítica à brutalidade do fascismo e ao impacto socialmente eviscerante e espiritualmente esmagador do capitalismo nas sociedades ocidentais, mas não tão bons a ponto de mudar aquilo que criticavam.

A aparente inversão de Marx feita pela Escola de Frankfurt exasperou outros marxistas. O filósofo György Lukács uma vez atacou o fato de que Adorno e outros membros da Escola de Frankfurt tinham fixado residência no que ele chamou de Grande Hotel Abismo. Esse belo hotel, ele escreveu, era "equipado com todo o conforto, à beira de um abismo, o da vacuidade, da absurdidade". Entre residentes anteriores incluía-se aquele primevo e pessimista filósofo de Frankfurt, Arthur Schopenhauer, cuja obra, sugeriu Lukács, refletia sobre o sofrimento do mundo a uma distância segura. "A contemplação diária do abismo entre excelentes refeições ou entretenimentos artísticos", escreveu Lukács sarcasticamente, "só pode aumentar a fruição dos sutis confortos oferecidos."[3]

Os pensadores da Escola de Frankfurt não eram diferentes, alegava Lukács. Assim como Schopenhauer, os hóspedes seguintes do Grande Hotel Abismo usufruíam do perverso prazer de sofrer — no caso deles, no entanto, com o espetáculo do capitalismo de monopólio que estava destruindo o espírito humano lá embaixo, enquanto eles se reclinavam no terraço. Para Lukács, a Escola de Frankfurt tinha abandonado a necessária conexão entre teoria e prática, em que esta última significa a realização da primeira por meio da ação. Se qualquer uma delas fosse justificável, deveriam estar unidas, uma reforçando a outra, numa relação dialética. Não sendo assim, argumentava ele, a teoria tornava-se meramente um exercício elitista de interpretação — como toda a filosofia antes de Marx.

Quando fez sua observação sobre coquetéis molotov, Adorno estava justificando o recuo da Escola de Frankfurt para a teoria numa época em que muitos em torno dele e de seus colegas clamavam por ação. O movimento estudantil e a Nova Esquerda estavam em seu auge, e muitos estavam convencidos, erroneamente como depois se constatou, de que uma mudança política radical era iminente graças a essa prática. Foi com certeza um período de grande turbulência política. Estudantes se revoltavam, de Berkeley a Berlim; os que protestaram contra a guerra norte-americana no Vietnã durante a convenção do Partido Democrata em Chicago foram atacados pela polícia; tanques soviéticos rolaram em Praga para derrubar a experiência tchecoslovaca do "socialismo com um rosto humano".

Na Universidade de Frankfurt, o próprio Adorno, esse barrigudo, como ele mesmo admitia ser, professor de 65 anos e figura mais proeminente da Escola de Frankfurt na Alemanha, foi visado pelos líderes da Sozialistische Deutsche Studentenbund (SDS) [União dos Estudantes Socialistas Alemães, por não ser suficientemente radical. Suas aulas eram interrompidas por alunos que protestavam, e um deles escreveu no quadro-negro: "Se Adorno for deixado em paz, o capitalismo nunca vai deixar de existir".[4]

Num ato emblemático, o Departamento de Sociologia da universidade foi brevemente ocupado por manifestantes e renomeado Departamento Espártaco, por causa do movimento liderado por Rosa Luxemburgo e Karl Liebknecht, revolucionários alemães assassinados cinquenta anos antes. A mudança de nome serviu como censura e como lembrete: censura no sentido de que os espartaquistas de 1919 tinham feito o que a Escola de Frankfurt de 1969 aparentemente não ousara fazer; lembrete no sentido de que a Escola de Frankfurt fora criada em parte devido às tentativas dos teóricos marxistas de entender o fracasso dos espartaquistas em emular na Alemanha o que os bolcheviques tinham conseguido na Rússia dois anos antes.

Em 1969, líderes estudantis como Rudi Dutschke e Daniel Cohn-Bendit acreditavam que já era hora de juntar teoria e prática, revolucionar as universidades e destruir o capitalismo. Definitivamente não era a hora para a intelligentsia alemã falhar mais uma vez em seu momento de reflexão. Adorno vacilou. Suas compunções explicam em grande parte o que a Escola de Frankfurt era, com o que se parece e por que foi e ainda é às vezes vista com tanto ceticismo por muita gente da esquerda. Em seu ensaio "Marginália sobre teoria e prática", de 1969, Adorno observou que um estudante teve seu quarto destruído porque preferira ficar trabalhando a participar de protestos estudantis. Alguém chegou a rabiscar em sua parede: "Quem se ocupa com teoria sem agir na prática é um traidor do socialismo".

Para Adorno, esse estudante era claramente uma alma gêmea sua — um crítico teórico e não um combatente de rua —, e procurou defendê-lo. Ele o fez opondo a teoria ao tipo de práxis que discernia no movimento estudantil e na Nova Esquerda. "Não é apenas contra ele [o estudante que tivera seu quarto arrasado] que a práxis serve como pretexto ideológico para exercer constrangimento moral", escreveu Adorno.[5] Esse paradoxo, a conclamação opressiva a uma ação libertária, deixou Adorno e outros pensadores da Escola de Frankfurt confrangidos. Jürgen Habermas chamou isso de "fascismo de esquerda", e Adorno, seu ex-professor, via nisso a ascensão de uma nova e medonha mutação da personalidade autoritária que tinha prosperado na Alemanha nazista e na Rússia stalinista.

Adorno e o restante da Escola de Frankfurt sabiam algo sobre personalidades autoritárias. Se você fosse um intelectual marxista judeu obrigado a fugir para o exílio para não ser assassinado pelos nazistas, e esse era o caso da maioria dos membros da Escola de Frankfurt, então você seria um bom especialista nesse assunto. Todos os principais luminares da Escola de Frankfurt passaram um bom tempo teorizando o nazismo e tentando achar uma explicação de por que o povo alemão, em particular, chegou a querer sua própria dominação em vez de se erguer numa revolução socialista contra seus opressores capitalistas.

O que surpreende no pensamento crítico de Adorno em 1969 é que ele considerava que o tipo de personalidade autoritária que prosperara sob Hitler e seu concomitante espírito de conformismo estavam vivos e bem, tanto na Nova Esquerda como no movimento estudantil. Ambos posavam de antiautoritários, mas replicavam as estruturas repressivas que ostensivamente procuravam derrubar. "Os que protestam com mais veemência", escreveu Adorno, "se assemelham às personalidades autoritárias em sua aversão à introspecção."[6]

Apenas um membro da Escola de Frankfurt não jogou água fria nas ambições dos radicais no final da década de 1960. Herbert Marcuse, então trabalhando na Universidade da Califórnia em San Diego, dedicou-se à militância política, mesmo sob a zombaria de seus colegas da Escola de Frankfurt. Embora desdenhasse do título honorífico de pai da Nova Esquerda, Marcuse deixou-se cativar por um momento pelos entusiasmos do movimento, ousando imaginar que uma utopia não repressiva estava próxima e a seu alcance. Por isso era venerado pelos estudantes, mas também foi obrigado a se esconder após receber ameaças de morte. Em Paris, estudantes em seus protestos levavam um estandarte com as palavras "Marx, Mao, Marcuse", aclamando uma nova trindade revolucionária.

Nos termos da Escola de Frankfurt, no entanto, Marcuse foi excepcional. Adorno tinha como maior característica alegar, às vezes em ensaios sobre temas específicos, às vezes numa raivosa correspondência com Marcuse, que aquele não era o momento para uma fácil postura de ação, mas para o difícil trabalho de pensar. "O pensamento, conspurcado pelos partidários da ação, aparentemente exige demasiado e indevido esforço: requer muito trabalho, é prático demais", ele escreveu.[7] Contra uma práxis tão fora de lugar, a teoria não era um recuo reacionário para um Grande Hotel Abismo, mas uma retirada, por princípio, para uma fortaleza de pensamento, uma cidadela da qual, periodicamente, se emitiam jeremiadas. Para Adorno, o pensamento, mais do que manifestações e barricadas, era a verdadeira ação radical. "Qualquer um que pense está oferecendo resistência; é mais confortável nadar com a corrente, mesmo quando alguém se declara estar contra a corrente."[8]

Ainda mais significativamente, Adorno detectou no movimento estudantil aquele mesmo componente que a Escola de Frankfurt era acusada de ter — impotência. "As barricadas são ridículas contra os que administram a bomba", ele alegou.[9] É uma observação arrasadora, sugerindo que a Nova Esquerda e os estudantes revolucionários tinham tomado emprestadas, ineptamente, as táticas revolucionárias que haviam funcionado em 1789, 1830 e 1845, mas que em 1969 só poderiam ser irrelevantes em qualquer esforço efetivo para destruir o avançado capitalismo ocidental. Ora, como dissera Marx em outro contexto, a história estava se repetindo como farsa. Se a Nova Esquerda tivesse se equipado com armas nucleares, talvez a análise de Adorno pudesse ter sido diferente.

Porém, só como possibilidade, talvez houvesse método naquilo que Adorno tomou como sendo uma postura ridícula dos estudantes. Certamente, para quem se interessa pelo tipo de teoria crítica da Escola de Frankfurt, há mais a ser dito sobre a apropriação por estudantes radicais da herança revolucionária das barricadas no final da década de 1960. Aquele que foi uma grande influência para a Escola de Frankfurt, o filósofo e crítico Walter Benjamin, nas teses "Sobre o conceito de história", seu derradeiro ensaio, observou como os revolucionários, de maneira semiconsciente, inspiram-se em heróis do passado. Fazer isso é recuar no tempo para expressar solidariedade com modelos de atuação anteriores, honrar suas lutas cooptando sua iconografia para um novo serviço revolucionário.

Por exemplo, a Revolução Francesa de 1789 apropriou-se dos aspectos e das instituições da Roma antiga. Benjamin chamou isso de "um salto de tigre em direção ao passado". Esse salto era dado através do tempo para um momento histórico que agora ressoava com atualidade. "Assim, para Robespierre, a Roma antiga era um passado carregado com o tempo do agora, que ele fez irromper do continuum da história."[10] O continuum, ou o que Benjamin descreveu como "tempo homogêneo e vazio", era a ordem temporal das classes dominantes, e era negado por esses saltos de viagem no tempo, de radical solidariedade.

De forma similar, talvez, os *enragés* que ocuparam as ruas e construíram barricadas na Paris do final da década de 1960 expressavam com isso sua solidariedade para com os revolucionários de quase dois séculos antes. Mas o salto do tigre era perigoso, plausível de acabar em fracasso. Benjamin explicou: "Esse salto, no entanto, ocorre numa arena comandada pela classe dominante". E esse salto, ele acrescentou, foi como Marx entendeu a revolução. O salto era dialético, já que por meio dele o passado era redimido pela ação do presente, e o presente pela associação com sua contrapartida no passado.

Isso sugere que, se não tivesse morrido em 1940 e sobrevivesse para testemunhar as rebeliões estudantis do final da década de 1960, Walter Benjamin bem poderia ter sido um paladino daqueles que assumiram as barricadas, com tudo que supostamente tinham de ridículo. Talvez ele tivesse sido mais receptivo à ideia de implementar teoria com bombas do que seu amigo Theodor Adorno. Seria provavelmente uma simplificação excessiva dizer que Benjamin romantizava a práxis enquanto Adorno romantizava a teoria, mas existe algo nessa afirmação. Decerto a Escola de Frankfurt, sobre a qual Adorno prevalecia como a principal força intelectual, venerava a teoria porque ela ofereceria o único espaço no qual a ordem dominante podia ser denunciada, se não derrubada. A teoria conservava — ao contrário de tudo que estava contaminado pela exposição ao mundo real e decaído — seu brilho e seu espírito indomável. "A teoria fala para o que não é tacanho", escreveu Adorno. "Apesar de toda a sua carência de liberdade, a teoria é o fiador da liberdade em meio à falta de liberdade."[11]

Era aí que a Escola de Frankfurt sentia-se mais confortável — em vez de se deixar levar por uma ilusória euforia revolucionária, eles preferiram retirar-se para um espaço intelectual não repressivo onde poderiam pensar livremente. Esse tipo de liberdade é, com certeza, um tipo melancólico, já que está carregado da perda da esperança em uma mudança real. Mas explorar a história da Escola de Frankfurt e da teoria crítica é descobrir como esses pensadores, não obstante Marcuse, se sentiam cada vez mais impotentes ao pensar em si mesmos como sendo contrários a forças que detestavam, mas que se achavam incapazes de mudar.

Eis aqui, no entanto, uma outra história, rival, da Escola de Frankfurt, uma contrapartida a essa narrativa de impotência programática. É uma teoria conspiratória que alega que um pequeno grupo de filósofos marxistas alemães chamado Escola de Frankfurt desenvolveu uma coisa chamada marxismo cultural que subverteu valores tradicionais ao estimular o multiculturalismo, a correção política, a homossexualidade e as ideias econômicas coletivistas.[12] Os principais pensadores do Instituto de Pesquisa Social ficariam surpresos de saber que eles tinham tramado a queda da civilização ocidental, e ainda mais de constatar como tinham sido bem-sucedidos nisso. Mas eles eram então na maior parte sobreviventes do Holocausto, e como tal sabiam alguma coisa sobre como teorias conspiratórias que atendem a necessidades psíquicas têm consequências desastrosas no mundo real.

Um dos que aceitaram essa conspiração foi o terrorista de extrema direita norueguês Anders Breivik. Quando planejou seu ataque assassino que resultou na morte de 77 noruegueses em julho de 2011, ele deixou um manifesto de 1513 páginas intitulado "2083: Uma declaração europeia de independência". Nele, Breivik punha a culpa pela suposta islamização da Europa no marxismo cultural. As ideias de Breivik, se a palavra "ideias" não for demasiado forte nesse caso, se baseavam numa teoria da conspiração que se originava num ensaio chamado "A Escola de Frankfurt e a correção política", escrito por Michael Minnicino na revista *Fidelio*, do Instituto Schiller.[13] Mas Minnicino perdeu uma oportunidade de dizer como [supostamente] a Escola de Frankfurt destruiu o Ocidente. Como alguns membros da Escola de Frankfurt tinham trabalhado em serviços secretos durante a Segunda Guerra Mundial, esses homens poderiam ter aprendido lá a serem virtuosos não apenas em teoria crítica, mas em ocultar suas intenções diabólicas. Isso, também, parece improvável.

A verdade sobre a Escola de Frankfurt é menos espetaculosa do que aquela que os teóricos da conspiração apregoam. Ela foi criada, em parte, para tentar compreender o fracasso, especificamente o fracasso da Revolução Alemã em 1919. À medida que evoluía, durante a década de 1930, a Escola de Frankfurt combinou a análise social neomarxista com as teorias psicanalíticas freudianas para tentar compreender por que os trabalhadores alemães, em vez de se libertarem do capitalismo mediante uma revolução socialista, foram seduzidos pela sociedade consumista moderna e, fatidicamente, pelo nazismo.

Quando estava no exílio em Los Angeles, na década de 1940, Adorno ajudou a desenvolver a escala F [de fascismo], um teste de personalidade projetado para descobrir quem é suscetível a se deixar levar por ilusões fascistas ou autoritárias. Breivik teria sido o exemplo perfeito da personalidade autoritária sobre a qual Adorno escreveu: alguém que era "obcecado pelo aparente declínio dos padrões tradicionais, incapaz de lidar com mudança, preso na armadilha do ódio a todos que não são considerados como parte do grupinho e preparado para agir para 'defender' a tradição contra a degenerescência".[14] Em sua introdução ao livro *The Authoritarian Personality* [A personalidade autoritária], Adorno faz soar uma nota de advertência:

> Padrões de personalidade que foram rejeitados por serem "patológicos" porque não combinavam com as tendências mais comuns e manifestas ou os ideais mais prevalentes numa sociedade, numa análise mais profunda mostraram ser nada mais que manifestações exageradas daquilo que era quase universal sob a superfície daquela sociedade. O que hoje é "psicológico" pode, com a mudança nas condições sociais, tornar-se a tendência dominante de amanhã.[15]

Sua experiência com o nazismo fez com que ficasse especialmente sintonizado com essas tendências tão trágicas.

Não é preciso ser Anders Breivik para se equivocar quanto ao que foi a Escola de Frankfurt. "O marxismo cultural causa tão tremendo dano porque, enquanto fantástico em sua análise, é fraco no que concerne à natureza humana, e assim deixa de antecipar consequências — quando instituições (país, Igreja, famílias ou a lei) caem aos pedaços, comumente é o mais fraco que sofre."[16] Assim escreveu Ed West no *Daily Telegraph*, jornal de direita britânico. Na verdade, quase todas as instituições que West acusou o marxismo cultural de estar solapando, a Escola de Frankfurt buscou defender. Adorno e Horkheimer defenderam a instituição da família como sendo uma zona de resistência contras as forças totalitárias; Habermas buscou na Igreja católica um aliado para seu projeto de fazer funcionar sociedades modernas multiculturais; Axel Honneth, atual diretor da Escola de Frankfurt, destaca a igualdade perante a lei como precondição do florescimento humano e da autonomia individual. Sim, Habermas tem esperança de que o Estado alemão se dissolva em favor de uma política de dimensão europeia, mas principalmente porque este ex-membro da Juventude Hitlerista teme o retorno do tipo de nacionalismo maléfico que prosperou em sua pátria entre 1933 e 1945.

A Escola de Frankfurt, em suma, merece ver-se livre de seus detratores, daqueles que, conscientemente ou por outros motivos, interpretaram mal suas ações e o fizeram para seus próprios fins. Também merece ser redimida da ideia de que não tem nada a nos dizer no novo milênio.

Essas são algumas das coisas que tento fazer neste livro. Embora haja muitas excelentes histórias sobre a Escola de Frankfurt e a teoria crítica e muitas boas biografias sobre seus principais pensadores, espero que este livro ofereça uma abordagem diferente e frutífera, uma nova e talvez, só talvez, persuasiva incursão em sua distinta visão de mundo.

Grande Hotel Abismo é em parte uma biografia de grupo que tenta descrever como as figuras que lideraram a Escola de Frankfurt se influenciaram e se confrontaram mutuamente, e como suas experiências similares de terem sido criados, em sua maioria, por ricos comerciantes judeus contribuíram para sua rejeição a Mammon e para abraçarem o marxismo. Mas também espero que o livro refaça uma narrativa que se estende de 1900 até agora, da era do transporte puxado a cavalo à era da guerra travada por drones não tripulados. A narrativa atravessa as mimadas infâncias alemãs daqueles pensadores à medida que eram criados e se rebelavam contra seus pais; suas vivências na Primeira Guerra Mundial; sua exposição ao marxismo na fracassada Revolução Alemã e a teoria neomarxista que desenvolveram como explicação desse fracasso; a intensificação da produção industrial e a cultura de massa produzida durante a década de 1920; a ascensão de Hitler; o resultante exílio nuns Estados Unidos que os nauseavam e os seduziam; seu amargo regresso a uma Europa pós-Segunda Guerra Mundial eternamente marcada pela cicatriz do Holocausto; sua desagradável confrontação, na década de 1960, com a euforia revolucionária juvenil; e a luta da Escola de Frankfurt no novo milênio para compreender o que poderia impedir o colapso das sociedades multiculturais do Ocidente.

É uma história que oferece alguns improváveis contrastes e paradoxos, ao abranger, como abrange, um jovem Herbert Marcuse em Berlim em 1919 como membro de uma força de defesa comunista disparando contra atiradores da extrema direita; Jürgen Habermas encontrando um aliado espiritual no companheiro ex-membro da Juventude Hitlerista, Joseph Ratzinger, mais conhecido como papa Bento XVI, nos primeiros anos do novo milênio; pensadores marxistas trabalhando para o precursor da CIA durante a Segunda Guerra Mundial; Adorno tocando piano para Charlie Chaplin em festas de Hollywood enquanto arrasava com a obra do comediante em seus livros; a Escola de Frankfurt apagando a "palavra com M" [marxismo] de seus documentos de pesquisa para não afrontar seus anfitriões norte-americanos e potenciais patrocinadores.

O que me atraiu para a Escola de Frankfurt, em primeiro lugar, foi como seus pensadores desenvolveram um persuasivo sistema crítico para compreender a época na qual viviam. Eles reconceituaram o marxismo ao trazer ideias da psicanálise freudiana para melhor entender como o movimento dialético da história em direção da utopia socialista parecia ter empacado. Eles se engajaram na ascensão do que chamaram de indústria cultural e, a partir daí, exploraram uma nova relação entre cultura e política, na qual a primeira servia como um lacaio do capitalismo e ainda assim tinha o potencial, na maior parte não realizado, de ser o seu coveiro. Em particular, refletiam sobre como a vida cotidiana poderia tornar-se o teatro da revolução e, apesar disso, o que de fato acontecia era geralmente o contrário, envolvendo um conformismo que frustrava toda vontade de derrubar um sistema opressor.

Sem dúvida, ainda vivemos num mundo similar àquele que a Escola de Frankfurt condenava — conquanto seja um mundo no qual temos mais liberdade de escolha do que jamais tivemos antes. Adorno e Horkheimer pensavam que a liberdade de escolha, que foi a grande vanglória das sociedades capitalistas desenvolvidas do Ocidente, era uma quimera. Tínhamos a "liberdade de escolher o que era sempre a mesma coisa", eles alegaram em *Dialética do Esclarecimento*.[17] Lá eles alegam também que a personalidade humana estava tão corrompida por uma falsa consciência que quase não havia nada que ainda justificasse o nome. "Personalidade", escreveram, "dificilmente significa algo mais do que dentes brancos e brilhantes e estar livre de cheiros de corpo e de emoções." Os humanos tinham sido transformados em mercadorias desejáveis, facilmente permutáveis, e tudo que restava para escolha era a opção de saber que se estava sendo manipulado. "O triunfo da publicidade na indústria cultural é que consumidores sentem-se compelidos a comprar e usar seus produtos mesmo enxergando perfeitamente o que eles são."[18] A Escola de Frankfurt é relevante para nós porque essas críticas da sociedade são ainda mais cabíveis hoje, quando estas palavras estão sendo escritas.

Por quê? Inegavelmente porque a dominação do homem pela indústria cultural e pelo consumismo é hoje mais intensa do que nunca. Pior, o que uma vez foi um sistema de dominação das sociedades europeia e norte-americana agora expandiu seu alcance. Não vivemos mais num mundo em que as nações e o nacionalismo são a chave para seu significado, e sim num mercado globalizado onde somos ostensivamente livres apenas para escolher o que é sempre o mesmo, livres apenas para escolher qual é a espiritualidade que nos apequena, que nos mantém obrigatoriamente submissos a um sistema opressor.

Em 1940, Max Horkheimer escreveu a um amigo: "Tendo em vista o que agora ameaça engolfar a Europa e talvez o mundo, nosso trabalho visa essencialmente transmitir coisas através da noite que se aproxima: uma espécie de mensagem numa garrafa".[19] A noite à qual ele se referia era, evidentemente, a Segunda Guerra Mundial e o Holocausto.

Mas os escritos da Escola de Frankfurt nos são úteis agora, quando vivemos num tipo diferente de escuridão. Não vivemos num inferno que a Escola de Frankfurt criou, mas num que ela pode ajudar a compreender. É um bom momento para abrir sua mensagem na garrafa.

PARTE I
1900-20

1. Condição: Crítica

Lá fora, é uma manhã de inverno em Berlim, em 1900. Dentro, a criada pôs uma maçã para assar num pequeno forno na cabeceira da cama de Walter Benjamin, com oito anos de idade. Talvez você possa imaginar o aroma, mas mesmo assim não será capaz de saboreá-lo com as múltiplas e variadas associações que ele vivenciava quando relembrou a cena, 32 anos depois. Aquela maçã assada, escreveu Benjamin em seu livro de memórias *Infância em Berlim por volta de 1900*, extraía do calor do forno

os aromas de todas as coisas que o dia me reservava. Assim, não era de surpreender que, sempre que aquecia minhas mãos em suas faces brilhantes, eu sempre hesitava em lhe dar uma mordida. Sentia que aquela fugidia percepção transmitida por seu cheiro poderia facilmente me escapar no caminho para minha língua. Essa percepção era às vezes tão estimulante que continuava a me confortar em minha jornada para a escola.[1]

Mas o conforto era rapidamente afastado: na escola ele era tomado de

uma vontade de dormir até me fartar. [...] Eu devo ter feito esse pedido umas mil vezes, e mais tarde ele efetivamente se realizou. Mas passou-se um longo tempo antes que eu reconhecesse essa realização no fato de que todas as minhas mais acalentadas esperanças de uma posição e de um meio de vida adequado tinham sido em vão.[2]

Há muito de Walter Benjamin nesse relato, a começar com a amaldiçoada maçã adâmica, cujos aromas prefiguram sua expulsão do éden da infância, que por sua vez prefigura seu exílio da Alemanha, já adulto, para uma vagabundagem picaresca e para a morte trágica em sua fuga dos nazistas, aos 48 anos de idade, em 1940. Essa é a figura vulnerável que luta por se impor no difícil mundo que existe além de seu encantador e fragrante quarto de dormir. É o melancólico que obtém o que quer (dormir) somente quando se associa irremediavelmente com a frustração dos outros desejos. Há o súbito salto (da cama para a escola para o desencanto da vida de adulto) a ecoar nas técnicas modernistas de escrita que ele trouxe a seu livro de 1928, *Rua de mão única*, e prefigurando a defesa, em seu ensaio de 1936, "A obra de arte na era de sua reprodutibilidade técnica", da montagem cinematográfica e de seu potencial revolucionário. Em especial, há nas lembranças que Benjamin tem de sua infância no início de século xx o mesmo movimento crítico, estranho e contraintuitivo que ele faz repetidas vezes em seus escritos — a saber, arrancar eventos do que chamava de continuum da história, olhar para trás e expor sem piedade as ilusões que sustentaram épocas anteriores, detonar em retrospecto o que, em seu tempo, parecia ser natural, sadio, não problemático. Poderia parecer que ele estava se aquecendo nostalgicamente numa infância idílica, tornada possível com o dinheiro do papai e o trabalho de empregados, mas na verdade ele estava, em sentido figurado, pondo bananas de dinamite em seus fundamentos e na Berlim de seus primeiros anos. Há também nessa memória de uma infância perdida muito daquilo que fez esse grande crítico e filósofo ser tão impressionante e influente para os intelectuais e camaradas judeus alemães mais jovens que trabalhavam no Instituto de Pesquisa Social — ou o que ficou conhecido como Escola de Frankfurt. Embora Benjamin nunca tivesse pertencido à equipe da Escola de Frankfurt, ele foi seu mais profundo catalisador intelectual.

Como muitas das casas de infância dos principais membros da Escola de Frankfurt, as residências confortáveis e burguesas na zona oeste de Berlim em que moraram Pauline e Emil Benjamin, este um bem-sucedido comerciante de arte e antiquário, eram frutos de êxito nos negócios. Assim como os Horkheimer, os Marcuse, os Pollock, os Wiesengrund-Adorno e outras famílias de judeus assimilados das quais provieram os pensadores da Escola de Frankfurt, os Benjamin viviam num luxo sem precedentes em meio à pompa e à pretensão guilhermianas do Estado alemão, que se industrializava rapidamente no início do século xx.

Um dos motivos para que os escritos de Benjamin ressoassem tão profundamente para muitos dos principais membros da Escola de Frankfurt é que eles compartilhavam seu contexto privilegiado de um judaísmo secular na nova Alemanha e, como Benjamin, se rebelavam contra o espírito comercial de seus pais. Max Horkheimer (1895-1973), o filósofo, crítico e, durante mais de trinta anos, diretor do Instituto de Pesquisa Social, era filho de um proprietário de fábrica de tecidos em Stuttgart. Herbert Marcuse (1898-1979), o filósofo político e queridinho dos estudantes radicais da década de 1960, era filho de um abastado comerciante de Berlim e foi educado como um jovem de classe média alta numa família judaica integrada na sociedade alemã. O pai do cientista social e filósofo Friedrich Pollock (1894-1970) abandonou o judaísmo e tornou-se um bem-sucedido homem de negócios como proprietário de uma fábrica de couros em Freiburg im Breisgau. Enquanto menino, o filósofo, compositor, teórico da música e sociólogo Theodor Wiesengrund Adorno (1903-69) viveu num conforto comparável ao do jovem Walter Benjamin. Sua mãe, Maria Calvelli-Adorno, fora cantora de ópera, e seu pai, Oscar Wiesengrund, era um judeu assimilado e bem-sucedido comerciante de vinho em Frankfurt, de quem, como afirma o historiador Martin Jay, também da Escola de Frankfurt, "[Theodor] herdou o gosto por coisas finas na vida, mas pouco interesse pelo comércio"[3] — uma observação que se aplica a vários membros da Escola de Frankfurt, que dependiam das atividades comerciais dos pais, mas repeliam a ideia de ficarem contaminados por seu espírito.

O principal pensador da Escola de Frankfurt em termos psicanalíticos, Erich Fromm (1900-80), foi um pouco diferente de seus colegas, não por seu pai ter sido só um moderadamente bem-sucedido comerciante de vinhos de frutas baseado em Frankfurt, mas por ser um judeu ortodoxo que servia como cantor na sinagoga local e observava as festas e os costumes judaicos. No entanto, Fromm certamente partilhou com seus colegas uma aversão temperamental a Mammon e uma rejeição ao mundo dos negócios.

Henryk Grossman (1881-1950), que foi em certo momento o principal economista da Escola de Frankfurt, passou a infância em Cracóvia, no que era então a Galícia colonizada pelo Império Austríaco dos Habsburgo. Ele era materialmente pródigo graças ao trabalho de seu pai, um dono de bar que se tornou um pequeno industrial bem-sucedido e proprietário de mina. O biógrafo de Henryk, Rick Kuhn, escreve que "a prosperidade da família Grossman a protegeu das consequências de preconceitos sociais, correntes políticas e leis que discriminavam os judeus".[4] Muitos dos principais pensadores da Escola de Frankfurt compartilharam essa proteção em sua juventude, embora nenhum, é claro, tivesse sido poupado totalmente da discriminação, sobretudo quando os nazistas assumiram o poder. Dito isso, os pais de Grossman, embora assimilados na sociedade de Cracóvia, garantiram que os filhos fossem circuncidados e registrados como membros da comunidade judaica: havia limites para a assimilação.

Todos eram homens inteligentes, atentos à ironia de sua situação histórica, ou seja, que fora graças à perspicácia comercial de seus pais que eles puderam escolher a vida de reflexão e escrita crítica, mesmo que esses escritos e reflexões estivessem edipianamente fixados na derrubada do sistema político que tornara possível suas vidas. O mundo confortável no qual esses homens nasceram e foram criados bem poderia parecer, a olhos infantis, eterno e seguro. Mas se por um lado a memória de Benjamin era uma elegia a um desses mundos — o mundo materialmente suntuoso de sua infância —, também revelava a insuportável verdade de que ele não era nem eterno nem seguro, mas que só tinha existido por um breve período e estava fadado a desaparecer. A Berlim da infância de Benjamin era fenômeno recente. Em 1900, a cidade que havia sido um relativamente provinciano cafundó prussiano apenas meio século antes tinha, sem dúvida, superado Paris como a cidade mais moderna da Europa continental. Seu furor por se reinventar e por erigir uma arquitetura quase bombástica (o prédio do Reichstag, por exemplo, inaugurado em 1894) originava-se da jactanciosa autoconfiança vinda do fato de a cidade ter se tornado a capital da recém-unificada Alemanha, em 1871. Entre aquele momento e a virada do século, a população de Berlim aumentou de 800 mil para 2 milhões de habitantes. À medida que crescia, a nova capital foi sendo modelada numa cidade que buscava se suplantar em grandiosidade. A Kaiser-Galerie, que conectava a Friedrichstrasse e a Behrenstrasse, era uma arcada que tinha como modelo as de Paris. O grande bulevar de Berlim no estilo de Paris, o Kufürstendamm, havia sido recentemente construído quando Benjamin era menino; a primeira loja de departamentos da cidade, na Leipziger Platz, foi inaugurada em 1896, aparentemente tendo como modelo o Au Bon Marché e La Samaritaine, os grandes templos de compras que tinham sido abertos em Paris mais de meio século antes.

Ao escrever suas memórias de infância, Benjamin estava tentando algo que, à primeira vista, parece ser mera evasão nostálgica de uma difícil condição de adulto, mas que a um exame mais acurado mostra-se um revolucionário ato de escrever. Para Benjamin, a história não era, como nas palavras de Alan Bennett, uma merda atrás da outra, só uma sequência de eventos sem sentido. Ao contrário, a esses eventos se impusera um sentido de narrativa — e isso é que fazia deles história. Mas impor um sentido dificilmente poderia ser um ato inocente. A história era escrita pelos vencedores, e em sua narrativa triunfalista não havia lugar para os vencidos. Arrancar eventos dessa história — como fez Benjamin — e dispô-los em outros contextos temporais — ou o que ele chamaria de constelações — era um ato tanto marxista revolucionário quanto judaico: o primeiro porque buscava expor as ilusões ocultas e a natureza exploradora do capitalismo; o segundo porque estava inflectido por rituais judaicos de luto e de redenção.

Fundamentalmente, o que Benjamin estava fazendo envolvia uma nova concepção de história, que romperia com a crença no tipo de progresso que o capitalismo considerava um artigo de fé. Nisso, ele estava seguindo a crítica de Nietzsche ao historicismo, aquele senso reconfortante, triunfalista e positivista de que se podia apreender cientificamente o passado tal como ele era. Na filosofia idealista alemã, essa crença no progresso era sustentada pelo desdobramento histórico e dialético do espírito. Mas essa fantasia historicista obliterava elementos do passado que não se encaixavam na narrativa. A tarefa de Benjamin, portanto, era resgatar o que fora consignado ao esquecimento pelos vencedores. O Benjamin subversivo visava romper essa amnésia generalizada, estilhaçando a noção ilusória do tempo histórico e despertando de suas ilusões aqueles que viviam sob o capitalismo. Esse rompimento seria, ele esperava, o resultado do que chamou de "um método histórico novo e dialético".[5] De acordo com esse método, o presente é assombrado pelas ruínas do passado, por cada detrito que o capitalismo tinha procurado limpar, soprando-o de sua história. Benjamin quase não escreveu nos termos freudianos sobre o retorno do reprimido, mas foi isso que seu projeto pôs em movimento. Por isso, em *Infância em Berlim por volta de 1900*, por exemplo, ele evoca um menininho que visita algo chamado Kaiserpanorama numa arcada em Berlim. O panorama era um aparelho em formato de abóbada que apresentava imagens estereoscópicas de eventos históricos, triunfos militares, fiordes, paisagens urbanas, tudo pintado numa parede circular que girava lentamente em torno dos espectadores ali sentados. Críticos modernos traçaram um paralelo entre esses panoramas e as atuais experiências cinematográficas, e Benjamin, sem dúvida, teria apreciado a comparação: o modo como examinamos uma forma de entretenimento de tecnologia obsoleta, que era então a última palavra, pode nos fazer refletir sobre uma tecnologia posterior que alimenta pretensões semelhantes.

O Kaiserpanorama tinha sido construído entre 1869 e 1873, e agora estava relegado à obsolescência. Mas não antes que suas audiências finais, principalmente crianças, o apreciassem, em especial quando chovia lá fora. Assim escreveu Benjamin:

> Uma das grandes atrações nas cenas de viagem que havia no Kaiserpanorama era que não importava onde você começasse o ciclo. Pois como a tela de exibição era circular, tendo diante dela lugares para sentar, cada cena passaria por todas essas posições. [...] E sobretudo no fim de minha infância, quando a moda já virava as costas para o Kaiserpanorama, era comum assistir a uma sessão com a sala quase vazia.[6]

Para Benjamin, eram essas coisas ultrapassadas, assim como as tentativas abortadas e os fracassos abjetos que haviam sido apagados das narrativas de progresso, que chamavam a sua atenção crítica. A história dele foi uma história dos vencidos, não só de humanos derrotados, mas das coisas descartáveis que, tempos atrás, tinham sido a última palavra. Assim, quando evocou o Kaiserpanorama, ele não estava apenas permitindo-se uma lembrança agridoce do que fazia numa tarde chuvosa de sua infância, mas fazendo o que frequentemente fazia em seus escritos: estudando o que fora ignorado, o que não tinha valor, o que era lixo, as coisas que não tinham nenhum sentido ante a versão oficial da história, mas que, como ele afirmava, codificavam os desejos e sonhos da consciência coletiva. Ao recuperar do esquecimento da história o que era abjeto e obsoleto, Benjamin buscava nos fazer despertar do sonho coletivo mediante o qual o capitalismo tinha subjugado a humanidade.

O Kaiserpanorama já havia sido a coisa mais nova em cena, uma projeção de fantasias utópicas e também um projetor delas. Na época em que o pequeno Walter frequentava o panorama, este estava indo para o monte de sucata da história. Como o Benjamin adulto constatou ao escrever suas lembranças, o panorama era uma alegoria das ilusões de uma história progressiva: gira interminavelmente, sua história é uma contínua repetição, que exclui qualquer mudança real. Como a própria noção de história progressiva, o panorama era uma ferramenta fantasmagórica para manter seus espectadores submissos e passivos, debilmente sonhando e ansiando (como fazia Walter quando o visitava) por novas experiências, mundos distantes e jornadas diversionistas, por vidas de interminável distração, e não de confronto com as realidades da desigualdade social e da exploração sob o capitalismo. Sim, o Kaiserpanorama seria substituído por novas e melhores tecnologias, mas isso era o que sempre acontecia no capitalismo: estávamos sempre deparando com o novo, nunca dirigindo o olhar para contemplar o caído, o obsoleto, o rejeitado. Era como se fôssemos a vítima de tortura em *Laranja mecânica*, ou os habitantes dantescos de algum círculo do inferno, fadados a ficar consumindo as mais recentes mercadorias, por toda a eternidade.

Escrever suas memórias de infância, então, era para ele parte de um projeto literário mais genérico, que também era um ato político. Um ato político que foi a base de uma obra multidisciplinar modulada no marxismo, chamada teoria crítica, que os companheiros de Benjamin, intelectuais judeus alemães, adotariam durante o século xx ante as três grandes (como eles as consideravam) obscuras narrativas triunfalistas da história oferecidas pelos fiéis proselitistas do capitalismo, do comunismo stalinista e do nacional-socialismo.

Se a teoria crítica significa alguma coisa, significa uma forma radical e desafiadora de repensar aquilo que ela considera serem as versões oficiais da história e do empenho intelectual. Talvez Benjamin a tenha iniciado, mas foi Max Horkheimer quem lhe deu o nome quando se tornou diretor da Escola de Frankfurt em 1930: a teoria crítica se opunha a todas as tendências intelectuais ostensivamente medrosas que prosperaram no século xx e serviram como ferramentas para manter uma irritante ordem social — o positivismo lógico, a ciência livre de juízos de valor, a sociologia positivista, entre outras. A teoria crítica opôs-se também ao que o capitalismo faz particularmente com aqueles a quem explora — comprando-nos fácil com bens de consumo, fazendo-nos esquecer que outros modos de vida são possíveis, capacitando-nos a ignorar a verdade de que somos ludibriados nesse sistema por nossa atração fetichista e nosso crescente vício de supostamente precisarmos do novo bem de consumo.

Quando Benjamin evocou uma manhã de inverno em sua infância em 1900, pode parecer que ele estivesse perdido em devaneios sobre sua infância privilegiada, mas na verdade estava escrevendo como marxista, conquanto um marxista muito excêntrico. Em 1900, a nova manhã e o novo século nos quais o pequeno Walter foi trazido à consciência pelos doces aromas tornados possíveis pelo trabalho de uma mulher pareciam prometer belas possibilidades e segurança material, mas para Benjamin se apresentavam como ilusões. "O capitalismo", escreveu ele uma vez, "foi um fenômeno natural com o qual um novo sono, repleto de sonhos, recaiu sobre a Europa, vindo com ele uma reativação de forças míticas."[7] Seu objetivo ao escrever era nos sacudir dessa letargia dogmática. O mundo que seus pais tinham estabelecido em sua vila na zona oeste de Berlim precisava ser exposto: era uma vida que parecia ser segura, permanente e natural, mas na verdade se baseava numa complacência combinada com a brutal exclusão dos que não se enquadravam na narrativa triunfalista, notadamente os pobres.

Ele descreveu, por exemplo, o lugar em que nasceu, um grande apartamento num então elegante distrito ao sul do Tiergarten de Berlim, optando por escrever na terceira pessoa, talvez uma técnica de distanciamento para sugerir a alienação do escritor comunista de seu "eu" anterior:

> A classe que o havia declarado como um dos seus adotava uma postura composta de autossatisfação e ressentimento, que acabou se revelando algo como um gueto mantido por arrendamento. Seja como for, ele estava confinado em seu abastado bairro sem ter conhecido nenhum outro. Os pobres? Para as crianças ricas de sua geração, eles viviam além do fim do mundo.[8]

Numa seção de *Infância em Berlim por volta de 1900* sob o título "Mendigos e prostitutas", ele descreve o encontro com um homem pobre. Até aquele momento, para o pequeno Walter os pobres só existiam como mendigos. Mas depois, como que provando o conceito de que somente pela escrita ele poderia realmente vivenciar algo, ele lembra ter escrito um pequeno trecho, "talvez a primeira coisa que compus totalmente por mim mesmo", sobre um homem que distribuía folhetos e "as humilhações que sofria ao encontrar um público que não tinha interesse em seus papéis":

> E então o pobre homem (foi assim que concluí) livra-se em segredo de todo o pacote de folhetos. Certamente a solução menos promissora para o problema. Mas ao mesmo tempo não pude imaginar nenhuma outra forma de revolta além da sabotagem — algo que estava enraizado, naturalmente, em minha própria experiência pessoal, e à qual eu recorria sempre que tentava escapar de minha mãe.[9]

Projetar num trabalhador em luta os modos de protesto que ele demonstrara contra uma mãe despótica dificilmente pode ser considerado a forma mais sofisticada de revolta para alguém que se tornaria um comunista com estilo próprio, mas sua empatia juvenil, conquanto limitada, estava pelo menos começando. Benjamin era repetidamente levado a reflexões sobre como sua infância privilegiada baseava-se num cruel descarte dos impalatáveis e desafortunados, e como sua segurança burguesa envolvia um monstruoso e mais ou menos intencional ato de esquecer o que jazia além das persianas rebaixadas dos apartamentos da família. Em *Crônica berlinense*, por exemplo, uma série de artigos de jornal da década de 1920 que precedeu a escrita de *Infância em Berlim*, Benjamin lembra a sensação de conforto burguês que inundava sua casa:

> Aqui imperava uma espécie de coisa que, não importa quão submissamente se curvasse ao menor capricho da moda, no geral era tão totalmente convencida de si mesma e de sua permanência que não dava atenção a vestimentas, heranças ou movimentos, permanecendo sempre igualmente perto e longe de seu término, que parecia ser o término de todas as coisas. A pobreza não poderia ter lugar nesses aposentos, onde até mesmo a morte não tinha nenhum.[10]

Em seu último ensaio, Benjamin escreveu: "Não há documento da cultura que não seja ao mesmo tempo um documento da barbárie".[11] Essa percepção da repressão ao que era inaceitável, embaraçoso e desajeitado, do desaparecimento ideológico daquilo que não se encaixava na narrativa do chefe, o tinha acometido cedo e permaneceu com ele ao longo de toda a vida: no que tange à barbárie, Walter Benjamin começou em casa. E a Escola de Frankfurt também estava comprometida com a revelação da barbárie que, como pensava, sustentava a civilização putativa do capitalismo, mesmo que não a escavasse tão assiduamente em suas próprias famílias como fazia Benjamin.

Certamente, sua infância parece ter sido enxameada de bens de consumo duráveis, como se seus pais fossem vítimas involuntárias do que Marx chamou de fetichismo da mercadoria, ao expressar sua fé na religião profana do capitalismo através de prolongados surtos de compras, acumulando artigos para os quais seu filho imaginativamente acharia novos propósitos, tanto como criança quanto como adulto marxista. "Em torno dele", escreveram seus biógrafos,

> havia um variegado *Dingwelt*, um mundo de coisas que atraía sua bem nutrida imaginação e suas onívoras habilidades imitativas: porcelanas delicadas, cristal e prataria que surgiam nos dias de festa, enquanto a mobília antiga — grandes armários ornamentados, mesas de jantar com pés entalhados — servia perfeitamente para as brincadeiras de esconder.[12]

Passados 32 anos, Benjamin escreveu sobre como o pequeno Walter penetrou essa suntuosa superfície, descrevendo, por exemplo, uma mesa posta para um opulento jantar: "Quando eu olhava as longas fileiras de colheres de café e apoios para facas, facas de frutas e garfos de ostras, meu prazer ante essa abundância era marcado de ansiedade, com medo de que os hóspedes que tínhamos convidado se mostrassem tão idênticos uns aos outros quanto era nossa prataria".[13] Uma reflexão perspicaz: quando os pensadores da Escola de Frankfurt e outros marxistas importantes como György Lukács consideravam a natureza da reificação sob o capitalismo, eles se preocupavam com a possibilidade de pessoas, assim como a prataria, se tornarem mercadorias, forçadas a se curvar ao todo-poderoso princípio consumista da troca, desumanizadas e interminavelmente substituíveis por artigos de valor equivalente.

Mas qual foi a necessidade específica que levou Walter Benjamin a escrever em 1932 sobre sua infância em Berlim na virada do século? Na verdade, em seus escritos das décadas de 1920 e 1930, ele retornou várias vezes a essas cenas que incendiavam sua imaginação. Porém, particularmente no verão de 1932, ele rememorou sua infância no primeiro rascunho do que se tornaria o livro *Infância em Berlim por volta de 1900*, a fim de satisfazer uma específica necessidade psíquica, e, mais do que isso, satisfazê-la de um modo estranhamente peculiar. Naquele verão ele estava perambulando pela Europa, mantendo-se afastado de Berlim, e por fim chegou à estância de vilegiatura de Poveromo, no litoral da Toscana.[14] A Berlim de sua infância estava prestes a desaparecer, e os judeus e os comunistas da cidade estavam sendo assassinados ou forçados pelos nazistas a ir para o exílio. Benjamin tinha a má sorte de ser tanto judeu como comunista. *Infância em Berlim* foi escrito, como sugere Benjamin em sua introdução, "quando ficou claro para mim que eu teria de dar um longo, e talvez definitivo, adeus à minha cidade natal".[15]

A nostalgia é tipicamente decadente, ilusória e conservadora, sobretudo quando envolve um adulto que rememora sua infância. Mas a nostalgia de Benjamin por sua infância em Berlim na virada do século era a de um marxista revolucionário e, mais importante ainda, de um judeu que buscava dar uma nova direção a seus tradicionais rituais judaicos de luto e lembrança. Terry Eagleton, crítico marxista e estudioso de Benjamin, reconheceu tudo isso quando escreveu:

> Hoje, a nostalgia é quase tão inaceitável quanto o racismo. Nossos políticos falam em traçar uma linha no passado e voltar nossas costas aos antigos conflitos. Desse modo, poderemos dar um salto à frente para um futuro purificado, em branco, amnésico. Se Benjamin rejeitou esse tipo de filistinismo, foi porque estava ciente de que o passado encerra recursos vitais para a renovação do presente. Os que apagam o passado correm o risco de abolir o futuro também. Ninguém teve maior intenção de erradicar o passado do que os nazistas, que, assim como os stalinistas, simplesmente apagaram do registro histórico o que quer que achassem inconveniente.[16]

Havia trabalho a ser feito com o passado: para os nazistas, isso envolvia apagar e soprar para longe; para Benjamin, era o delicado escavar do arqueólogo. "A memória não é um instrumento para pesquisar o passado, e sim seu teatro", escreveu ele em *Infância em Berlim*.

É o lugar da vivência passada, assim como a terra é o lugar no qual as cidades mortas jazem enterradas. Aquele que busca se aproximar de seu próprio passado enterrado deve se comportar como um homem que escava. Acima de tudo, não deve ter medo de retornar mais de uma vez à mesma questão; espraiá-la como se espraia a terra, revirá-la como se revira o solo.[17]

Foi isso que Benjamin fez: ele voltou diversas vezes à mesma cena, escavando através de camadas de repressão, até conseguir chegar ao tesouro.

"A relembrança não era meramente uma inventariação do passado", escreve sua biógrafa Esther Leslie. "O significado da memória depende dos estratos que a sufocam, até se chegar ao presente, ao momento e lugar de sua redescoberta. A memória atualiza o presente."[18] Era isso, em outras palavras, o que Benjamin evocaria nas *Passagens*, um "agora de reconhecibilidade"[19] — como se o significado de coisas há muito sepultadas só pudesse ser reconhecido muito mais tarde. Olhamos para o passado, em parte, para compreender o agora. Por exemplo, nas décadas de 1920 e 1930, ao rememorar sua infância, Benjamin retornou várias vezes a uma determinada cena na qual seu pai Emil entrava no quarto do Walter de cinco anos:

> Ele tinha ido me dizer boa-noite. Foi talvez contra a vontade que me deu a notícia da morte de um primo. O primo era um homem mais velho, que não significava muita coisa para mim. Meu pai recheou o relato com detalhes. Não assimilei tudo que ele disse. Mas naquela noite eu observei especialmente como era meu quarto, como se estivesse ciente de que um dia teria de enfrentar novamente problemas ali. Eu já era bem adulto quando soube que a causa da morte do primo tinha sido sífilis. Meu pai foi até lá para não ficar sozinho. Contudo, ele tinha procurado meu quarto, não a mim. Os dois poderiam não ter querido um confidente.[20]

Benjamin escavou e reescavou essa cena: em diferentes rascunhos de *Infância em Berlim por volta de 1900* e seu precursor, *Crônica berlinense*, ele escreveu sobre isso quatro vezes, a cada vez focalizando aspectos diferentes. Neste e em outros lugares, as premonições da criança e o conhecimento do homem adulto que rememora sua infância por meio da escrita unem passado e futuro numa relação dialética. Somente ao escrever suas lembranças ele pôde entender todo o significado de seu pai o ter visitado no quarto; só como adulto esse fato teve um instante de reconhecibilidade.

O rememorar obsessivo da infância faz pensar em um dos escritores favoritos de Benjamin, Marcel Proust, e em particular numa outra cena num quarto de dormir, no início de *Em busca do tempo perdido*, na qual outro menininho privilegiado — o neurótico, judeu, vitoriano e obsessivo Marcel — está sentado, esperando o beijo de boa-noite de sua amada mãe. Em seu ensaio "A imagem de Proust", Benjamin escreveu:

> Sabemos que, em sua obra, Proust não descreve a vida como ela realmente foi, mas uma vida lembrada por alguém que a viveu de fato. E até mesmo essa declaração é imprecisa e demasiadamente grosseira. Pois o importante para o autor que rememora não é o que ele vivenciou, mas a tecedura de sua rememoração, o trabalho de Penélope na recordação.[21]

Assim, Benjamin apoderou-se da noção de *mémoire involontaire* de Proust, o trabalho da recordação espontânea em contraste com a recordação intencional da *mémoire volontaire*. Para Benjamin, os sonhos eram uma chave para essa recordação. "Quando despertamos toda manhã, temos em nossas mãos, geralmente de forma fraca e frouxa, umas poucas franjas da tapeçaria de uma vida vivida, como que tecidas para nós pelo esquecimento", escreveu ele no mesmo ensaio.

> No entanto, com nossa atividade intencional e, ainda mais, nosso rememorar intencional, a cada dia se desenredam a teia e os ornamentos do esquecimento. É por isso que Proust finalmente trocou o dia pela noite, dedicando todas as suas horas a um trabalho imperturbado em seu quarto escurecido, com iluminação artificial, para que nada desses intrincados arabescos lhe pudesse escapar.[22]

Foi quando Proust experimentou uma madeleine mergulhada numa xícara de chá que sua infância se abriu para ele em detalhes até então inacessíveis. Era em momentos assim que podia ser constatado aquilo que Benjamin chamou de "busca cega, frenética e sem sentido de Proust pela felicidade".[23] Benjamin, ao evocar o aroma da maçã assada, pode parecer a uma primeira leitura estar engajado numa busca semelhante de salvar sua infância das devastações do tempo, mas na verdade ele estava engajado em algo mais estranho. A busca de Proust pelo "tempo perdido" foi empreendida para escapar do tempo em geral; o projeto de Benjamin visava enquadrar sua infância numa nova relação temporal com o passado. Como diz o estudioso da literatura Peter Szondi, "o verdadeiro objetivo de Proust era fugir do futuro, cheio de perigos e ameaças, das quais a final e definitiva é a morte". O projeto de Benjamin é diferente e, para mim, menos ilusório: afinal de contas, não é possível se vacinar contra a morte nem fugir dela.

> Em contraste, é exatamente o futuro que Benjamin busca no passado. Quase todo lugar que sua memória quer redescobrir carrega consigo "traços do que estava por vir", nas palavras dele. [...] Ao contrário de Proust, Benjamin não quer se livrar da temporalidade; ele não quer ver coisas em sua essência a-histórica.[24]

Em vez disso, ao olhar para o passado e encontrar lá o esquecido, o obsoleto, o alegadamente irrelevante, Benjamin busca não apenas redimir o passado por meio do tipo de trabalho revolucionário da nostalgia, do qual Terry Eagleton gostava, mas redimir o futuro. Em suas teses "Sobre o conceito de história", Benjamin escreveu que "o passado carrega consigo um índice secreto por meio do qual ele é referido à redenção".[25] A tarefa de Benjamin, como arqueólogo crítico, era recuperar e decifrar esse índice.

Nisso, o que ele estava fazendo era muito judaico. Proust, ele mesmo um grande escritor judeu, tinha buscado redimir sua infância das devastações do tempo tirando-a, pela obra imaginativa do romance, do continuum da história. Benjamin encontrou inspiração nesse projeto, mas sua memória tinha um propósito diferente. Sua busca era compreender a si mesmo e sua condição histórica em função do sistema de classes do capitalismo, meditando sobre sua infância privilegiada. Para Proust, a memória era um meio de recriar a felicidade, de fazer parar a flecha do tempo; para Benjamin, o ato de relembrar por meio da escrita tinha o caráter dialético de um palimpsesto, que corria no tempo para a frente e para trás, tecendo juntos eventos temporalmente díspares, o que ele chamou de trabalho de Penélope da memória.

Porém, suponha-se que *Infância em Berlim* fizesse algo mais na avaliação de Benjamin — ser uma espécie de profilaxia espiritual contra o que estava por vir, a tomada de sua pátria pelo nazismo e o exílio que isso muito provavelmente iria implicar. "Várias vezes em minha vida interior", ele escreveu na introdução de seu livro,

> eu já tinha experimentado o processo de inoculação como sendo algo salutar. Nessa situação, também, resolvi dar seguimento, e deliberadamente evoquei essas imagens que, no exílio, são as mais capazes de despertar nostalgia: imagens da infância. Minha suposição era de que o sentimento de saudade não iria dominar meu espírito mais do que uma vacina domina um corpo saudável. Busquei limitar seu efeito mediante uma introspecção na irrecuperabilidade — não a contingência autobiográfica, mas a necessária irrecuperabilidade social — do passado.[26]

Quando se lê isso pela primeira vez, é difícil não pensar que o projeto parece ser irrealizável, com mais probabilidade de infectar e debilitar um exílio do que fortalecê-lo contra os rigores daquilo que virá; ou, pelo menos, parece mais um dedo que se põe numa ferida e a repuxa do que uma ajuda num processo de cura. De fato, filósofos na adversidade às vezes empenham-se em buscar consolo contemplando tempos mais felizes — considere-se o filósofo Epicuro, que escreveu a um amigo dizendo que, naquele que era o último dia de sua vida, estava com dores excruciantes causadas por pedras nos rins e incapaz de urinar, mas assim mesmo estava animado porque "a lembrança de todas as minhas contemplações filosóficas contrabalança todas essas aflições".[27] O distanciamento filosófico tinha, ou assim alegava Epicuro, superado a dor causada por pedras nos rins.

Mas o projeto de Benjamin, de autoinoculação contra o sofrimento, é mais estranho que o de Epicuro. Para começar, ele está ciente de que relembrar o passado pode estimular o anseio por uma época mais feliz, anseio este que não pode ser concretizado. Epicuro supera os efeitos da dor física pelo distanciamento filosófico; Benjamin parece inclinado a superar a dor psíquica da perda e da saudade por meio de um tipo diferente e criptomarxista de distanciamento. A Walter Benjamin não serve o projeto proustiano de mitigar o anseio tirando a infância do tempo através da escrita e, com isso, tornando-a imperecível. Para ele, ao contrário, as imagens de nostalgia que evoca em sua memória são um meio de fazê-lo dar-se conta de que o que se perdeu está perdido, e que a meditação na irrecuperabilidade de sua infância irá de algum modo mitigá-lo e inoculá-lo contra o sofrimento.

Mas há uma importante peculiaridade: Benjamin não estava escrevendo, como ele mesmo observou, sobre a natureza contingente e autobiográfica da perda — uma perda, afinal, que cada um de nós experimenta quando nos tornamos adultos e olhamos para trás, talvez com saudade, para a infância que nunca mais reviveremos, a não ser por meio do relativamente pálido exercício de uma recreação imaginativa. Ele está, sim, escrevendo sobre a necessária irrecuperabilidade social do passado, com a qual pensa estar refletindo, como materialista histórico marxista que é, na perda não só de sua própria infância privilegiada, mas na perda do mundo que a sustentava. É isso que faz a bela lembrança de Benjamin ser tão delicadamente sugestiva aos principais luminares da Escola de Frankfurt, uma vez que evocava um mundo perdido de conforto material para judeus seculares naquele Império Alemão recém-nascido nos últimos anos do século xix e primeiros anos do século xx, um mundo que, aos olhos infantis, parecia ser permanente e estável, mas que Benjamin revelou como sendo de duração muito curta, um pouco como "o pequeno tempo do verão" do soneto de Shakespeare.*

Para Benjamin, portanto, não havia uma fuga proustiana do tempo perdido, mas apenas o consolo — se é que essa é a palavra correta — da meditação sobre a necessidade da perda. Theodor Adorno, amigo de Benjamin e indiscutivelmente o maior pensador da Escola de Frankfurt, escreveu as palavras mais perspicazes sobre a memória de Benjamin, sugerindo que ela "lamenta a irrecuperabilidade do que, uma vez perdido, se solidifica na alegoria de sua própria extinção".[28] Muito bem, mas como supor que alguém encontre consolo, ou imunização, num lamento desses? Como se vacinar contra os infortúnios do passado e do futuro evocando um passado materialmente mais seguro que foi para sempre obliterado? O projeto parece ser esotérico, contraproducente, e ainda assim, ao mesmo tempo, convincentemente subversivo e político. Benjamin foi buscar socorro na lembrança, mas também descobriu seu oposto: que sua infância fora precária, um pequeno mundo que cambaleava mesmo quando parecia ser seguro, antes de desmoronar por inteiro.

O que também é estranho quanto às memórias de infância de Benjamin, tal como as lembrava e relembrava em seus escritos, é que ele cada vez mais as

---

* Em outras traduções desse verso do Soneto 18: "o verão que finda antes que possamos começá-lo", "o inconsolável prazo do verão", "o termo estival que dura um breve instante" etc. (N. T.)

purifica da presença de pessoas. Em *Crônica berlinense*, de 1924, ele revisita a família e os amigos de escola de um quarto de século antes. Mas em *Infância em Berlim por volta de 1900*, escrito em 1932, suas lembranças tornam-se o equivalente literário de uma bomba de nêutrons — eliminando pessoas e preenchendo seus lugares com coisas. Eram uma maçã assada, as sacadas do prédio de sua avó, a Coluna da Vitória no Tiergarten de Berlim, por exemplo, que despertavam suas associações, que abriam seu passado, que atendiam a suas necessidades em Poveromo. Em seu ensaio sobre Proust, ele escreveu que *Em busca do tempo perdido* "é centrado na solidão que puxa o mundo para baixo em seu vórtex com a força de um turbilhão". Para Benjamin, como dizem Eiland e Jennings, o romance de Proust envolve "a transformação da existência na preservação de uma memória centrada no vórtex da solidão".[29] As memórias de Benjamin têm um teor semelhante. Ao lermos essas lembranças, podemos acreditar que ele tenha sido o que não foi, um filho único. Seus pais são presenças mudas (fora a imagem de seu pai gritando ameaças e xingamentos ao telefone quando o departamento de reclamações estava na linha). E no retrato de sua infância a babá quase não aparece; sua presença é tomada por objetos.

"Tudo que havia no pátio tornou-se um signo ou uma alusão para mim", escreveu Benjamin numa seção de seu *Infância em Berlim* intitulada "Sacadas". "Eram muitas as mensagens incorporadas no farfalhar das persianas verdes enroladas bem no alto, e muitos eram os ominosos comunicados, que eu prudentemente deixava de abrir, no chacoalhar das persianas que desciam com estrondo ao anoitecer."[30] Mas essa memória despovoada, que poderia ser lida como uma elegia às utilidades fetichizadas da casa de seus pais, é mais aparente do que real. Cada objeto contém o fantasma da presença humana, uma história, o calor de um apego.

Os pensadores da Escola de Frankfurt ficaram, um após outro, impressionados com o modo com que coisas carregam em si o calor de nossa conexão com pessoas. Adorno, anos mais tarde, escreveria sobre o potencial dos objetos, sobre como a catexia libidinal que existe na conexão com uma pessoa amada pode ser replicada em nossa conexão com objetos não humanos. "Quanto mais comportamentos de uma segunda pessoa um sujeito for capaz de atribuir a um mesmo objeto no decurso de sua catexia libidinal", escreveu o atual diretor da Escola de Frankfurt, Axel Honneth, sobre o relato de Adorno em seu ensaio *Reificação*, "mais rico em aspectos esse objeto vai afinal se mostrar na realidade objetiva."[31] Adorno estava convencido de que era possível falar de reconhecimento com objetos não humanos, convicção da qual Benjamin certamente compartilhava. Mas em sua memória, Benjamin não estava apenas fazendo um inventário do tesouro perdido no passado:

> O homem que meramente faz um inventário de seus achados, ao não conseguir estabelecer a locação exata na qual, em terreno atual, os antigos tesouros foram depositados, está se fraudando, se lesando do mais rico prêmio. Nesse sentido, para memórias autênticas é muito menos importante que o investigador as relacione do que marque, com exatidão, o lugar no qual ele adquiriu sua posse. Épica e rapsódica no sentido mais estrito, a memória autêntica deve, portanto, prover a imagem da pessoa que rememora, do mesmo modo que um bom relato arqueológico não nos informa apenas sobre a camada da qual se originaram seus achados, mas também nos relata sobre a camada que teve, primeiro, de ser atravessada.[32]

À medida que escavava seu passado, Benjamin ia se revelando a si mesmo: não estava só registrando o passado, mas atualizando o presente. Dito isso, é importante reconhecer que ele estava registrando o passado, em particular um passado no qual meninos privilegiados nasceram e foram criados em famílias materialmente bem-sucedidas, em sua maioria de homens de negócios e judeus seculares, nos anos que antecederam à Primeira Guerra Mundial. A partir dessa posição privilegiada, então, Benjamin e a Escola de Frankfurt buscaram denunciar o que tinha tornado possível essa posição privilegiada. Ao desenvolver o movimento intelectual multidisciplinar chamado teoria crítica, eles denunciaram, também, os valores que eram defendidos por seus pais.

Quando o crítico T. J. Clark revisou as *Passagens* de Benjamin — projeto não concluído e publicado postumamente, compreendendo um grande conjunto de fragmentos de um livro repleto de dados sobre a natureza fantasmagórica do capitalismo de consumo na Paris do século XIX, que Benjamin escreveu laboriosamente em cartões na Bibliothèque Nationale —, ele notou que "havia desde o início uma sombra, que se espraiava pelos cartões anotados, de um estudo muito maior, mais maravilhoso, no qual todos os grandes sonhos da geração de seus pais, e da dos pais de seus pais, seriam relatados e denunciados".[33] Esse livro nunca chegou a ser escrito por Benjamin, mas o impulso para escrevê-lo se manteve. "Temos que despertar da existência de nossos pais", ele escreveu nas *Passagens*.[34] Mas por quê? Sem dúvida porque alguns dos mais ardentes fiéis seguidores do capitalismo foram os pais dos principais pensadores da Escola de Frankfurt. Em consequência, os problemas que Benjamin e muitos dos eruditos da Escola de Frankfurt vivenciaram com seus pais durante a infância e a adolescência, de que trataremos no próximo capítulo, tiveram importância decisiva no modo como a teoria crítica se desenvolveu durante o século XX.

2. Pais e filhos e outros conflitos

"Se Freud tivesse vivido e conduzido suas investigações em outro país e em outra língua que não os do meio judaico-alemão, de onde vinham seus pacientes", escreveu a filósofa Hannah Arendt, "poderíamos nunca ter ouvido falar do complexo de Édipo."[1] O que ela quis dizer é que, graças às tensões entre pais e filhos desencadeadas pelas condições muito específicas que prevaleciam nas famílias de alguns dos materialmente mais bem-sucedidos judeus da Alemanha guilhermiana e do Império Habsburgo nos últimos anos do século XIX, Freud desenvolvera o conceito de uma sociedade patriarcal e de contenda edipiana como fatos naturais concernentes ao gênero humano. Quase todos os luminares da Escola de Frankfurt — Benjamin, Adorno, Horkheimer, Löwenthal, Pollock, Fromm, Neumann — resistiram à *Weltanschauung* [visão de mundo] transmitida pela autoridade paterna, e muitos se rebelaram, de modos diversos, contra seus pais, que tinham alcançado grande sucesso material.

Sem essas tensões edipianas, a teoria crítica não se teria desenvolvido exatamente do modo que o fez. O esquema de Thomas Mann do desenvolvimento familiar burguês alemão em *Os Buddenbrook* — a primeira geração ganha o dinheiro, a segunda consolida a posição social da família e a terceira recua para algo como um mal-estar estético[2] — foi involuntariamente subvertido por aqueles eruditos de Frankfurt. Os céticos quanto aos méritos da Escola de

Frankfurt e da teoria crítica poderiam sugerir que as famílias de Benjamin, Adorno e Horkheimer tinham pulado uma geração — indo diretamente do dinheiro para o mal-estar estético, mas isso seria sem dúvida injusto. Na verdade, se os eruditos de Frankfurt pulassem uma geração, seria para se voltar imediatamente contra a geração anterior que tinha feito o dinheiro e, em consequência, na maioria dos casos, dado conforto a seus privilegiados filhos. Ao fazer isso, não estavam encenando Thomas Mann, e sim Franz Kafka. Como observa Peter Demetz em sua introdução a uma coleção de ensaios de Benjamin chamada *Reflexões*:

> Em muitas famílias judaicas na Europa do fim do século XIX, filhos bem-dotados voltaram-se contra os interesses comerciais de seus pais, que eram na maioria assimilados (após terem se mudado das províncias para a maior liberalidade das cidades) ao sucesso burguês, e, ao construir seus contramundos em protesto espiritual, eles incisivamente configuraram o futuro da ciência, da filosofia e da literatura.[3]

Mesmo que Freud esteja certo e que todo filho deseje simbolicamente castrar seu pai — e que precise desejar isso em benefício de sua saúde mental e de seu florescimento como adulto —, os embates edipianos dos precoces e cultos judeus falantes do alemão do final do século XIX e início do século XX na Europa tomaram um rumo muito particular, que os levou a rejeitar os valores materialistas que seus pais, homens de negócios, ostensivamente esposavam, valores que esses pais muitas vezes tinham adotado em seus próprios confrontos com os pais deles.

Um dos fundadores do Instituto de Pesquisa Social, o sociólogo da literatura Leo Löwenthal (1900-93), relembrou o que essa luta dinástica e suas consequências representaram em sua vida em *An Unmastered Past: The Autobiographical Reflections of Leo Löwenthal* [Passado não dominado: Reflexões autobiográficas de Leo Löwenthal], particularmente numa seção do livro intitulada "I Never Wanted to Play Along" [Nunca quis cooperar] (que com certeza poderia ter sido um lema para a Escola de Frankfurt). O pai de Leo, Victor, queria ser advogado, mas o pai dele (avô paterno de Leo), judeu estritamente ortodoxo que ensinava numa escola judaica em Frankfurt, recusou dar-lhe permissão, porque isso poderia querer dizer que Victor trabalharia e escreveria no Shabat. Em vez disso, insistiu que Victor estudasse medicina, o que fez obrigado, pois não era o que queria. "Mas depois", lembrou Löwenthal, "ele teve sua vingança — consciente ou inconscientemente —, quando mais tarde ficou totalmente 'livre': não apenas não religioso, mas decididamente antirreligioso."

Para Leo Löwenthal, seu pai tipificava a mentalidade do século xix contra a qual ele e seus colegas na Escola de Frankfurt se rebelaram, a qual chamou de "modo de pensar positivista, mecanicístico-materialístico". Lembrou que o ambiente em casa era secular.

> Eu não sabia quase nada sobre judaísmo. [...] Lembro ainda quando nos dividiram na sexta série para o ensino de religião. Quando o professor disse aos protestantes que se reunissem numa parte da sala de aula, os católicos em outra e os judeus numa terceira, eu continuei sentado — eu realmente não sabia a que religião pertencia![4]

Mais tarde, em sua juventude, Löwenthal aprendeu e assimilou sua herança judaica, para o desgosto de seu pai. Como estudante em Marburg, teve aulas com Hermann Cohen, um judeu liberal impregnado de judaísmo e filosofia religiosa judaica. Para o judeu alemão intelectual daquela época, o que não faltava eram pais suplentes que podiam dar a filhos precoces o sustento que não poderiam obter em casa. Em Heidelberg, Leo caiu num grupo de estudantes sionistas de esquerda que se opunha ferrenhamente a outro grupo judaico da universidade, o Sindicato de Organizações de Estudantes Alemães de Fé Judaica, uma organização estudantil assimilacionista. Löwenthal detestava este último grupo porque eles acreditavam numa integração total à nação alemã. "Somente agora me dou conta do que eu odeio nesse grupo assimilacionista", lembrou Löwenthal. "Não porque eles, enquanto judeus, queiram ser seres humanos como todo mundo, mas por suas convicções serem essencialmente capitalistas."[5]

Repetidas vezes vemos nos membros da Escola de Frankfurt essa rejeição à assimilação, concebida como rejeição a uma ideologia que permitira que seus próprios pais se dessem bem na sociedade alemã e que era contrária a seu próprio socialismo nascente. Esses filhos intelectuais se revoltaram contra o legado do Iluminismo ao qual seus pais seculares tinham sido atraídos exatamente porque ele provia um brilho intelectual a seu sucesso material.

Em 1923, Löwenthal casou-se com Golda Ginsburg, uma mulher de Königsberg oriunda de uma família judaica relativamente ortodoxa. O casal decidiu manter a casa kasher, frequentar a sinagoga e observar as festas judaicas. "Claro que isso teve um efeito catastrófico em meu pai, que imediatamente contraiu uma antipatia por minha mulher." O pai de Löwenthal desdenhava de todo judeu que vivesse a leste do Elba, chamando-os de *Ostjuden* (um esnobismo que os judeus estabelecidos e materialmente bem-sucedidos de cidades alemãs como Frankfurt sentiam em relação aos imigrantes judeus do Leste Europeu). Já próximo do fim da vida, Löwenthal relembrou a contrariedade de seu pai pelo fato de seu filho ter optado por manter uma casa kasher.

> Ainda me lembro disso muito bem. Ele chegou a chorar de raiva. Foi um desapontamento terrível para ele que seu filho — a quem ele, o pai, um verdadeiro rebento do Iluminismo, tinha criado tão "progressivamente" — estava agora sendo arrastado para as "despropositadas", "obscuras" e "enganosas" garras de uma religião positiva.[6]

Essa recusa de fazer o que deles se esperava, de serem obedientes e receberem o amor dos pais, era característica de muitos dos intelectuais judeus membros da Escola de Frankfurt, bem como de seus amigos e colegas. Se o pai fosse um judeu praticante, o filho poderia se rebelar expressando ateísmo; se o pai fosse um judeu secular impregnado de nacionalismo alemão, o filho poderia se rebelar afirmando sua herança religiosa judaica ou se juntando ao movimento do sionismo político.

Ernst Bloch (1885-1977), o escritor judeu alemão cuja filosofia marxista esotérica e utópica influenciou tão profundamente a Escola de Frankfurt, e com quem Walter Benjamin fumou haxixe algumas vezes na década de 1920, praticou seu primeiro e desajeitado ato de rebelião contra a religião de seu pai em seu bar mitsvá, declarando-se ateu.[7] O amigo mais chegado de Benjamin, Gershom Scholem (1897-1982), filósofo e historiador israelense nascido na Alemanha, foi um dos três filhos que se rebelaram contra seu pai, Arthur, um judeu berlinense assimilado e nacionalista alemão, dono de uma bem-sucedida gráfica. Werner Scholem tornou-se comunista, Reinhold virou membro do nacionalista Deutsche Volkspartei [Partido Popular Alemão], enquanto Gershom rejeitou a política do pai tornando-se sionista, aprendendo hebraico, estudando o Talmude e todos os escritos cabalísticos que conseguia encontrar. Existe até mesmo uma história de que um retrato do fundador do sionismo político moderno, Theodor Herzl, que a mãe de Gershom comprou para ele, estava pendurado no mesmo aposento em que ficava a árvore de Natal dos Scholem — uma censura simbólica, poder-se-ia dizer, de um filho sionista a seu pai assimilacionista.[8]

Max Horkheimer, que, ao tornar-se diretor do Instituto de Pesquisa Social na década de 1930, o transformou de instituição marxista ortodoxa em uma instituição multidisciplinar, de inclinação psicanalítica e marxista revisionista, é o exemplo prototípico de um intelectual judeu alemão de seu tempo que desapontou o pai ao não fazer sua vontade. Bem-sucedido e respeitado homem de negócios, proprietário de várias fábricas têxteis no distrito de Zuffenhausen, em Stuttgart, Moritz Horkheimer esperava que o filho lhe seguisse os passos. "Desde o meu primeiro ano de vida, esperava-se que eu fosse o sucessor de meu pai como diretor de uma companhia industrial", escreveria Max mais tarde.[9] Ele frequentou um ginásio não de tendência intelectual, mas de tendência "realística", cuja função era preparar estudantes para carreiras práticas. Como resultado desse desejo paterno, Max foi tirado da escola com quinze anos de idade, em 1910, para trabalhar nos negócios da família, e depois se tornou gerente iniciante. Seu pai arranjou-lhe trabalho como interino não remunerado em Bruxelas e em Manchester, para que o jovem Max pudesse aprender o negócio, bem como francês e inglês. Mas essas viagens ao estrangeiro liberaram Horkheimer. Livre das algemas paternas e da sufocante atmosfera de Stuttgart, ele escreveu a um amigo: "Escapamos do mundo onde a gente sofre, e nossa lembrança é a de uma alegria constante por estar livre disso".[10]

Em Bruxelas, juntou-se a ele Friedrich Pollock (1894-1970). Assim como Max, Friedrich era filho de um rico industrial, e também estava ganhando experiência nos negócios em outra fábrica da capital belga. "Fritz", que se tornou economista e cientista social e o predecessor de Horkheimer como diretor do Instituto de Pesquisa Social no final da década de 1920, seria um amigo de toda a vida, até mesmo uma alma gêmea. "Eu idealizava ter um amigo com quem pudesse compartilhar tudo que era importante para mim", ele lembrou mais tarde.[11] Havia um terceiro membro nesse grupo, que Horkheimer descreveu como uma *isle heureuse* — uma região carregada em termos intelectuais, emocionais e eróticos, além das restrições das normas burguesas —, a saber, Suze

Neumeier, prima de Horkheimer. Max conhecia Suze das visitas anuais que a família dela, vindo de sua casa em Paris, fazia a Stuttgart. Mas seu relacionamento tomou um rumo diferente quando ela tornou-se parte da panelinha. Horkheimer visitou-a em Paris e ela o seguiu até Calais. Os planos do pai dele eram que, depois de Bruxelas, o filho fosse a Manchester para familiarizar-se com as últimas técnicas de produção. Em vez disso, Horkheimer e Pollock alugaram um apartamento em Londres, e Suze logo se juntou a eles. Àquela altura, Max tinha se apaixonado por sua prima, e ela por ele. "*Je suis à vous*", ela escreveu a Horkheimer com seu sangue, "*corps et âme.*"* As famílias Neumeier e Horkheimer ficaram escandalizadas e avisaram a polícia britânica. O pai de Suze pôs uma pistola na bagagem e atravessou o canal da Mancha. Em Londres, os pais descobriram que Pollock já estava sob custódia da polícia. As famílias acabaram com o que Jon Abromeit chamou de *bateau ivre* do trio, devolvendo Max e Fritz a Stuttgart e Suze a Paris.[12]

No entanto, de volta a Stuttgart, Horkheimer continuou a se rebelar contra a autoridade do pai. Começou a trabalhar para a firma da família, mas logo engatou outro relacionamento, dessa vez com a secretária particular de seu pai. No que concernia a seus pais, Rose Riekher não era uma mulher adequada para o único filho dos Horkheimer: ela era oito anos mais velha que Max, de uma classe social inferior e não judia. Ela chegara à firma de Horkheimer apenas porque seu pai, também homem de negócios, tinha ido à falência, o que a obrigou a assumir o posto de secretária após se formar numa escola comercial. Mas quando o caso chamou a atenção dos pais de Max, ela foi demitida.

Desde o início, a ligação romântica de Horkheimer esteve associada à sua florescente crítica social — algo que já encontrava expressão nas novelas que escreveu durante a Primeira Guerra Mundial. Numa delas, intitulada *Primavera*, um jovem estudante abandona seus ricos pais por uma mulher de uma aldeia vizinha por quem se apaixonara. Eles caminham até uma capela no topo de uma colina, passando por um andarilho que a mulher conhece e de quem tem medo. Dentro da capela eles tentam evitar que pensamentos sobre aquele homem pobre estraguem sua romântica felicidade. Mas ele aparece no púlpito e lhes dirige um sermão sobre injustiça que perturba o casal. O homem então se aproxima deles e diz:

---

* "Eu sou sua, de corpo e alma." (N. E.)

Tenho pena de vocês, que agora conhecem a verdade. [...] Mas tirar os óculos cor-de-rosa e ficar confuso e desamparado não é o bastante. Vocês têm de usar seus olhos e aprender a andar nesse mundo mais frio. Embriaguem-se e aproveitem cada minuto que puderem passar sem estar conscientes, pois a consciência é terrível; só deuses podem possuí-la de forma clara e sem distorções e ainda assim sorrir.[13]

A religião do amor que o jovem estudante adotou como substituto da religião de seus pais, na qual não podia mais acreditar, era ela mesma insuficiente num mundo que é injusto.

Em outra novela dessa época, *Leonhard Steirer*, Horkheimer imaginou uma rebelião contra essa injustiça. Nela, um trabalhador epônimo encontra sua namorada Johanna Estland nos braços do filho do industrial que é seu patrão e o mata. Ele rouba o dinheiro do filho e depois foge com Johanna. "Se pessoas como ele podem ser 'boas'", Leonhard explica a Johanna com amargura,

pessoas cujos prazeres, cuja educação, de cuja vida os dias são adquiridos à custa de tanta infelicidade dos outros, então o que eu fiz não pode ser ruim. A diferença entre mim e ele é que eu tinha de agir, e tive a coragem e a força, enquanto ele era capaz de ficar em seu conforto e se divertir e nunca descobrir o que seu prazer estava custando e que estava manchado de sangue. [...] Johanna, se você não é desumana e cruel, você tem de ser minha, assim como foi dele![14]

Eles passam juntos um dia fatídico e feliz, gastando o dinheiro do filho assassinado em butiques e restaurantes antes de a polícia chegar e prender Leonhard, que depois é condenado à morte.

Leonhard não é tanto um personagem quanto um tipo não incomum na ficção europeia das primeiras décadas do século xx: um trabalhador frustrado em termos intelectuais, econômicos e sexuais num sistema capitalista intensamente estratificado socialmente que esmaga suas esperanças e seus sonhos. Leonhard Steirer é uma alma gêmea do empobrecido corretor de seguros Leonard Bast no romance *Howards End*, de E. M. Forster, publicado em 1910. Porém, enquanto Bast fica envolto em tristeza e ressentimento imobilizantes ("Não quero seu apoio. Não quero seu chá. Eu estava perfeitamente feliz", ele diz às involuntariamente protetoras irmãs Schlegel, que o tinham convidado a ir à sua casa para "ajudá-lo"),[15] Steirer prefere agir. Para Leonhard, ao menos naquele momento, a barbárie da civilização personificada em seu decaído rival é óbvia, mas é uma barbárie à qual se pode dar uma resposta com coragem e força — nesse caso, com assassinato.

E Johanna? Ela reflete sobre o "vago e misterioso sentimento de culpa" que tivera seu amante morto, o qual "ela nunca compreendera e pensava que era só um sintoma de sua doença". Ela acha que Leonhard merecia seu amor nem mais nem menos que o filho do industrial, "e o pensamento a faz estremecer".

> Por um momento ela viu o coração do mundo — com olhos arregalados, horrorizados —, ela viu a insaciável e cruel cobiça de tudo que vive, a dura e inescapável sina de toda criatura, a obsessão do desejo, que arde e tortura eternamente, que é a origem de todos os males e que nunca será extinta.[16]

Uma passagem aflitiva que parece tomada por empréstimo de Schopenhauer, cuja filosofia cativava muitos artistas e intelectuais alemães antes de Horkheimer.

No entanto, é como se, por trás da corajosa luta contra uma ordem social desumana que Horkheimer está imaginando aqui, subjazesse um espectro hediondo: o indestrutível e insaciável desejo que governa todas as criaturas e que necessariamente se expressa em cobiça e crueldade. É desse desejo que todos nós, marxistas ou não, somos escravos: estamos amarrados, pensava Schopenhauer, à roda de Íxion, na permanente servidão penal do desejo — da qual só podemos escapar pela apreciação artística, pelo projeto budista de renunciar ao desejo. Mas Schopenhauer era politicamente reacionário, um filósofo idealista alemão que não compartilhava da crença de seu contemporâneo Marx de que o propósito da filosofia não era interpretar o mundo e sim transformá-lo, eliminando a injustiça e a desigualdade sobre as quais se baseia o capitalismo.

Essa novela, que só foi publicada com outras da mesma época num volume intitulado *Aus der Pubertät* [Da puberdade], um ano após a morte de Horkheimer, em 1973, é intrigante porque envolve o casamento forçado de um casal com temperamentos incompatíveis — crítica social protomarxista e sofrimento schopenhaueriano. Leonhard representa uma crítica aos valores capitalistas de um pai industrial e de seu filho privilegiado e cúmplice (cujos análogos no mundo real são Moritz e Max Horkheimer). Johanna representa o sentimento pessimista de que a luta contra a injustiça é desfeita pela irremediabilidade do mal e inescapável sina do homem de ser possuído e degradado pelo desejo. Não é, conclui-se, um matrimônio que vai durar.

Mas será que o pessimismo schopenhaueriano solapa a própria *raison d'être* da luta marxista? Ao escrever sobre essas antigas novelas, Alfred Schmidt, em "Max Horkheimer's Intellectual Physiognomy" [A fisionomia intelectual de Max Horkheimer], alega que

> o aprisionamento da humanidade em eterna natureza e a inabalável luta contra a injustiça temporal já são temas centrais em seu pensamento. Tão essencial quanto sua opinião de que "a distribuição injusta de bens" seja abolida, ele assim mesmo se pergunta se a realização das mais ousadas utopias não deixaria o "grande tormento" intocado, "porque o cerne da vida é [...] atormentar-se e morrer".[17]

Com todo o seu marxismo hegeliano, Horkheimer nunca se divorciou de sua melancólica noiva schopenhaueriana. O primeiro livro de filosofia que leu foi *Aforismos para a sabedoria de vida*, de Schopenhauer, num exemplar que pegou em Bruxelas, em 1911. Em 1968, próximo do fim da vida, publicou um ensaio intitulado "Schopenhauer hoje", no qual escreveu: "Minha relação com Hegel e Marx e meu desejo de compreender e mudar a realidade social não extinguem minha experiência com sua [de Schopenhauer] filosofia, apesar das contradições envolvidas".[18] Schmidt alega que toda a sua teoria crítica está infectada, ou talvez fosse reforçada, por essa contradição:

> Temas conceituais de Marx e Schopenhauer — este último representando o *malum metaphysicum*, o mal metafísico, e o primeiro o *malum physicum*, o mal físico — atuam um contra o outro em todos os níveis da teoria crítica, porque a "sociedade justa" também é "um objetivo que sempre subentende culpa", não apenas um processo total e cientificamente controlado.[19]

Assim como para Benjamin a civilização tem necessariamente seu lado de barbárie, para Horkheimer até mesmo a utopia de uma sociedade justa está necessariamente manchada de culpa.

Dito isso, a escatologia de Schopenhauer, da qual Horkheimer comparti-lhava, não é a de Marx. Para Schopenhauer, não há uma redenção definitiva, nenhuma punição, nenhum céu, seja na terra, seja além dela. O que existe, sim, é a falta de sentido numa escala cósmica: "Toda coisa viva trabalha com o má-ximo empenho de sua força para algo que não tem valor. Mas, pensando bem, também vamos descobrir aqui que se trata de um ímpeto cego, um impulso totalmente sem fundamento e sem motivo".[20] Contudo, há também nessa filo-sofia uma noção de compaixão humana como motivo para a ação de mitigar o sofrimento — noção que Horkheimer considerou atraente. Schopenhauer pensava que a compaixão envolvia autoidentificação: "Em certa medida eu me identifiquei com o outro, e como consequência a barreira entre o ego e o não ego é por um momento abolida; somente então as questões do outro, sua ne-cessidade, sua aflição e seu sofrimento tornam-se diretamente os meus".[21]

Isso, em certo sentido, é o que Horkheimer faz com *Leonhard Steirer* — ele cria um mundo ficcional no qual é capaz de se identificar com outro ho-mem, e não um homem qualquer, mas um homem que mata o privilegiado e decadente filho de um pai patrão, que, para piorar, se engraçara com a amada do herói. Sentir compaixão por alguém que mata você (ainda que o crime en-volva somente um simulacro de si mesmo sendo morto num reino ficcional) é um feito da autoidentificação. E no entanto não se deve duvidar de que, com tudo que Horkheimer temia quanto à irracionalidade da classe inferior, sua culpa no que concernia a seu próprio privilégio como filho de um rico homem de negócios de Stuttgart combinava-se com seu desejo de mudança social. "Quero eliminar as fronteiras entre países e classes sociais", ele escreveu em seu diário, "apesar de saber que essa luta é insana."[22] Mais tarde, a culpa e a identi-ficação levaram Max Horkheimer à beira da loucura.

Na fase madura de sua filosofia, Horkheimer foi além dessa autoidentifi-cação e além da compaixão de Schopenhauer: em seu ensaio "Materialismo e metafísica", de 1933, ele escreveu que era a existência do sofrimento então com-partilhado que poderia levar à mudança social revolucionária.[23] Aqui, contudo, compartilhar o sofrimento significava bem mais do que o filho rico do patrão projetar-se imaginariamente na pessoa de um trabalhador oprimido, mais do que o ato schopenhaueriano de se identificar com o sofrimento do outro. Seja como for, há algo muito mais impactante na ficção adolescente de Horkheimer do que na crítica social protomarxista e no desalento schopenhaueriano. Há um quase não sublimado complexo de Édipo — no qual os embates com um pai capitalista bem-sucedido encontram expressão na revolução — que o conecta profundamente, nas vivências de sua formação, com outros importantes eruditos da Escola de Frankfurt que cresceram na mesma época.

Em outra de suas novelas dessa fase, *Trabalho* (1916), um jovem diretor de fábrica, Franz Lehndorf, volta-se contra o pai, que dirigia a firma, e incita os operários à revolução porque acredita que "um levante do povo para alcançar condições de existência [...] lhe daria acesso a uma verdadeira cultura". A expressão "verdadeira cultura" sugere que a finalidade da revolução é mais cultural do que material, com a ideia de cultura sendo concebida aqui numa percepção marxista patrícia com que vamos nos deparar repetidamente à medida que rastreamos a história da Escola de Frankfurt, em especial nos ensaios de Adorno sobre a indústria cultural: os trabalhadores, uma vez libertos do jugo da opressão, marchariam para as elevações ensolaradas de Beethoven, em vez de chafurdarem nos esgotos de Hollywood.[24]

É muito difícil não ler essas novelas como *romans à clef*. O filho do industrial com sentimento de culpa em *Leonhard Steirer* ou o patrício revolucionário em *Trabalho* são projeções do autor, e seus dramas são reflexos dos problemas que Horkheimer tinha com seu pai na vida real. A novela *Trabalho* foi dedicada a "Maidon", nome carinhoso com que ele chamava sua então amante e futura esposa Rose Riekher. Rose foi o amor da vida de Horkheimer — eles se casariam em 1926 e ficariam juntos até a morte dela, em 1969. Sua recusa em abandonar essa incompatível mulher não judia e de classe social inferior foi típica da luta de Horkheimer com seus pais, particularmente com o pai.

Horkheimer recebeu seus papéis de alistamento em setembro de 1916. Foi poupado de uma convocação mais cedo porque trabalhava na fábrica do pai. Como Pollock, nunca mais voltaria a trabalhar com o pai: após a guerra, ambos buscaram ensino intelectual nas mesmas três universidades: de Munique, Frankfurt e Freiburg. Foi apenas em 1926, quando Horkheimer concluiu suas qualificações acadêmicas — e com isso alcançou seu próprio sucesso num mundo que ficava além do mundo comercial no qual seu pai tinha esperado que ele deixasse sua marca —, que seus pais aceitaram receber Rose na família. A luta edipiana de Horkheimer, ao que parece, estava resolvida. Essa luta foi, talvez, até mesmo o exemplo de uma regra. "Em geral", escreveu Hannah Arendt, esses conflitos eram resolvidos com a pretensão dos filhos de serem gênios, ou, no caso de numerosos comunistas oriundos de casas prósperas, de serem devotados ao bem-estar da humanidade — seja como for, de aspirarem a coisas mais elevadas do que ganhar dinheiro —, e os pais preferiam se convencer de que isso era um pretexto válido para não terem de ganhar a vida.[25]

O caso de Walter Benjamin é uma demonstração disso. Ele repetidamente recusou-se a aceitar um emprego no mundo dos negócios que havia deixado Emil Benjamin rico, realizado e respeitado por muitos. Benjamin pedia dinheiro aos pais quando já estava bem entrado na casa dos trinta, e em suas cartas dizia que a insistência deles em que trabalhasse para viver era "inimaginável". Após a Primeira Guerra Mundial, no entanto, a fortuna da família Benjamin entrou em rápido declínio. Emil instou o filho para que empreendesse uma carreira com potencial financeiro e aceitou dar suporte às aspirações acadêmicas de Walter, contanto que ele e sua jovem família concordassem em viver num apartamento dentro da casa dos pais. O resultado foi um desastre. Walter alegou que a vida com os pais equivaleu a um "longo e terrível período de depressão".

Ele, a esposa Dora e o filho pequeno fugiram da casa de seus pais para ir viver na casa de um amigo. Ao partir, Benjamin recebeu um pagamento único de 30 mil marcos por conta de sua herança e mais 10 mil marcos para se estabelecer em sua própria casa — o que ainda não era suficiente para se sustentarem. Trabalhando em traduções, Dora tornou-se a principal provedora da família. Em vez de ganhar a vida, Benjamin comportava-se como se seus pais lhe devessem isso, contando com uma mesada de Emil e Pauline enquanto permanecia desempregado. É difícil não imaginá-lo como alguém ridiculamente mimado e se achando com direito a tudo, menos ainda quando se sabe que culpava a mãe ostensivamente protetora pelo fato de ele, com quarenta anos de idade, não ser capaz de preparar uma xícara de café.[26]

O não resolvido complexo de Édipo de Benjamin foi prefigurado pelo de Franz Kafka. Benjamin foi um dos mais sensíveis primeiros leitores de Kafka, e essa sensibilidade estava em alta consonância com os conflitos entre pais e filhos nas histórias, como se estas fossem meras alegorias das suas. O pai de Franz, Hermann, era o quarto filho de um *shochet*, ou magarefe ritual [pelas regras do ritual judaico], numa aldeia com grande população judaica no sul da

Boêmia. Hermann tinha trabalhado como representante comercial itinerante e depois se tornou varejista de quinquilharias e roupas, empregando quinze pessoas em Praga, onde ele e a esposa Julie tiveram seis filhos, dos quais Franz era o mais velho.

Assim escreveu Franz aos 36 anos em sua famosa *Carta ao pai*, com quase cem páginas:

> Você sempre me recriminou [...] de que, graças ao seu trabalho, eu vivia sem qualquer privação, na tranquilidade, no calor e na fartura. Penso aqui em certas observações que devem ter literalmente riscado sulcos no meu cérebro, como: "Já aos sete anos eu precisava levar a carroça pelas aldeias"; "Precisávamos dormir todos num cubículo"; "Ficávamos felizes quando tínhamos batatas"; "Durante anos, por falta de roupa de inverno suficiente, fiquei com feridas abertas nas pernas"; [...] "Mas apesar de tudo — de tudo — o pai era sempre o pai. Quem é que sabe disso hoje? O que é que os filhos sabem? Ninguém sofreu assim [...]". [27]

Quase no final da carta, Kafka imagina o que seu pai diria em resposta a essa não enviada evisceração de seu caráter:

> [Você] Está inadaptado para a vida; para poder se instalar confortavelmente nela, despreocupado e sem autorrecriminações, você demonstra que eu lhe tirei toda a capacidade para a vida e a enfiei no meu bolso. Que importa agora que você seja incapaz para ela? A responsabilidade é minha, mas você se espreguiça tranquilamente e se faz arrastar física e espiritualmente por mim. [28]

Eis uma preocupação constante nos escritos de Kafka e que Benjamin pode ter considerado pessoalmente relevante: a de que no conflito edipiano entre pai e filho, o filho acabava não sendo o que poderia ser, enquanto a autoridade do pai permanecia intacta. Kafka descreveu seu pai como "um verdadeiro Kafka na força, saúde, apetite, sonoridade de voz, dom de falar, autossatisfação, superioridade diante do mundo, perseverança, presença de espírito, conhecimento dos homens". [29] Esses eram os tipos de virtudes — se é que podemos chamá-las de virtudes — que os pais buscavam transmitir a seus filhos; mas eram na maior parte daquele tipo mundano que os filhos menosprezavam ou eram fracos demais para adquirir. Ratos de biblioteca, neuróticos, mal adaptados ao éthos social darwinista que fizera de seus pais homens de negócios de sucesso, filhos como Franz Kafka e Walter Benjamin não estavam preparados para a vida, ao menos para a vida como tinha de ser vivida no mundo capitalista moderno. Daí Gregor Samsa, em *A metamorfose* de Kafka, o filho que se transforma num inseto gigantesco que causa a desgraça do lar familiar e é incapaz de se sustentar. Daí, também, o primeiro grande conto de Kafka, *O veredicto*, que chamou a atenção crítica de Benjamin, sobre outro relacionamento entre pai e filho. No final, a história edipiana sofre uma reviravolta em relação à sua ordem natural, quando o ostensivamente decrépito, banguela, senil e velho pai atira longe a coberta, fica de pé sobre a cama e condena o filho à morte. Em seu ensaio para o jornal *Jüdische Rundschau* em 1934, por ocasião do aniversário de dez anos da morte de Kafka, Benjamin citou longamente esta passagem como se ele estivesse transfixado pelos paralelos entre o drama kafkiano do pai vingador punindo o ingrato e fracote filho e seus próprios embates com Emil Benjamin, que tinha morrido em 1926. "Você queria me cobrir, eu sei disso, meu frutinho, mas ainda não estou recoberto", diz o pai ao filho. O pai fala como se a cobertura fosse o túmulo, e sua recém-descoberta verticalidade expressa, apesar da abjeta tragicomédia costumeira de Kafka, o inesperado poder fálico que estava à espreita, antes, em seu roupão. "E mesmo que seja a última força que tenho, ela é suficiente para você, demais para você. [...] Mas felizmente ninguém precisa ensinar o pai a ver o filho por dentro."[30]

Dá para sentir que Benjamin está alarmado e constrangido ao escrever sobre essa cena.

> Ele teria de pôr em movimento eras cósmicas para poder transformar o velho relacionamento entre pai e filho numa coisa viva e consequente. Mas que consequências! Ele sentencia o filho à morte por afogamento. O pai é aquele que pune; a culpa o atrai, assim como aos oficiais de justiça.[31]

O paralelo que Benjamin faz aqui é impactante: o Estado patriarcal e burocrático pune injusta e incontrovertidamente, assim como seu protótipo, o pai. Contra um ou outro não há como recorrer. Georg foge do quarto escada abaixo, atira-se de uma ponte e se afoga.

A ordem natural, na qual o pai dá lugar ao filho, foi derrubada, e as rodas cósmicas entraram em reverso — ou ao menos assim imaginou Kafka nessa história perturbadora e enigmática. É um conto para sua época, um conto sobre pais vigorosos e mundanos que rejeitam seus destinos, com filhos hipersensíveis, criticamente astutos e dialeticamente imaginativos, congelados pela culpa e estorvados por seus poderes de projeção. Este é o problema com gênios sensíveis: dificilmente são homens de ação. Os principais luminares da Escola de Frankfurt tinham, todos eles, esse problema; um problema que, visto de outra maneira, é parte de seu fascínio.

É difícil, no entanto, não simpatizar com seus pais escoriados e obcecados pelo dinheiro. Tudo que eles queriam (visto de certo ângulo) era o melhor para seus precoces e privilegiados — poder-se-ia até mesmo dizer travessos — filhos. A generosidade de um pai para com seu filho aparece com frequência nas biografias dos membros da Escola de Frankfurt. Herbert Marcuse foi exatamente um desses filhos. Após prestar o serviço militar na Primeira Guerra Mundial (que, no fascinante relato de seu neto Harold,[32] não envolvia combates, e sim, tendo ocorrido na era pré-automobilística, "limpar o traseiro dos cavalos" para a infantaria em Berlim) e participar da Revolução Alemã de 1918, ele se tornou doutor em literatura alemã na Universidade de Freiburg em 1922 e depois trabalhou durante seis anos como livreiro em Berlim. Mas o que é significativo é o pai de Marcuse tê-lo provido com um apartamento e participação em seu negócio como editor de livros e antiquário.[33]

Essa magnanimidade e essa indulgência paternais mostram-se com muito mais clareza no caso de Theodor Adorno. Sem a segurança material da casa da família em Frankfurt provida por seu pai, mesmo que o mundo além de suas paredes virasse de cabeça para baixo, Teddie provavelmente não se teria tornado um vigoroso e autoconfiante intelectual. Marcuse, com certa reverência, relembrou muito mais tarde (num programa de TV no final da década de 1970) o modo de falar de Adorno, em sentenças tão bem-acabadas que poderiam ser enviadas diretamente para a gráfica.[34] O pai de Adorno, Oscar Alexander Wiesengrund, era um comerciante de vinhos judeu em Frankfurt que tinha travado suas próprias batalhas contra as expectativas dos pais, casando-se com uma cantora que não só tinha um nome sensacional, Maria Calvelli-Adorno della Piana, como também era católica. Oscar, então, renegou sua identidade judaica, tornando-se até mesmo hostil a ela — hostilidade que se expressou em seus sentimentos em relação aos judeus do Leste Europeu que tinham fugido dos pogroms na Rússia e na Polônia e se estabelecido nos distritos do leste de Frankfurt. Para o socialmente próspero e anglófilo homem de negócios que era Oscar, assim como para o pai de Leo Löwenthal, esses judeus recém-chegados com suas longas barbas e seus cafetãs eram uma afronta. Como expressou Siegfried Kracauer (1889-1966), que se tornaria um dos mentores intelectuais de Theodor Adorno, em seu romance *Ginster*: "Eles eram judeus que pareciam tão autênticos que se poderia pensar que eram imitações".[35]

O esnobismo dos judeus ocidentalizados e bem-sucedidos da Alemanha para com os recém-imigrados *Ostjuden* foi reconhecido com exatidão por Adorno, que, no texto-chave da Escola de Frankfurt, *Dialética do Esclarecimento*, com coautoria de Max Horkheimer, escreveu:

> O autocontrole iluminista com o qual os judeus assimilados conseguiram esconder sua dolorosa dominação por outros (uma segunda circuncisão, por assim dizer) os levou, de sua própria e há tanto tempo sofrida comunidade, diretamente para a burguesia moderna, que já se movia inexoravelmente para uma fria repressão e para sua reorganização como "raça" pura.[36]

Para Adorno e Horkheimer, escrevendo do exílio nos Estados Unidos, em tempos de guerra e numa percepção tardia, as esperanças de estar em segurança na sociedade burguesa alemã, alimentadas por pessoas como Oscar Alexander Wiesengrund, eram ilusões perigosas. Certamente, os recém-imigrados judeus do Leste Europeu que tinham escapado dos pogroms eram um visível lembrete daquilo que Oscar Alexander queria esquecer quanto a seus sofrimentos ancestrais.

Dado tal contexto, não é de surpreender que seu primeiro filho, Theodor Ludwig Wiesengrund Adorno, não tenha sido criado como judeu, e sim batizado como católico. Seu nome evocava, alega o biógrafo de Adorno, o duplo legado: por um lado, "a busca de seu pai por segurança material, com base nas virtudes da persistência e da cautela; por outro lado, havia o dom materno da empatia, com sua ênfase na criatividade e na espontaneidade da arte".[37] De fato, o papel de Oscar poderia ser prontamente reduzido ao preenchimento da função de assegurar os fundamentos do padrão de vida de classe média alta de sua família, de modo que o lado materno da família, mais criativo e musical, que acalentava seu querido filho, pudesse florescer.

A segurança emocional e material de Adorno foi crucial para sua personalidade de adulto. É uma personalidade que contrasta com a de seu mentor intelectual, Walter Benjamin. Benjamin concebia a si mesmo — e assim era tido por outros — como um trapalhão, propenso a ser vítima do azar e incapaz de encontrar seu caminho no mundo. "Assim como Proust", escreveu Hannah Arendt, "ele era totalmente incapaz de mudar as condições em que vivia, mesmo quando estas estavam prestes a esmagá-lo."[38] Adorno foi a antítese de um trapalhão que, mesmo se não mais brilhante que Benjamin, foi capaz de usar as qualidades que tinha adquirido como menino privilegiado — sua industriosidade, imperiosidade e autoconfiança — para explorar esse brilhantismo e chegar aonde queria. Desse modo, ele se estabeleceu na academia com dissertações sobre Husserl e Kierkegaard; assim, também, chegou ao epicentro do modernismo musical estudando composição com Alban Berg em Viena, na década de 1920.

Nem tudo isso se deveu ao modo como foi criado, mas dificilmente pode-se dizer que as circunstâncias da juventude segura de Adorno tenham sido meramente incidentais para sua personalidade ou para suas realizações. Leo Löwenthal descreveu Adorno aos dezoito anos de idade como "o mimado jovem cavalheiro de uma família próspera",[39] e outros amigos observaram que enquanto a Alemanha em geral e o centro comercial de Frankfurt em particular desmoronavam na pobreza e na miséria durante a hiperinflação de 1922, quando o poder aquisitivo do marco alemão desabava não de uma semana para outra mas de hora em hora, Adorno e sua família puderam se permitir viajar para a Itália e continuaram a viver num estilo relativamente pródigo. Muito disso se deveu à sagacidade de Oscar Wiesengrund, que investiu parte de sua fortuna em bens materiais e com isso evitou a falência e a ruína financeira que atingiram tantos outros, notadamente Emil Benjamin. Teddie beneficiou-se também de ser seu único filho homem, e portanto o principal beneficiário da relativa prosperidade da família.

Isso não quer dizer que ele não tinha seus próprios problemas com o pai. Como adolescente, considerava o pai uma corporificação dos valores burgueses, e via o interesse do homem de negócios na eficiência e no lucro como um inimigo de suas próprias preocupações, mas, apesar disso, não há indícios de que não respeitasse Oscar ou não reconhecesse suas conquistas.[40]

Mas sem dúvida seu principal relacionamento familiar não era com o pai, e sim com as duas mulheres que dominaram sua vida no início: a mãe, Maria, e a irmã mais nova dela, Agathe, de quem ele falava como tendo sido uma segunda mãe. A mãe era cantora de ópera, e a tia, pianista. Ao lermos sua biografia, temos a sensação de que Adorno foi um menino-prodígio que nunca cresceu (porque não precisou) e, paradoxalmente, um homem que, ao contrário de Benjamin, era capaz de funcionar no mundo dos adultos. Ele conseguiu fazer uma carreira acadêmica de sucesso, manter-se solvente e até mesmo reinventar a si mesmo no exílio após o distanciamento de sua pátria e de sua cultura, com uma confiança que é alheia à velhice.

Adorno, pois, não vivenciou a amargura do complexo de Édipo tanto quanto seus futuros colegas do Instituto de Pesquisa Social. Surpreendentemente, coube a um desses eruditos de Frankfurt que se tinha envolvido em conflito com o pai, o psicanalista Erich Fromm, rebelar-se contra a ortodoxia freudiana (nesse caso, um conflito edipiano com a autoridade do pai da psicanálise) e alegar que nem todas as sociedades humanas, certamente não as pré-capitalistas, propendiam tanto a esses conflitos. De fato, em seus anos de formação em Frankfurt, Fromm esteve alienado do espírito comercial de sua cidade natal em geral e do trabalho de seu pai como vendedor em particular, e foi atraído para o meio iconoclasta, espiritual e estudioso de dois substitutos iniciais do pai: seu tio Emmanuel, que apresentou o jovem Eric à riqueza da alta cultura europeia, e o grande tio Ludwig, que introduziu o rapaz nas alegrias do estudo talmúdico.[41]

Como adulto, Fromm mergulhou na obra do jurista suíço luterano do século xix Johann Jakob Bachofen, cujo livro *Das Mutterrecht* [O matriarcado], de 1861, seria o primeiro desafio ao prevalente conceito da ortodoxia de que a sociedade patriarcal representava o estado natural das coisas, e com isso validando o capitalismo, a opressão e a hegemonia masculina, como alega o biógrafo de Fromm, Lawrence Friedman. A leitura de Bachofen também estimulou Fromm a refletir sobre a ideia de que a ligação entre mãe e filho era a raiz da vida social, e que numa sociedade matriarcal não havia rixa e conflito nem mesmo propriedade privada — reflexões que foram decisivas para que ele desenvolvesse seu humanismo socialista. Na descrição feita por Bachofen, as sociedades matriarcais funcionavam como o que Fromm chamou de "democracias socialistas primitivas", nas quais sociabilidade, generosidade, ternura, religiosidade e igualitarismo prevaleciam.

Mas então algo terrível aconteceu. Segundo a extrapolação feita por Fromm do texto de Bachofen, o patriarcado foi desencadeado por mulheres. As mulheres inventaram o matrimônio monogâmico para se livrarem do aborrecimento representado por parceiros múltiplos e desenfreadas demandas sexuais. Logo surgiram sociedades patriarcais nas quais os homens lutavam pela dominação das mulheres e dos carentes. Enquanto o amor maternal pelo recém-nascido tinha sido livre e incondicional, e com isso estimulado a autoconfiança da criança, no patriarcado o amor paternal era condicionado ao cumprimento de obrigações, e na medida em que a criança não correspondesse a isso, tornava-se psiquicamente insegura. A racionalidade, a propriedade privada, conceitos jurídicos abstratos e o poder do Estado substituíram as prioridades da sociedade matriarcal, que eram sensualidade, emoção, prazer e felicidade. Como resultado, a sociedade ficou cheia de conflitos, emocionalmente reprimida e carregada de culpa.

O livro de 1904 do sociólogo alemão Max Weber, *A ética protestante e o "espírito" do capitalismo*, recapitula grande parte da perspectiva de Bachofen. Para Weber, foi a ética protestante do trabalho que tornou possível o capitalismo. Para ele, o protestantismo proporcionou as condições sob as quais muitas pessoas da Europa setentrional puderam estabelecer seus próprios negócios e acumular riqueza para investir. O resultado foi o crescimento do capitalismo moderno e uma rápida industrialização em vários países do norte da Europa. Mas o crescente desenvolvimento tecnológico que ocorreu nas sociedades capitalistas alienou o trabalhador da natureza e serviu para subjugar os fracos. O filho da cultura patriarcal, perseguido pela culpa e que nunca podia corresponder aos desejos do pai, tornou-se como que um exemplo emblemático da natureza das sociedades capitalistas que surgiram na Europa — a culpa, a alienação, a autoalienação, a propensão ao conflito, a repressão emocional, todos os combustíveis úteis que garantiram a condução eficiente do capitalismo.

Com o patriarcado surgiu o conflito edipiano entre pai e filho. Em *A arte de amar*, Fromm escreveu: "Quando a propriedade privada passou a existir, e quando a propriedade privada pôde ser herdada por um de seus filhos, o pai começou a olhar esse filho como alguém a quem poderia deixar sua propriedade". Como resultado, alegou Fromm, o amor paterno, diferentemente do amor materno, é condicional — e tem um aspecto negativo e um aspecto positivo:

> O aspecto negativo é o fato em si de que o amor paterno tem de ser merecido, que ele pode ser perdido se [o filho] não fizer o que se espera dele. Na natureza

do amor paterno subjaz o fato de que a obediência torna-se a principal virtude, e que a desobediência é o principal pecado — e sua punição é a retirada do amor paterno. O aspecto positivo é igualmente importante. Dado que seu amor é condicional, posso fazer algo para adquiri-lo, posso trabalhar por ele; esse amor não está fora do meu controle, como está o amor materno.[42]

Mas este último aspecto só é positivo para quem é criado sob o espírito do capitalismo de acordo com a ética protestante do trabalho. Para esses, o amor paterno é uma remuneração que pode ser obtida por meio do trabalho. Recusar-se a trabalhar por esse amor era uma quebra de contrato no emprego da pessoa. Em vez disso, ansiar pelo paraíso do amor maternal incondicional era contrário ao *Zeitgeist*, contra a lei do patriarcado, toda aquela coisa de sonho utópico. Não é surpresa que dois membros da Escola de Frankfurt, Fromm e Adorno, com todas as suas diferenças, sonhassem com tal utopia.

Será que o conflito edipiano atuou do modo como Fromm o descreve aqui em seu próprio conflito com o pai, Naphtali? Não exatamente. Fromm afastou-se de um pai que ele considerava neurótico e fraco. "Sofri sob a influência de um pai patologicamente ansioso que me sobrecarregava com essa ansiedade, e ao mesmo tempo não me orientava nem tinha uma influência positiva em minha educação."[43] Em vez disso, ele buscou um ego ideal, em outro lugar, um pai substituto. Encontrou essa figura em seu tio Emmanuel, e disse à sua prima Gertrud que preferia o pai dela a seu próprio pai.

Nem todos os eruditos de Frankfurt tinham esses embates com seus pais. Por exemplo, o pai do economista e líder político marxista Henryk Grossman morreu com 54 anos, quando Henryk tinha quinze, e fica-se tentado a dizer que todas as lutas que ele travou com o patriarcado assumiram a forma de ação política juvenil contra pais simbólicos — o patriarcal Império Habsburgo e os velhos sionistas conservadores de sua Galícia natal. Mas acontece que sua vida foi diferente do que era a norma na Escola de Frankfurt. Nascido na cidade galiciana de Cracóvia, Grossman teve um início de vida de ativismo político tão excitante que a primeira parte de sua biografia, por Rick Kuhn, poderia facilmente virar um thriller político.[44] Ainda jovem, organizou greves de trabalhadores judeus, liderou o Partido Social-Democrata Judaico, gabava-se de ter namoradas que eram traficantes de armas para os bolcheviques e que escondiam as armas em suas roupas íntimas de seda, ao mesmo tempo que teorizava com maiores detalhes as nuanças do marxismo desprezadas por seus futuros colegas em Frankfurt — a saber, a tendência de queda da taxa de juros no capitalismo.

Grossman era um judeu rigoroso que desprezava o sionismo por julgá-lo um desvio burguês. Ele tinha a autoconfiança intelectual de Adorno e, em oposição a outros judeus afrontados, estava disposto a testar suas teorias com seus princípios socialistas de uma maneira que era estranha aos outros pensadores da Escola de Frankfurt. Se o capitalismo era a manifestação econômica da sociedade patriarcal e os impérios europeus (o russo, o dos Habsburgo e particularmente o alemão) eram seu sombrio ato final, Grossman era então um homem indômito, um revolucionário órfão que não se curvava a nenhuma autoridade, a não ser a da teoria marxista, como refratada nos escritos de Lênin e de Lukács. Um incidente tipifica Grossman. Em 1906 ele foi proferir um discurso em Chrzanów, uma pequena cidade no que é hoje o sudoeste da Polônia, onde seu Partido Social-Democrata Judaico buscava incentivar o que era então uma população predominantemente judaica a organizar associações e sindicatos socialistas como oposição aos judeus chassídicos dominantes. As coisas não correram bem. Estudantes de direito da classe média de Cracóvia e seus associados de terno escuro apareceram no *shtetl* como verdadeiros alienígenas. "Zelotes chassídicos", escreve Kuhn, incitaram uma multidão a espancá-lo e a atirá-lo, com seus camaradas, para fora da cidade. "Os prestamistas e capitalistas de Chrzanów tinham difamado os socialistas afirmando que eles queriam organizar pogroms, como na Rússia." E o folheto do partido de Grossman, distribuído na cidade, afirmava: "Queremos apenas melhorar a situação dos trabalhadores, conscientizá-los e educá-los".

O assunto não estava encerrado. O partido de Grossman advertiu: "Vamos ver quem é mais forte: centenas e milhares de trabalhadores organizados ou um bando de trapaceiros e emprestadores de dinheiro".[45] Onze meses após ter sido espancado, Grossman processou seus agressores e os pôs diante de um juiz em Chrzanów. A história demonstra que Grossman foi uma excentricidade na Escola de Frankfurt, um intelectual orgânico da classe trabalhadora que lutou pelo socialismo nas ruas e pelo bem-estar de judeus — mesmo que isso significasse tomar de outros judeus.

Grossman compartilhava algo do background de Carl Grünberg (1861-1940), o filósofo marxista nascido na Romênia que, como veremos no próximo capítulo, tornou-se diretor do Instituto de Pesquisa Social em 1924. Ambos eram judeus órfãos de pai e vinham dos confins do Império Habsburgo. Os dois eram bem mais velhos que seus colegas em Frankfurt que iriam desenvolver o movimento intelectual multidisciplinar chamado teoria crítica, ao qual nenhum desses dois, que tendiam a um marxismo científico, era, por temperamento, simpático. Grünberg tinha se convertido ao catolicismo em parte para assegurar seu cargo de professor de direito e ciência política na Universidade de Viena, e embora Grossman nunca tivesse rejeitado com firmeza sua religião judaica, os dois tinham uma visão materialista e hostil a crenças espirituais. Sem dúvida, Grünberg tornou-se um pai substituto para Grossman, um ideal do ego, já que foi o primeiro professor declaradamente marxista numa universidade de língua alemã. Ele demonstrava ao homem mais jovem que havia a possibilidade de uma carreira acadêmica respeitável. Na época em que Grünberg era professor iniciante em Viena, em 1906, o jovem Grossman frequentava seus seminários.

Mais tarde, Grünberg tornou-se orientador acadêmico de Grossman, dando-lhe suporte e o aconselhando na escolha do tema para um pós-doutorado ou uma habilitação que facilitaria seu ingresso na academia. (Já em 1925, quando Grossman, então com 44 anos e professor em Varsóvia, teve de fugir da Polônia, onde estava ficando difícil fazer trabalho acadêmico devido a perseguições políticas, foi Grünberg quem arranjou as coisas para que ele se tornasse pesquisador associado naquele atraente instituto de tendência marxista em Frankfurt. Grünberg tinha se tornado diretor da Escola de Frankfurt no ano anterior.)

Mas se os anos anteriores de Grossman como combatente nas ruas fizeram-no parecer um herói da revolução, o que ele fez durante a Primeira Guerra Mundial solapou essa história. O homem que até então tinha credenciais impecáveis e radicais tornou-se funcionário do Estado imperial dos Habsburgo. Depois de tentar fazer carreira acadêmica em Viena, ele foi recrutado para o 5º Regimento de Artilharia de Campo do Exército austríaco em fevereiro de 1915, e participou do combate contra as forças russas no ano seguinte. Na região plana, florestal e pantanosa da Volínia, agora na Ucrânia, sua unidade atuou no rechaço à ofensiva russa. O biógrafo de Grossman considera que os austro-húngaros perderam 1 milhão de homens naquela campanha russa, mas Grossman não foi um deles.

Valorizado mais por seus talentos intelectuais do que marciais, ele foi chamado quando estava na linha de frente e designado para compor um grupo de especialistas no Ministério da Guerra, onde foi promovido a tenente responsável por escrever relatórios sobre a coordenação da economia de guerra. Ele calculava, por exemplo, quanto custava ao Exército austro-húngaro manter seus prisioneiros de guerra e quanto custava a outros países manter prisioneiros de guerra dos Habsburgo. O economista marxista também ajudou na preparação de informes para o conde Czernin, secretário do Exterior do Império Habsburgo, nas negociações de paz em Brest-Litovsk, quando esteve diante da delegação bolchevique liderada por Liev Trótski e Karl Radek. Com todas as suas credenciais radicais, Grossman estava trabalhando para o lado errado, e não há evidência de que tenha participado da fracassada Revolução Austríaca de 1918. Ele só retornou ao ativismo político comunista quando voltou para Varsóvia, no ano seguinte.[46]

Muitos outros membros do que viria a ser dentro de poucos anos a Escola de Frankfurt eram, em sua maior parte, jovens demais, sortudos demais ou matreiros demais para servir na guerra, em qualquer função. Adorno, por exemplo, tinha apenas quinze anos quando a guerra acabou. Em seu decorrer, ele colecionou modelos de navios de guerra que obtinha na papelaria de sua escola, leu o Guia de Bolso das Marinhas do Mundo e sonhava em ser capitão de um navio de guerra. Seu pai judeu Oscar, em contraste, foi convocado e depois homenageado por seu serviço na guerra — uma honra que não teve valor algum para os nazistas, que o mandaram para o exílio na década de 1930.[47]

Horkheimer ficou isento de convocação até 1916, mas mesmo depois disso nunca foi enviado para a frente de combate. Isso pode se dever ao fato de ele ter sido, àquela altura, um pacifista, desiludido com as incursões de fervor nacionalista de muitos de seus compatriotas. "Estive em Londres e em Paris, e nunca acreditei que o povo lá fosse mais a favor da guerra do que o nosso 'Kaiser amante da paz'", escreveu ele mais tarde.

> Não achava que fossem seres humanos piores do que eu e que, portanto, eu tinha de atirar neles. [...] Minha fé no que me ensinaram na infância sobre o Reich alemão ficou estremecida. Eu tinha a clara sensação de que algo horrível havia acontecido à Europa e não poderia ser revertido.

Em 1914, ele escreveu: "Odeio os exércitos que estão em marcha para proteger propriedades. [...] Motivações bestiais guiam suas armas — motivos que devem ser superados em nossa busca de esclarecimento, e que têm de ser destruídos se quisermos nos tornar seres humanos". Num conto chamado *Jochai*, ele imaginou um soldado raso fugindo da batalha.

> O profundo ressentimento compeliu-o, o judeu, a não matar e sim descarregar seu desespero, o desespero de todos os escravos, num grito lancinante que chegasse aos ouvidos dos senhores, destruísse sua contida indiferença, ajudando a destruir a fachada de ilusória consciência de seu mundo; dessa maneira ele optou por uma vitória intelectual.[48]

Horkheimer nunca fugiu do combate gritando, mas é difícil não ler essa passagem como outra coisa que não a projeção imaginária de si mesmo na loucura da guerra, da qual ele se distanciou por todos os meios necessários.

Os pensamentos de Horkheimer batem aqui com o ceticismo da esquerda alemã em relação à guerra em 1914. O Partido Social-Democrata da Alemanha (SPD), que era a principal força do movimento operário e o maior partido político do país, organizou manifestações contra a guerra em julho de 1914, na esteira do assassinato do arquiduque austríaco Francisco Ferdinando. Mas no mês seguinte, após a Alemanha ter declarado guerra ao Império Russo, o SPD se deixou levar pelo entusiasmo nacional pela guerra. Em dezembro, Karl Liebknecht, único deputado a ser opor aos bônus de guerra, foi impedido de discursar na câmara explicando seu voto, e assim, em vez disso, fez circular um folheto alegando que os soldados alemães deveriam voltar as armas contra seu próprio governo e derrubá-lo. "É uma guerra imperialista", escreveu Liebknecht, "uma guerra para o controle capitalista do mercado mundial, para o domínio político de imensos territórios e para dar espaço ao capital industrial e bancário."[49] Ele foi preso por alta traição, assim como, mais tarde, Rosa Luxemburgo, a socialista que iria liderar com ele a fracassada Revolução Alemã de 1918-9.

O estudante Walter Benjamin, de 23 anos, compartilhava da análise de Liebknecht e Luxemburgo quanto à guerra e, consequentemente, decidiu esquivar-se de uma convocação. Em outubro de 1915, Benjamin e Gershom Scholem consolidaram sua amizade ficando acordados a noite inteira e tomando grandes quantidades de café preto até as seis horas da manhã. Tomar café, independentemente da conversa (que abrangia cabala, judaísmo e filosofia), era "uma prática seguida por muitos jovens antes de seus exames físicos no Exército", escreveu Scholem em suas memórias, *Walter Benjamin: A história de uma amizade*.[50] O truque era que isso simulava um coração fraco — e funcionava. Naquele dia, mais tarde, Benjamin se apresentou para um exame médico e sua convocação foi postergada.

Como Horkheimer, Benjamin não conseguiu compartilhar do estado de espírito nacionalista de sua pátria. Com efeito, no início da guerra, Benjamin tinha rompido dolorosamente com um de seus primeiros mentores intelectuais, o reformador educacional Gustav Wyneken, exatamente devido ao apoio que este dava à guerra. Wyneken havia sido professor do jovem Benjamin num internato particular progressista chamado Haubindia, na Turíngia, em 1905. Lá o jovem Walter fora cativado pela doutrina de Wyneken sobre a Cultura Jovem, que sustentava que os jovens eram moralmente superiores aos mais velhos. De Wyneken ele aprendera que os jovens, a humanidade por vir, deviam ser educados como cavaleiros para proteger o "*Geist*", os valores espirituais da arte. O que o pai de Walter (que para Wyneken supostamente representava a velha e corrupta ordem) pensou ao receber a conta por essa educação não está registrado, nem suas opiniões sobre as futuras incursões do filho na política estudantil, que tiveram como premissa o conceito de uma juventude engajada no "trabalho mais sagrado da humanidade". Mas quando a guerra começou, Benjamin abandonou a Comunidade Escolar Livre de Wyneken devido ao ensaio de seu ex-professor, "Guerra e juventude", que alegava que a guerra ofereceria aos jovens uma experiência ética. Benjamin escreveu a Wyneken, acusando-o de sacrificar a juventude no altar do Estado. No ano seguinte, instigado por Scholem, ele lia a revista teórica do Grupo Internacional de Luxemburgo e Liebknecht, *Die Internationale: Zeitschrift für Theorie und Praxis des Marxismus* [A Internacional: Revista de Teoria e Prática Marxista]. Benjamin estava em processo de mudança, passando de devoto da cultura ética jovem para sua madura porém eclética filosofia marxista.[51]

Para algumas das principais luzes da Escola de Frankfurt, então, era como se a Primeira Guerra Mundial fosse uma tempestade vislumbrada de uma distância segura, e não da maneira como Kant descreveu a experiência do sublime. Após escapar da convocação, Benjamin foi para Munique. "Em meu último exame físico no Exército, ganhei um adiamento de um ano, embora tivesse pouca esperança de que a guerra estaria terminada em um ano", ele escreveu a Scholem em outubro de 1915. "Meu plano é conseguir trabalhar em paz, ao menos por uns poucos meses, em Munique." Depois ele passaria o restante da guerra na Suíça, estudando para seu doutorado na Universidade de Berna.[52]

Contraste a guerra de Benjamin com a de outro filósofo judeu de língua alemã com um temperamento místico. Ludwig Wittgenstein estava trabalhando em seu grande texto filosófico, o *Tractatus Logico-Philosophicus*, enquanto servia, em 1916, como voluntário no Exército austríaco na frente oriental, sendo assim um involuntário camarada de Henryk Grossman. Sentado em seu posto de observação, Wittgenstein escreveu que se sentia "como o príncipe em seu castelo encantado", esperando, com expectativa, o bombardeio noturno. Na manhã seguinte, relatou: "De vez em quando eu sentia medo. Este é o mal de se ter uma falsa visão da vida".[53] Nenhum dos pensadores da Escola de Frankfurt que estamos considerando poderia ter escrito tais sentenças: para a maioria deles, a guerra não era uma filosofia pessoal ou uma aventura excitante para testar a determinação de alguém, mas um desastre a ser evitado a todo custo.

Quanto a Herbert Marcuse, a experiência como herói de guerra do futuro estudante radical foi limitada.[54] Ele tinha sido convocado para uma divisão da reserva em 1916, depois de prestar seu último exame no ginásio, mas permaneceu na Alemanha devido à sua visão deficiente. Seus deveres eram tão leves que, mesmo quando servia na reserva do Zepelim, conseguia assistir a aulas. Não obstante, ele alegou ter obtido educação política de suas experiências no Exército e durante a Revolução Alemã em 1918. O que é certo é que em 1917 ele se juntou ao Partido Social-Democrata (SPD) como forma de protesto contra a guerra — uma decisão estranha, já que naquele ano o Partido Social-Democrata Independente (USPD) tinha se formado exatamente em oposição à tendência pró-guerra do SPD; Marcuse tampouco pensou em se juntar à facção espartaquista de Luxemburgo e Liebknecht.

Foi apenas no final de 1918 que o jovem Marcuse começou a se radicalizar. A situação militar da Alemanha em rápida deterioração e a crescente incidência de greves aumentaram a possibilidade de uma revolução alemã análoga à dos bolcheviques no outono anterior. Em outubro, marinheiros em Kiel tinham se rebelado; uma república socialista de estilo soviético foi estabelecida, embora por breve período, na Baviera, a qual, como descreve Rolf Wiggerhaus, Horkheimer e Pollock observaram "de uma distância bastante digna".[55] A energia revolucionária espraiou-se para Berlim, onde Marcuse juntou-se a um conselho de soldados. Em novembro, Liebknecht e Luxemburgo foram libertados da prisão e, um dia depois, proclamaram Berlim como uma República Socialista Livre. Marcuse foi levado pelo fervor revolucionário e tornou-se membro da força de defesa civil da cidade, que era comunista. Um dia ele se viu na Alexanderplatz, encarregado de disparar contra atiradores da direita, que por sua vez tinham como alvo manifestantes de esquerda e agitadores revolucionários.

Nos últimos dias de 1918, a Liga Espartaquista, o USPD e os Comunistas Internacionalistas da Alemanha (IKD) realizaram um congresso que resultou na fundação do Partido Comunista da Alemanha, no dia de Ano-Novo de 1919, sob a liderança de Luxemburgo e Liebknecht. Naquele dia, Rosa Luxemburgo disse:

> Hoje podemos dar início, seriamente, à destruição do capitalismo de uma vez por todas. Não, mais do que isso: não só estamos hoje em condições de realizar essa tarefa, não só essa realização é um dever para com o proletariado, mas nossa solução oferece o único meio de salvar a sociedade humana da destruição.[56]

Mas essas esperanças foram rapidamente esmagadas. O líder do SPD, Ebert, conclamou veteranos de guerra da direita a destruírem a revolução, e em 15 de janeiro foi desferido o golpe decisivo. Luxemburgo e Liebknecht foram capturados e assassinados. O corpo de Rosa Luxemburgo foi atirado pelos Freikorps* no canal Landwehr, em Berlim. Em seu poema "Epitáfio 1919", Brecht escreveu:

> *A Rosa Vermelha agora também sumiu*
> *Onde ela está, ninguém sabe ou viu*
> *Ela contou aos pobres o que a vida pode ser*
> *E assim os ricos a fizeram desaparecer.*[57]

---

* Os Freikorps (corpos livres) eram milícias anticomunistas e protofascistas formadas por civis e veteranos de guerra na luta contra a revolução na Alemanha em 1918-9. (N. E.)

Marcuse deixou o SPD após os assassinatos. Para ele, como para muitos outros alemães de tendência esquerdista na época, os sociais-democratas tinham traído as esperanças socialistas de uma nova Alemanha no pós-guerra, e em vez disso foram coniventes com o estamento militar prussiano, permitindo que este mantivesse suas hierarquias sob o novo governo de Ebert. A República de Weimar nasceu, então, do sangue dos mártires socialistas.

Mas o que é marcante no que concerne a Marcuse, e sua experiência é emblemática da Escola de Frankfurt, é que depois do fracasso da revolução ele mergulhou em livros, tentando elaborar por que a Revolução Russa, que tanto o excitara, não se repetira na Alemanha. Anos mais tarde lhe perguntaram por que não ingressara no Partido Comunista como fizeram seus camaradas marxistas György Lukács e Karl Korsch. "Eu não sei", ele disse a um entrevistador em 1972.

> Em 1919, quando fui de Berlim para Freiburg [onde iria estudar com o filósofo que mais tarde apoiaria os nazistas, Martin Heidegger], a vida era completamente apolítica. [...] Não obstante, fiquei cada vez mais politizado durante esse período. Era evidente que o fascismo estava chegando, e isso levou-me a um estudo intensivo de Marx e de Hegel. Freud veio um pouco depois. Fiz tudo isso com o objetivo de compreender exatamente por que, numa época em que se apresentavam condições autênticas para uma revolução, a revolução tinha desabado ou fora derrotada, as velhas forças tinham voltado ao poder e a coisa toda estava recomeçando novamente de uma forma degenerada.[58]

Décadas depois houve uma pungente coda para esses conflitos edipianos dos principais luminares de Frankfurt. Por mais que muitos desses homens se rebelassem contra a autoridade paterna, eles chegaram a lamentar sua extinção e viram isso como sendo a destruição das famílias burguesas na sociedade totalitária sob os nazistas. Em 1941, em seu exílio nos Estados Unidos, no momento em que os nazistas estavam no auge do poder na Europa, Horkheimer escreveu:

> Durante o apogeu da família, o pai representava para o filho a autoridade da sociedade, e a puberdade era o inevitável conflito entre esses dois. Hoje, no entanto, o filho está cara a cara com a sociedade e o conflito é resolvido ainda antes

de surgir. O mundo está tão possuído pelo poder daquilo que é e pelos esforços de se ajustar a ele, que a rebelião adolescente, que uma vez foi contra o pai porque suas práticas contradiziam sua própria ideologia, já não pode aflorar.[59]

Visto dessa maneira, o pai patriarcal que uma vez tinha servido ao Estado protestante capitalista, assegurando que seus valores fossem instilados na geração seguinte, não era mais necessário. O pai e a família haviam sido os guardiões da cultura capitalista, bem ao modo como os escribas monásticos tinham poder porque detinham o monopólio da transmissão da palavra de Deus. Mas da mesma forma que o advento da imprensa tornara os escribas obsoletos, assim o surgimento da sociedade totalitária tornou redundante o poder dos pais e da instituição familiar. Portanto, as pugnas edipianas que Freud tinha visto como fatos naturais no que tange à sociedade humana poderiam estar com os dias contados. Erich Fromm suspeitava que as lutas edipianas tinham tido um começo, e agora Horkheimer estava postulando seu fim. "Depois de Freud, a relação entre pai e filho foi revertida", ele escreveu. "O filho, e não o pai, corresponde à realidade. A reverência com que a Juventude Hitlerista é vista por seus pais não é mais que a expressão política de uma situação universal."[60]

Esses pensamentos melancólicos e pesarosos, muito próximos de serem conservadores, foram adotados por Adorno poucos anos mais tarde em seu livro *Minima moralia: Reflexões a partir da vida danificada*, escrito em comemoração ao aniversário de cinquenta anos de Horkheimer, em 14 de fevereiro de 1945, numa época em que os dois homens e o próprio Instituto de Pesquisa Social estavam no exílio nos Estados Unidos. Numa seção anterior do livro, ele escreveu:

> Nosso relacionamento com os pais está começando a passar por uma triste e sombria transformação. Com sua impotência econômica, eles perderam a condição de formidáveis. Houve um tempo em que nos rebelamos contra sua insistência no princípio da realidade, numa sobriedade sempre propensa a se voltar em ira contra os menos dispostos à renúncia.[61]

Essa observação evoca a culpa do desgraçado filho em *O veredicto* de Kafka, na esperança de que retorne toda a potência do pai (se é que não evocando o pesadelo kafkiano que se segue, quando seu desejo se realiza).

O princípio da realidade aqui invocado por Adorno foi definido por Freud em *O mal-estar na civilização*, em oposição ao princípio do prazer. Este último, pensava Freud, é o que nos guia através da infância — seguimos nosso id na satisfação de nossa ânsia pelo prazer. O princípio da realidade é a correção adulta a essa indulgência juvenil, a força do ego que garante que nos comportemos de modos socialmente aceitáveis e que, portanto, envolve a renúncia — ou repressão —, descreve Adorno. Freud concebe a civilização como envolvendo uma crescente repressão da qual parece não haver escapatória. Como veremos, Marcuse respondeu a esse pessimismo em seu livro *Eros e civilização: Uma interpretação filosófica do pensamento de Freud*, de 1955, argumentando que a libertação requer uma liberação do princípio do prazer reprimido. Para Marcuse, numa análise que funde Marx e Freud, a liberação do princípio do prazer significa o solapamento do princípio da realidade. "Os homens não vivem suas próprias vidas, mas realizam funções preestabelecidas", ele escreveu. "Enquanto trabalham, não preenchem suas próprias necessidades e faculdades, mas trabalham em *alienação*."[62]

Mas o coquetel que Marcuse faz de Marx com Freud seria para o futuro, como um fundamento teórico para a libidinal rebelião radical da década de 1960 contra a sociedade formal e repressiva — em outras palavras, "o Homem", ou o poder simbólico do pai. Na década de 1940, quando escreveu *Minima moralia*, Adorno não estava preocupado com o poder patriarcal tanto quanto com a impotência parental, impotência trazida pelo solapamento do papel social da família nas sociedades coletivistas em geral e na Alemanha nazista em particular. Sim, a morte do poder patriarcal do pai era, ou ao menos tinha sido uma vez, uma consumação a ser desejada com devoção. Mas não daquela maneira. "Até mesmo as esquisitices neuróticas e as deformidades de nossos anciãos correspondem a um caráter, a algo adquirido humanamente, em comparação com uma saúde doentia, um infantilismo alçado a norma", escreveu Adorno.[63] É como se Adorno estivesse escrevendo aqui com a afeiçoada sensibilidade de um filho em relação a seus queridos pais e os contrastando com aquilo que suplantara seu poder, a saber, as instituições de controle social estabelecidas pelos nazistas.

Saúde doentia? Infantilismo normativo? Difícil não pensar na Juventude Hitlerista com suas calças curtas, ou no belo corpo do fascismo estético de Leni Riefenstahl. Na época em que Adorno escreveu isso, sua tia Agathe tinha morrido, mas tanto Oscar quanto Maria estavam vivendo em Nova York, em grande medida graças aos esforços do filho para tirá-los da Alemanha nazista. Eram reminiscências de uma infância idílica e de um mundo antes dos nazistas. O título dessa seção em *Minima moralia*, "Assento relvoso", é uma alusão à conhecida canção alemã: "O lugar mais querido que tenho na terra/ É o pedacinho de grama no túmulo de meus pais". A piedade filial substituiu a luta edipiana:

> Um dos ultrajes simbólicos dos nazistas é a matança dos mais velhos. Esse clima fortalece um entendimento tardio e lúcido com nossos pais, como o que há entre condenados, prejudicado apenas pelo medo de que, estando nós mesmos impotentes, possamos ser agora incapazes de cuidar deles tão bem quanto eles cuidaram de nós quando possuíam alguma coisa.[64]

Em tais circunstâncias, talvez, podemos perdoar Adorno por sua posição quanto ao que uma vez lhe parecera ser o bastião do patriarcado, a máquina de converter crianças em trabalhadores para o capitalismo, ou seja, a família. Pois agora ele estava sugerindo que a família, longe de ser uma instituição contra a qual era necessário se rebelar, era o esteio da resistência à sociedade totalitária:

> Junto com a família desaparece, enquanto o sistema permanece, não somente o mais efetivo agente da burguesia, mas também a resistência, a qual, embora reprimindo o indivíduo, também o fortaleceu, e talvez até mesmo o tenha produzido. O fim da família paralisa as forças da oposição. A ordem coletivista que surge é um arremedo de uma ordem sem classes: junto com a burguesia ela liquida a utopia que uma vez se alimentou do amor maternal.[65]

Essa invocação do amor maternal é salutar. Ela invoca não apenas o paraíso perdido da infância de Adorno, mas também a utopia pré-patriarcal e pré-capitalista descrita por Fromm. Seria a humanidade capaz de realizar tal utopia? Ela parecia ser improvável, ou pelo menos cosmicamente distante. Em vez disso, a vida seria mais difícil e a tarefa do intelectual mais exigente do que o sonho acordado da utopia. Como escreve o biógrafo de Adorno:

Em relação à sua expectativa de viver num mundo humano baseado em mútuo respeito e solidariedade, Adorno muitas vezes ficou desapontado no decurso de sua vida sem que jamais se tivesse armado contra uma potencial desilusão. Ao contrário, seu pensamento foi influenciado desde o início pela percepção da necessidade de encarar a realidade sem ilusões e de antecipar suas restrições.[66]

Essa era, também, a missão de seus colegas no Instituto de Pesquisa Social. Em lugar do sonho utópico, a Escola de Frankfurt tinha de enfrentar uma realidade mais terrível do que a que eles, como crianças ou como jovens marxistas na década de 1920, poderiam imaginar ser possível.

PARTE II

A DÉCADA DE 1920

3. O mundo de cabeça para baixo

Em 22 de junho de 1924, o Instituto de Pesquisa Social foi inaugurado no número 17 da Viktoria Allee, em Frankfurt am Main. Era uma época e um lugar interessantes (no sentido sugerido pela praga chinesa)* para um grupo de intelectuais e homens de negócios judeus estabelecer um instituto de pesquisa marxista. Frankfurt tinha então a segunda maior população judaica da Alemanha, e em 1924 elegera seu primeiro prefeito judeu. Mas era também onde o maior conglomerado de indústria química do mundo, a IG Farben, tinha seu quartel-general. Foi em Frankfurt que eles desenvolveram o Zyklon B, agente mortal baseado em cianeto usado mais tarde nas câmaras de gás em Auschwitz.

Para se ter noção do que a bem-sucedida indústria de assassinato em massa de Frankfurt significou para seus próprios cidadãos, considerem-se os números seguintes. Em 1933, a população judaica de Frankfurt era de 26 mil, mas antes que a Segunda Guerra Mundial terminasse 9 mil judeus tinham sido deportados da cidade.[1] Hoje, no cemitério judaico da cidade, 11 134 pequenos

---

* A praga ou maldição chinesa seria "que você viva em tempos interessantes", provavelmente apócrifa, ou decorrente de erro de tradução. "Interessantes", no caso, seria uma referência a tempos agitados, ameaçadores, perigosos, daí a conotação de ser mais uma maldição do que uma bênção. (N. T.)

cubos de metal dispostos em fileiras na Wand der Namen (Parede dos Nomes) homenageiam os cidadãos de Frankfurt mortos durante o Holocausto. E os judeus de Frankfurt que escaparam da deportação para os campos de extermínio geralmente tiveram fins não menos trágicos.

O primeiro prefeito judeu da cidade, Ludwig Landmann, é um exemplo típico. Ao assumir o cargo, em 1924, ele buscou tornar sua cidade mais humana, com novos projetos habitacionais públicos, como a Neues Frankfurt (Nova Frankfurt), que resultou na construção de 12 mil apartamentos para enfrentar um agudo déficit habitacional, e com o estabelecimento da Nassauische Heimstätte, organização que se dedicava a assegurar a todo cidadão o acesso a uma moradia decente. No entanto, Landmann foi alijado de seu cargo pelos nazistas em 1933 e depois fugiu para os Países Baixos, onde, após passar a guerra abrigado por amigos e parentes, morreu de desnutrição durante o duro inverno de 1945, com 76 anos.[2] Um jornal de Frankfurt, num artigo sobre Landmann, em 2015, deu-lhe o cabeçalho "Der vergessene Oberbürgermeister" (O prefeito esquecido).[3]

O Instituto de Pesquisa Social não ficou imune à ascensão do antissemitismo. Quando seu primeiro diretor, Carl Grünberg, fez o discurso inaugural no edifício recém-construído na Viktoria Allee, ele sugeriu que o instituto fosse uma alternativa ao sistema universitário alemão, que servia como uma academia para treinamento de "mandarins" que continuariam a manter o statu quo. Belas palavras, talvez. Mas quando Grünberg discursava, nem ele nem ninguém de sua equipe, nem Hermann Weil, o homem de negócios que tinha fundado o instituto, nem seu filho Felix, que o idealizara, se deram conta da verdade quanto ao prédio no qual essa revolução intelectual deveria ocorrer. Ele tinha sido encomendado por um judeu e construído por um nazista.

Franz Roeckle tinha começado sua carreira em Frankfurt, em 1908, com a construção de uma sinagoga bem bonita, no estilo egípcio-assírio. Mas em 1933 ele era um membro do Partido Nacional Socialista que tinha sido preso por participar de um pogrom, conhecido como Caso Rotter, em Liechtenstein, sua terra natal. Em 1933, Fritz e Alfred Rotter, dois conhecidos empresários teatrais judeus de Berlim, fugiram da Alemanha para Liechtenstein, em parte para evitar o escândalo de uma falência que os levou a serem fustigados pela imprensa hitlerista, mas principalmente para escapar dos nazistas — o ministro da Propaganda, Joseph Goebbels, estava procurando eliminar o que chamava de "negócio do entretenimento dominado por judeus" em Berlim. Em Liechtenstein, quatro nazistas, Roeckle inclusive, tentaram sequestrar os irmãos Rotter para levá-los de volta a Berlim, onde muito provavelmente seriam presos, se não assassinados. Os irmãos conseguiram fugir do hotel, mas na perseguição a seus carros Alfred Rotter e sua mulher Gertrude despencaram de um penhasco e morreram na hora, enquanto Fritz e os que estavam com ele ficaram gravemente feridos.

Não está claro se as mortes de Alfred e Gertrude foram acidentais ou se eles foram empurrados da estrada por Roeckle e seus associados. Os quatro nazistas cumpriram apenas breves sentenças de prisão por seu envolvimento nas mortes: na verdade, Roeckle e os outros foram soltos pouco depois que uma petição com setecentas assinaturas garantiu sua fiança (o minúsculo principado alpino de língua alemã contava com muitos entusiastas apoiadores do nazismo). "Foi um assassinato político, talvez não o único, mas o mais grave nesse pequeno país", escreveram mais tarde os historiadores Norbert Haas e Hansjörg Quaderer, de Liechtenstein.[4] Se é assim, o arquiteto da Escola de Frankfurt foi um assassino antissemita. Como expressou o *Frankfurter Allgemeine Zeitung*: "Primeiro ele construiu para os judeus, depois ele conduziu judeus a suas mortes".[5]

A Frankfurt de 1924 tampouco era um lugar ameno para marxistas. A cidade é hoje conhecida como "Mainhattan", não só devido a seu horizonte de arranha-céus, mas também por ser uma capital global de negócios e finanças, com uma das maiores bolsas de valores do mundo e com o quartel-general tanto do Banco Central Alemão quanto do Banco Central Europeu. Na década de 1920, Frankfurt já estava a caminho de se tornar uma metrópole moderna e um centro do capital global: sua Bolsa de Valores tinha sido inaugurada em 1879, sua estação central em 1888, sua universidade em 1914 e seu primeiro aeroporto em 1926. Como Berlim, a segunda cidade da Alemanha teve um crescimento populacional acelerado após a unificação: dez anos antes, em 1861, Frankfurt tinha 71 462 habitantes.[6]

Em 1924, talvez — hoje com certeza —, Frankfurt parecia ser a menos tradicional das cidades alemãs, mas tinha uma origem antiga e profundas conexões simbólicas com a história e a cultura germânicas. Durante séculos, foi uma Cidade Imperial Livre, na qual o novo imperador do Sacro Império Romano-Germânico era apresentado numa sacada que dava para a praça central de Frankfurt, a Römerberg (montanha romana), antes de uma celebração com churrasco e fogos de artifício.[7] Embora essas veneráveis cerimônias tivessem chegado ao fim quando Napoleão destruiu o Sacro Império Romano-Germânico em 1806, Frankfurt ressurgiu após a derrota de Bonaparte, tornando-se a sede do Parlamento da Confederação Alemã no século xix. Foi a cidade natal de Goethe, e também a cidade que Arthur Schopenhauer escolheu para ser seu lar, por considerá-la mais sofisticada do que Berlim: "Clima saudável, belos arredores, as comodidades das grandes cidades, o Museu de História Natural, melhores teatros, ópera e concertos, mais ingleses, melhores cafés, água nada ruim [...] e um dentista melhor".[8]

Mas na década de 1920 estava desaparecendo a antiga Frankfurt cerimonial — centrada na Römerberg, com suas fachadas de construções multicoloridas e superornamentadas que só poderiam ser ainda mais alemãs e parecer ainda mais com casinhas de doces se João e Maria saíssem de seu conto de fadas para tentar comê-las. Além da Altstadt [cidade antiga], uma Frankfurt diferente estava surgindo, uma Frankfurt com prédios austeros, de linhas retas, friamente funcionais e modernistas, demonstrando novos e utópicos modos de vida e a crescente pujança industrial da cidade. As primeiras casas construídas como parte da Neues Frankfurt foram as chamadas Zick-Zack-Hausen [casas em zigue-zague], na Bruchfeldstrasse, projetadas pelo arquiteto Ernst May para o prefeito Landmann. Essas casas com três andares e com terraços — e que estão de pé até hoje — vinham completas, com áreas de lazer comunitárias, jardins e até mesmo uma piscina inflável; a arquitetura era despojada, funcionalmente retilínea, coerente com a estética contemporânea do estilo da Bauhaus de Walter Gropius.

E depois veio a nova e grande obra para a indústria de tinturas Hoechst AG, construída por Peter Behrens — o arquiteto entre cujos assistentes estavam os titãs do modernismo Mies van der Rohe e Le Corbusier — e inaugurada quinze dias antes do Instituto de Pesquisa Social, no verão de 1924. O pomposo exterior revestido de tijolos, como uma fortaleza da Bauhaus, já era por si grandioso, mas dentro é algo ainda mais extraordinário e simbólico do crescente culto na Alemanha, não a Deus, mas à sua proeza industrial: o saguão de entrada, que parecia uma catedral, com uma altura de cinco andares e tijolos coloridos que evocavam o processo da tintura, era um verdadeiro templo dos negócios.[9]

Mas até mesmo essa bravata industrial do que hoje é conhecido como o prédio de Peter Behrens foi eclipsada pelo ainda mais impactante novo empreendimento em Frankfurt na década de 1920. Construída em terrenos que tinham pertencido antes aos Rothschild, uma família de banqueiros judeus, a sede da IG Farben, quando foi inaugurada em 1930, era o maior prédio de escritórios da Europa e continuou a ser até a década de 1950. Dentro, os funcionários movimentavam-se entre os andares numa nova maravilha tecnológica, os elevadores paternoster, que consistiam em compartimentos abertos conectados que se moviam continuamente numa correia sem fim.

Um ano antes da abertura do amplo laboratório de pesquisa da IG Farben, Walter Benjamin escreveu um pequeno e presciente ensaio que punha em sua mira satírica o conglomerado químico e a aparentemente irreversível ascensão do complexo industrial-militar alemão. Intitulado "O surrealismo", o ensaio previa os horrores do Holocausto (embora na maior parte não intencionalmente) e os bombardeios de cidades britânicas pela Luftwaffe.[10] Era como se o culto à indústria e a fé dos alemães em suas conquistas tecnológicas tivessem eclipsado aquilo que um comunista como Benjamin buscava, isto é, a revolução socialista. Nesse contexto, ele se resignava ao

pessimismo total, sem exceção. Desconfiança quanto ao destino da literatura, desconfiança quanto ao destino da liberdade, desconfiança quanto ao destino da humanidade europeia, mas três vezes desconfiança em relação a qualquer forma de reconciliação: entre as classes, entre as nações, entre os indivíduos. E confiança ilimitada apenas na IG Farben e no aprimoramento pacífico da Força Aérea. Mas e agora, o que virá em seguida?[11]

Essas palavras profundamente amargas e sarcásticas ressoaram por décadas: a escala do sombrio prognóstico de Benjamin é ainda mais vasta que a sede da IG Farben. As condições para uma revolução faltavam em toda parte, concluiu ele soturnamente. Em vez disso, num mundo decaído no qual não havia solidariedade de classe e o compartilhamento dos valores humanos era insignificante, tudo que restava para se ter certeza era o avanço do progresso tecnológico por meio da indústria. E o que virá em seguida? Em retrospecto, pode-se responder à pergunta de Benjamin em 1929. O que veio em seguida foi que as principais empresas de Frankfurt ajudariam Hitler a cometer genocídio.

Numa cidade como essa, um instituto de pesquisa marxista — liderado majoritariamente por judeus e fundado com dinheiro de judeus — deveria ter o bom senso de manter um perfil discreto. David Riazanov, diretor do Instituto Marx-Engels em Moscou, com o qual a Escola de Frankfurt esteve estreitamente ligada na década de 1920, insistiu que, sob Grünberg, o instituto deveria parecer ser impecavelmente burguês — estabelecendo, por exemplo, uma clara relação com a Universidade de Frankfurt —, mas internamente deveria se dedicar a uma pesquisa marxista coletiva. Assim, o instituto seria em parte um estranho no ninho capitalista de Frankfurt, em parte um mosteiro dedicado ao estudo do marxismo.

O prédio do instituto era um reflexo disso: o arquiteto suíço Sascha Roessler o descreveu recentemente como sendo uma "*Festung der Wissenschaft*" (fortaleza da ciência), que expressava em sua arquitetura um "*Symbolik des Ruckzügs*" (simbolismo do recuo).[12] O prédio, inaugurado em 1924, era um cubo austero com espaço para 75 mil livros em sua biblioteca, uma sala de leitura com 36 lugares, quatro salas para seminários com cem lugares ao todo e dezesseis pequenas salas de trabalho. Consistia, afirmou Roessler, numa "estrutura de oposições homólogas" entre o lado de dentro e o lado de fora, visibilidade e invisibilidade, sociologia e sociedade.

Siegfried Kracauer, crítico cultural de Frankfurt, amigo e mentor de muitos dos eruditos do instituto, visitou o prédio recém-inaugurado e achou que as salas de leitura, que mais pareciam celas, sugeriam o retiro de um claustro, como se o estudo do marxismo na Alemanha na década de 1920 exigisse as antigas virtudes monásticas do ascetismo, da humildade e da disciplina. Ou como se o marxismo fosse uma delicada orquídea que precisava ser protegida do ambiente furiosamente hostil lá fora. Essa sensibilidade de orquídea se manteve em grande parte da história da Escola de Frankfurt: durante seus anos de exílio nos Estados Unidos, por exemplo, Horkheimer insistiu que a "palavra com M" e a "palavra com R" (marxismo e revolução) fossem excluídas de seus documentos para não assustar os patrocinadores norte-americanos do instituto, e no final da década de 1950 ele se recusou a publicar um trabalho do jovem Jürgen Habermas que continha essa linguagem, pois temia que isso ameaçasse o financiamento do instituto, sem falar no risco de perder um lucrativo contrato de pesquisa com o Ministério da Defesa da Alemanha Ocidental.

O austero cubo projetado por Roeckle, se não foi o prédio mais revolucionário na Frankfurt da era de Weimar, foi um revigorante acréscimo à Viktoria Allee para os habitantes das vilas de classe alta que margeavam esse amplo bulevar. Em sua resenha, Kracauer chamou essa arquitetura de "estranha e despojada".[13] Certamente era isso. Roeckle construiu um bloco de cinco andares no sóbrio estilo da Neue Sachlichkeit. O termo tem sido frequentemente traduzido como Nova Objetividade, mas isso não corresponde ao âmago do significado em alemão: "Sach" pode significar coisa, fato, assunto, objeto; "sachlich" significa factual, imparcial ou preciso; assim, "Sachlichkeit" poderia ser interpretado como "factualidade". Essa Nova Factualidade foi um movimento artístico que prosperou na Alemanha de Weimar como uma censura ao que se percebia como excessos do expressionismo. Em vez de um autoindulgente anseio romântico, negócios; em vez de sonhos, fatos; em vez da hora heroica da revolução, a sociedade totalmente administrada 24 horas por dia, sete dias por semana; em vez da histeria à la Nietzsche, uma sensibilidade tecno-pragmática que combinava Max Weber e William James. Em parte, a Neue Sachlichkeit era a Alemanha tornando-se norte-americana.[14]

Contudo, dificilmente poder-se-ia considerar a Neue Sachlichkeit apenas norte-americana: era também uma resposta alemã a um problema alemão, ou ao menos a uma tendência estética alemã. Fosse o minimalismo da Bauhaus de Walter Gropius, fosse a corrosividade das primeiras peças de Brecht, como *Baal* ou *Tambores na noite*, era uma resposta às perceptíveis especiosidade, autoindulgência e sobrevalorização da experiência subjetiva da arte expressionista, mas também um chamamento à ordem, depois da matança da Primeira Guerra Mundial. Quanto a isso, com certeza, a arquitetura capturava a visão que Grünberg tinha do marxismo como metodologia científica e não como luta política; sua obra foi relativamente indiferente à teoria, e mais fundamentada em fatos concretos.[15] No início, a equipe-chave de Grünberg era constituída de seus amigos chegados Friedrich Pollock e Max Horkheimer, com quem ele desenvolveu a ideia de que o instituto deveria se preocupar com "o conhecimento e a compreensão da vida social em toda a sua extensão". Mais tarde, a eles se juntariam o economista polonês exilado Henryk Grossman e o historiador alemão e sinólogo Karl August Wittfogel.

O projeto do instituto, anunciado por Grünberg, envolvia "um novo tipo de organização do trabalho científico" que seria marxista, no sentido de que adotaria o marxismo como metodologia científica. Durante seus primeiros anos, o instituto de Grünberg esteve empenhado na pesquisa da história do socialismo e da teoria econômica e em colaborar com o Instituto Marx-Engels em Moscou na produção da primeira Marx-Engels-Gesamtausgabe, isto é, a edição de toda a obra de Marx e Engels, alegremente conhecida por seu acrônimo MEGA. Esse sóbrio, factual e até mesmo burocrático teor da Escola de Frankfurt mudou a partir de 1928, quando Pollock e depois Horkheimer se tornaram os diretores do instituto, desencadeando uma era de especulativa teorização não marxista, hostil a Grünberg e a outros marxistas mais velhos, como Grossman. Mas durante a década de 1920 o instituto de pesquisa marxista parecia estar atolado no éthos da Neue Sachlichkeit.

Foi somente na década de 1930 que a Escola de Frankfurt, liderada por Horkheimer, Pollock e Adorno, desdenhou do espírito que a arquitetura do prédio no qual trabalhavam expressava. Para os homens que tinham mais ou menos inventado a teoria crítica nesse austero edifício monástico — antes de os nazistas os obrigarem, em 1933, a abandonar Frankfurt e a Alemanha —, a sociedade e até mesmo o pensamento estavam se tornando mais mecanicistas e funcionais sob a nova forma de capitalismo que se desenvolvia na Alemanha. "O ato de pensar se objetiva a si mesmo para tornar-se um processo automático, autoativador", escreveram Adorno e Horkheimer em *Dialética do Esclarecimento*; "uma personificação da máquina que ele produz de si mesmo, de modo que no fim a máquina pode substituí-lo".[16] Assim, passava-se do encantamento com o expressionismo ao que Max Weber chamou de desencantamento do mundo — que para ele era a racionalização de todas as áreas do empreendimento humano (e que para Adorno e Horkheimer significava o domínio da humanidade sobre a natureza por meio da ciência) —, e do desencantamento à total reificação: o fazer com que uma coisa se torne humana e o humano se torne uma coisa, o que resulta em que a humanidade, no fim das contas, é descartável. A Neue Sachlichkeit era o espírito dessa época.

Há uma última coisa a dizer sobre a arquitetura do prédio. Roessler detectou nela não só o espírito da Neue Sachlichkeit, mas a presença insinuante do estilo heroico que se manifestaria nas obras de Albert Speer.[17] É uma questão intrigante: talvez Franz Roeckle tenha inserido no Instituto de Pesquisa Social alusões ao Terceiro Reich. Sem dúvida, sua última peça de arquitetura alemã, um monumento de 1940 ao homem de negócios e patrono Karl Kotzenberg na forma de um musculoso super-homem, que se encontra no cemitério de

Frankfurt, representava o estilo heroico fascista expresso em esteroides. Mas a noção de que o estilo empresarial da Neue Sachlichkeit expressava ideias fascistas não deveria ser surpresa. De fato, ao estudar o nazismo, a Escola de Frankfurt iria constatar, como veremos, que o casamento de Hitler com o mundo dos negócios dificilmente seria algo forçado — era um caso de amor entre dois parceiros compatíveis.

A natureza austera e acadêmica desse instituto de pesquisa marxista e os compromissos que assumiu em sua fundação foram depois ferinamente ridicularizados por Hanns Eisler. Num dia de 1941, durante o almoço, em seu exílio em Hollywood, o compositor contou a seu amigo, o dramaturgo Bertolt Brecht, o enredo para um romance satírico que planejava: "Um homem velho e rico (Weil, o especulador de trigo) morre, perturbado com a pobreza no mundo. Em seu testamento, deixa uma grande quantia para a criação de um instituto que pesquisará a origem dessa pobreza. Que, obviamente, é ele mesmo".[18]

Eisler não queria estragar uma boa história com fatos. Na verdade, em seu testamento, Hermann Weil não legou dinheiro para fundar o instituto (ele morreu em 1927). Em vez disso, criou um fundo que provia uma renda anual de 120 mil marcos, que mais tarde receberia suplementos de doações feitas por ele e outras fontes, assegurando com isso a independência e a solvência da Escola de Frankfurt no decorrer da debacle financeira, da depressão econômica e dos tempos perigosos de exílio durante os treze anos do Terceiro Reich e do Holocausto. O homem que tornou possível a Escola de Frankfurt foi, de qualquer forma, uma figura muito mais interessante do que o pateta capitalista que Eisler tentou mostrar que ele era. Hermann Weil provinha de uma família de comerciantes judeus em Baden[19] e tinha trabalhado na última década do século xix para uma companhia holandesa de grãos na Argentina, onde, em 1898, ele estabeleceu seu próprio negócio com seus irmãos. Teve um sucesso tão grande que, uma década depois, quando voltou para a Alemanha e fixou residência em Frankfurt, era o maior comerciante de grãos no mundo.

Seu filho Felix, como tantos filhos daqueles homens de negócios judeus dos quais tratamos no capítulo anterior, voltou-se contra esse éthos. Mais uma vez o filho judeu intelectual marxista postava-se contra os valores capitalistas por meio dos quais seu pai empresário tinha conquistado sucesso material. E ainda assim, mais uma vez, esse filho dependia do dinheiro do papai para poder realizar seu destino manifesto — fustigar o sistema econômico do qual seu pai tinha prosperado e teorizar sua derrocada. Felix tornou-se, como ele mesmo definiu depreciativamente, um "bolchevique de salão", que se associava àqueles que queriam destruir o sistema capitalista no qual o pai tinha feito fortuna. Felix escreveu sua tese de doutorado sobre os problemas práticos na implementação do socialismo, que tinham sido publicados pelo teórico marxista alemão Karl Korsch. No início da década de 1920, Felix pediu algum dinheiro ao pai. Poderia ter pedido qualquer coisa — um iate, uma propriedade no campo, uma Porsche. Mas, em vez disso, pediu a Hermann que financiasse um instituto acadêmico multidisciplinar marxista. Queria que tivesse uma dotação independente, de modo a não pertencer a ninguém, muito menos ao rígido sistema universitário alemão.[20] Felix esperava que esse instituto de pesquisa marxista pudesse ajudar a explicar por que a revolução tinha fracassado na Alemanha e como, se possível, poderia ter sucesso no futuro.

O fato de Hermann ter concordado com a proposta do filho talvez possa ser mais bem explicado por dois fatores: primeiro, ele queria muito usar sua riqueza para dar apoio a instituições na cidade que adotara (ele já tinha feito importantes doações à universidade); segundo, os pais judeus de sua geração muito frequentemente eram indulgentes com as ambições e os empreendimentos de seus filhos. Mas essa concordância era ainda um tanto estranha: Hermann estava aceitando abrir a bolsa da família para pagar por um instituto que ajudaria a teorizar a queda do sistema econômico que o tinha tornado rico. A Escola de Frankfurt estava assim sendo paga pelo sistema econômico que ela decidira denunciar, e o pai empresário que a financiava representava os valores que seu filho buscava destruir. Mas não importa: o generoso financiamento de Hermann Weil ajudou a Escola de Frankfurt a assegurar sua independência e a sobreviver à debacle financeira, ao exílio e ao Holocausto.

O ministro da Educação tinha sugerido chamá-lo de Instituto de Pesquisa Social Felix Weil, mas Weil, modestamente, se opôs. A ideia original de chamá-lo Institut für Marxismus (Instituto de Marxismo) parecia ser provocativa demais. Assim, ficou conhecido como Institut für Sozialforschung (Instituto de Pesquisa Social), e Weil convidou Carl Grünberg para ser seu primeiro diretor. Grünberg não era a primeira opção: de início, Weil tinha procurado um economista socialista chamado Kurtz Gerlach, mas ele morreu de infarto aos 36 anos de idade em 1922. Grünberg era professor de direito e ciência política na Universidade de Viena, com uma considerável reputação como douto na história do socialismo e do movimento operário, conhecido principalmente por uma revista acadêmica chamada *Grünbergs Arkiv*. Grünberg programou quais seriam seus primeiros temas de pesquisa: sindicatos internacionais, greves, sabotagem, revolução como movimento salarial, antissemitismo como problema sociológico, a relação entre bolchevismo e marxismo, partido e massas, padrão de vida da população, o progresso da Alemanha. Seu discurso inaugural sugeria que o instituto fosse marxista no sentido de aderir ao marxismo como metodologia científica; não seria dirigido com coleguismo, e sim, nas palavras de Grünberg, como uma ditadura.[21]

O instituto não tinha uma linha oficial em relação à União Soviética, se esta representava uma traição às esperanças socialistas ou se era a sua realização, mesmo mantendo laços estreitos com sua organização irmã em Moscou. Por exemplo, quando escreveu *Experimentos em planejamento econômico na União Soviética, 1917-1927*, Friedrich Pollock teve o cuidado de não expressar apoio ao sistema soviético. Em vez disso, sua visão foi mais objetiva, sugerindo como a União Soviética, com baixo nível de sofisticação tecnológica e sem apoio internacional, tinha compreensivelmente lutado para atingir seus objetivos revolucionários e suas projeções econômicas.

Assim, desde sua origem, a Escola de Frankfurt esteve crivada de paradoxos. Marxista, mas não tão marxista para declarar que sua filosofia tinha esse nome. Marxista, mas não tão marxista para viver de acordo com o que Marx escreveu em suas *Teses sobre Feuerbach*, palavras que são consideradas tão importantes em sua obra a ponto de estarem inscritas em sua lápide no cemitério de Highgate, em Londres: "Os filósofos têm apenas interpretado o mundo de diversas maneiras; a questão, porém, é transformá-lo". Marxista, mas financiada por um capitalista. Marxista, mas sem filiação partidária. Era filiada à Universidade de Frankfurt e aceitava estudantes, mas ainda era autônoma e financeiramente independente.

No entanto, a sugestão satírica de Eisler foi direto ao cerne das apreensões que cercavam a fundação do instituto e sua finalidade. Para Brecht, particularmente, a Escola de Frankfurt perpetrava um ilusionismo burguês ao se apresentar como instituto marxista enquanto insistia, ao mesmo tempo, que a revolução não mais dependia da insurreição da classe operária, recusando-se a participar na derrubada do capitalismo. Houve exceções, é claro: no final da década de 1920, a luta revolucionária nas ruas passou a ser acadêmica. Henryk

Grossman desenvolveu uma teoria econômica sobre a extinção do capitalismo inspirada no leninismo, adotando a linha de que as crises do capitalismo e uma concomitante ascensão da consciência proletária eram necessárias para a revolução vindoura.

Mas Grossman foi uma exceção: quando a direção de Grünberg deu lugar à de Pollock e depois à de Horkheimer, no final da década de 1920, um marxismo mais novo e pessimista dominou a Escola de Frankfurt, um marxismo para o qual a revolução não era iminente, exatamente porque a elevação na consciência que Grossman tinha considerado necessária para seu advento não era possível nas novas e modernas condições. Sob Grünberg, aparentemente, o instituto tornara-se burocrático e agnóstico; sob seus sucessores, entrou-se num período teoricamente excitante de trabalho especulativo e multidisciplinar, hostil à filosofia do marxismo científico da época da fundação do instituto.

Mas enquanto a Escola de Frankfurt via cada vez com mais clareza o motivo de a Revolução Alemã ter fracassado, ela nunca superou seu ceticismo acerca da ocorrência da revolução. Apesar de o instituto ter sido apelidado de "Café Marx", isso dificilmente capta seu estado de espírito austero, que se refletia melhor em sua arquitetura: os neomarxistas da Escola de Frankfurt eram monges dos tempos modernos trabalhando em retiro de um mundo que não podiam mudar e de uma política que não tinham esperança de influenciar. Como mais tarde alegaria a estudiosa de teoria crítica Gillian Rose:

> Ao invés de politizar a academia, ela [Escola de Frankfurt] academizou a política. Essa transposição tornou-se a base de suas realizações subsequentes. Mais e mais uma vez, a história da escola revela essa tensão: como instituição, reafirmou e reforçou aqueles aspectos da vida alemã que ela criticava e objetivava mudar, assim como reafirmava e reforçava os aspectos do universo intelectual que ela criticava e objetivava mudar.[22]

Se Rose estiver certa quanto a isso, então a Escola de Frankfurt não era tanto um instituto marxista quanto uma hipocrisia organizada, uma ovelha conservadora nas roupas de um lobo radical.

Os homens a quem Brecht chamou desdenhosamente de "frankfurturistas" estavam acima dos partidos e nunca sujaram suas mãos na luta política (Grossman era, poderia ter dito Brecht, a exceção que confirmava a regra);

eram homens com tarefas confortáveis que prosperavam em seu exílio nos Estados Unidos. Ao menos essa é a história que Eisler e Brecht, no exílio californiano, contavam a si mesmos enquanto mergulhavam na sátira.

O Instituto de Pesquisa Social teve suas raízes num evento ocorrido numa cidade da Turíngia, Ilmenau, um ano antes de sua fundação. No verão de 1923, um grupo de intelectuais marxistas reuniu-se na Erste Marxistische Arbeitswoche — um simpósio de verão com duração de uma semana organizado por Felix Weil para tratar dos problemas práticos na implementação do socialismo. No verão de 1923, esses homens que se reuniram em Ilmenau queriam saber por que as antigas forças tinham retornado ao poder. As leis do marxismo, concebido como uma ciência da história, haviam predito que os trabalhadores seriam mais bem-sucedidos na derrubada do capitalismo depois da derrota da Alemanha na Primeira Guerra Mundial e da hiperinflação que se seguiu a isso. Foi esse simpósio que levou, um ano depois, à fundação do Instituto de Pesquisa Social.

O problema prático da implementação do socialismo era uma questão controversa. O simpósio realizou-se na esteira da Revolução Alemã de 1918-9, que fracassara, em parte, devido às divisões na esquerda. Em sua orientação de emular o triunfo da Revolução Bolchevique de 1917, ela foi esmagada pelos líderes social-democratas e pelos Freikorps, uma milícia de direita formada por veteranos de guerra. A esperança de Felix Weil em relação ao simpósio de Ilmenau era que este "fosse uma oportunidade para falar sobre tudo isso", e assim os intelectuais presentes poderiam chegar a um marxismo verdadeiro, ou puro.[23] Uma bela porém ilusória esperança: dificilmente conversas entre intelectuais levam a um acordo, e, como demonstra a história recente, o marxismo ficou ainda mais dividido em facções rivais do que o protestantismo.

Já em 1923, o marxismo alemão se parecia com os movimentos da Judeia no filme *A vida de Brian*, do Monty Python. Antes de mais nada, havia o assim chamado papa do marxismo, Karl Kautsky, principal figura teórica do Partido Social-Democrata da Alemanha (SPD). Ele tinha sido uma luz condutora da Segunda Internacional, a federação mundial das organizações socialistas que foi fundada em 1889 e desmoronou em 1916 em meio a acrimônias quanto à revolução socialista e a posições diferentes em relação à Primeira Guerra Mundial. Ela foi sucedida pela Terceira Internacional, ou Comintern, lançada por Lênin em 1919, que advogava uma revolução comunista mundial. Enquanto acentuava formalmente a necessidade de uma derrubada revolucionária do capitalismo, Kautsky alegava que Marx tinha demonstrado que a história era uma sucessão de diferentes sociedades e que, em cada sociedade, a produção crescia até chegar a um ponto no qual não poderia crescer mais, e então ocorria a revolução. Revoluções, nessa concepção, exigiam que o proletariado tivesse a paciência de uma fila de ônibus. Deviam esperar pelo que inevitavelmente viria, e então embarcar.

Depois havia Eduard Bernstein, um deputado no Reichstag que fundara em 1916 o Partido Social-Democrata Independente (USPD), cujo programa combatia a guerra que Kautsky, para sua eterna desgraça nos círculos marxistas, tinha apoiado. O marxismo de Bernstein foi semelhante ao de Kautsky ao implicar uma passividade essencial do proletariado diante de forças econômicas que, afinal, destruiriam a burguesia e levariam os trabalhadores ao poder. Posteriormente, Bernstein até descartou o compromisso formal com a derrubada violenta da ordem burguesa à qual Kautsky tinha aderido, alegando que a revolução não era necessária.

E havia Rosa Luxemburgo e Karl Liebknecht, os rebeldes espartaquistas. Infelizmente para o marxismo alemão, em 1923 eles já estavam mortos — foram assassinados com a conivência do SPD (ou assim é alegado, como vimos no capítulo anterior), que Kautsky e, mais tarde, Bernstein apoiavam.

Porém, mais marcante de todas, havia a figura de Lênin, que em outubro de 1917 aboliu o governo provisório social-democrata de Kerenski em Petrogrado e tirou a Rússia da guerra. Enquanto Rosa Luxemburgo achava que a política revolucionária era uma expressão da espontaneidade do proletariado, Lênin concebia o partido como sendo uma vanguarda do proletariado. Os fatos justificavam essa teoria: os bolcheviques não só tiveram êxito ao liderar a Revolução Russa, como também estavam bem organizados o bastante durante a guerra civil que se seguiu para perceber um esforço internacional coordenado para derrubá-los. Em 1920, na segunda conferência da Terceira Internacional, Lênin lançou um desafio aos outros marxistas:

Os partidos revolucionários devem agora "provar" por meio de ações práticas que são suficientemente inteligentes e organizados, que estão suficientemente em contato com as massas exploradas, que são suficientemente determinados e habilidosos em utilizar a crise para uma revolução bem-sucedida e vitoriosa.[24]

Os intelectuais marxistas em Ilmenau não toparam o desafio de Lênin, nem o fez o Instituto de Pesquisa Social. Em vez de revolucionar a Alemanha, eles revolucionaram a teoria marxista. Dois dos mais eminentes participantes do simpósio de Ilmenau, Karl Korsch e György Lukács, eram leninistas que em 1923 publicaram livros que foram cruciais para essa revolução no pensamento marxista. Em seu *Marxismo e filosofia*, Korsch atacou tanto Kautsky quanto Bernstein, alegando que o socialismo científico deles tinha deixado de ser uma teoria da revolução social. Para Korsch, o marxismo era uma forma de ação revolucionária, na qual a teoria e a prática deviam ser combinadas novamente. Korsch não era um intelectual de salão: tinha sido condecorado duas vezes com a Cruz de Ferro por atos de bravura, apesar de sua oposição à guerra e de sua declaração de nunca ter levantado um sabre ou um fuzil quando em uniforme. Em 1919 ele ingressou no Partido Comunista da Alemanha (KPD), e em 1923 tornou-se ministro da Justiça no governo de coalizão SPD-KPD na Turíngia, onde alguns esperavam que essa personalidade militar pudesse liderar uma insurreição no sexto aniversário da Revolução Russa de 1917. Mas a chamada às armas nunca aconteceu, e Korsch nunca se tornou o Lênin da Turíngia.

Não obstante, a perspectiva leninista de Korsch foi ecoada por Lukács, cuja obra-prima *História e consciência de classe*, publicada em 1923, tentava transmitir uma justificação filosófica do bolchevismo.[25] Lukács afirmava que o proletariado, uma vez consciente de seu papel histórico, destruiria a sociedade capitalista. A consciência de classe era entendida por Lukács como resultado de o proletariado ser o produto das contradições da história, sendo a principal delas a exploração do trabalho no regime capitalista. Mas aí Lukács faz uma distinção crucial entre a consciência atribuída ao proletariado e sua consciência real: a consciência atribuída, mais elevada, estava corporificada no partido revolucionário, enquanto a consciência real não era capaz de perceber seu papel histórico. O partido, em certo sentido, sabe o que é bom para o proletariado — como ele deve agir e qual é o significado histórico de seu sofrimento sob o capitalismo. Foi também nessa lacuna entre a consciência atribuída e a consciência real que a Escola de Frankfurt, como veremos, iria se inserir, tentando compreender o que havia com os oprimidos pelo capitalismo que os impedia de se rebelar para pôr fim à sua servidão — e que, ao contrário, os fazia se comprazer com as próprias correntes que os aprisionavam.

Líderes revolucionários como Lênin não padeciam dessa falsa consciência: eram adeptos da revolução e compreendiam o papel histórico do proletariado, que, como definiu Lukács em termos hegelianos, iria ser o sujeito-objeto da história, querendo dizer com isso que em vez de estar, como de fato estava naquele momento, num modo de contemplação ou passividade, o proletariado se tornaria um fator ativo engajado na produção de um mundo no qual poderia florescer. Mas por que havia uma lacuna entre a consciência de classe atribuída e a consciência de classe real? É a resposta de Lukács a isso que fez com que seu livro se tornasse revolucionário na teoria marxista e continuasse a ter uma influência profunda na Escola de Frankfurt. Para explicar tal lacuna, Lukács desenvolveu a noção de reificação, ampliando a análise de Marx do "fetichismo da mercadoria" em *O capital*. Os problemas da sociedade, talvez até mesmo o motivo de a Revolução Alemã ter fracassado, podiam ser rastreados até chegar ao enigma da mercadoria sobre o qual Marx escreveu no início de sua obra-prima.

O livro de Lukács abordava uma nova forma de alienação com que se confrontavam os trabalhadores da indústria na década de 1920. Nações industriais como a Alemanha, a Grã-Bretanha e os Estados Unidos estavam entrando então no que ficou conhecido como fordismo, um período de produção em massa. Em 1913, Henry Ford tinha instalado a primeira linha de montagem móvel para a produção em massa de automóveis, em Detroit, reduzindo o tempo necessário para a produção de um modelo T da Ford de doze horas para duas horas e meia. A nova revolução industrial fordista mudou a produção, o consumo, a cultura — e, com isso, o que significava ser humano. No nível da produção, ao treinar seus trabalhadores para se especializarem em uma das 84 etapas distintas necessárias para a produção do automóvel, e ao encarregar o especialista em estudo de movimentos Frederick Taylor de tornar essas tarefas ainda mais eficientes, Ford aumentou a produção, o que lhe permitiu baixar os preços dos automóveis e, fundamentalmente, mudar a relação entre o trabalhador e o produto de seu trabalho.[26] Para filósofos tão distantes no tempo como Espinosa, e particularmente para Karl Marx, humanos são seres produtivos, que só estão vivos na medida em que se apoderam do mundo fora deles no ato de expressar seus próprios poderes específicos. A produção em massa, mediante a divisão do trabalho, impediu cada vez mais a possibilidade de se realizar isso. A ideia do trabalho como realização pessoal, com remuneração sensata e como manifestação de habilidades artesanais, foi o teor das fantasias socialistas-medievalistas da era antimáquina de William Morris.

As linhas de montagem aceleraram os processos de produção mas diminuíram o número de operários: eles se tornaram cada vez mais engrenagens em uma máquina, ou, pior, as máquinas os tornaram obsoletos. Por exemplo, nas fábricas de automóveis de Henry Ford havia máquinas que eram capazes de estampar peças automaticamente muito mais rápido do que meros humanos. Os humanos estavam ficando inadequados para fins de produção, fato que, para marxistas que tinham os homens como seres essencialmente produtivos, pode ter parecido existencialmente trágico, por serem esses termos parte de seu vocabulário teórico. "Quando eu terminar", disse Ford a respeito de seus automóveis, "quase todo mundo vai ter um."[27] Os homens não estavam somente se tornando máquinas ou sendo substituídos por elas, mas estavam também se tornando máquinas de desejar — sendo suas identidades definidas por um maior ou menor consumo passivo de bens produzidos em massa.

No nível da cultura, o fordismo modernizou o mundo. Esses bens de produção em massa não incluíam somente o modelo T da Ford, mas também filmes de Charlie Chaplin. A mecanização não revolucionou apenas a indústria, mas também a arte industrializada, acelerando as possibilidades de produção e distribuição, proporcionando novas formas de arte (cinema, fotografia) e fazendo com que formas antigas (romances, pintura, teatro) parecessem lentas. Agora, a velocidade, a economia, o efêmero e o divertido eram as marcas da cultura de produção em massa. Enquanto futuristas italianos louvavam o desencadear da velocidade na era da máquina, e enquanto, como veremos, Walter Benjamin enxergava potencial revolucionário em novas formas de arte, outros deploravam o ritmo da produção cultural. "Em todas as artes, a produção de lixo é, em termos relativos e absolutos, maior do que era", escreveu Aldous Huxley em 1934.[28]

Mas não eram só os distópicos conservadores que se preocupavam com a cultura da produção em massa. Para pensadores da Escola de Frankfurt como Horkheimer e Adorno, se é que não Benjamin, a produção de lixo tinha uma função: pacificar as massas. Até mesmo Benjamin chegou a escrever sobre essa época: "A experiência perdeu o valor. E parece que continua caindo num abismo sem fundo".[29] A jaula de ferro do capitalismo imaginada por Weber subjugava os homens durante as horas de trabalho; agora a indústria cultural os subjuga em seu lazer, transformando-os cada vez mais de seres produtivos em consumidores, de seres humanos vitais e criativos do sonho marxista em estupidificados fãs de cinema, todos achando graça nas mesmas coisas.

O significado de ser humano estava mudando radicalmente nessa moderna era fordista. Como um amante insistente e importunador, o capitalismo de monopólio chegava rapidamente nesse novo e vistoso veículo prometendo às massas todo tipo de ruinosas tentações. "Uma geração que tinha ido para a escola num bonde puxado a cavalo agora estava a céu aberto num campo onde nada permanecia inalterado a não ser as nuvens, e sob essas nuvens, num campo de força de torrentes destrutivas e explosões, estava o minúsculo e frágil corpo humano", escreveu Benjamin.[30] Ser humano em tais condições era se encontrar, como disse Lukács em 1920, transcendentalmente sem um teto, numa saudade nostálgica do que se tinha perdido. Ser humano envolvia alienar-se daquela coisa maquinal, funcional, substituível em que a pessoa tinha se tornado. Em 1927, Brecht escreveu um poema para seu ciclo *Guia para o habitante das cidades* que captava o sentido moderno da autoalienação e esse temor moderno de se tornar obsoleto:

> *O lençol pendurado no quintal*
> *É meu lençol, eu o conheço bem.*
> *No entanto, olhando de perto eu vejo*
> *Nele cerziduras, e mais remendos.*
> *Parece*
> *Que eu me mudei. Outra pessoa*
> *Está morando aqui agora e*
> *Fazendo isso em*
> *Meu lençol.*[31]

"Parece que eu me mudei": aqui Brecht estava captando não somente a estranha sensação moderna de estar sendo assombrado por um dublê que é uma nova versão de si mesmo, o homem moderno despojado de suas roupas de baixo, mas também a passividade que isso envolve. De fato, Brecht ficou cada vez mais propenso, na década de 1920, a representar no palco os sujeitos passivos que são típicos da era moderna, os quais, como escreve seu biógrafo Stephen Parker, "adaptam-se o melhor que podem às circunstâncias atordoantemente cambiantes do mundo moderno".[32] Em *Um homem é um homem*, por exemplo, a parábola de Brecht de 1926 que se passa na Índia colonial, ele dramatizou a transformação forçada do civil Galy Gay no soldado perfeito. Imaginou a personalidade como algo que pode ser remontado como uma máquina, ideia que levou um crítico a considerar *Um homem é um homem* uma previsão das técnicas de lavagem cerebral. O drama era em parte uma sátira à Neue Sachlichkeit, cujo éthos funcionalista encaixava perfeitamente na crescente dominação do homem pelas linhas de montagem fordistas e pela burocracia weberiana.

Em *O capital*, de 1867, Marx escreveu sobre o fetichismo da mercadoria, sobre como a consciência humana torna-se reificada e como a consciência de classe necessária para a revolução proletária pode ser frustrada. Os marxistas reunidos em Ilmenau viviam sob uma forma de capitalismo mais avançada do que a que Marx tinha descrito. Por que a revolução socialista era cada vez mais improvável na década de 1920? Porque a estrutura reificada da sociedade, a alienação dos trabalhadores e o fetichismo da mercadoria no mundo moderno eram tão completos que militaram contra a consciência de classe necessária para tal revolução.

Mas o que esses termos significam? Alienação? Reificação? Consciência de classe? Fetichismo da mercadoria? Pense na cadeira na qual você está sentado, ou no iPhone ao qual você está ligado umbilicalmente. Uma cadeira é uma mercadoria, porque foi produzida para ser comercializada. Ela tem valor, e não porque valor seja uma propriedade natural da cadeira, mas porque cada mercadoria tem um valor de uso, medido pela sua utilidade na satisfação de necessidades ou desejos. Tudo isso é muito intuitivo e direto, mas segure o seu chapéu (também uma mercadoria) porque vamos entrar num reino espectral. Sob o capitalismo, as coisas que os humanos fazem assumem vidas fantasmagóricas próprias. *O capital* de Marx não é só um volume proibitivo de pensamento filosófico e econômico, mas um excitante romance gótico, uma história ao estilo da de Frankenstein sobre como criamos um monstro (capitalismo) do qual somos alienados e o qual, por meio da luta de classes, vamos exterminar.

Essa rachadura que os humanos abriram no mundo e que deixou entrar todas essas coisas monstruosas é a brecha que existe entre o valor de uso e o valor de troca. É por essa brecha que flui a inundação corruptora das mercadorias. E aí vem mais uma: é a Apple lançando um novo e fátuo iPhone com uma diferença mínima em relação ao modelo anterior. Quando uma cadeira ou um iPhone são vendidos, estão sendo trocados por outra mercadoria (dinheiro, por exemplo). A troca não leva em conta o trabalho feito na produção da cadeira, muito menos o dos trabalhadores estressados e mal pagos da Apple, alguns dos quais consideram suicidar-se para escapar à servidão penal de fabricar engenhocas ostensivamente obrigatórias, para você e para mim.

Mas isso é só uma parte dessa história de fantasmas. A outra tem a ver com o que acontece quando o trabalhador recebe salários por seu trabalho. Para Marx, a relação de salário entre o capitalista e o trabalhador não leva em conta suas respectivas posições sociais ou suas relações sociais.[33] O trabalho que produziu valor na forma de um casaco é tratado como mercadoria abstrata que equivale a qualquer outra mercadoria, assim como o valor de troca da cadeira separa a cadeira de seu valor de uso. Isso é o que Marx chama de fetichismo da mercadoria.

Surpreendentemente, tanto Marx quanto pensadores da psicanálise posteriores a ele derivaram seus relatos sobre fetichismo a partir das atitudes europeias do século XIX com relação a religiões africanas.[34] Assim como, em algumas religiões, um objeto investido de poderes sobrenaturais é tornado um fetiche por aqueles que o cultuam, da mesma forma, no capitalismo, atribuem-se poderes mágicos e uma ilusória autonomia às mercadorias. As estranhas ilusões desencadeadas sob o capitalismo, para Marx, são muitas e não uma só: às vezes as relações entre pessoas tornam-se uma relação entre coisas; às vezes o valor parece ser algo que não é uma propriedade natural da coisa; às vezes a mercadoria assume uma vida própria e torna-se personificada.[35]

No entanto, alegou Lukács, esse fetichismo da mercadoria, que já existia na época de Marx, tornara-se totalmente pervasivo na era moderna. Sob o capitalismo, as propriedades de objetos, sujeitos e relações sociais tornaram-se reificadas ou "coisificadas" de um modo particular. De acordo com Lukács, a mecanização e a especialização dos processos de trabalho industriais fragmentam a experiência humana, o que leva a uma atitude de "contemplação" na qual as pessoas se adaptam passivamente a um sistema — com aspecto de lei — de uma "segunda natureza" social e a uma postura que transforma em objetos as próprias capacidades e os próprios estados mentais. A forma-mercadoria, ele escreveu, imprime sua marca em toda a consciência do homem: suas qualidades e aptidões não são mais uma parte orgânica de sua personalidade; são coisas que ele pode "possuir", ou delas "dispor", assim como os vários objetos do mundo exterior. E não há uma forma natural na qual relações humanas possam ser moldadas, nem uma maneira pela qual um homem possa pôr em ação suas "qualidades" físicas e psíquicas sem que elas sejam cada vez mais submetidas a esse processo de reificação.[36]

A reificação afeta as relações entre pessoas, e até mesmo dentro de uma pessoa: essa pessoa torna-se um objeto para si mesma, autoalienada e alienada de outros humanos, particularmente aqueles a quem deveríamos expressar solidariedade de classe.

Isso implica que objetos se transformam em sujeitos e sujeitos se transformam em objetos, o que resulta em que sujeitos se apresentam passivos ou determinados, enquanto objetos se apresentam como fator ativo e determinante. Hipostatização, termo que percorreu a Escola de Frankfurt como o fio de uma meada, refere-se a um efeito da reificação, resultante da falácia de supor que tudo que pode ter um nome, ou ser abstratamente concebido, deve de fato existir. É uma palavra que aparece muitas e muitas vezes nos escritos da Escola de Frankfurt, como um escárnio a pensadores de menor estampa. O conceito é relacionado com — mas distinto de — outros termos do arsenal técnico de Marx. Alienação é a condição geral de distanciamento do homem. Reificação é uma forma específica de alienação. Fetichismo da mercadoria é uma forma específica de reificação.[37]

O resultado de tudo isso, para os pensadores da Escola de Frankfurt, é que, sob o capitalismo, habitamos não tanto um mundo quanto uma fantasmagoria, um mundo virado de cabeça para baixo em que coisas se tornam pessoas e pessoas se tornam coisas, e as coisas (tanto humanas quanto não humanas) assumem uma vida espectral própria. Foi essa vida espectral das coisas que assombrou os escritos de Walter Benjamin. Isso ajuda a explicar a mudança que houve desde sua primeira tentativa de rememorar a infância, em *Crônica berlinense*, da década de 1920, até o obsessivamente retrabalhado *Infância em Berlim por volta de 1900*, da década de 1930. Nesse processo, como vimos anteriormente, as lembranças de Benjamin ficam cada vez mais despovoadas, com a atenção se focando em coisas e não em pessoas. Mas a questão aqui é que, na sociedade fantasmagórica dominada pelo fetichismo da mercadoria, coisas podiam se passar por pessoas, e vice-versa; talvez até mesmo aquelas coisas, carregando a marca proustiana de passados dolorosamente evocados, poderiam servir melhor como guias para os fetiches de nossas infâncias perdidas do que meras pessoas relembradas.

Mas aquilo para o que Benjamin chama a atenção repetidas vezes, sobretudo nas *Passagens*, seu projeto longamente elaborado mas não concluído até sua morte, é como a interminável substituibilidade de mercadorias (tanto coisas quanto pessoas) e nossa imersão sob o capitalismo num mundo fantasioso de bem-estar material fazem com que percamos de vista a luta de classes que sustenta essa fantasmagoria. É como se o capitalismo, tendo obliterado a verdadeira natureza da luta de classes e soprado para longe a contingência histórica, tenha ocultado as pegadas do assassinato que cometeu e nos desviado de nosso trabalho de detetive com o fascínio cativante das mercadorias. Mas esse suposto paraíso foi apresentado por Benjamin como um tipo de danação involuntária — um círculo do inferno no qual o consumista fiel compra e vende interminavelmente, na eterna ilusão de acreditar que essa atividade lhe trará satisfação.

Esse era, na verdade, o inferno que Benjamin explorou nas *Passagens*, uma Paris que, para ele, criou o mundo moderno apagando as condições de sua existência. O projeto das *Passagens* empenha-se, todo ele, em contrastar aparências sedutoras com a realidade marxista. A Paris do século XIX que ele descreve nesse livro não era tanto uma cidade quanto uma encantadora fantasmagoria parecida com aquela que ele tinha visto, quando criança, no Kaiserpanorama em Berlim. Paris, para Benjamin, era ela mesma uma "consequência da representação reificante da civilização". Como seria o mundo se não existisse o fetichismo da mercadoria? Se os bens fossem feitos para o uso e não para a venda? Isso tornara-se quase impossível até mesmo de imaginar porque o capitalismo tinha feito com que o modo como ele funcionava parecesse natural ou imutável. Como escreveu mais tarde Slavoj Žižek: "A lógica do valor de troca segue seu próprio caminho, sua própria dança louca, sem levar em conta as necessidades reais de pessoas reais".[38] Para Lukács, a loucura era tanta que pessoas reais não sabiam quais eram suas reais necessidades: daí a diferença entre consciência real e consciência atribuída.

Economistas clássicos, como Smith e Ricardo, não viram loucura alguma na economia capitalista de livre mercado; ao contrário, eles trataram preços, lucros e rendas, a lei da oferta e da procura, como fenômenos naturais. O argumento incendiário de Marx foi que estas eram características históricas específicas de um determinado sistema econômico. Não tinham existido no feudalismo; nem, além do mais, existiriam sob o comunismo.

A profissão de fé marxista, então, é que essa história de horror deve terminar. Assim, por exemplo, em seu prefácio ao *Manifesto do Partido Comunista* de Marx e Engels, Eric Hobsbawm sugeriu que Marx tinha razão ao alegar que as

> contradições de um sistema de mercado que não se baseia em qualquer nexo entre um homem e outro homem que não o de um evidente interesse próprio, o de um frio "pagamento à vista", um sistema de exploração e de "infindável acumulação", nunca poderão ser superadas: que, em algum momento de uma série de transformações e reestruturações, o desenvolvimento desse sistema essencialmente desestabilizador levará a um estado de coisas que não mais poderá ser descrito como capitalismo.[39]

Mas quando? Essa é a questão. Henryk Grossman, amplamente tido como o pensador da Escola de Frankfurt que teorizou quando a dança louca iria terminar, alegou em *A lei da acumulação e o colapso do sistema capitalista* (1929) que, como o capitalismo aumenta a produtividade do trabalho humano e acelera a produção de valores de uso, há uma tendência de queda das taxas de lucro e, finalmente, de o capitalismo criar as condições para sua própria extinção.

Isso acontece assim: o que Marx chama de força de trabalho (grosso modo, a aptidão para trabalhar) gera um valor excedente para o capitalista muito acima de seus custos em salários. Os capitalistas reduzem os preços das mercadorias para enfrentar a concorrência, frequentemente introduzindo novas tecnologias ou maquinarias para aumentar a produtividade do trabalho. Mas à medida que a produção se expande, o capital constante (máquinas, equipamentos, matéria-prima) se expande mais rapidamente do que o capital variável (aplicado na remuneração do trabalho). E daí? Bem, quando uma parcela maior do investimento vai para maquinaria e instalações em vez de ir para o trabalho vivo que produz o valor excedente, que na economia marxista é a fonte de lucro do capitalista (ou seja, a mais-valia), a taxa de lucro do capital total investido diminui. Se p é a taxa de lucro, s o valor excedente, c o capital constante e v o capital variável, a fórmula de Marx apresenta-se assim:

$$p' = s/c + v$$

Então, se c aumentar em relação a v, mesmo que o valor excedente aumente, a taxa de lucro cai. Parece que Grossman costumava dar aulas em Frankfurt usando luvas brancas e uma bengala. Dá para imaginá-lo num floreio de sua bengala e com um mágico "abracadabra", agarrando-se às ramificações de sua equação.

Mas, é claro, como você já percebeu, o capitalismo não acabou. Por quê? Porque os capitalistas encontraram outros modos de sustar o calamitoso declínio de p e, com isso, sua destruição — tal como a exportação de capital de empréstimo, ou a desvairada especulação mencionada por Žižek. Essa especulação poderia adiar o esquecimento do capitalismo para o longo prazo, aquela perspectiva funcionalmente irrelevante [de um tempo] em que, como assinalou John Maynard Keynes, estaremos todos mortos. De fato, em *A lei da acumulação*, Grossman argumentou contra a afirmação de Rosa Luxemburgo sobre o necessário colapso do capitalismo, na qual ela propôs que somente quando não restarem mercados não capitalistas a serem explorados é que o capitalismo irá afundar. Isso, pensava ele, poderia levar muito tempo. Para Grossman, "a demonstração que ela faz dos limites econômicos absolutos do capitalismo aproxima a ideia de que o fim do capitalismo é um projeto distante, porque a capitalização de países não capitalistas é um trabalho para séculos".[40] Séculos? Somente o mais relaxado dos marxistas seria capaz de esperar tanto.

No mesmo ano em que a obra-prima de Henryk Grossman foi publicada, ocorreu talvez a maior crise do capitalismo no século XX, quando a bolha especulativa estourou na Bolsa de Valores de Nova York, dando início a uma crise econômica mundial e solapando o que John Kenneth Galbraith chamou de "fé do norte-americano num enriquecimento rápido e sem esforço na Bolsa de Valores".[41] Mas o capitalismo não fracassou. Pelo contrário, os capitalistas sacudiram a poeira, renovaram sua fé no enriquecimento rápido e sem esforço e recomeçaram, mais uma vez, a dança louca.

Grossman não especificou quando o capitalismo chegaria ao fim. Em vez disso, em *A lei da acumulação* ele se concentra mais não em dar uma data para a revolução, mas em detonar os mitos que sugerem que o capitalismo poderia em princípio durar para sempre e que não estava propenso a crises que no final o destruiriam — que a ruptura econômica era apenas um problema de desproporcionalidade entre diferentes partes da economia, ou que o gasto dos trabalhadores no consumo era insuficiente para comprar bens superproduzidos. A barreira para a acumulação capitalista, como Marx explicou e Grossman elaborou, era o próprio capital.

Nessas circunstâncias, é uma grande pena que a análise de Grossman tenha sido ridicularizada como sendo uma previsão do colapso automático do capitalismo. Assim escreve Martin Jay:

> As ramificações totais desse argumento, cujas predições obviamente não se realizaram, não devem nos deter aqui. Que seja dito, no entanto, que as implicações quietistas dessa tese, semelhantes às de todas as interpretações marxistas que enfatizam as forças objetivas acima da práxis revolucionária subjetiva, não estavam perdidas para alguns de seus contemporâneos.[42]

Parece ser uma acusação particularmente injusta se lançada contra um erudito da Escola de Frankfurt que, ao contrário de seus colegas que filosofavam em suas poltronas, estivera no serviço ativo da luta socialista. A verdade é que Grossman era um adepto da ideia leninista de que o processo revolucionário era dialético, e que a queda do capitalismo seria aquela em que os trabalhadores seriam os atores da história, não meros espectadores observando as forças econômicas.

É verdade que grande parte do trabalho de Grossman foi dirigida contra os que pensavam que a revolução poderia ser deslanchada com sucesso independentemente de as circunstâncias serem propícias ou não. Em 1928, por exemplo, ele escreveu que, para que uma revolução eclodisse, em geral não bastaria às classes mais baixas "não querer [viver à maneira antiga], é também necessário que as classes superiores sejam incapazes de viver [à maneira antiga], pois que se torna objetivamente impossível às classes dominantes manter seu domínio sem mudar a forma desse domínio".[43] Em vez disso, argumentava Grossman de um modo não quietista, a revolução só poderia ocorrer quando as condições objetivas pudessem ser exploradas por um partido revolucionário consciente do papel histórico do proletariado. O processo revolucionário por ele idealizado era dialético: o capitalismo tinha criado a classe operária e as circunstâncias nas quais ela era compelida a lutar contra o capitalismo. Era durante essa luta que o proletariado poderia se tornar ciente de que a destruição do capitalismo era necessária para sua própria libertação.

As palavras restritivas aqui são "poderia se tornar", e elas nos levam de volta ao que preocupava os marxistas reunidos em Ilmenau em 1923. Lukács tinha alegado em *História e consciência de classe* que a sociedade capitalista é reificada. Era a reificação da sociedade capitalista que desviava o marxismo do ardente otimismo do *Manifesto do Partido Comunista* à resignação melancólica que se infiltrara na Escola de Frankfurt: era como se, sob o capitalismo moderno que confrontou os marxistas na Alemanha da década de 1920, o proletariado tivesse se tornado o coveiro não da burguesia mas de suas próprias esperanças e aspirações, tão alienado de seu trabalho e de si mesmo que não conseguia se lembrar do que estava enterrando.

Para compreender essa alienação, Lukács e a Escola de Frankfurt leram um texto mais antigo de Marx sobre isso em seus *Manuscritos econômico-filosóficos*, de 1844. Lá Marx vai buscar a noção de "consciência infeliz" de Hegel na *Fenomenologia do espírito* (1807), segundo a qual uma alma alienada está dividida e suas aspirações à universalidade estão frustradas. A consciência infeliz de Hegel é a "consciência do 'eu' como uma dupla natureza, uma coisa meramente contraditória".[44] Para Marx, em seus primeiros escritos, o trabalhador é da mesma forma alienado, não encontrando satisfação em seu trabalho, e sim na escravidão a um sistema de mercadorias que explora o trabalho e nega o que este poderia ter sido, alegre e gratificante. Esse tema hegeliano da divisão do "eu" e da alienação foi aproveitado pelo predecessor de Marx, Feuerbach, que em *A essência do cristianismo* expressa a ideia de que o Deus cristão era uma projeção de uma essência que, não fosse isso, seria negada à humanidade. Para Feuerbach, nós transformamos aquilo do qual fomos alienados como seres humanos num objeto e o chamamos de Deus. Para Marx, em contraste, a alienação era a consequência necessária do capitalismo, distanciando o trabalhador de si mesmo e de seu trabalho. Ele torna-se parte de um sistema que o explora e a seus camaradas. Como resultado, em vez de uma classe trabalhadora capaz de modificar as condições em que vive, ela torna-se passiva diante das aparentemente autônomas trocas de mercadorias. Fica, in extremis, incapaz de criar as condições para sua própria libertação.

Mas se todas essas ideias sobre alienação, fetichismo da mercadoria e reificação já estavam em Marx, por que *História e consciência de classe*, de Lukács, foi tão influente, especialmente para a Escola de Frankfurt? Um dos motivos foi que os *Manuscritos econômico-filosóficos*, nos quais Marx desenvolveu a teoria da alienação, só foram publicados em 1932 em Moscou, e assim o marxismo hegelizado de Lukács, uma década antes disso, parecia ser presciente — ou, então, chegara ao mesmo ponto que Marx tinha chegado em seus escritos mais antigos que haviam sido negligenciados. Além disso, Lukács alega que o fetichismo da mercadoria que Marx apontou em *O capital* era meramente episódico nos sistemas econômicos mais primitivos. Agora, em contraste, tomava conta de toda a sociedade. Lukács escreveu:

> Com a moderna análise "psicológica" do processo de trabalho (no taylorismo), essa mecanização racional se estende diretamente à "alma" do trabalhador: até mesmo seus atributos psicológicos são separados de sua personalidade total e postos em oposição a ela, de modo que facilitem sua integração a sistemas racionais especializados e sua redução a conceitos estatisticamente viáveis.[45]

Como resultado, a revolução era menos provável do que nunca, sobretudo numa sociedade avançada e racionalmente administrada como a Alemanha. Era assim, com certeza, que o Instituto de Pesquisa Social via a Alemanha na década de 1920: não um lugar onde a revolução poderia ser realizada em breve, a qualquer momento, mas um lugar mais adequado a um estudo tranquilo.

Não é de admirar, então, que o espião soviético que trabalhava na biblioteca tenha ido embora rapidamente após a fundação do instituto. Richard Sorge (1895-1944) tinha participado do seminário em Ilmenau e depois foi contratado para ajudar a organizar a biblioteca, enquanto enviava relatórios o tempo todo a Moscou para dizer se as condições estavam propícias para a revolução alemã. Seus relatórios não foram publicados.[46] Nascido em Baku e criado em Berlim, Sorge ganhou a Cruz de Ferro combatendo pelo Exército alemão na Primeira Guerra Mundial. Enquanto convalescia de ferimentos causados por estilhaços que lhe quebraram as duas pernas e lhe custaram três dedos, Sorge leu Marx, e em seguida ingressou no Partido Comunista da Alemanha e estudou para obter um doutorado em economia em Hamburgo. Depois de abandonar a Alemanha do pós-guerra, onde tinha sido demitido de seu trabalho como professor devido a suas ideias políticas, ele foi para Moscou, onde se tornou funcionário iniciante do Comintern. Esse corpo, também conhecido como Terceira Internacional, foi estabelecido em 1919 por delegados do mundo inteiro, entre eles Lênin, para lutar, "com todos os meios disponíveis, inclusive força armada, pela derrubada da burguesia internacional e pela criação de uma república soviética internacional como etapa de transição para uma total abolição do Estado". Foi fechado por Stálin em 1943.

Em 1921, o Comintern enviou Sorge para uma missão na Alemanha. Lá ele trabalhou ostensivamente como jornalista, mas na verdade reunia informações sobre a comunidade de negócios de Frankfurt. Em Frankfurt ele se casou com Christiane Gerlach, ex-mulher de Kurt Gerlach, e ajudou durante algum tempo na biblioteca do instituto. Suas opiniões sobre o instituto de pesquisa marxista não foram registradas; nem está claro se seus colegas sabiam que havia um espião soviético trabalhando entre eles. De qualquer maneira, Sorge foi logo chamado de volta a Moscou, e depois disso levou uma vida de espionagem e de aventuras com a qual seus colegas filósofos de salão não poderiam sonhar. Na década de 1930, ainda trabalhando para os soviéticos, juntou-se ao Partido Nazista e conseguiu ser enviado ao Japão em missões jornalísticas, escrevendo para jornais que ideologicamente desprezava. Na verdade, Sorge foi enviado ao Japão para estabelecer uma rede de informantes da qual pudesse obter informações sobre a política externa japonesa.

Durante a Segunda Guerra Mundial, as informações que Sorge obteve mostraram-se vitais para os soviéticos. Ele avisou Moscou sobre o Pacto Germano-Japonês e advertiu sobre o ataque japonês à base naval dos Estados Unidos em Pearl Harbour. Em 1941, relatou a Moscou as intenções de Hitler de invadir a União Soviética. Depois, ainda naquele ano, informou ao Kremlin que os japoneses não tinham planos de atacar a fronteira oriental da União Soviética. Essa informação permitiu ao comandante do Exército Vermelho, Gueorgui Jukov, deslocar dezoito divisões, 1700 tanques e mais de 1500 aviões da Sibéria para a frente ocidental a tempo de resistir ao avanço nazista sobre Moscou. Essa redisposição de forças acabou sendo um dos pontos de inflexão no desenvolvimento da Segunda Guerra Mundial, facultando ao Exército Vermelho deter a Wehrmacht, que já tinha esmagado forças britânicas e francesas na Europa ocidental. Àquela altura, porém, os dias de Sorge bem poderiam estar contados: não só o serviço secreto japonês tinha interceptado suas mensagens a Moscou, como também, assim se alega, Stálin não poderia deixar vir à tona que ele tinha ignorado a advertência de Sorge quanto à Operação Barbarossa, o ataque nazista de 1941 à União Soviética. Então, para ele seria conveniente que Sorge não vivesse para revelar que a indecisão dos líderes da União Soviética custara tantas vidas russas.

Em 7 de novembro de 1944, Richard Sorge foi enforcado na prisão em

Tóquio. O criador de James Bond, Ian Fleming, oficial da inteligência britânica durante a Segunda Guerra Mundial, chamou Sorge de "o espião mais formidável da história". Sorge iria sofrer a injúria póstuma de ter um filme sobre sua vida feito por Veit Harlan, o conhecido diretor de um dos filmes mais antissemitas já realizados, *O judeu Süss*, de 1940, e um dos cineastas favoritos do ministro da Propaganda nazista, Joseph Goebbels. Intitulado *Verrat an Deutschland* [Traição à Alemanha], o filme de 1955 sobre a espionagem de Sorge no Japão foi proibido na Alemanha Ocidental apenas dois dias após o lançamento. Outro filme, *Qui êtes-vous, Monsieur Sorge?* [Quem é você, sr. Sorge?], de Yves Ciampi, foi lançado em 1961 e visto em muitos países, sendo particularmente popular na União Soviética. No entanto, só em 1964 a União Soviética reconheceu oficialmente a existência de Richard Sorge como espião soviético. Naquele ano, ele foi declarado Herói da União Soviética. É vergonhoso que tivessem decorrido vinte anos após sua morte para ser assim homenageado: não são muitos os que podem ostentar no peito a medalha de Herói da União Soviética ao lado da Cruz de Ferro Imperial Alemã.

A história da vida de Sorge vale a pena ser contada não apenas porque essa biografia de um herói de ação contrasta tão marcadamente com a de outros doutos de Frankfurt (embora três preeminentes membros da escola — Franz Neumann, Herbert Marcuse e Otto Kirchheimer — tenham trabalhado como analistas da inteligência para o Office of Strategic Services, o Escritório de Serviços Estratégicos, precursor da CIA na época da guerra), mas também porque essas atividades politicamente engajadas eram avessas ao éthos da Escola de Frankfurt. Enquanto Sorge se infiltrava pelas fronteiras da Europa, da América e da Ásia, encarregado pelo Comintern de ajudar a fomentar a revolução proletária e incumbido pela União Soviética de assisti-la em sua resistência à invasão nazista, o instituto permanecia acima dessa luta, valorizando a independência intelectual, preferindo que seus eruditos não fossem membros de partidos políticos e, com a exceção de Grossman, duvidando de que valesse a pena topar o desafio que Lênin tinha proposto aos marxistas de todo o mundo. As circunstâncias que eles enfrentavam na década de 1920 eram muito diferentes daquelas que haviam concorrido para o sucesso da Revolução Bolchevique. A Neue Sachlichkeit também tinha sido traduzida como Nova Resignação, e isso capta algo do estado de espírito da Escola de Frankfurt naquela década: era como se a grande era da revolução socialista tivesse passado e os intelectuais de esquerda tivessem de se acomodar na ordem social da

República de Weimar, que nascera do fatídico acerto entre o governo social-democrata e a nobreza prussiana.

Em 1927, Horkheimer escreveu um ensaio intitulado "A impotência da classe trabalhadora alemã". Nele, esse novo tipo de intelectual marxista finalmente respondia, com pessimismo, à questão dos problemas práticos para a implementação do socialismo que tinham sido apresentados em Ilmenau quatro anos antes. Ele alegava que a integração da classe trabalhadora no modo de produção capitalista a tornava inviável como agente para o socialismo. Faltavam na Alemanha a consciência de classe e a solidariedade proletária que Lukács considerava necessárias para a revolução socialista. Em parte, isso ocorreu porque a classe estava dividida entre uma "elite" de trabalhadores já empregados e integrados, de um lado, e um proletariado desempregado e frustrado, de outro. Mas em parte, também, porque os dois partidos socialistas — o SPD e o KPD — replicavam aquela divisão antagônica num nível político. Essa divisão era trágica, pois, como Horkheimer escreveu, "em ambos os partidos existe uma parte da força da qual depende o futuro da humanidade".[47] A falta de uma união dessas forças não só militava contra a possibilidade de uma revolução socialista na Alemanha, mas também, como constataria mais tarde a Escola de Frankfurt, minaria a resistência ao nazismo.

Horkheimer alegou que as perspectivas de reconciliação das duas posições eram contingentes "no decurso do processo econômico". Aqui, a farpa injustamente endereçada a Henryk Grossman — de que ele tinha a revolução como um produto das forças econômicas, e que portanto sua política era essencialmente de quietismo — seria melhor dirigida a Horkheimer: foi ele quem idealizou os trabalhadores como espectadores que observam a atuação das forças econômicas, em vez de serem atores da história, como eram para o abertamente leninista da velha escola Henryk Grossman. Isso não quer dizer que Horkheimer estava errado em sua visão pessimista, mas o fato é que, no mínimo, isso muda radicalmente o propósito de um instituto de pesquisa marxista como aquele que ele dirigiu a partir de 1931. Em sua história da Escola de Frankfurt, Rolf Wiggershaus conclui: "Nenhum deles [os líderes do instituto] depositava qualquer esperança na classe trabalhadora".[48] Eles se tornaram, em vez disso, virtuosos críticos de um mundo que não eram capazes de mudar; a impotência da classe trabalhadora sobre a qual Horkheimer escreveu tinha seu paralelo nos intelectuais marxistas que trabalhavam no Instituto de Pesquisa Social.

4. Um pouquinho do outro

"O que distingue Nápoles de outras grandes cidades", escreveram Walter Benjamin e sua amante letã bolchevique Asja Lācis num ensaio conjunto de 1925 sobre a cidade, "é algo que tem em comum com o *kraal* africano: cada atitude ou ação privada é permeada de um fluir constante de vida comunitária. Existir, que para o europeu do norte é a mais privada das questões, é aqui, como num *kraal*, uma questão coletiva."[1]

O livro de 1913 do lexicógrafo Charles Pettman, *Africanderisms: A Glossary of South African Colloquial Words and Phrases and of Place and Other Names* [Africanderismos: Glossário de palavras e expressões coloquiais e de lugares e outros nomes sul-africanos], define *kraal* como: "1) cercado para gado; 2) aldeia hotentote; 3) qualquer aldeia nativa, ou conjunto de cabanas. Parece que a palavra foi introduzida pelos holandeses e aplicada inicialmente de forma um tanto depreciativa às propriedades e aldeias de hotentotes e cafres".[2] Mas embora os colonizadores holandeses possam ter usado o termo "kraal" para sugerir que os africanos viviam como gado, Benjamin e Lācis a usaram para louvar o modo de vida dos napolitanos. Em particular, ficaram impressionados de ver como essa cidade do sul da Europa servia como uma reprovação ao modo como viviam os europeus do norte, que, sob o capitalismo, faziam uma distinção cada vez mais inexorável entre o mundo público e o mundo privado.

Sim, o lar dos ingleses, proverbialmente, já tinha sido seu castelo havia muito tempo. Mais sintomático daquilo que eles levaram a ser uma tendência crescente, as suntuosas casas dos pais de Benjamin no socialmente higienizado oeste de Berlim excluíam os pobres de maneira tão eficiente que seu filho mal sabia que eles existiam. Nas *Passagens*, Benjamin argumentou que essas zonas privadas zelosamente protegidas tinham surgido pela primeira vez no governo do rei burguês francês Luís Filipe, nas décadas de 1830 e 1840. O resultado foi, para ele, uma divisão crescente entre o espaço público e o espaço privado, em que a função deste último era oferecer ao cidadão burguês um refúgio dos negócios e das preocupações sociais, mantendo-o assim em suas ilusões. Benjamin escreveu: "Daí derivam as fantasmagorias do interior — que, para o indivíduo privado, representa o universo. Nesse interior, ele reúne lugares remotos e memórias do passado. Sua sala de estar é um camarote no teatro do mundo".[3] Presciente, Benjamin estava escrevendo antes da era da televisão ou da internet, antes que a montagem do que é distante no tempo e no espaço dentro do interior doméstico se tornasse sofisticada tecnologia, antes que as fantasmagorias do interior nos tornassem espectadores socialmente atomizados — ou permanentemente estupefatos no que o pensador situacionista francês Guy Debord chamou de sociedade do espetáculo.

As cidades que entusiasmaram Walter Benjamin enquanto percorria a Europa na década de 1920 não eram assim. Em Nápoles, Marselha e Moscou, em especial, ele encontrou a vida pública e a vida privada excitantemente entrelaçadas, com possibilidades aparentemente ilimitadas de transcender a classe. Cada uma dessas cidades, a seu diferente modo, lhe oferecia uma cura para a doença da vida moderna em geral e da educação que tivera em particular. O sociólogo Max Weber, seu compatriota, tinha escrito sobre a jaula de ferro do capitalismo, dentro da qual os homens eram subjugados pela eficiência, pelo cálculo e pelo controle. As cidades eram parte do sistema de controle, que funcionava mantendo os pobres e os ricos em seus lugares apropriados. As cidades que excitaram Benjamin eram o oposto disso.

Ele escreveu sobre essas cidades numa série de ensaios que muitas vezes são carregados de erotismo, quando o privilegiado europeu do norte se aproxima do sensual "outro" — vivenciando um esfrega-esfrega num bonde superlotado em Moscou, saboreando a estimulante linguagem de gestos napolitana ou explorando o lado cativante e sórdido de Marselha, uma cidade que desfrutava então de seu ardente e contestado título de porto mais iníquo do mundo.

Em 1925, Benjamin deixou Berlim e uma Alemanha cada vez mais adversa — onde o antissemitismo só aumentava e a perspectiva de uma revolução socialista estava cada vez mais distante. A percepção que Benjamin tinha da Alemanha como um lugar adverso foi intensificada por um revés profissional. Suas esperanças de seguir carreira acadêmica ficaram em frangalhos quando a Universidade de Frankfurt rejeitou sua tese de livre-docência, *Origem do drama trágico alemão*, negando-lhe com isso a qualificação necessária para poder lecionar. Como consequência, ele teve de se valer do dinheiro que conseguisse ganhar na Grub Street* e em encomendas ocasionais do Instituto de Pesquisa Social. A morte de seu pai Emil em 1926 fez com que tudo se tornasse ainda mais precário em termos financeiros.

A Itália foi para Benjamin, como já tinha sido para muitos alemães a partir de Goethe, um antídoto, uma distração e um lugar de renovação erótica. E isso ele demonstrou quando chegou a Nápoles com a atriz Lācis, deixando na Alemanha sua mulher Dora e o filho Stefan, de sete anos. O que ele e Lācis elogiaram em Nápoles foi uma qualidade que chamaram de "porosidade". É um termo que se tornou central para Benjamin e a Escola de Frankfurt durante a década de 1920. Benjamin e Lācis definiram porosidade como um derretimento de divisões estruturais e hierárquicas. Em vez de o espaço doméstico ser circunscrito por um mundo maçante — como, na opinião deles, acontecia na Europa setentrional —, em Nápoles eles descobriram que a vida privada era "dispersa" e "misturada". "Assim como a sala de estar reaparece na rua, com cadeiras, lareira e altar, da mesma forma, só que muito mais ruidosamente, a rua migra para dentro da sala de estar."

Os únicos prédios civilizados, privados e ordenados em Nápoles, achavam eles, eram os hotéis elegantes e os grandes armazéns; fora isso, os napolitanos demonstravam um modo de vida urbana aviltado pela pobreza e contrário ao da educação que Benjamin tivera em Berlim. "A pobreza provocou uma distensão de fronteiras que espelha a mais radiante liberdade de pensamento." As crianças, ele escreveu chocado como europeu do norte que era, ficam acordadas o tempo todo.

---

* "Grub Street" é um termo pejorativo que se refere a uma antiga rua de Londres habitada por escritores e intelectuais de segunda linha que sobreviviam de obras menores e eventuais. (N. T.)

Ao meio-dia, então, elas ficam dormindo atrás do balcão de uma loja ou numa escadaria. Esse sono, que os homens e as mulheres também vão buscar em cantos escuros, não é, assim, o protegido sono do norte. Aqui, também, existe uma interpenetração do dia e da noite, de barulho e de paz, da luz no exterior e do escuro no interior, da rua e da casa.

É claro que se poderia desprezar isso como sendo um turismo de pobreza de um homem privilegiado, mas o que vale a pena preservar desse ensaio de Benjamin e de Lācis sobre Nápoles é que, na visão deles, a vida torna-se comunitária, o espaço-tempo é torcido de dentro para fora, e a intimidade é inimaginável. Nápoles, para Benjamin, não era apenas uma cidade, mas um carnaval católico, a concretização de um sonho utópico, uma obra de arte moderna.

Em vez de uma jaula de ferro, Benjamin encontrou em Nápoles um mundo de fluências libidinais. Por exemplo, ele e Lācis observaram a linguagem dos gestos como se fossem antropólogos voyeurs. "A conversa é impenetrável para quem é de fora", escreveram. "Orelhas, nariz, olhos, peitos e ombros são estações sinalizadoras ativadas pelos dedos. Essas configurações são recorrentes em seu erotismo fastidiosamente especializado. Gestos de ajuda e toques impacientes chamam a atenção do estranho." É difícil dizer nessa passagem se Walter Benjamin está recebendo orientações ou se lhe estão propondo algo. De qualquer forma, ele parece estar gostando.

Naquele verão de 1925, outros críticos e filósofos alemães juntaram-se a Benjamin e Lācis na baía de Nápoles, inclusive Siegfried Kracauer e o compositor, crítico musical e aspirante a filósofo Theodor Adorno, de 22 anos, que estava interrompendo seus estudos em Viena com o compositor Alban Berg. Todos ficaram estimulados, não só pela cidade, mas também por seus arredores — pela idílica Capri, por visitas ao Vesúvio e, mais além no litoral, pelos penhascos de Positano. A sugestão feita no livro de Martin Mittelmeier, *Adorno em Nápoles*, é que os eruditos de Frankfurt aprenderam muita coisa em Nápoles, que algumas das ideias mais excitantes que desenvolveram foram inspiradas lá, e que ficaram seduzidos, como ficara Goethe, por "*das Land wo die Zitronen blühen*" (a terra onde os limoeiros florescem). Enquanto o marxismo ossificava em Frankfurt, ele explodia em vida em Nápoles.[4]

Entre 1924 e 1926, o Vesúvio foi aberto ao público. A partir de um ensaio de Adorno sobre Schubert, de 1928, Mittelmeier traça uma distinção entre a força telúrica de Beethoven e as paisagens fissuradas de Schubert, referindo-se ao vulcão. Mittelmeier sugere que a imagem de espaços vazios (*Hohlräume*) repetida por Adorno tem um precursor literal: o que ele encontrou nos penhascos de Positano. Foi lá que o futurista suíço Gilbert Clavel passou grande parte da década de 1920 abrindo com dinamite enormes buracos na superfície da rocha. "Sempre que eu criava esses buracos", escreveu Clavel em 1923, "eu tinha a sensação de estar capturando bolsas de ar cheias de energia, espaços comprimidos nos quais alguma coisa espiritual poderia então explodir."[5] Mittelmeier sugere também que quando Adorno alega que Beethoven faz explodir cavidades (*Hohlstellen*) na música burguesa, a imagem está literalmente prefigurada naquilo que ele viu nos penhascos de Positano.

Talvez tenha sido em Positano que Adorno aprendeu a filosofar. Nietzsche filosofava com um martelo; Adorno promoveu o martelo a dinamite. Desconstrucionista antes de a palavra ter sido cunhada, Adorno começou sua carreira de escritor na década de 1920 com uma acerba crítica musical, e na realidade nunca deixou de fazer buracos nos longamente acalentados edifícios intelectuais de outros pensadores. No ponto culminante do pensamento maduro de Adorno, na *Dialética negativa*, ele explodiu a filosofia da história de Hegel. A história para Hegel era como uma formação rochosa, um lento processo de formação. E era também uma estória com um final feliz; além do mais, era uma narrativa de redenção na qual tudo — mesmo os becos sem saída da evolução, mesmo as vidas humanas esmagadas na implacável marcha da história em direção ao absoluto — tinha um significado, um lugar na estória. Quando Hegel disse que "o real é o racional", era nisso que ele pensava. Quando escreveu, paradoxalmente, que existe uma "identidade de identidade e não identidade", também estava alegando que tudo que acontece deve contribuir de alguma forma para os mecanismos do absoluto.

Heráclito idealizou o mundo como um fluxo, vendo na mudança a verdade existencial. Mas, na concepção de Hegel, o fluxo de Heráclito solidificava-se em algo mais imediatamente compreensível — como se, em vez do magma do Vesúvio, ele tivesse se tornado a superfície do penhasco de Positano. A história ficava paradoxal: num processo de transformação, as leis que a explicavam configuravam-se em pedra. Adorno, fazendo o que Beethoven tinha feito com a música burguesa, estilhaçou o todo hegeliano. Ele alegou que havia uma "não identidade de identidade e não identidade", e com isso queria dizer que a existência é incompleta, que nela há um buraco onde deveria haver um todo, que a história não é um simples desenrolar de algum reino numenal preordenado, e que a existência é, portanto, "ontologicamente incompleta".[6]

O desmonte da filosofia ocidental feito por Adorno tem origem em seus escritos sobre música na década de 1920. "Seu discurso estava cheio de alusões melancólicas que apontavam para a desintegração de todos os valores tradicionais", escreveu o compositor Ernst Krenek, que conheceu Adorno em 1924, quando este era um jovem crítico e compositor calouro que assistia aos ensaios de sua ópera *Der Sprung über den Schatten* [O salto sobre a sombra]. "Uma de suas expressões favoritas era 'substância em desintegração', e ele a usava com tanta frequência que acabamos fazendo piada dela."[7]

Para alguns, a arte moderna tinha a ver com progresso; para Adorno, tinha a ver com desintegração. Na década de 1920, estéticas e valores antigos estavam se desintegrando: o desenvolvimento da música dodecafônica de Schoenberg, a abstração na pintura, o dadaísmo e outras formas novas de expressão artística detonaram os valores tradicionais. Por isso foram tão detestados pelos nazistas, que buscavam restaurar valores artísticos pré-modernos. Nessa batalha cultural, a Escola de Frankfurt estava do lado dos modernistas. Quando, em 1928, Adorno escreveu um ensaio chamado "Sobre a técnica dodecafônica", uma análise do sistema atonal de Schoenberg, ele referiu-se à história da música como um processo de desintegração. A fuga e a sonata tinham deixado de ser estruturas sacrossantas de referência musical. Depois, a tonalidade, juntamente com suas estruturas harmônicas e suas cadências, desintegrou-se. Usar essas formas e técnicas musicais, como Stravínski e Honegger tinham feito em seus estilos neoclássicos, era reacionário, alegava Adorno.

No entanto, o que mais tinha se desintegrado, segundo a filosofia musical de Adorno, era a noção de que a música era um fenômeno neutro e natural, não afetado por mudanças históricas. Ao contrário, ele argumentava, a música era moldada pela dialética do processo histórico. Como resultado, não poderia haver um método universalmente válido de composição. Aqui, sua crítica detonava não apenas os burgueses que não gostavam da música atonal e queriam melodias, não apenas os compositores neoclássicos, mas também Krenek, que alegava que a música atonal era primária.

Se o impulso destrutivo que Adorno descobriu em suas férias napolitanas na década de 1920 inspirou seus escritos posteriores, as andanças de Benjamin no estrangeiro durante o mesmo período incendiaram de entusiasmo seus escritos. Dois anos depois de visitar Nápoles, Benjamin visitou Moscou, onde Lācis, o grande porém infeliz amor de sua vida, estava então num sanatório após sofrer uma crise nervosa. Assim como em Nápoles, ele ficou excitado com uma cidade que dispensara a distinção entre a vida pública e a vida privada, e que ademais estava embarcando em um experimento social comunista. Enquanto Horkheimer lamentava a impotência proletária alemã em 1927, como vimos no capítulo anterior, no mesmo ano Benjamin estava quase hiperventilado em seu entusiasmo com a experiência soviética. "Cada pensamento, cada dia, cada vida aqui é como se estivessem estendidos numa mesa de laboratório", ele escreveu.[8] Passear num bonde da cidade era, para Benjamin, uma expressão em miniatura da total interpenetração dos modos tecnológico e primitivo de viver. O estrangeiro ficava impressionado com a civilidade daquela aglomeração: "Um obstinado empurra-empurra e acotovelamento durante o embarque num veículo superlotado a ponto de estourar acontece sem um som sequer e em grande cordialidade. (Nunca ouvi uma só palavra enraivecida nessas ocasiões.)". Outra forma de transporte público moscovita, o trenó, cativou Benjamin ainda mais, particularmente porque zerava as distinções sociais.

> Onde europeus, em suas breves jornadas, desfrutam de superioridade e domínio sobre as massas, o moscovita em seu pequeno trenó mistura-se estreitamente com pessoas e coisas. Se tem de levar consigo uma caixa, uma criança ou um cesto — para tudo isso o trenó é o meio de transporte mais barato —, ele se introduz de verdade na confusão da rua. Nenhum olhar condescendente: um suave e ligeiro roçar passando por pedras, pessoas e cavalos. Você se sente uma criança deslizando pela casa numa pequena cadeira.

Quão pungente, aliás, é essa conexão que Benjamin faz aqui entre o passeio de trenó e a inocência perdida de sua juventude, encontrando na experiência bolchevique uma deixa para um devaneio proustiano.

O ensaio é carregado de calidez, excitação sensual e engajamento político. As ruas da capital soviética eram uma região de novas possibilidades, de descarte e reapropriação de antigas tradições e de invenção de novas. Isso foi no breve período antes de a União Soviética se solidificar em algo monstruoso — uma tirania stalinista de gulags e julgamentos encenados, onde a arte de vanguarda, como *Lady Macbeth de Mtsensk*, de Chostakóvitch, era denunciada em 1936 no *Pravda*, o porta-voz oficial do Partido Comunista, sob o título "Bagunça, não música", como algo que "excita o gosto pervertido da burguesia com sua música irrequieta, gritante e neurótica".[9] A esperança de Benjamin quanto à arte moderna — notadamente o cinema, as artes visuais e os tipos de experimentos literários que ele fez na década de 1920 — era que ela fosse parte da revolução que libertaria as mentes dos oprimidos.

Benjamin era um homem raramente excitável. Em 1921, quando estava de viagem em Munique, ele comprou uma aquarela de Paul Klee, *Angelus Novus*, por mil marcos. Sua amiga Charlotte Wolf lembrou-se depois de como "esse homem canhestro e inibido" tinha "se comportado como se alguma coisa maravilhosa lhe tivesse sido dada".[10] Algo semelhante aconteceu em Moscou em 1927. A União Soviética era para ele um experimento cultural tão revigorante quanto as pinturas de Kandínski e Klee, ou as outras formas de arte moderna que ele exaltava em seus escritos durante os anos de Weimar — o romance de Proust, o teatro épico de Brecht, o cinema de vanguarda, o surrealismo e a fotografia. Mas não foi apenas aquilo sobre o que ele escrevia, e sim o modo como ele escrevia sobre aquilo que abriu uma nova frente na luta política.

De fato, na década de 1920, o modo como Benjamin escrevia era seu ato mais político. Ele veio a preferir "formas não conspícuas" ao "gesto pretensioso e universal do livro", e assim esses ensaios, como o que escreveu em Moscou, revolucionaram a escrita, solaparam as normas burguesas e corporificaram o choque modernista do novo. Sua escrita é concisa, densa, breve, improvisada; a ordem da narrativa é desprezada em favor de refrões autorais com variação recorrente, formando constelações e fazendo sentido. Era, como o jazz, subversivo: aliás, em seu ensaio de Moscou, Benjamin observou que dançar jazz tinha sido proibido (representava, para as autoridades, a decadência ocidental). Como resultado, ele escreveu: "É como se fosse mantido atrás de um vidro, como um réptil venenoso e de cores brilhantes". A escrita de Benjamin dessa época é, similarmente, como uma serpente, de movimento imprevisível, projetando-se como um dardo através de labirintos, subvertendo implacavelmente a ordem literária estabelecida.

"Do primeiro ao último", escrevem seus biógrafos sobre esse apostador, "Benjamin se arriscou nos temas que abordou e na forma e no estilo de sua escrita."[11] O melhor exemplo disso é *Rua de mão única*, de 1928, uma coleção de aforismos, fragmentos filosóficos e meditações sobre a vida moderna. O livro é uma reunião de abordagens a partir de vários ângulos: uma montagem parecida com a que Dziga Vertov estava fazendo no cinema soviético; o que a artista dadaísta de Weimar, Hannah Hoch, estava fazendo com suas tesouras; o que os surrealistas franceses que Benjamin admirava estavam fazendo com aparas de papel, pedaços de tela pintados, jornais, bilhetes, tocos, guimbas de cigarro e botões (ou seja, criando desconcertantes montagens de objetos achados). Sua escrita parecia ser decadente, estranha, alarmante para os ideólogos tanto nazistas quanto soviéticos. Em sua própria estrutura, fazia proselitismo de uma concepção de arte e de escrita hostil àquela em favor da qual György Lukács agitava em suas críticas elogiosas do romance realista. Mas com toda a sua genialidade modernista, o melhor escrito de Benjamin na década de 1920 não foi do tipo daqueles que lhe dariam uma posição. Em vez disso, em *Rua de mão única* e em seus deliberadamente fragmentados retratos impressionistas das cidades que lhe incendiaram a imaginação, ele conscientemente rompeu com os formatos palatáveis para a academia e aplicou suas técnicas de crítica a fenômenos que meros professores consideravam que não mereciam atenção — as fantasmagorias da vida urbana moderna e aquelas novidades suspeitas, o cinema entre elas.[12]

Por tudo isso, o que Benjamin começou na Alemanha da década de 1920 — um estilo de escrita cuja forma tomava emprestada das melhores vinhetas jornalísticas (notadamente as compostas pelo amigo e mentor de Benjamin e de Adorno, Siegfried Kracauer) e das técnicas do cinema de vanguarda, da fotografia e da arte — provaria ser uma das mais duradouras formas literárias de intelectuais europeus posteriores (como, por exemplo, a de *Mitologias*, de Roland Barthes, de 1957, ou de *The Postmodernist Always Rings Twice* [O pós-modernista sempre toca duas vezes], de 1992, de Gilbert Adair).

Apesar de ter abraçado o moderno, Benjamin dificilmente pode ser considerado um celebrante acrítico do que encontrou em Moscou. Ele ficou encantado, mas também preocupado quanto aonde esse experimento poderia levar. "O bolchevismo aboliu a vida privada", escreveu. Mas enquanto em Nápoles ele saboreava essa abolição, em Moscou ele se inquietava sobre o que a havia causado: "A burocracia, a atividade política, a imprensa, são tão poderosas que não sobra tempo para interesses que não coincidam com os delas". Ele se preocupava com o que essa nascente sociedade totalitária significaria para a vida intelectual. "Que imagem tem um homem de letras num país no qual seu empregador é o proletariado?", perguntou. Essa pergunta, para intelectuais autônomos como Benjamin, assim como para muitos dos eruditos de Frankfurt que trabalhavam duro no sóbrio Instituto de Pesquisa Social, era particularmente vexatória. Benjamin achava que os dois tipos de intelectuais já viviam na prorrogação:

> Mais cedo ou mais tarde, com a classe média sendo feita em pedaços pela luta entre o capital e o trabalho, o escritor "autônomo" também deve desaparecer. Na Rússia, o processo está completo: o intelectual é acima de tudo um funcionário que trabalha nos departamentos de censura, justiça, finanças, e se ele sobrevive, participa do trabalho — o que, na Rússia, significa poder. Ele é um membro da classe governante.

Benjamin se preocupava com o fato de que toda a grande arte moderna que ele amava tinha sido considerada inadequada para os fins revolucionários, e todos aqueles que a fizeram foram ou mandados para os gulags ou feitos funcionários inativos. "Os construtivistas, suprematistas, abstracionistas que no comunismo em tempo de guerra puseram sua propaganda gráfica a serviço da Revolução foram descartados. Atualmente só se demanda uma clareza banal." Quase podemos ouvi-lo estremecer aqui, como se estivesse imaginando a si mesmo sendo transportado para as ficções burocráticas de pesadelo de seu amado Kafka: o escritor autônomo corre o risco de se tornar Josef K., e (expressão assustadora) "se sobreviver", um funcionário da nova classe governante. Clareza banal? Funcionário do governo? Membro da classe governante? Benjamin jamais retornou a Moscou.

No mesmo ano em que escreveu seu ensaio sobre Moscou, Benjamin começou o projeto que descreveu como o "teatro de todas as minhas lutas e todas as minhas ideias", o qual permaneceria inacabado até sua morte, treze anos depois. As *Passagens* foram concebidas originalmente como um artigo de jornal sobre as galerias que começaram a ser construídas em Paris no início do século XIX. O projeto foi mudado depois para ser um ensaio chamado "Galerias de Paris: Um dialético reino encantado". Finalmente, acabou sendo um livro. Mas por que Paris? Não havia galerias comerciais em sua Berlim natal? Em parte, como escreveram os tradutores para o inglês no prefácio do livro, o interesse de Benjamin pelo meio cultural francês brotou de seu sentimento de alheamento dos escritores alemães contemporâneos.[13]

Benjamin já era francófilo havia muito tempo. Seu pai Emil tinha passado vários anos morando em Paris antes de se mudar para Berlim na década de 1880, e a equipe doméstica da casa incluía uma governanta francesa. Assim, quando Walter visitou Paris pela primeira vez em 1913, ele já era fluente em francês, e sua então nascente francofilia foi espicaçada pelo fato de que a Berlim afrancesada de suas andanças infantis foi superada pela experiência da coisa real. Ele sentia-se então "quase mais em casa no Louvre e nos grandes bulevares do que me sinto no Kaiser Friedrich Museum ou nas ruas de Berlim".[14]

Não é de admirar: Paris foi o modelo preexistente de seu mundo infantil. Mais tarde, na década de 1930, no exílio da Alemanha nazista, Paris tornou-se seu lar; em certo sentido, já era seu lar espiritual havia muito tempo. Em consequência, quando escreveu sobre a cidade no livro com o qual se ocuparia em seus últimos anos, Benjamin, o crítico de mentalidade arqueológica, escavava camadas do passado, e uma das camadas na qual penetrou foi seu livro *Infância em Berlim por volta de 1900*.

Mas as *Passagens* não chegavam a ser uma carta de amor a Paris. São, sim, a história do nascimento da modernidade capitalista na forma das estruturas de ferro e vidro das galerias parisienses. Como escreve Douglas Murphy em *Last Futures: Nature, Technology and the End of Architecture* [Últimos futuros: Natureza, tecnologia e o fim da arquitetura], essas galerias "criavam espaços interiores na cidade através dos quais o novo mundo social do capitalismo moderno tomava forma".[15] Benjamin era sensível, talvez como nenhum outro escritor fora antes, a como novas formas espaciais eram significantes para a cultura do capitalismo. Assim como os interiores domésticos do cidadão privado, as galerias parisienses funcionavam, para Benjamin, na exclusão do mundo real fora delas. "Galerias", ele escreveu, "são casas ou passagens que não têm um exterior — assim como o sonho."[16]

Contudo, o que é singular no projeto de Benjamin é que ele toma as galerias não apenas como metáforas para as contradições do capitalismo, mas também como contendo vislumbres de um mundo melhor. Um vislumbre esperançoso se depreende de uma das últimas coisas que escreveu, a introdução (ou, como ele a chamou, *exposé*) ao livro, em 1939: "O século não foi capaz de responder às novas possibilidades tecnológicas com uma nova ordem social".[17] Este foi o movimento dialético marxista de Benjamin — esses mesmos templos do capitalismo continham insinuações de sua derrocada em favor de um socialismo que aproveitava a tecnologia para o bem das massas. Filósofos alemães posteriores não se impressionaram com esse estratagema. Mais marcantemente, Peter Sloterdijk, em seu livro *Im Weltinnenraum des Kapitals* [No mundo interior do capital], de 2005, concordou com Benjamin em que o capitalismo funciona, em parte, criando espaços exclusivos para manter fora deles o que é indesejável e o que não tem dinheiro — condomínios fechados, shopping centers com guardas de segurança, ou a fortaleza Europa —, mas negou que esses grandes interiores do capital encerrassem qualquer esperança de um mundo melhor. Na verdade, Sloterdijk alegou que outro grande templo capitalista de vidro e aço, a saber, o Crystal Palace, de Joseph Paxton, construído em Londres para abrigar a Grande Exposição de 1851, era uma metáfora melhor, mas menos esperançosa, para o capitalismo. "As galerias formavam um intermezzo em forma de dossel entre ruas ou praças", escreveu Sloterdijk, "enquanto o palácio de cristal invocava a ideia de um recinto tão espaçoso que seria possível nunca ter de deixá-lo."[18] Dentro do palácio, a maior diversidade do mundo de flora, fauna e produtos industriais era exposta em condições climáticas controladas e condições sanitárias confortáveis, tudo sob um único teto, o que excluía a necessidade de se viajar, enquanto tudo que ficava do lado de fora (guerra, genocídio, escravidão, desagradáveis doenças tropicais) era reduzido à irrelevância. Nesse sentido, o Crystal Palace, mais do que a galeria parisiense, foi a representação de como o capitalismo funcionou desde então. "Quem pode negar que, em seus aspectos primários, o mundo ocidental — especialmente a União Europeia — corporifica hoje esse interior tão grande?", escreveu Sloterdijk.[19] Nas *Passagens*, Benjamin considerou a sala de estar burguesa emblemática do espaço privado sob o capitalismo da época, espaço no qual o cidadão privado poderia se entocar, escondendo-se do enfadonho mundo; no capitalismo ulterior, para Sloterdijk, a zona de exclusão tinha se expandido da sala de estar para chegar ao tamanho de um continente.

Quando pela primeira vez considerou a ideia de escrever sobre as galerias parisienses, Benjamin disse a seu amigo Gershom Scholem que queria usar em seus escritos a técnica de colagem que admirava no surrealismo. Ele fez isso em artigos para jornais, no livro de montagens *Rua de mão única* e em suas vinhetas urbanas, porém mais ambiciosamente nas *Passagens*. Em vez de escrever a história através do estudo de grandes homens, ele procurou revelar a história por meio de seus resíduos e detritos, estudando o que era ignorado, imprestável, ordinário — exatamente aquilo que não fazia sentido para a versão oficial mas que, ele afirmava, codificava os desejos e sonhos da consciência coletiva.

A intenção de Benjamin era provocar uma espécie de efeito de choque para nos despertar de nossas ilusões. O efeito seria semelhante ao que sentiam os cinéfilos, ou pelo menos Benjamin supunha que sentiam, quando viam uma montagem de imagens em que se entrelaçavam momentos diferentes no tempo. De fato, ele escreveu sobre transferir "o princípio da montagem para a história". O livro ia crescendo sem parar. Depois de 1933, quando se estabeleceu em Paris após a ascensão de Hitler ao poder, tornou-se um elemento fixo de sua mesa na Bibliothèque Nationale, preenchendo cartões com anotações detalhadas sobre o surgimento do capitalismo. Ele virou um catador de retalhos ou colecionador que abarrotava seu manuscrito com citações e catálogos de coisas efêmeras, como cartazes de propaganda, vitrines de lojas, roupas da moda etc. O projeto parecia estar assombrado pela ideia de que tudo carregava consigo uma mensagem oculta, e seu papel era decodificá-la. A obra das *Passagens* continuava incompleta quando ele morreu; porém, se esta era sua orientação filosófica, talvez fosse impossível completá-la.

Houve quem considerasse essa obra, publicada postumamente na Alemanha apenas em 1982 e em inglês quase vinte anos depois, um livro desastroso. Mas outros, notadamente o filósofo italiano Giorgio Agamben, acreditam que poderia ter se tornado um dos grandes textos da crítica cultural do século xx se os nazistas, ao forçarem a fatídica fuga de Benjamin, não tivessem frustrado sua conclusão.[20] O que é verdade é que o livro com o qual ele buscou nos despertar do sonho do capitalismo nunca alcançou o que o próprio autor esperava dele.

Ao escrever as *Passagens*, contudo, Benjamin tinha uma grande ambição política: ele estava lutando para remodelar o marxismo a uma nova era consumista, na qual éramos escravos das mercadorias de um modo que nem Marx tinha imaginado. Marx descreveu o fetichismo da mercadoria como uma reintrodução de uma consciência religiosa pré-moderna no moderno, na própria natureza do capitalismo. Para entender o poder do fetiche da mercadoria, então, Marx sugeriu:

Temos de alçar voo no nebuloso reino da religião. Lá os produtos do cérebro humano aparecem como figuras autônomas dotadas de vida própria, que estabelecem relações tanto umas com as outras quanto com a raça humana. O mesmo acontece no mundo das mercadorias com os produtos das mãos humanas.[21]

Através da alienação do trabalho livre veio a reativação inconsciente de um tipo de consciência religiosa coletiva ou, dito de outra maneira, de ilusão de massas. Isso, pensou Marx, era necessário para fazer com que a alienação parecesse ser natural e inevitável.

Para Marx, as mercadorias eram formas econômicas e também simbólicas por ele concebidas primeiramente como bens manufaturados e matérias-primas. O diferente na visão de Benjamin sobre o fetichismo da mercadoria, em relação à de Marx, foi que ele se concentrou nos objetos de consumo, não nos de produção. Como alegou Max Pensky, estudioso de Benjamin:

> Poder-se-ia dizer que Marx captou a complexidade teológica da mercadoria, mas não o status da mercadoria como fantasmagoria; isto é, como expressão ilusória de fantasias e anseios utópicos coletivos, cujo próprio modo de expressão, sendo ilusório, faz com que esses mesmos anseios continuem a ser meras fantasias utópicas.[22]

Benjamin, como Marx, alçou voo no reino nebuloso da religião, imaginando que o mundo moderno era uma espécie de inferno. "O 'moderno' é o tempo do inferno", ele escreveu nas *Passagens*. Ao investigar peças obsoletas dos detritos históricos, como o Kaiserpanorama e as galerias parisienses, Benjamin encontrou não só sonhos e esperanças, mas também o espatifar desses sonhos e esperanças. Ele nos convidou a perceber que os bens de consumo, engenhocas e inovações tecnológicas que hoje nos enfeitiçam tornar-se-ão ultrapassados, deixando-nos presos na armadilha do tormento de Sísifo de sempre ter que adquirir outra coisa nova para satisfazer nossos degradados anseios. Esse era o destino infernal das vítimas do capitalismo. Ele nos instou a perceber também que as esperanças coletivas tinham se despedaçado e, mediante sua contemplação, convidou-nos a nos darmos conta de que as esperanças que mantemos agora ficarão igualmente irrealizadas no futuro. Max Pensky escreveu sobre o que Benjamin estava buscando alcançar:

O mundo da fantasia do bem-estar material prometido por toda mercadoria revela-se agora como um inferno de irrealização; a promessa de uma eterna novidade e de um ilimitado progresso codificados nos imperativos da mudança tecnológica e nos ciclos de consumo agora se nos apresenta como seu oposto, como a história primal, a compulsão mítica a uma interminável repetição.[23]

O instrumento com o qual Benjamin procurou nos despertar de nossos sonhos nas *Passagens* foi o que ele chamou de imagem dialética. Essa foi uma noção-chave no desenvolvimento de sua filosofia durante a década de 1930. No trecho a seguir, ele tentou (e para muitos leitores não conseguiu) explicar o que é uma imagem dialética:

> Não é o que é passado projetando sua luz no que é presente, ou o que é presente projetando sua luz no passado; em vez disso, imagem é esse "onde" que se junta num lampejo com o novo para formar uma constelação. Em outras palavras, imagem é a dialética em paralisação. Pois enquanto a relação do presente com o passado é puramente temporal e contínua, a relação do que já houve com o agora é dialética: não é progressão, mas imagem, subitamente emergente. Somente imagens dialéticas são autênticas (isto é, não arcaicas); e o lugar onde elas se encontram é a linguagem.[24]

Essa noção esotérica confundiu os estudiosos de Benjamin. Pensky, por exemplo, escreveu ironicamente que o

> "relâmpago" da imagem dialética tem, até hoje, permanecido mais como uma estrela escura, na verdade uma espécie de buraco negro, uma "singularidade" que segue suas próprias leis extraordinárias e que é capaz, aparentemente, de absorver qualquer quantidade de tentativas de iluminação crítica.[25]

Até mesmo o termo "imagem dialética" soa como um oximoro: "dialética" descreve comumente a relação mútua entre conceitos ou argumentos; imagens, em contraste, são normalmente singulares e imediatas. É tentador desistir de entender Benjamin aqui. Mas desistir não é uma opção, como constatou Pensky com razão, se quisermos fazer justiça à ideia central que está no cerne da filosofia marxista madura daquele que é indiscutivelmente o pensador mais original associado à Escola de Frankfurt.

Para Benjamin, foram as tentativas abortadas e os fracassos abjetos que tinham sido apagados das narrativas de progresso que chamaram a sua atenção de crítico, e foi por meio disso que ele representou o inferno. Arrancar esses objetos históricos de seu contexto usual (isto é, passando a ser parte da narrativa triunfalista do progresso ou sendo excluídos dela) seria uma espécie de terapia de choque marxista destinada à reforma da consciência. Em 1843, Marx descreveu a reforma da consciência como consistindo em "fazer o mundo ciente de sua própria consciência, despertando-o de seu sonho sobre si mesmo, *explicando* o significado de suas próprias ações".[26] A noção de Benjamin sobre o objeto dialético era marxista nesse sentido: envolvia tirar objetos de seu contexto, reconfigurá-los junto com outros de épocas distintas e dispô-los num contexto diferente, ou o que ele chamava de constelação. A ideia então era que cada um iluminasse o outro e expusesse o sonho ilusório do capitalismo numa súbita e chocante imagem.

Essa coisa elusiva, a imagem dialética, então, não é bem uma imagem que se possa ver, mas algo que só pode ser representado pela linguagem, e ainda assim conecta passado e presente numa relação dialética. Benjamin escreveu: "O novo método dialético de fazer história apresenta-se como a arte de vivenciar o presente como um mundo que desperta, um mundo para o qual aquele sonho que chamamos de passado se mostra em sua verdade".[27] De acordo com esse método, o presente está assombrado pelas ruínas do passado, pelos detritos que o capitalismo tentou soprar para longe de sua história. Seria esse método, conquanto esotérico, que iria se apoderar da filosofia de Theodor Adorno na década de 1930 e se tornar uma importante via secundária da teoria crítica, se é que não um beco sem saída. Benjamin quase não escreveu nos termos freudianos do retorno do reprimido, mas era isso que seu projeto punha em movimento.

Nesse sentido, Benjamin buscou ser um redentor, libertando as vítimas do capitalismo do inferno. E a imagem dialética deveria supostamente ajudar nessa libertação. Mas a recepção foi mista; Pensky temia que talvez ninguém mais além de Benjamin pudesse encontrar ou criar imagens dialéticas. Outros críticos se perguntaram se tal coisa existia de todo.[28] O mais provável é que o termo "imagem dialética" obscureça uma verdade mais simples que Benjamin estava tentando transmitir. Sob o capitalismo, ele pensava, nós fetichizamos bens de consumo — imaginando que eles podem concretizar nossas esperanças de felicidade e realizar nossos sonhos. Ao considerar antigos fetiches por produtos ou inovações hoje obsoletos, podemos nos libertar de nossos fetiches atuais e, assim, de nossa ilusória crença de que o capitalismo pode nos oferecer satisfação ou felicidade. Ao meditar sobre os desapontamentos do passado, podemos nos livrar de desapontamentos futuros. Essa libertação envolveria a reforma da consciência buscada por Marx. Mas Benjamin, em parte porque seus escritos da década de 1930 foram sugados para um buraco negro terminológico, nunca conseguiu isso. O que serve de exemplo a uma verdade mais genérica: Walter Benjamin e a Escola de Frankfurt nunca livraram do inferno as vítimas do capitalismo, mas em vez disso se tornaram cada vez mais cáusticos e elegantes críticos dele.

Dois anos após começar o projeto das *Passagens*, Benjamin estava em Marselha, e lá escreveu sobre uma cidade que — como Nápoles e Moscou — era um antídoto para a sua Berlim natal.[29] "Marselha — a boca salpicada de amarelo de uma foca com água salgada saindo de entre os dentes", ele escreveu, saboreando a imagem. "Quando essa goela se abre para receber os corpos proletários negros e pardos a ela atirados pelas companhias de navegação, de acordo com seus horários, ela exala um fedor de óleo, urina e tinta de impressão." Benjamin escreveu essas palavras num artigo de jornal no mesmo ano em que o livro *From Deauville to Monte Carlo: A Guide to the Gay World of France* [De Deauville a Monte Carlo: Um guia para o mundo alegre da França] arrasava com Marselha. Seu autor, Basil Woon, advertia os leitores respeitáveis de que, o que quer que fizessem, de forma alguma visitassem a segunda maior cidade francesa.

> Ladrões, degoladores e outros indesejáveis amontoam-se nas vielas estreitas, e irmãs vestidas de escarlate sentadas nas soleiras de suas portas o agarram pela manga quando você passa. As escórias do mundo não foram aqui peneiradas […]. Marselha é o porto mais iníquo do mundo.[30]

Ao contrário de Woon, Benjamin divertiu-se na cidade — exatamente por ser iníqua, vociferante, pobre, sensual e suja. Outra cidade francesa, Toulouse, chamava a si mesma de *la ville rose*, a cidade cor-de-rosa, mas para Benjamin o rosa na verdade era a cor de Marselha. "O próprio palato é cor-de-rosa, que aqui é a cor da vergonha, da miséria. Os corcundas e as mendicantes a usam. E as descoradas mulheres da Rue Bouterie só têm como cor as únicas peças de roupa que usam: camisolas cor-de-rosa."

Muita coisa mudou desde 1929. Hoje em dia, gay não significa o que costumava significar. Marselha não é o porto mais iníquo do mundo, e sim o cenário de um dos maiores projetos de transformação arquitetônica da Europa. Tornou-se respeitável o bastante para ser a Capital da Cultura Europeia em 2013. Seu porto foi limpo a jatos de areia e civilizado. Por toda a cidade há bondes novos, hotéis exclusivos, apartamentos de luxo e arranha-céus. A sinopse para o novo serviço do Eurostar, de Londres, parece sugerir que Marselha foi limpa, se não étnica, então simbolicamente, preparando-se para receber visitantes. "Famosa por suas fábricas de sabão", diz a sinopse, "a segunda maior cidade da França usufrui de uma média de trezentos dias de sol por ano, o que faz de Marselha um agradável (bem como docemente fragrante) lugar para se estar durante o ano inteiro."[31] Corre o risco de se tornar tão amavelmente polida e tão perfumada como qualquer outro lugar. Benjamin, pode-se dizer com segurança, teria detestado isso.

O entusiasmo de Benjamin por cidades sujas, sensuais e iníquas como Marselha é, há quase cem anos, contagioso. Sobretudo quando tantas das principais metrópoles do mundo tornaram-se escleróticas — jaulas socialmente estratificadas para manter a ralé de fora e o resto de nós dando polimento a nossas obrigatórias máquinas de Nespresso. Em Paris, os pobres são banidos para além do *périphérique*, de modo que, quando se revoltam, eles destroem suas próprias *banlieues* e não o ambiente cuidadosamente preservado da capital francesa. Os que trabalham em Londres vêm de seus distantes subúrbios agarrados em alças e balaústres de risíveis trens para servir aos mais abastados, até serem devolvidos a seus apartamentos antes que comece o que é de fato o toque de recolher diário. A ilha de Manhattan é hoje uma vitrine imaculada na qual as ordens mais baixas nem sequer conseguem deixar as marcas imundas de suas patas, mas dentro da qual os ricos realizam com incomparável liberdade seus enfadonhos desejos. Estou exagerando em cada um desses casos, mas não muito. Muitas das principais cidades do mundo estão ficando como a Berlim que Benjamin dizia ser uma prisão, e da qual ele fugia sempre que possível. O que ele escreveu sobre cidades em ensaios para jornais nas décadas de 1920 e 1930, assim como nas *Passagens*, continua a ser fascinante e instrutivo, e não só porque ele foi um dos primeiros pensadores a sugerir que cidades tornam-se zonas de segregação, exclusão e controle. Seus escritos são ainda mais persuasivos porque ele também descobriu o oposto disso — lampejos de utopia no que é abjeto — e sugeriu que as cidades, em consequência, podem dar soluções para a alienação, além de serem a sua causa.

E especialmente se, como Benjamin fazia às vezes, você explorar uma cidade como Marselha depois de tomar haxixe. "Os fatos aconteciam de tal maneira que a aparência das coisas me tocava com uma varinha mágica e eu mergulhava num sonho com elas", ele escreveu em "Haxixe em Marselha".

> Nessas horas, pessoas e coisas comportam-se como esses pequenos conjuntos de palco com figuras feitas de medula de sabugueiro numa caixa de vidro e papel laminado, e quando se esfrega o vidro elas ficam eletrificadas e assumem a cada instante as posturas mais incomuns.

Benjamin encontrou aqui o que seu querido Baudelaire encontrava quando tomava haxixe em Paris quase setenta anos antes — um paraíso artificial. Ele se sentiu, como menciona em "Haxixe em Marselha", tão alegre quanto Ariadne ao desenrolar seu fio:

> E essa alegria tem relação com a alegria de um êxtase, assim como a alegria da criação. Seguimos em frente; mas ao fazer isso não só descobrimos os desvios e voltas da caverna, mas também fruímos o prazer da descoberta contra o pano de fundo do outro, a felicidade rítmica de desenrolar o fio. A certeza de desfazer uma meada engenhosamente enrolada — não é esta a alegria de toda produtividade, ao menos na prosa? E sob o efeito do haxixe somos extasiados seres da prosa, no mais alto grau.[32]

Mesmo num sonho induzido por droga, Benjamin sonhava como um marxista, pondo a alegria da produtividade e a dignidade do trabalho no cerne de sua visão. O trabalho como o êxtase de desenrolar o fio faz lembrar os poemas quase contemporâneos de D. H. Lawrence do final da década de 1920:

> *There is no point in work*
> *unless it absorbs you*

like an absorbing game.
If it doesn't absorb you
if it's never any fun,
don't do it.

When a man goes out to work
he is alive like a tree in spring,
he is living, not merely working.[33]*

O tipo de trabalho que Benjamin e Lawrence celebram aqui com júbilo é exatamente aquele que é negado no capitalismo da era da máquina, no qual o trabalhador é alienado de seu trabalho e daquilo que produz, e, com isso, dele mesmo. Esse tipo de trabalho é, também, um antídoto ao consumismo passivo, àquilo que Adorno e Horkheimer chamariam mais tarde de indústria cultural.

No final da década de 1920, havia um fio que unia Benjamin e Lawrence. Este último escreveu:

Whatever man makes and makes it live
lives because of the life put into it.
A yard of India muslin is alive with Hindu life.
And a Navajo woman, weaving her rug in the pattern of her dream
must run the pattern out in a little break at the end
so that her soul can come out, back to her.**

Benjamin escreveu em *Rua de mão única* que "o trabalho numa boa prosa tem três etapas: uma musical, quando ele é composto, uma arquitetônica, quando é construído, e uma têxtil, quando é tecido".[34] Para os dois escritores, a alegre absorção no trabalho é dialética, um processo de autorrealização pelo qual se pode fazer existir tecendo não só um texto ou um têxtil, mas a si mesmo.

---

* Não há razão para o trabalho/ a menos que ele o estimule/ como um jogo estimulante./ Se ele não o estimular,/ se nunca lhe for divertido,/ não o faça.// Quando um homem sai para trabalhar,/ ele está vivo como uma árvore na primavera,/ ele está vivendo, não apenas trabalhando.
** O que quer que o homem faça e faça viver/ vive devido à vida que dentro dele é posta./ Uma jarda de musselina indiana está viva com uma vida indiana./ E uma mulher navaja, tecendo seu tapete pelo padrão de seu sonho,/ tem de abandonar o padrão numa pequena pausa ao final/ para que sua alma possa sair, e voltar para ela.

A ideia que Benjamin desenvolve aqui — a de que uma pessoa se realiza mediante um trabalho produtivo e criativo — era especialmente pertinente quando os processos de produção tayloristas e os sonhos capitalistas de infindável progresso tecnológico pareciam frustrar essa autorrealização. Nessa época, a questão de o que era o trabalho tornou-se imensamente controversa.

Mas ao mesmo tempo que o trabalho no capitalismo oferecia menos oportunidades para essa autorrealização, nascia uma gambiarra alternativa — chame-a consumismo, chame-a ir às compras. Se não éramos capazes de nos realizar por meio de um processo de trabalho autorrealizador, quem sabe conseguiríamos isso fazendo compras? Foi essa possibilidade, como veremos no próximo capítulo, que Kurt Weill e Bertolt Brecht, amigo de Benjamin, exploraram na ópera *Mahagonny*. A sociedade capitalista parecia estar então num momento crucial, durante o final da década de 1920 e início da década de 1930, em termos de como os seres humanos poderiam se realizar e fazer valer suas potencialidades. Escritores tão diversos como D. H. Lawrence e Simone Weil meditavam sobre o que o trabalho poderia e deveria significar numa época em que parecia ser, cada vez mais, um pesadelo embotador de cérebro, esmagador de espírito, destruidor de alma, e a única alternativa para o cogito marxista (trabalho, logo existo) era o consumista (faço compras, logo existo).

O conceito de trabalho de Marx se mostraria particularmente controverso para a Escola de Frankfurt. Ele sugeria que o homem e a mulher precisavam trabalhar para se desenvolver e ter dignidade. Mesmo num paraíso comunista, temos de trabalhar. Diante disso, o que Benjamin escreveu em "Haxixe em Marselha" e em *Rua de mão única* sobre o trabalho estava alinhado com essa ortodoxia marxista de que os humanos se definem pelo trabalho. O problema era que a natureza cada vez mais mecanizada, rotineira e exploradora do trabalho sob o capitalismo frustrava toda possibilidade de realização.

Mas o ceticismo quanto à possibilidade de os homens se definirem e se libertarem pelo trabalho tornar-se-ia uma marca da teoria crítica em seu desenvolvimento a partir da década de 1930. A Escola de Frankfurt foi chamada de neomarxista, mas ao menos nessa questão deveria ser chamada, com mais precisão, de antimarxista. Com efeito, o homem que levaria a Escola de Frankfurt a uma nova trajetória intelectual na década de 1930 refugou ante essa perspectiva marxista. Em *Dämmerung: Notizen in Deutschland* [Crepúsculo: Notas na Alemanha], livro de aforismos publicado não muito depois de Benjamin ter descrito suas andanças sob efeito de drogas por Marselha, Max Horkheimer escreveu: "Fazer do trabalho uma categoria transcendente da atividade humana é uma ideologia ascética. [...] Quando socialistas se atêm a esse conceito geral, eles se fazem portadores da propaganda capitalista".[35] Para Horkheimer, que era o diretor da Escola de Frankfurt e sua principal influência intelectual quando *Dämmerung* foi publicado, Marx tinha fetichizado o trabalho como uma categoria.

A ser isso verdade, Marx estaria seguindo uma tradição venerável do pensamento alemão. Como escreveu Erich Fromm em seu livro *Conceito marxista do homem*, de 1961, Espinosa, Hegel e Goethe afirmavam que, nas palavras dele,

> o homem só está vivo uma vez que é produtivo, uma vez que compreende o mundo que está fora de si mesmo no ato de expressar seus próprios e específicos poderes humanos e de capturar o mundo com esses poderes. Uma vez o homem não sendo produtivo, uma vez sendo receptivo e passivo, ele é nada, ele está morto. Nesse processo produtivo, o homem se dá conta de sua própria essência, ele retorna à sua própria essência, que na linguagem tecnológica não é nada mais do que seu retorno a Deus.[36]

Hegel escreveu em *Fenomenologia do espírito* que o homem produtivo faz o mundo ser dele mesmo capturando-o produtivamente, "trasladando-se da noite da possibilidade para o dia da efetividade".[37] O trabalho de desenrolar o fio, da mesma forma, ajuda a sair da caverna para a luz — tornar a si mesmo efetivo, em vez de ser como os iludidos prisioneiros da caverna de Platão ou os nibelungos do Ciclo dos Anéis de Wagner, minerando ouro numa interminável noite subterrânea. Sob a direção de Horkheimer, a Escola de Frankfurt rebelou-se contra essa visão ortodoxa alemã do valor do trabalho, particularmente contra o credo marxista de que nos realizamos através do labor. Para pessoas como Horkheimer e Adorno — se não para Fromm, que ficou mais fiel a Marx do que seus colegas —, o trabalho não é a categoria básica da realização humana.

Quando leu os recentemente publicados *Manuscritos econômico-filosóficos* de Marx no início da década de 1930, em que se expressava essa ideia ortodoxa do trabalho, Horkheimer detectou algo que o deixou nauseado. Até mesmo Benjamin, que louvava o trabalho produtivo criativo, encontrou ali o pressentimento da bota nazista. A concepção marxista vulgar do trabalho "já apresentava as características tecnocráticas que mais tarde se encontraram no fascismo", ele escreveu. "A nova concepção do trabalho diz respeito à exploração da natureza que, com ingênua complacência, é contrastada com a exploração do proletariado."[38] Não era o tipo de trabalho produtivo criativo que ele tinha elogiado em *Rua de mão única* ou em "Haxixe em Marselha"; era só a face socialista da moeda capitalista. Essa náusea diante da ruína da natureza no que Benjamin chamou de pensamento marxista vulgar passaria a ser uma preocupação cada vez maior da Escola de Frankfurt. De fato, já em 1969, Adorno disse a um entrevistador que Marx queria converter o mundo numa gigantesca oficina.[39]

Mas isso talvez seja injusto. Se lermos com boa vontade, a noção que Marx tinha de homens produtivos não envolvia a ruína da natureza, e sim o domínio de si mesmo por meio do trabalho criativo. E ainda assim a Escola de Frankfurt repetidamente renegava esse aspecto do legado marxista. Duas décadas após Horkheimer ter acusado Marx de fetichizar o trabalho, Herbert Marcuse elaborou essa acusação em seu livro *Eros e civilização: Uma interpretação filosófica do pensamento de Freud*, de 1955. Marcuse usou um dublê do herói cultural favorito de Marx, Prometeu, para um ataque codificado:

> Prometeu é o herói cultural do labor, da produtividade e do progresso por meio da repressão, o trapaceiro (e sofredor) rebelde contra os deuses, que cria cultura ao preço do sofrimento perpétuo. Ele simboliza a produtividade, o incessante esforço de dominar a vida. [...] Prometeu foi o herói arquetípico do princípio do desempenho.[40]

O "princípio do desempenho" era uma versão especial do princípio da realidade de Freud, segundo o qual uma pessoa reprime seus prazeres para poder se desempenhar melhor na civilização. Mas havia outros princípios e outros heróis, sugeria Marcuse. A Prometeu ele contrapôs diversos heróis gregos — Orfeu, Narciso e Dioniso:

> Eles representam uma realidade muito diferente. [...] Sua imagem é a da alegria e realização; a voz é a que não dá ordens, e sim canta; a ação é de paz e termina com o trabalho de conquista: a libertação do tempo que unifica o homem com

os deuses, o homem com a natureza [...] a redenção do prazer, a paralisação do tempo, a absorção da morte: silêncio, sono, noite, paraíso — o princípio do nirvana não como morte, mas como vida.[41]

A sugestão utópica de Marcuse contradizia não apenas a tradição filosófica alemã abraçada por Hegel, Marx e Schopenhauer, mas também por Freud. Foi Freud quem postulou o princípio do nirvana como um impulso psíquico inato, ou instinto de morte, que visa pôr fim à inevitável tensão da vida. Todos ansiamos, talvez, por deixar o ramerrão do trabalho, mas nosso destino humano é nele continuar até morrer: Tânatos e Eros são, para Freud, um o contrário do outro. Marcuse recusou-se a aceitar isso.

Mas teriam razão Horkheimer, Adorno e Marcuse ao sugerir que Marx tinha fetichizado o trabalho? Poder-se-ia alegar que ele fetichizou não o trabalho, mas o desenvolvimento humano, e é exatamente esse fetiche que Fromm compartilha em *Conceito marxista do homem* e que Marcuse busca superar, de algum modo, mediante a realização em vida do princípio do nirvana. De fato, a ideia mesma de uma sociedade comunista envolve, para Marx, o "desvanecimento" do Estado, uma vez que este não mais seria necessário; a continuação de sua existência dificultaria o livre desenvolvimento das forças produtivas da sociedade. Mas essa sociedade, argumentou Hannah Arendt, era uma sociedade de indivíduos que se realizam a si mesmos livremente: isso não soa como uma sociedade comunista cuja premissa é a solidariedade e atividades compartilhadas, mas como o paraíso antes da queda, onde as necessidades materiais são satisfeitas.

Qual seria, então, o paraíso para o qual Marx pensava que a revolução proletária pavimentava o caminho? O crítico marxista norte-americano Marshall Berman declarou:

> Marx quer abraçar Prometeu e Orfeu: ele considera que vale a pena lutar pelo comunismo porque pela primeira vez na história este permitiria ao homem ter os dois. Ele também poderia alegar que somente tendo como fundo o empenho de Prometeu é que o êxtase de Orfeu adquire moral ou valor psíquico: "*luxe, calme et volupté*" em si mesmos são entediantes, como sabe muito bem Baudelaire.[42]

E quem ia querer uma revolução se seu único resultado fosse a eternidade do tédio? Mas esse parece ser exatamente o paraíso tedioso que Marcuse invocou em *Eros e civilização* quando sugeriu que o princípio do nirvana pode se realizar na vida humana. Talvez possamos interpretar Marcuse com mais benevolência, argumentando em favor de uma vida de trabalho equilibrada, com uma jornada de trabalho mais curta para dar oportunidade se não ao êxtase órfico, pelo menos à redenção do prazer e à suspensão do tempo.

A sugestão de Marx, todavia, foi que ser livre envolve ser livre para fazer um trabalho que não seja alienante, por meio do qual uma pessoa se torna um agente de autorrealização, algo que se pensava ser cada vez mais improvável no capitalismo. A filósofa francesa Simone Weil (sem relação com os fundadores da Escola de Frankfurt) afirmou em *Opressão e liberdade* que a libertação humana envolve mais do que isso.[43] O ensaio é de 1934, mesmo ano em que Horkheimer publicou *Dämmerung*, no qual atacava a concepção de trabalho de Marx.

Para Simone Weil, as relações humanas não devem ser confundidas com labor e trabalho: estes são meramente instrumentais, uma vez que envolvem as relações de um sujeito com um objeto. Para ela, as interações humanas têm de passar por uma revolução tanto quanto as forças produtivas e as relações de produção, se os humanos quiserem ser realmente livres. Os pensamentos de Weil se mostrariam importantes para um pensador mais tardio da Escola de Frankfurt, Jürgen Habermas, que escreveu: "A libertação da fome e da miséria não é necessariamente convergente com a libertação da servidão e da degradação; não há uma relação automática de desenvolvimento entre trabalho e interação".[44] Essa distinção entre trabalho e interação é recorrente em *Teoria do agir comunicativo*, o monumental livro de Habermas no qual ele sistematicamente concebe a libertação da servidão e da degradação não por meio do revolucionário labor produtivo, mas por meio da interação.

Axel Honneth, que sucederia Habermas como diretor do Instituto de Pesquisa Social, afirmou que a degradação do trabalho nos processos de produção tayloristas fez com que os pensadores da Escola de Frankfurt abandonassem a noção marxista do trabalho como fator de autorrealização. Mas eles a substituíram por outra coisa: certamente, em vez de fazer do trabalho industrial um fetiche, era de esperar que a Escola de Frankfurt fizesse um fetiche da comunicação, que poderia ser construída não como uma alternativa ao labor produtivo, mas como a forma de labor produtivo com a qual ela era, por temperamento, mais compatível. Como observa William Outhwaite em seu livro sobre

Habermas, "isso poderia parecer um exercício bem-vindo de desmistificação por parte de pessoas cuja forma preferida de trabalho era ler e, de tempos em tempos, falar e escrever"[45] — pessoas que eram, sem dúvida, filósofos marxistas e teóricos sociais de salão. Para eles, e na verdade para muitos de nós que vivemos agora no Ocidente esmagadoramente pós-industrial, trabalho é interação, e um dos prazeres do ser humano, bem como uma das condições para a dignidade humana, é que podemos trocar ideias livremente. (A outra alternativa é que a ação comunicativa seja um sonho de professor com aquilo que envolve revolucionar a degradação humana, sonho do qual pouca gente fora da academia compartilha.) A forma de trabalho taylorizada que a Escola de Frankfurt denunciava com vigor tinha sido terceirizada para outras partes do mundo onde trabalhadores podiam ser mais facilmente explorados — fato que, como ressaltaria Henryk Grossman se ainda estivesse vivo, ajuda o capitalismo a postergar sua extinção.

A utopia de Habermas, na qual as relações humanas são revolucionadas mediante uma discussão fundamentada e não coercitiva, é semelhante ao prazer que Adão usufrui em "Razão no Jardim do Éden" imaginado por Milton:

> *Yet not so strickly hath our Lord impos'd*
> *Labour, as to debarr us when we need*
> *Refreshment, whether food, or talk between,*
> *Food of the mind, or this sweet intercourse*
> *Of looks and smiles, for smiles from Reason flow,*
> *To brute deni'd, and are of Love the food,*
> *Love not the lowest end of human life.*
> *For not to irksom toile, but to delight*
> *He made us, and delight to Reason joyn'd.*[46]*

É o paraíso na terra. Porém, em vez do paraíso, no final da década de 1920 as sociedades industriais ocidentais estavam no inferno. Assim pensou Walter

---

* Mas não com tal rigor nosso Senhor nos impôs/ Trabalho, a ponto de, quando precisamos, nos privar de/ Um refrigério, seja alimento, uma pausa de conversa,/ Alimento da mente, ou esse doce intercâmbio/ De olhares e sorrisos, pois sorrisos da Razão emanam,/ Aos brutos negado, é de amor o alimento,/ Amor não ao mais baixo na vida humana./ Pois não para a enfadonha labuta, mas para o deleite/ Ele nos fez, e o deleite à Razão se uniu.

Benjamin, sentado à sua mesa na Bibliothèque Nationale trabalhando no projeto das *Passagens*; assim também pensou seu amigo Bertolt Brecht quando compunha uma ópera marxista com Kurt Weill. Como veremos no próximo capítulo, o que Brecht e Weill dramatizaram no palco não foi o tradicional inferno marxista da exploração nas relações de produção, mas o de um consumismo irrestrito. O capitalismo parecia estar reconfigurando o mundo não como uma gigantesca *workhouse*,* mas como um gigantesco shopping center, onde todo gosto, não importa quão mesquinho ou sujo, poderia ser satisfeito — se você pudesse pagar o preço.

No início da década de 1930, a visão de Brecht desse inferno iria influenciar a Escola de Frankfurt, quando diagnosticou o que tinha dado errado na sociedade moderna e por que a revolução não tinha acontecido.

---

* No Reino Unido, as *workhouses* eram estabelecimentos públicos e paroquiais onde viviam despossuídos e miseráveis (homens e mulheres, crianças e idosos) que trabalhavam ali de graça, de forma árdua e monótona, em troca de alimentação e abrigo. (N. E.)

PARTE III

A DÉCADA DE 1930

5. Mostre-nos o caminho para o próximo bar

Em 1930, Adorno escreveu uma pequena resenha sobre uma nova ópera.[1] Era uma obra que os nazistas classificaram como uma corporificação da "ameaça judaico-bolchevique" e pediram que fosse proibida. E de fato, antes que a década terminasse, essa demanda seria atendida: todas as suas apresentações públicas foram proibidas, e em 1938 ela foi confinada a existir nas sombras, como parte de uma exposição de música degenerada. Era a ópera *Ascensão e queda da cidade de Mahagonny*, de Brecht e Weill, cuja estreia no Neues Theater em Leipzig em 4 de março de 1930 foi marcada por demonstrações dos camisas-marrons nazistas do lado de fora, enquanto outros faziam arruaça na plateia, um tumulto tão barulhento no terceiro ato que o maestro quase não conseguia ouvir os músicos.[2] Adorno, por sua vez, ficou intrigado com a obra. Ele escreveu:

> Assim como nos romances de Kafka, o mundo do lugar-comum burguês se apresenta como absurdo. [...] O sistema atual, com seus costumes, seus direitos e sua ordem, é mostrado como anárquico; nós mesmos vivemos em Mahagonny, onde tudo é permitido, menos uma coisa: não ter dinheiro.

Nesse aspecto, *Mahagonny* era absolutamente tópica e específica: a ópera foi apresentada em Leipzig num momento em que a Alemanha estava à beira da anarquia, quando a República de Weimar tinha cometido o crime máximo do capitalismo: ficar sem dinheiro. Em 29 de outubro de 1929, numa terça-feira, os mercados financeiros de Nova York tinham desabado, provocando um derretimento da economia global que foi mais sentido na Alemanha. Na primavera do mesmo ano, o Plano Young, encabeçado pelos Estados Unidos para permitir que a Alemanha pagasse sua dívida de 112 bilhões de marcos de ouro em 59 anos, parecia oferecer uma saída para uma economia já doente devido às reparações punitivas da Primeira Guerra Mundial exigidas pelos Aliados vitoriosos, mas após a quebra da Bolsa de Valores em Wall Street no outono seguinte, o plano foi descartado e os bancos norte-americanos começaram a retirar o dinheiro e a cancelar o crédito. A Alemanha estava falida economicamente e mergulhada em caos político, governada por decretos presidenciais de emergência, uma vez que os partidos, em conflito, não conseguiram formar um governo de coalizão.

Apenas um grupo parecia ser capaz de tirar proveito em cima da crise do capitalismo: o Partido Nacional Socialista, que aumentou o número de suas cadeiras no Reichstag de doze para 207 nas eleições gerais de setembro de 1930. Desastrosamente para o futuro da Alemanha, os dois principais partidos de esquerda — o social-democrata SPD e o comunista KPD — não foram capazes de formar uma aliança para combater a ascensão dos nazistas. Em "A impotência da classe trabalhadora alemã", publicado em 1934, Horkheimer afirmou que o cisma entre os dois partidos operários aprofundou-se porque os trabalhadores mais capacitados e empregados votavam no SPD, e os desempregados, no KPD. A divisão no proletariado parecia desmentir o pensamento de Marx quanto à sua crescente unidade.

Nesse momento, havia ainda menos probabilidade de uma revolução proletária bem-sucedida na Alemanha do que tinha havido em 1919 — a classe trabalhadora e a classe média baixa alemãs estavam cada vez mais tendendo para a ditadura prometida por Adolf Hitler como alternativa ao fraco governo democrático. Em 1929, Horkheimer e Fromm lançaram o projeto de uma pesquisa empírica destinada a identificar as atitudes conscientes e inconscientes da classe operária alemã em relação a figuras autoritárias. Embora o estudo jamais tenha sido completado, essa pesquisa concebida em termos psicanalíticos concluiu que os trabalhadores alemães inconscientemente desejavam sua própria dominação.[3] Eles estavam se preparando não para uma revolução socialista, mas para o Terceiro Reich.

Foi nessa situação que Brecht e Weill encenaram sua ópera, que se passa numa cidade fictícia do Oeste dos Estados Unidos, apresentada como uma moderna Sodoma e Gomorra, destruída por cultivar corrupção e fraude, uísque e dólares. Muitos artistas de Weimar eram fascinados pela América e pelo que ela significava como símbolo criativo, e o próprio Adorno tinha escrito uma ópera inacabada no início da década de 1930, chamada *O tesouro de Indian Joe*, baseada no romance *As aventuras de Tom Sawyer*, de Mark Twain. *Mahagonny* começa com três escroques em fuga. Quando o caminhão enguiça, eles decidem estabelecer Mahagonny — uma cidade voltada para o prazer, a prostituição, o jogo e o uísque. Um de seus fundadores, Ladybird Begbick, uma madame, configura o modelo de negócios da cidade:

Todo homem tem de trabalhar e sofrer,
Só que aqui é divertido.
Pois o mais profundo anseio do homem é
Não sofrer e sim agir como quiser.

Esqueça a noção marxista-lawrenciana de definir você mesmo pelo parâmetro do trabalho produtivo; esqueça a miséria de um dia de trabalho das 8h às 17h; na verdade, esqueça a produção. Saboreie em vez disso os prazeres do consumo. Em Mahagonny, não era tanto "penso, logo existo", menos ainda "trabalho, logo existo", mas sim "eu consumo, logo existo". Entre os apostadores atraídos pela cidade está Jimmy, um lenhador que acredita que lá poderá fazer o que quiser — transar com prostitutas, beber, comer e jogar à vontade. Quando perde todo o seu dinheiro apostando numa luta de boxe e não tem como pagar a conta no bar, ele é preso e condenado à morte na cadeira elétrica. Estar na bancarrota — uma experiência nova com a qual o povo, de Oklahoma a Oldenburg, estava ficando acostumado após a Grande Depressão que se seguiu à quebra de Wall Street — era algo inaceitável. Mahagonny mergulha no caos quando manifestantes carregam o corpo de Jimmy em desfile por toda a cidade, com frases que apresentam reivindicações contraditórias — "Pela ordem natural das coisas", "Pela desordem natural das coisas", "Pela divisão injusta dos bens terrenos", "Pela divisão justa dos bens terrenos". Brecht esperava que essa visão de anarquia ajudasse a catalisar a revolução socialista. Suas esperanças foram destroçadas, ao menos na Alemanha, no espaço de dois anos. Em vez disso, e muito mais de acordo com os heróis vitalistas de seus dramas da década de 1920 — como *Baal* —, um homem forte, a figura autoritária inconscientemente desejada pelos trabalhadores alemães, que tinha o temperamento violento de Siegfried de Wagner e o corpo de Charlie Chaplin, iria eliminar as contradições da sociedade alemã.

Na estreia em Leipzig, o drama extravasou do palco para o auditório, quando a quarta parede do palco brechtiano foi quebrada, e não pela última vez. Enquanto os camisas-marrons se atracavam com seus oponentes no Neues Theater, no palco acontecia um cortejo fúnebre com o coro cantando primeiro "Não se pode fazer nada para ajudar um homem morto!", e depois as sombrias palavras finais da ópera: "Nada se pode fazer para ajudar os vivos". Como a República de Weimar (constatando em retrospecto), Mahagonny estava condenada. Assim escreveu Adorno:

> A cidade de Mahagonny é a representação do mundo social em que vivemos, projetada na perspectiva de voo de pássaro de uma sociedade já libertada. [...] Mahagonny não apresenta uma sociedade sem classes como um modelo positivo com o qual comparar a atual depravação; em vez disso, de quando em quando, essa sociedade só se deixa entrever vagamente — tão indistinta quanto a projeção de um filme sobre a qual a projeção de outro foi superposta.

A ópera é importante na história da teoria crítica porque ela mostra o mundo tal como o via a Escola de Frankfurt, numa alta definição que põe o inferno do presente em extremo foco. A violência, cuja ameaça na maioria das vezes implícita é o fundamento da ordem capitalista, está onipresente em *Mahagonny*. Todo mundo pode ser comprado e vendido, e a prostituição provê o modelo para a interação humana, enquanto, como observa amargamente Adorno, "qualquer amor que aqui possa existir só pode brotar do cascalho fumegante das fantasias adolescentes com o poder sexual". É difícil ler a resenha de Adorno sem pensar que ainda vivemos em Mahagonny hoje em dia — não mais somente uma cidade, mas uma economia global onde, em princípio, tudo pode ser comprado com dinheiro, e na prática tudo é. "A anarquia na produção de mercadorias que o marxismo analisou é projetada como a anarquia do consumo, abreviada ao ponto de um horror grosseiro que não pode ser representado numa análise econômica", ele acrescentou. Essa mudança no foco da produção para o consumo se mostraria central na reconfiguração da Escola de Frankfurt, da teoria marxista para a nova era do capitalismo de monopólio. Em Mahagonny, os que buscam o prazer caem na roda de Íxion, na qual um desejo leva a outro, numa degradante e neurótica repetição ecoada nos versos de Brecht:

Oh, mostre-nos o caminho para o próximo bar.
Oh, não pergunte por quê!
Oh, não pergunte por quê.
Pois temos de encontrar o próximo bar.
Pois se não encontrarmos o próximo bar,
Eu lhe digo, teremos de morrer!
Eu lhe digo, teremos de morrer.
Eu lhe digo. Eu lhe digo. Eu lhe digo, teremos de morrer!

E toda mercadoria é substituível por outra — uísque, dólares, garotinhas —, é a concretização da lógica do princípio da troca, de Marx.

No mesmo ano da estreia de *Mahagonny*, Samuel Beckett publicou um ensaio sobre Proust no qual escreveu: "O hábito é o lastro que acorrenta o cão a seu vômito".[4] É como se, em 1930, Brecht e Beckett estivessem constatando quão errado estava Rousseau: o caso não é que "o homem nasceu livre, e em toda parte vive acorrentado", como alegou o filósofo em *Do contrato social*, e sim que o homem nasceu acorrentado, continua acorrentado e em toda parte está acorrentado.

Adorno tomou *Mahagonny* como um exemplo daquilo que a arte moderna deveria ser. A arte não deve fuxicar debaixo da mesa com o capitalismo, mas investir contra ele. Brecht certamente pretendeu que a obra fosse uma investida. "Uma de suas funções é mudar a sociedade", ele escreveu num ensaio que acompanhou a primeira apresentação. "A obra põe o princípio culinário em discussão." Com o termo "culinário", ele quis dizer que a ópera do dia satisfazia os embotados palatos burgueses com uma diversão narcotizante. "Uma ópera é apreciada por sua audiência", escreveu Brecht, "exatamente porque a ópera é antiquada."[5] Ao perceber a ânsia por formas musicais do passado como uma fuga do presente — moderno, racionalizado, administrado, funcional, não heroico —, Brecht e Adorno estavam cantando o mesmo hino na mesma partitura. Em seus escritos sobre música na década de 1930 para a revista do Instituto de Pesquisa Social, Adorno atacou as audiências de música clássica por irem buscar uma música que as isolava das condições sociais reais e oferecia uma reconciliação fajuta entre sua educação clássica e sua propriedade. Mas, como o mesmo Adorno afirmou em sua tese de pós-doutorado, *Kierkegaard: Construção do estético*, escrita no início da década de 1930, a busca por essa interioridade era quimérica, embora compreensível como reação entre os ricos e privilegiados ao intolerável mundo das máquinas e dos humanos funcionais da Neue Sachlichkeit.

No poema "Retrato de uma dama", de T.S. Eliot, de 1915, a dama, cuja falsa interioridade o insensível narrador busca revelar, alega que a comunhão com a alma artística do século XIX precisa acontecer na sala de estar, e não na sala de concerto, tão frágil é essa preciosa mercadoria.[6] Os frequentadores de concertos de música clássica, afirmou Adorno, vão buscar essa "alma" na sala de concerto, especialmente na figura do regente, cujos gestos imperiosos são tidos como uma apresentação dessa alma, mas que na realidade, na ausência de uma espontaneidade autêntica, eram o equivalente musical do ditador autoritário. É como se, para Adorno, um regente no pódio de um concerto no início da década de 1930 fosse um protótipo do Führer nos comícios em Nuremberg, alguns anos depois.

Marcuse, que também pensou sobre a grande alma da cultura no século XX, fez distinção, em seu ensaio "O caráter afirmativo da cultura", entre o homem universal da Renascença, que procurava a felicidade numa ação terrena, buscando poder e sensualidade, e a personalidade espiritualizada da cultura burguesa.[7] Esta última, alegou Marcuse, visava a uma experiência mais elevada, recuando do mundo para um ambiente mais refinado e espiritual de uma experiência estética rarefeita. Como se a cultura burguesa tivesse mantido viva a "grande alma" do século XIX no decorrer do século XX, uma vez que sua continuada postura ajudava a obscurecer os antagonismos e as contradições da sociedade. A grande alma, com um lenço perfumado no nariz para repelir o fedor dos pobres, alheia ao estalar das máquinas e das botas nazistas, se deixava enlevar com Chopin.

Mas não por muito tempo. O capitalismo de monopólio e o Estado fascista não podiam tolerar essa esfera de vida autônoma que representava uma ameaça potencial à ordem existente, e assim, para rarefazer a cultura burguesa, eles fizeram o que tinham feito com a família — invadiram-na, obliteraram sua autonomia e cooptaram todo poder restante que ela detinha para sustentar a ordem social atual. Essa foi, afirmou Marcuse, a "mobilização total" pela qual o indivíduo teria de ser, em todas as áreas de sua existência, submetido à disciplina do Estado autoritário.[8]

Adorno ficou atraído por *Mahagonny* porque a ópera apresentava as contradições da sociedade. A arte que aspirava a uma alegre harmonia ou que ressuscitava a grande alma da cultura burguesa do século XIX era um ilusório entretenimento que deixava de fazer o que a arte deveria fazer: expor a mentira que está no cerne do capitalismo, a saber, a de que esse sistema econômico poderia prover liberdade e felicidade. Em "A situação social da música", ensaio que escreveu para a revista do instituto em 1932, Adorno contrapôs dois compositores contemporâneos, Schoenberg e Stravínski, tomando-os como polos opostos do que a música deveria e não deveria ser sob o capitalismo de monopólio.[9] Sua revigorante ideia era de que a música, alegadamente a mais abstrata e portanto a menos socialmente estabelecida e mais autônoma forma de arte, na verdade encerrava contradições sociais em sua própria estrutura. Schoenberg, em cujo éthos da Segunda Escola de Viena o jovem Adorno havia sido treinado quando trabalhava com o grande compositor Alban Berg em meados da década de 1920, tinha evoluído durante os primeiros anos do século XX. Ele deixou de ser um compositor de música expressionista para escrever uma música que evitava resoluções harmônicas e tampouco oferecia tons melodiosos, envolvendo-se num sistema musical dodecafônico, no qual a repetição de qualquer nota numa série de doze tons era proibida até que todas elas tivessem soado. A resolução harmônica de Schoenberg para o sexteto de cordas *Noite transfigurada*, de 1899, por exemplo, seria impensável para um compositor que, no início da década de 1930, estava tão enfeitiçado pela pureza estética e pela lógica de seu método de doze tons que no título de sua obra-prima operística inacabada *Moses und Aron*, de 1932, removeu um "a" do nome "Aaron" para que o título tivesse doze e não treze letras.

Stravínski, por sua vez, nos dez anos que decorreram entre a estreia de *A sagração da primavera* — um dos textos que fundaram o modernismo na música — e a estreia de sua ópera *Pulcinella*, tinha se transformado de revolucionário da música em conservador revivalista de antigas formas. Na década de 1920, Stravínski desenterrou antigas formas musicais — o concerto grosso, a fuga, a sinfonia — para uma nova era. Assim como Brecht tachara a ópera de "culinária" — uma distração deliciosa das realidades da vida moderna —, da mesma maneira Adorno acusou Stravínski de compor uma música que oferecia reconciliações falsas, reapresentando antigas formas que serviam para satisfazer a degradada necessidade, por parte de sua audiência, de uma fuga para um passado quimérico. Ele também detectou uma conexão entre o neoclassicismo de Stravínski e o fascismo: a irracionalidade do sistema do compositor, alegou Adorno, era compatível com o controle arbitrário de um Führer. Talvez ele estivesse exagerando nesse ponto, mas Adorno era então capaz de ver o nazismo em quase tudo de que não gostava — o que é compreensível, tendo em vista o que o nazismo iria fazer com ele, seus colegas e sua família.

Na época, Adorno considerava Schoenberg — um judeu que, como ele, seria obrigado a fugir da Europa com a ascensão de Hitler, e que se tornaria seu vizinho em Los Angeles na década de 1940 — representativo de tudo que era progressista na música. A música de Schoenberg não era, como ele observou com aprovação, uma sedução pela harmonia e pela melodia, e sim "a conglomeração de fragmentos quebrados". Mas havia um problema — ele se deu conta mais tarde — com o sistema musical de seu ídolo: sua lógica contagiante, como a de um jogo de xadrez, destacava Schoenberg da situação social para a qual ele fornecia uma adequada trilha sonora. Pior do que isso, constatou Adorno posteriormente, o sistema de doze tons de Schoenberg era agora uma hipóstase — a forma revolucionária de compor era a única alternativa para os compositores de vanguarda, e com isso, paradoxalmente, tornara-se conservadora. Um sistema que parecera prometer um rompimento com a música burguesa tinha sido por sua vez reificado.

Onde se encaixa a música de Weill para *Mahagonny* nessa taxonomia musical? Weill disse uma vez que ficaria feliz se todo motorista de táxi fosse capaz de assobiar suas melodias. Poder-se-ia pensar que Adorno condenaria a música de Weill como parte da indústria cultural que ajudava o capitalismo a funcionar tão suavemente, mas na verdade ele gostou da música de Weill para *Mahagonny*. Adorno viu nela aquilo que Benjamin apreciava na arte surrealista, que muitas vezes envolvia a criação de montagens de detritos históricos, produzindo com isso "constelações" potencialmente libertadoras. Adorno classificou *Mahagonny* como a primeira ópera surrealista. "Esta música", ele escreveu sobre a partitura,

> composta da reunião de tríades e notas desafinadas com a boa batida das velhas músicas do teatro de revista que quase não reconhecemos mais porém assim mesmo são lembradas como uma relíquia, é martelada e colada com a fétida mucilagem de um empapado pot-pourri de óperas. Essa música, feita do entulho da música do passado, é totalmente contemporânea.

O libreto de Brecht também buscava deixar claro que o mundo burguês era absurdo e anárquico. E sobre a dramatização desse mundo burguês como algo absurdo e anárquico, Adorno escreveu:

> Para poder representar isso de forma convincente, é necessário transcender o mundo fechado da consciência burguesa, que considera a realidade social burguesa imutável. Fora desse contexto, no entanto, não há uma posição a tomar — ao menos para a consciência alemã, não há um lugar que não seja capitalista.

Este se tornaria um grande tema da teoria crítica: não há um lugar fora disso, não no mundo de hoje, totalmente racionalizado e reificado, que fetichiza a mercadoria. Quando Marx escreveu *O capital* em meados do século XIX, o sistema capitalista mais primitivo que ele estava diagnosticando tinha o fetichismo da mercadoria como algo meramente episódico; agora isso estava em toda parte, envenenando tudo. "Paradoxalmente, portanto", acrescentou Adorno, "a transcendência deve ocorrer dentro da estrutura daquilo que é." O ataque de Brecht à sociedade capitalista em *Mahagonny* era então, paradoxalmente, de dentro e de fora ao mesmo tempo, tanto imanente quanto transcendente.

Nesse aspecto, há similaridades com o modo como Adorno concebia o papel de um crítico musical sério. Em seu ensaio "Motifs", de 1929, ele escreveu que para a crítica não soçobrar numa expertise olímpica, numa aliança de meio-termo entre o diletantismo e a presunção, é

> essencial que o crítico estenda tanto quanto possível seu ato imanente de ouvir, enquanto ao mesmo tempo aborda a música radicalmente a partir do lado de fora. Pensar sobre a técnica do dodecafonismo ao mesmo tempo que se tem a

experiência infantil de ouvir *Madame Butterfly* no gramofone: esta é a tarefa em toda tentativa séria de compreender a música hoje em dia.[10]

E o que Adorno aconselhava para a crítica musical valia também para a teoria crítica que nascia em Frankfurt quando a ópera de Brecht e Weill estava sendo atacada pelos nazistas: era para ser praticada por aqueles que se davam conta de que não havia uma perspectiva não capitalista a partir da qual criticar o capitalismo, e os que faziam isso estavam implicados naquilo que criticavam.

A ópera de Brecht e Weill era, similarmente, um trabalho dentro das linhas inimigas, chamando a atenção para a natureza contraditória da forma de arte. "A ópera *Mahagonny* presta tributo à falta de sentido da forma operística", escreveu Brecht. Nisso, suas técnicas são análogas às empregadas pela Escola de Frankfurt durante a década de 1930 quando esta desenvolveu a teoria crítica em resposta ao punhado de "ismos" que Horkheimer iria reunir sob o cabeçalho da teoria tradicional — positivismo, marxismo vulgar, entre outros. Para Horkheimer, cada uma dessas disciplinas era insuficientemente dialética, e os seguidores dessas disciplinas cometiam o erro de imaginar que havia uma posição de transcendência da qual poderiam observar e analisar o mundo objetivo dos fatos. Tal posição não existia, e assim, de certo modo, o teórico crítico se arriscava ao tipo de absurdo que Brecht abraçou com satisfação ao escrever *Mahagonny*. "Ele ainda se empoleira radiante no mesmo e velho galho, talvez", escreveu em suas anotações para a ópera, "mas começou (por distração ou remorso) a serrá-lo."

Quase dá para ouvir Brecht cacarejando freneticamente quando o galho sobre o qual está sentado despenca no chão; mas não havia distração alguma quanto a onde decidira pousar seu traseiro. Ele queria que os músicos, os cantores e a plateia se dessem conta de que eram parte da indústria cultural, que os dois primeiros grupos estavam servindo de alcoviteiros para interesses econômicos prevalentes e se iludindo ao pensar que estavam fazendo uma arte que flutuava livre, não maculada pelos ditames do capitalismo; eles estavam fornecendo ao último grupo, por um certo preço, uma ópera que obedecia às leis do fetichismo da mercadoria. Ele até mesmo, incrivelmente, atacou seu parceiro musical, Kurt Weill, por se postar como um compositor de vanguarda que, ingenuamente, achava estar acima de ser um escravo de interesses econômicos. Embora atacasse o estabelecido formato "dramático" do teatro, Brecht esperava transformar seus saciados espectadores em observadores famintos por um engajamento político e social.

Adorno, apesar de nunca ter se aproximado de Brecht, era como se fosse sua alma gêmea, um crítico ao estilo agente laranja, arrasando com tudo e com todos. Às vezes até com ele mesmo. Mas o filósofo nunca compartilhou as esperanças do dramaturgo agitador. Brecht esperava que houvesse uma abrasão entre a grandeza da casa de ópera e a dura mensagem. Em vez disso, a ópera tornou-se outro petisco culinário no repertório operístico, aberrantemente decodificado por suas plateias e depois alegremente consumido, como o uísque. Assim, quando *Mahagonny* estava sendo apresentada na Royal Opera House em Londres, em 2015, o romancista britânico Will Self escreveu:

> Essa peça de museu — uma espécie de diorama de um utopismo fracassado — não tem nada a nos ensinar. Podemos fruir a exuberância da composição na partitura de Weill; podemos nos excitar com o retrato sem verniz da cupidez humana; podemos admirar o redirecionamento do teatro épico de Brecht como entretenimento. Mas esperar que sejamos levados a um engajamento crítico com os termos fundamentais de nossa existência social seria — franca e idiomaticamente — um pouco demais.[11]

Poder-se-ia dizer algo similar a respeito do Instituto de Pesquisa Social em sua evolução na década de 1930. Ele foi brechtiano em sua relação invertida entre a crítica escabrosa e a ação de mudar aquilo que criticava. Como o teatro de Brecht, a teoria crítica sem dúvida se postava de maneira diferente, mas tornou-se outra mercadoria fetichizada — o equivalente filosófico de uma noite excitantemente "chocante" na ópera, tornada ainda mais emocionante por sua escovadela no fascismo, uma diversão mais ou menos inofensiva para as classes falastronas. Lukács, em sua crítica de 1962 à intelligentsia alemã em geral e à Escola de Frankfurt em particular, sugeriu que, assim como os frequentadores de ópera em seus assentos grã-finos assistindo a *Mahagonny*, pensadores como Adorno tinham estabelecido confortável residência no Grande Hotel Abismo.[12] Brecht tinha até mesmo um nome para os residentes do hotel. Ele os chamava de "Tuis" (acrônimo derivado de um anagrama silábico da palavra alemã para "intelectual", isto é, "Tellekt-Ual-In"). Os Tuis eram partisans, mas não membros de um partido; eram independentes de instituições oficiais, mas acostumados a sobreviver dentro de instituições. Esses Tuis, entre os quais Brecht incluía a Escola de Frankfurt, poderiam ajudar a derrubar o capitalismo instruindo as massas na doutrina marxista. Em vez disso, ao deixar de fazê-lo, estavam contribuindo efetivamente para o colapso da República de Weimar e para a ascensão de Hitler. Para Brecht, a Escola de Frankfurt era composta por traidores da revolução que eles afetavam esposar.[13] Adorno e Horkheimer devolveram o insulto: eles consideravam Brecht um pequeno--burguês cheio de pose e apologista do stalinismo. Poder-se-ia alegar que havia algo de Tui em Brecht também: seu teatro, como os escritos da Escola de Frankfurt, prosperou criativamente durante a escalada das contradições do capitalismo; em vez de destruir a forma de arte burguesa da ópera, ele estendeu sua longevidade.

Enquanto Brecht, durante a década de 1930, reunia material para um romance sobre os Tuis que ele nunca completou, mas que foi concebido como uma sátira sobre os intelectuais no Império Alemão e na República de Weimar, foi durante seu exílio na Califórnia que ele adotou o termo "Tuisimus" como seu nome para a Escola de Frankfurt. Àquela altura, Brecht considerava os eruditos de Frankfurt como algo pior do que traidores da revolução. Ele os acusou de terem se tornado prostitutas em busca de fundos de apoio em seu exílio nos Estados Unidos, vendendo seus talentos e opiniões como mercadorias para dar suporte à ideologia dominante da opressora sociedade norte-americana.

6. O poder do pensamento negativo

No ano seguinte ao da estreia de *Mahagonny*, Max Horkheimer tornou-se o diretor do Instituto de Pesquisa Social. Carl Grünberg tinha se retirado após sofrer um derrame em janeiro de 1928, sendo substituído por Friedrich Pollock. Em 1931, Horkheimer substituiu o amigo Pollock, que continuaria a fazer grande parte do trabalho administrativo, em geral não celebrado, mas extremamente necessário para salvaguardar as finanças e a organização do instituto nos anos de exílio. Foi Pollock, por exemplo, quem usou seus contatos na Organização Internacional do Trabalho para estabelecer um ramo do Instituto em Genebra, para o qual Horkheimer mudou-se após a tomada do poder pelos nazistas, em 1933.

Horkheimer mudou radicalmente a orientação do instituto. Não mais seria, como tinha sido sob Grünberg, um instituto de pesquisa essencialmente marxista que estudava a história do socialismo e do movimento operário, menos ainda um instituto que considerava a economia o fator determinante para o destino do capitalismo. Para explicar o fracasso da revolução na Alemanha e a ascensão do fascismo, era necessário reconfigurar o marxismo. Em seu ensaio "A obra de arte na era de sua reprodutibilidade técnica", de 1936, Walter Benjamin escreveu:

Quando Marx empreendeu sua crítica ao modo de produção capitalista, esse modo ainda estava em sua infância. Ele voltou às condições básicas subjacentes à produção capitalista e, em sua apresentação, mostrou o que se poderia esperar do capitalismo no futuro. E concluiu que era de se esperar que esse sistema não só iria explorar o proletariado com intensidade crescente, mas também, em última análise, criar condições que possibilitariam abolir o próprio capitalismo.[1]

Mas o capitalismo já não estava num modo de autodestruição: o restante do ensaio de Benjamin é sobre um modo de produção capitalista que não estava mais em sua infância e que dominava a sociedade como um todo, e no qual a principal frente de luta entre capitalismo e socialismo eram a arte e a cultura.

O capitalismo tinha se tornado não apenas um modo de produção, mas um sistema que, por meio da cultura de massa e da comunicação, da tecnologia e de várias formas de controle social, mascarava a intensidade da exploração do proletariado. Em 1931, o capitalismo parecia ser capaz de postergar sua abolição, talvez até mesmo indefinidamente. Em tais circunstâncias, alegou Horkheimer, o Instituto de Pesquisa Social devia levar em consideração não só a base econômica da sociedade, mas também sua superestrutura; devia desenvolver uma crítica aos mecanismos de controle ideológico que sustentam o capitalismo. Enquanto Lukács, em *História e consciência de classe*, de 1923, tinha insistido na importância da consciência proletária para a revolução, a Horkheimer pareceu que a brecha que Lukács identificara entre a consciência atribuída e a consciência real não tinha como ser fechada — ao menos não pelo proletariado. "Os membros da Escola de Frankfurt passaram a se ver como os únicos sujeitos revolucionários", escreveu Thomas Wheatland, "porque somente eles tinham atingido um estado de reflexão autoconsciente que transcendia o mundo reificado de uma sociedade totalmente administrada."[2] Era como se o proletariado fosse considerado carente dos meios necessários, tendo de ser substituído, como agente revolucionário, pelos teóricos críticos.

Adorno, pelo menos, reconheceu o paradoxo de ser um crítico da ideologia ao mesmo tempo que definia a ideologia como uma falsa consciência socialmente necessária. Ele sabia que a Escola de Frankfurt, como Brecht, estava empoleirada no galho, mesmo quando o estavam serrando. Em *Minima moralia*, ele escreveu sobre o paradoxo do teórico crítico:

Ao se permitirem ainda pensar de algum modo vis-à-vis a crua reprodução da existência, eles se comportam como os privilegiados; ao deixarem as coisas [só] em pensamento, estão declarando a nulidade de seu privilégio. [...] Não há saída para esse emaranhado. A única opção responsável é negar a si mesmo o mau uso ideológico da própria existência, e, quanto ao resto, comportar-se, no âmbito privado, de forma tão modesta, discreta e despretensiosa quanto necessário, não por uma questão de boa educação, mas pelo fato vergonhoso de que, quando se está no inferno, ainda se tem ar para respirar.[3]

Sob Horkheimer e Adorno, a Escola de Frankfurt voltou sua atenção para uma teoria crítica calibrada para compreender o inferno no qual viviam. Para fazer isso, teriam de ir mais além do tipo de teoria marxista que fetichizava a economia. Em seu discurso inaugural, "A presente situação da filosofia social e as tarefas de um Instituto de Pesquisa Social", Horkheimer disse que o institu-to devia tratar da

questão da conexão entre a vida econômica da sociedade, o desenvolvimento psicológico dos indivíduos e os desafios no reino da cultura no sentido mais estrito (ao qual pertencem não só os assim chamados elementos intelectuais como a ciência, a arte e a religião, mas também a lei, os costumes, a moda, a opinião pública, os esportes, as atividades de lazer, o estilo de vida etc.).

Sob Horkheimer, o instituto tornou-se multidisciplinar e, segundo ele, iria "organizar projetos de pesquisa suscitados por problemas filosóficos, nos quais filósofos, sociólogos, economistas, historiadores e psicólogos seriam reunidos em permanente colaboração".[4]

A tendência para a interdisciplinaridade foi demonstrada pelas qualifica-ções dos novos intelectuais que entraram no instituto: Leo Löwenthal chegou como conhecedor de literatura; Erich Fromm como psicólogo social analítico; Herbert Marcuse foi contratado como filósofo político; Theodor Adorno co-mo conferencista e escritor sobre filosofia e música. Os pensadores próximos à escola — Walter Benjamin, Ernst Bloch, Siegfried Kracauer e Wilhelm Reich — incentivaram o instituto a fazer coisas que nunca teriam sido feitas sob a liderança de Grünberg, como, por exemplo, considerar não apenas o funda-mento político e econômico do fascismo, mas sua psicopatologia e sua esteti-zação da política.

A Escola de Frankfurt, portanto, decidiu tirar as luvas brancas — que o economista marxista Henryk Grossman usava ao proferir seus discursos — e sujar as mãos. Eles estudariam horóscopos, filmes, jazz, repressão sexual, sado-masoquismo e as repulsivas manifestações de impulsos sexuais inconscientes; também fariam observações críticas ao pensamento da cultura de massa e explorariam os desgastados fundamentos metafísicos que constituíam o embasamento das filosofias rivais. A visão de Horkheimer em seu discurso inaugural era de que a filosofia deveria abrir uma perspectiva sinótica, crítica da vida humana, que seria preenchida pela pesquisa empírica e pelo trabalho interdisciplinar. A teoria crítica, alega Martin Jay, pôs ênfase na totalidade das mediações dialéticas que têm de ser percebidas no processo de análise da sociedade.

Karl Korsch afirmou em *Marxismo e filosofia* que os sucessores de Marx traíram sua visão. "Os marxistas posteriores", escreveu Korsch,

> chegaram a considerar o socialismo científico cada vez mais um conjunto de observações puramente científicas, sem qualquer conexão imediata com as práticas políticas e outras práticas da luta de classes. [...] Uma teoria geral unificada da revolução social foi transformada em crítica da ordem econômica burguesa, do Estado burguês, do Estado da educação burguesa, da religião, arte, ciência e cultura burguesas.[5]

Isto é, o marxismo tinha ficado sujeito à prevalente divisão do trabalho, e isso solapou seu poder crítico. Para poder recuperar esse poder crítico, a Escola de Frankfurt precisava restaurar a visão totalizante do marxismo e se tornar multidisciplinar. Ao fazer isso, ela serviu, incidentalmente, como uma permanente censura à evolução das universidades no século XX. As universidades estavam se tornando modernas torres de Babel, cada vez mais divididas em faculdades especializadas habitadas por expertos que raramente falavam a mesma língua.

Quase de imediato, no entanto, num pressentimento das tensões que iriam ocorrer na Escola de Frankfurt, Adorno disparou sua mensagem. Poucas semanas após o discurso inaugural de Horkheimer, ele afirmou em sua primeira aula como Privatdozent* que seu comprometimento com a interdisciplinaridade era uma perda de tempo. Embora fosse tão cético quanto seu dire-

---

* Professor habilitado a dar aulas, mas não titular da cátedra. (N. T.)

tor em relação ao potencial revolucionário do movimento dos trabalhadores na Alemanha, Adorno achava inútil empenhar-se por um objetivo que Horkheimer chamava de "uma teoria do todo", ou a "totalidade do real", dado que o mundo social tinha desmoronado em ruínas. A aula inaugural de Adorno soou assim como uma zombaria à visão de seu chefe de qual deveria ser o programa de pesquisa do instituto.

Mas qual era a visão alternativa de Adorno? Mesmo que, para se chegar a um diagnóstico daquilo que tinha dado errado na sociedade, fosse preciso "construir chaves para destrancar a realidade", ele não aceitava que a filosofia fosse "capaz", como dizia Horkheimer, "de dar impulsos animadores a determinados estudos". Em vez disso, pensava Adorno, a filosofia corria o risco de se tornar meramente especulativa, a menos que certas disciplinas (inclusive, talvez, a [própria] filosofia) estivessem no que chamou de "comunicação dialética". Ele argumentou que o pensamento por si só não possibilitaria captar a totalidade da realidade; de fato, afirmou que a própria realidade era um enigma. Mas não está claro como alguém pode compreender um enigma. Adorno desenvolveu um método dialético de conhecimento que muitos em sua plateia acharam obscuro. Ele alegou que a "função de resolução de charadas [...] é a de iluminar o enigma num lampejo". Aqui pensa-se em Proust, no início de *Em busca do tempo perdido*, saboreando a madeleine e com isso ressuscitando toda a sua infância. Adorno, de forma parecida, concebia uma mente interpretativa como tendo uma imaginação precisa porque, como escreveu seu biógrafo, "as questões que surgem em resposta a uma charada são gradualmente cercadas de possíveis respostas que propõem tentativas de soluções". A teoria do conhecimento de Adorno envolve modelos de interpretações filosóficas que se tornam constelações em mutação, cujo verdadeiro conteúdo surge num lampejo, iluminando o que tinha sido previamente pensado. A verdade surge em lampejos evanescentes. Mesmo que desconcertante, foi uma teoria do conhecimento que pôs Adorno ao lado de Benjamin e Proust, e um modelo ao qual ele se manteria fiel.[6]

No trem, voltando para casa após a aula de Adorno, perguntaram a Horkheimer o que ele achava sobre o que tinha acabado de ouvir. "Sua reação às ideias de Adorno foi: de que serve isso?", relatou o assistente do instituto, Willy Strzelewicz.[7] E Horkheimer continuou, indiferente. Ao fazer a mudança para a multidisciplinaridade, ele estava conscientemente levando seu instituto de volta às raízes hegelianas do marxismo, afastando-o do tipo de marxismo científico que considerava a revolução proletária inevitável segundo as leis férreas do desenvolvimento histórico. Ao fazê-lo, inspirava-se na leitura dos então recentemente lançados *Manuscritos econômico-filosóficos* de Marx (escritos em 1844 mas só publicados em 1932), que serviram para confirmar o que Lukács tinha escrito em 1923: sim, a alienação do trabalhador poderia produzir um sentido revolucionário da consciência de classe, mas também o desencantamento e a resignação do trabalhador.

Essa nova orientação também deu à Escola de Frankfurt o arsenal intelectual para atacar o positivismo, que Horkheimer tinha como um dos males intelectuais da época. O verdadeiro materialismo de Marx, ele afirmava, era dialético, o que significava que havia uma continuada interação entre sujeito e objeto. Para onde quer que olhasse, Horkheimer via processos dialéticos em ação. Em vez de enxergar um mundo de fatos, que era função da teoria social espelhar (e que ele chamava de ilusão positivista), ele via interação. Por exemplo, enquanto alguns marxistas vulgares derivavam de maneira reducionista fenômenos superestruturais como cultura e política da base econômica da sociedade, Horkheimer afirmava a importância crucial da mediação para qualquer teoria social que buscasse a transformação da sociedade. Nisso ele estava seguindo Lukács, que escreveu: "Assim, a categoria da mediação é uma alavanca para com ela se superar o mero imediatismo do mundo social". Para Lukács, os objetos do mundo empírico deviam ser entendidos em termos hegelianos como objetos de uma totalidade, isto é, "como objetos de uma situação histórica total envolvidos num processo de transformação histórica".[8] Política e cultura não eram simplesmente expressões de interesses de classe ou fenômenos que podiam ser depreendidos da base socioeconômica de uma sociedade; eram, sim, relações multidimensionais com a subestrutura material da sociedade, refletindo e contradizendo interesses de classe, expressando e contradizendo essa subestrutura. Imagine Balzac: Engels elogiava esse romancista politicamente reacionário exatamente porque seus romances retratavam a realidade concreta da França do século XIX em todas as suas contradições. Seus romances não expressam apenas os interesses da classe do autor; na verdade, o que os faz terem valor para a esquerda é que descrevem como esses interesses estavam em contradição.

Mas o que significava o termo "dialética" para a Escola de Frankfurt? Para entender isso, temos de voltar a Hegel. O exemplo clássico de Hegel de processo dialético, em *Fenomenologia do espírito*, é a relação entre senhor e escravo. O senhor parece ter tudo, e o escravo, nada. Mas ao senhor falta alguma coisa: a concretização de sua necessidade de reconhecimento. O reconhecimento do escravo não é suficiente, uma vez que o este é meramente uma coisa para seu senhor, de modo algum uma consciência independente. Tampouco o escravo recebe reconhecimento de seu senhor, pois ele é só uma coisa para este último. Mas aqui há uma peculiaridade. O escravo trabalha, enquanto o senhor obtém seus prazeres temporários do consumo. No entanto, ao trabalhar, o escravo modela e dá forma a objetos materiais, e nesse processo ele se torna ciente de sua própria consciência, já que a vê como algo objetivo, ou seja, como fruto de seu trabalho.

Isso remete claramente à noção marxista do homem como um ser essencialmente produtor, que define a si mesmo, ou que ascende à autoconsciência, até mesmo à realização pessoal, por meio de um trabalho significativo. Hegel pensava que o labor, mesmo quando feito para o senhor, faz o escravo se dar conta de que ele tem uma mente própria, e significa que a situação não é estável: suas tensões geram um movimento dialético que leva a uma síntese num nível mais elevado. Essa síntese leva a outra tensão dialética, e esta a outra síntese, e assim por diante, ao menos na concepção que Hegel tinha da história. Quarenta anos após Hegel apresentar esse processo dialético, Marx argumentou que se o objeto produzido pelo trabalho pertence a outrem (seja um senhor de escravos ou um capitalista), o trabalhador terá perdido sua própria essência objetivada. Isso é trabalho alienado.

Hegel via a história como um desenrolar desses processos dialéticos em direção ao autoconhecimento, o que ele chamou de Espírito Absoluto. Dispensando o misticismo de Hegel e a lógica de desenvolvimento progressivo, Horkheimer pegou a dialética de Hegel e a confrontou com o que ele considerava ser uma desastrosa e conservadora influência do positivismo. Isso viria a ser um compromisso intelectual permanente da Escola de Frankfurt. Trinta anos depois, no prefácio de *Razão e revolução: Hegel e o advento da teoria social*, de 1960, Marcuse escreveria:

> O pensamento dialético [...] torna-se negativo em si mesmo. Sua função é derrubar a autoconfiança e a autossatisfação, solapar a sinistra confiança no poder

e na linguagem dos fatos, demonstrar que a falta de liberdade está tão presente no cerne das coisas que o desenvolvimento de suas contradições internas leva necessariamente a uma mudança qualitativa: a explosão catastrófica do estado de coisas estabelecido.[9]

Em sua aula inaugural, Horkheimer opôs-se ao positivismo porque este "só enxerga o particular, só vê o indivíduo e as relações entre indivíduos no domínio da sociedade; para o positivismo, tudo se esgota em meros fatos".[10] O positivismo, uma abordagem à teoria social concebida no século XIX pelo filósofo francês Auguste Comte, sustentava que a sociedade, assim como o mundo físico, funciona de acordo com leis. Em filosofia, o positivismo lógico afirma que tudo que podemos razoavelmente alegar que sabemos baseia-se em relatos de experiência sensorial, junto com operações lógicas e matemáticas. Proposições não baseadas nesses relatos ou operações são metafísicas e portanto absurdas, e até mesmo juízos estéticos ou morais, se corretamente compreendidos, não são juízos autênticos, e sim grunhidos mais ou menos sofisticados de aprovação ou desaprovação.

Essa filosofia foi desenvolvida quase contemporaneamente com a Escola de Frankfurt. O chamado Círculo de Viena de positivismo lógico, fundado por Moritz Schlick em 1922, consistia num grupo de filósofos e cientistas que se encontravam na Universidade de Viena até 1936. Alguns ex-membros do círculo saíram da Áustria para o exílio por ocasião da anexação nazista (Anschluss) de 1938, e o círculo acabou tendo grande influência sobre departamentos de filosofia na Grã-Bretanha e nos Estados Unidos, em parte porque sua trajetória intelectual (eles achavam que a maior parte de Hegel era metafísica, portanto absurda) era mais palatável para universidades anglófonas.

Horkheimer, por sua vez, alegava que por trás do ostensivo foco da teoria social positivista em fatos neutros, por trás do aparente funcionamento da lei mediante procedimentos formais, para além das operações aparentemente neutras de lógica formal, havia outra história: embora os positivistas tivessem sido uma vez progressistas, eles agora apoiavam o infernal statu quo. Por exemplo, quando Kant fundamentou seu sistema ético no imperativo categórico (o princípio segundo o qual uma pessoa deve "agir unicamente de acordo com uma máxima que ela possa querer, ao mesmo tempo, que se torne uma lei universal"), no nascer do Iluminismo, tinha se desenvolvido uma moralidade individualista, desinteressada, que desafiava o direito do senhor do Antigo Regime. Agora, contudo, a ética de Kant servia para manter o statu quo, ao fazer com que a moralidade burguesa parecesse não apenas natural, mas também eterna. De modo semelhante, o *Rechtsstaat* alemão, ou Estado de direito, tinha como premissa a universalidade jurídica sem relacioná-la às origens políticas da lei em defesa da propriedade privada, mascarando sua função atual como mantenedor do sistema capitalista e das estruturas de propriedade. Esse ataque abrangente ao positivismo tornar-se-ia uma preocupação de vida para Horkheimer e seus colegas, culminando na disputa do positivismo na qual a Escola de Frankfurt se enredou na década de 1960.

O pensamento dialético, em contraste, dinamitou essa corrente. Enquanto Hegel oferecia uma visão de mudança histórica que consistia num movimento dialético, uma interminável interação transformadora entre forças e constelações, os positivistas — ao menos aqueles que Horkheimer assim caracterizava — embebiam os fatos em alfazema e falsamente eternizavam o estado de coisas. Na realidade, para a Escola de Frankfurt, não havia um fim para o eterno processo de mudança, a roda de Íxion não parava nunca — Horkheimer tinha lido o suficiente de Schopenhauer para constatar essa verdade metafísica. Mas a outra motivação do positivismo, assim acreditava decisivamente a Escola de Frankfurt, era política: ao reduzir o mundo a fatos hipostasiados, o positivismo servia para ocultar uma ordem social autoritária e dominadora. Em seu ensaio "O último ataque à metafísica", de 1937, Horkheimer argumentou que o positivismo lógico "só se atém àquilo que é, à garantia dos fatos", e portanto atua como uma serva do capitalismo, uma vez que tenta isolar as ciências individuais de uma interpretação mais ampla.[11] Essa foi, durante muito tempo, a alegação de Horkheimer: já em sua tese de 1930, *Origens da filosofia burguesa da história*, ele conectara a visão renascentista da ciência e da tecnologia com a dominação social e política.[12]

Durante a década de 1930, Horkheimer aprimorou essa perspectiva, formulando-a mais claramente em seu ensaio "Teoria tradicional e teoria crítica", de 1937.[13] Por tradicional, Horkheimer referia-se àqueles "ismos" de que a Escola de Frankfurt desdenhava — positivismo, behaviorismo, empirismo e pragmatismo. Ele até mesmo atribuiu ao teórico tradicional um nome depreciativo, o Sábio, designando quem não reconhece que a estrutura econômica da sociedade (o capitalismo, portanto) molda o trabalho científico. Ele atacou essa figura do Sábio por sua presunção, ao imaginar que tinha uma postura objetiva ante um mundo de fatos: "Fazer com que hipóteses afetem os fatos é uma atividade que ocorre, afinal, não na cabeça do sábio, mas na indústria", escreveu Horkheimer. O Sábio não consegue perceber que ele ou ela não é um intelectual que paira livremente, mas sim um lacaio do capitalismo, um cúmplice, mesmo que muitas vezes involuntário, no sofrimento causado pela natureza exploradora desse sistema. Contra a teoria tradicional, Horkheimer lançou a teoria crítica: esta, ele pensava, entendia que nenhum fato da realidade social poderia ser considerado pelo observador como final ou completo em si mesmo.

O cogito cartesiano (penso, logo existo) era, para Horkheimer, um exemplo dos erros da teoria tradicional: parecia ser baseado em fatos, parecia ser sensível, evidente por si mesmo; mas não é nada disso, já que é contrabandeado para todos os tipos de suposições filosóficas. Presumia, por exemplo, que existe algo que pode ser chamado de "eu", e que esse "eu" perdura no tempo e no espaço. Pior, o método de Descartes retirou o sujeito de todo tipo de ação social determinante, fazendo dele um observador passivo em vez de alguém envolvido (de preferência dialeticamente) na construção da realidade.

O retorno a Hegel e ao método dialético significava, para a Escola de Frankfurt, escapar das algemas de um marxismo científico do tipo que Henryk Grossman endossava, mas que outros membros do instituto, especialmente Horkheimer, achavam ser inadequado para a era moderna. Apropriar-se de Hegel e do jovem Marx hegeliano permitia-lhes refletir sobre alienação, consciência e reificação, e sobre como esses fatores impediram a revolução na sociedade capitalista tardia. Fazer isso também os impulsionava a reviver a ênfase de Hegel na razão. Os idealistas alemães tinham feito uma distinção entre *Vernunft* (razão crítica) e *Verstand* (razão instrumental), e o que tanto Kant quanto Hegel sugeriam era que *Vernunft* vai além das meras aparências, para a realidade que lhes subjaz. *Vernunft* penetra as relações dialéticas que estão por baixo, enquanto *Verstand*, em contraste, envolve estruturar o mundo dos fenômenos de acordo com o senso comum. *Vernunft* tem a ver com os fins, e *Verstand* meramente com os meios. Para o hegeliano mais devotado da Escola de Frankfurt, Herbert Marcuse, *Verstand* tinha se tornado instrumento do capitalismo, e *Vernunft* o meio pelo qual o desafiamos.[14]

* * *

Nessa reviravolta hegeliana da Escola de Frankfurt, a designação de Marcuse foi crucial. Foi ele quem percebeu e teorizou, antes mesmo de Adorno, o poder do pensamento negativo. Marcuse contrapôs esse pensamento negativo não só com o positivismo, mas com uma tradição de pensamento empirista que, para ele, dominava o mundo anglófono no qual a Escola de Frankfurt fora buscar refúgio depois de fugir dos nazistas. O empirismo aceitava ingenuamente as coisas tal como são, ajoelhando-se ante a ordem existente dos fatos e dos valores. O conceito hegeliano de Marcuse era que a razão crítica percebe a essência das entidades. "Essência" aqui é um termo técnico da filosofia que, para Marcuse, significava a potencialidade plenamente realizada de uma entidade. Por exemplo, se a uma sociedade faltassem a liberdade, o bem-estar material e a justiça que lhe permitiriam realizar seu potencial, então a missão do teórico crítico, ao aplicar sua razão crítica, era condenar essa sociedade como "uma forma ruim de realidade, um domínio de limitações e de servidão".[15] O empirismo como programa filosófico era incapaz de fazer isso.

Um pouco estranho é que o idealismo hegeliano que Marcuse tinha como crítico e revolucionário foi originalmente a filosofia de um pensador que era apologista do statu quo na Prússia. Entretanto, os luminares do empirismo foram, em alguns aspectos, radicais na questão social. John Locke, por exemplo, contestou o direito divino dos reis, enquanto a avaliação cética de David Hume em relação à fé religiosa envolvia qualquer coisa, menos aceitar a ordem social existente. Intrigante também foi o fato de que o empirismo prosperou na Grã-Bretanha e nos Estados Unidos, exatamente os países em que tantos exilados da Alemanha, como Marcuse, buscaram refúgio do nazismo. Esse fato fez com que *Razão e revolução* — livro no qual Marcuse tenta resgatar Hegel da injusta reputação que lhe fora dada nesses países de ser o pai do fascismo — se tornasse, para dizer o mínimo, uma leitura interessante.

Marcuse foi um especialista em Hegel que contribuiu para o renascimento dos filósofos idealistas alemães na Europa durante a década de 1930 — sua tese de pós-doutorado, *Hegels Ontologie und die Grundlegung einer Theorie der Geschichtlichkeit* [A ontologia de Hegel e o fundamento de uma teoria da historicidade], foi publicada em 1932. E, igualmente importante, ele publicou um dos primeiros estudos sobre os *Manuscritos econômico-filosóficos*, o então redescoberto livro de Marx, que, como vimos, resgatou da obscuridade um primevo Marx hegeliano para quem a alienação, o fetichismo da mercadoria e a reificação são importantes, e o necessário colapso do capitalismo ainda não é proposto de acordo com leis científicas. Marcuse foi para o Instituto de Pesquisa Social, em parte, porque sabia que suas perspectivas de emprego eram limitadas. "Devido à situação política, eu queria desesperadamente me juntar ao instituto. No final de 1932, estava perfeitamente claro que eu nunca conseguiria me qualificar para um magistério sob o regime nazista."[16] Quando começou a trabalhar para o instituto, este já tinha se realocado em Genebra, para fugir da ameaça nazista a seu trabalho e seus integrantes.

Marcuse passara a década de 1920 estudando com Heidegger e foi profundamente influenciado pela crítica de seu professor à filosofia ocidental e sua tentativa de reconfigurá-la num mundo no qual a racionalidade tecnológica estava assumindo o controle da vida cotidiana, alijando os indivíduos de sua liberdade. Mas para desenvolver uma crítica dessa sociedade totalmente administrada que ele via surgir em toda parte, Marcuse passou de Heidegger para Hegel. Heidegger, de qualquer maneira, tornou-se membro do Partido Nazista em 1933, e assim era incompatível para servir como mentor intelectual a um pensador socialista como Marcuse. Hegel era mais promissor. Marcuse não o tinha como um filósofo conservador, e sim como um filósofo que desenvolvera uma crítica às formas irracionais da vida social. Seguindo Hegel, para ele seu papel social envolvia, como disse Douglas Kellner, postular "normas de crítica com base em potenciais racionais para a felicidade e a liberdade humanas, usadas para negar o estado de coisas em vigor que oprime indivíduos e restringe a liberdade e o bem-estar humanos".[17]

Mas o que sucede, preocupava-se Marcuse no ensaio "Filosofia e teoria crítica", de 1937, "se o desenvolvimento ressaltado pela teoria não ocorrer? E se as forças que deveriam trazer a transformação forem suprimidas e parecerem estar derrotadas?".[18] Perguntas bem razoáveis, dado que naquele ano a Escola de Frankfurt estava exilada no outro lado do mundo, as forças do nazismo pareciam invencíveis e o marxismo soviético estava em processo de degeneração nos julgamentos encenados do stalinismo e nos gulags. Surpreendentemente, talvez, Marcuse não recuou para o pessimismo.

* * *

Contudo, durante a década de 1930, alguns colegas de Marcuse na Escola de Frankfurt perderam a fé no poder do pensamento crítico de transformar a sociedade. Horkheimer, em particular, foi da esperança ao desespero. Em certo momento no início da década, ele escreveu: "É missão do teórico crítico reduzir a tensão entre seu próprio insight e a humanidade oprimida a cujo serviço ele pensa".[19] O problema é que ele não conseguiu reduzir essa tensão, e portanto não pôde pensar de modo a servir à humanidade oprimida. Em 1937, Horkheimer chegara ao pensamento desesperador de que a "economia de mercadoria" poderia acompanhar um período de progresso até, "após uma enorme extensão do controle humano sobre a natureza, finalmente impossibilitar um desenvolvimento ulterior e levar a humanidade a uma nova barbárie".[20]

O que as preocupações de Horkheimer e Marcuse punham em questão era a posição de intelectuais como os da Escola de Frankfurt numa época em que a revolução socialista havia empacado e o fascismo estava em marcha. Em *Ideologia e utopia*, Karl Mannheim, sociólogo que trabalhava na Universidade de Frankfurt mas não era membro do Instituto de Pesquisa Social, apresentou o conceito de "intelectuais de flutuação livre", alegando que uma intelligentsia socialmente desvinculada seria adequada para um papel de liderança. Para Mannheim, o intelectual era a "sentinela do que, sem ele, seria uma noite de escuridão total", distante das preocupações práticas da sociedade e, assim, capaz de ter acesso a uma perspectiva mais ampla da vida.[21] Brecht e Benjamin opuseram-se à visão de Mannheim, argumentando que os interesses materiais moldavam decididamente a intelligentsia em toda a linha, de cima a baixo, e não só naquilo que um cientista social escolhia para pesquisar, mas também na forma como ele fazia a pesquisa. O intelectual estava ou apoiando o capitalismo ou detonando seus fundamentos — nessa batalha não havia lugar para um observador neutro.

Os primeiros marxistas já tinham efetivamente detonado a ideia de que a intelectualidade era uma classe por si só. Na década de 1920, o pensador italiano Antonio Gramsci, por exemplo, fez uma distinção entre intelectuais tradicionais, que tendem a se conceber como um grupo autônomo, muito à maneira dos intelectuais de flutuação livre de Mannheim, e intelectuais orgânicos, que se definem por seu enraizamento num determinado grupo social, dando-lhes experiências que lhes permitem expressar a vontade coletiva do grupo e lutar por seus interesses. Henryk Grossman, quando lutava nas ruas pelo Partido Social-Democrata Judaico da Galícia, bem poderia ser tomado como um exemplo do intelectual orgânico de Gramsci. Seria difícil encontrar entre os principais luminares da Escola de Frankfurt algum outro que pudesse ser assim descrito.

Mannheim era um judeu que em 1933 foi destituído de seu magistério e fugiu para a Grã-Bretanha, onde foi nomeado professor de sociologia na London School of Economics. Como seus camaradas intelectuais judeus no Instituto de Pesquisa Social, Mannheim fora varrido por uma tempestade e, como eles, atirado no exílio. Em suas teses "Sobre o conceito de história", concluídas na primavera de 1940, Walter Benjamin escreveu:

> O anjo gostaria de ficar para despertar os mortos e restaurar à integridade o que fora esmagado. Mas do paraíso ruge uma tempestade que o apanha pelas asas com tal violência que ele não consegue mais fechá-las. Essa tempestade o empurra irresistivelmente para o futuro, ao qual suas costas estão voltadas, enquanto o monte de escombros à sua frente cresce em direção ao céu. Essa tempestade é o que chamamos de progresso.[22]

Citar aqui essas famosas palavras de Benjamin pode parecer estranho: Mannheim era um sociólogo culto e não um anjo da história, e a tempestade sobre a qual Benjamin escreve não era meramente o Terceiro Reich. Além do mais, Mannheim era, em temperamento, diferente do anjo de Benjamin: ele deu meia-volta e ousou encarar o futuro, imaginando que este encerrava em si uma utopia. O poder de mudar as condições do presente por meio de utopias imaginadas era para ele a força que conduzia a história, e essencial para o bem-estar da sociedade.

Isso, em certo sentido, não é muito judaico. O marxismo, uma filosofia política concebida por um judeu, foi notoriamente falho ao imaginar o futuro comunista pelo qual o proletariado estava lutando de maneira ostensiva. Talvez essa falha na imaginação, se é que foi isso, tenha origens antigas. "Sabe-se que aos judeus era proibido investigar o futuro", escreveu Benjamin poucas páginas após sua descrição do anjo. "No entanto, a Torá e as orações os ensinam a rememorar. Isso destituía de magia o futuro, ao qual sucumbiam todos que procuravam adivinhos em busca de esclarecimento." O marxismo de Benjamin emprestou um novo aspecto aos tradicionais rituais judaicos de luto e à lembrança do sofrimento ancestral. Entretanto, isso não era tudo em que consistia seu marxismo: "Mas nem por isso o futuro se tornou para os judeus um tempo homogêneo e vazio. Pois nele cada segundo era o portão estreito pelo qual poderia entrar o Messias".

Para Mannheim, a tarefa do intelectual era projetar naquele tempo homogêneo e vazio uma esperança inspiradora, imaginar a utopia e, com isso, dar um passo em direção à sua realização. A Escola de Frankfurt, em agudo contraste, desdenhou desse papel e, durante as décadas de 1930 e 1940, afastou-se de toda ideia que antes pudesse ter tido sobre a transformação da sociedade. Horkheimer e Adorno dedicaram-se cada vez mais à crítica filosófica e cultural da civilização ocidental (que se expressaria em seu livro *Dialética do Esclarecimento*), e não a imaginar uma transformação social. Até mesmo Marcuse — quando escreveu *O homem unidimensional*, a crítica à avançada sociedade industrial que fez dele o queridinho da Nova Esquerda na década de 1960 — recuou da ideia de imaginar uma utopia. "A teoria crítica da sociedade não dispõe de conceitos que possam atravessar a brecha que há entre o presente e o seu futuro; sem fazer promessas e sem demonstrar sucesso, ela permanece negativa." Mas pessimismo não é o mesmo que desesperança. As últimas palavras de *O homem unidimensional* são uma citação de Walter Benjamin: "É só por causa dos que não têm esperança que nos é dada a esperança".[23]

A outra figura-chave no desenvolvimento da Escola de Frankfurt na década de 1930 foi Erich Fromm, um jovem psicanalista que fora instruído como sociólogo. Horkheimer nomeou Fromm porque, em parte, ficou atraído por sua teoria social unificada que mesclava a explicação de Freud para o desenvolvimento psicossexual com a insistência de Marx em que os desenvolvimentos econômicos e tecnológicos moldavam o indivíduo. Típico quanto a isso é um ensaio de Fromm de 1930, "O dogma de Cristo", que desafiava o relato de Theodore Reik, um de seus professores no Instituto Psicanalítico de Berlim, que produzira um relato totalmente freudiano segundo o qual o dogma de Jesus crucificado tinha raízes no ódio de Édipo a seu pai.

Em contraste, Fromm alegava que esse conflito edipiano também se conectava com a situação econômica subjacente: as classes mais baixas tornavam Jesus um revolucionário que poderia lhes trazer justiça. Mas depois, observava Fromm, começou a contrarrevolução no cristianismo — os ricos e instruídos apoderaram-se da Igreja cristã, postergaram o Dia do Juízo Final quase indefinidamente e insistiram que o sacrifício de Cristo na cruz, como já havia acontecido, significava que a transformação social pela qual tinham antes ansiado os espezinhados crentes cristãos era desnecessária. Fromm escreveu: "A mudança na situação econômica e na composição social da comunidade cristã alterou a atitude psíquica dos crentes".[24] Os espezinhados perderam a esperança na possibilidade da mudança social que, como tinham antes acreditado, Cristo, o Messias, lhes traria. Em vez disso, voltaram sua agressão emocional contra si mesmos.

Fromm, a quem Horkheimer promovera a um posto permanente após a publicação desse ensaio, continuou a escrever artigos mesclando Marx e Freud no início da década de 1930. Em dois trabalhos sobre o sistema de justiça criminal, ele argumentou que o Estado apresentava-se subconscientemente como pai e, portanto, governava mediante o temor do castigo paternal; ele também afirmou que isso tinha um viés de classe e que, ao se focar [o Estado] no crime e na punição em vez de enfrentar as condições sociais opressivas que levavam alguém a cometer um crime, os criminosos tornavam-se com isso os bodes expiatórios da injustiça e da desigualdade econômica na sociedade. A imagem do pai que castiga projetava-se agora na autoridade do Estado. Fromm até mesmo argumentou que o sistema de justiça criminal não reduzia a taxa de criminalidade; em vez disso, sua função era intensificar a opressão e esmagar a oposição. Essas ideias foram ecoadas em nossa época pela ativista e professora norte-americana Angela Davis, que foi aluna de Marcuse. O que ela e outros intelectuais de esquerda chamam de "complexo prisional-industrial", uma vergonhosa e tácita aliança entre o capitalismo e um Estado estruturalmente racista, resulta não na redução da taxa de criminalidade, mas em lucros nos negócios e num recuo nos direitos democráticos para os presidiários dos Estados Unidos, cuja imensa maioria é de negros e hispânicos. Ela me disse em 2014:

A maciça população carcerária dos Estados Unidos, geralmente de negros e hispânicos, leva a uma falta de acesso a liberdades e práticas democráticas. Isso porque presos não podem votar e, em muitos estados, ex-presidiários também não; pessoas são barradas de conseguir um emprego se têm um histórico de prisão.[25]

Para Davis, o complexo prisional-industrial não é apenas uma máquina racista de fazer dinheiro nos Estados Unidos, mas um meio de criminalizar, demonizar e se aproveitar das pessoas mais impotentes do mundo. Fromm, escrevendo em 1931, tinha visto o sistema de justiça criminal de seu país natal em termos estruturalmente similares.

O casamento forçado entre Freud e Marx ostensivamente oficiado por Horkheimer e Fromm soou escandaloso para os marxistas ortodoxos em geral e hostil ao Comintern em particular, enquanto para os freudianos ortodoxos as esperanças que os marxistas punham na revolução pela transformação da sociedade eram ilusórias. Por exemplo, em 1930, Freud publicou *O mal-estar na civilização*, afirmando com pessimismo que uma sociedade não repressiva era impossível. Uma gratificação sexual sem entraves era incompatível com o que a civilização e o progresso demandavam, ou seja, disciplina e renúncia. Trabalho, reprodução monogâmica, retidão moral e contenção social representavam o sacrifício do prazer e a repressão aos impulsos não civilizados. Foi somente em 1955, quando Marcuse escreveu *Eros e civilização: Uma interpretação filosófica do pensamento de Freud*, que um erudito de Frankfurt desafiou o pessimismo freudiano, sem abandonar os insights de Freud ou a fé de Marx na viabilidade de uma sociedade comunista não repressiva.

Fromm era menos freudiano do que pode sugerir o que foi dito aqui acima. Apesar de Horkheimer cultivar boas relações com Freud, o desenvolvimento da psicologia social de Fromm jogava no lixo muito da ortodoxia freudiana à qual outros membros do instituto, particularmente Horkheimer e Adorno, tinham aderido. O que parecia ser uma mescla de Freud e Marx — e que era palatável para Horkheimer ao reconfigurar o marxismo para levar em conta fatores subjetivos e não se apoiar apenas em leis econômicas objetivas — era algo mais estranho que isso. Fromm não estava ligando Marx a Freud; ele estava, sim, ligando Marx ao relato psicossocial que ele mesmo estava desenvolvendo sobre esses fatores subjetivos, e que ultrajou tanto a ortodoxia freudiana quanto, cada vez mais, seus colegas na Escola de Frankfurt. Assim, Fromm foi duplamente herético. Primeiro, ele ousou macular o marxismo com a psicanálise. Segundo, desafiou a visão de Freud de que as pulsões da libido tinham toda a importância e que as neuroses do indivíduo tinham raízes nas experiências da primeira infância. Num trabalho de 1931 para a revista do Instituto de Pesquisa Social, sob o título "O método e a função de uma psicologia social analítica", Fromm escreveu que o aparato do instinto humano (inclusive a estrutura libidinal que era o foco do relato freudiano sobre desenvolvimento psicossexual) era "em grande medida modificável; as condições econômicas são os fatores modificadores primários". Uma vez modificadas pelas condições econômicas, essas forças libidinais "como que deixam de ser um cimento e, em vez disso, passam a ser dinamite". Assim, as forças libidinais e as forças sociais não foram gravadas na pedra, nem são verdades eternas; estão, sim, numa relação dialética.[26]

Considere-se, por exemplo, o erotismo anal. Na Idade Média, argumentou Fromm num ensaio de 1931 intitulado "Caracterologia psicanalítica", as pessoas fruíam prazeres terrenos que se ofereciam nos dias de festejos, nos costumes, nas pinturas, nos belos prédios e na arte.[27] Depois vieram a Reforma, o calvinismo e o capitalismo. Os prazeres do aqui e agora foram cada vez mais procrastinados em favor da parcimônia, da disciplina, da dedicação ao trabalho e ao dever; a gentileza, a sensualidade, o compartilhamento empático e incondicional tornaram-se características descartáveis, até mesmo socialmente questionáveis.

É fácil parodiar o relato histórico de Fromm (quase se pode imaginar as pessoas tirando os guizos de suas botas e despindo suas roupas da moda para os dias de festa, antes de entrar na jaula de ferro do capitalismo, trancar a porta e obrigatoriamente entregar a chave a seus senhores através das grades), mas seu argumento era de que um caráter social anal, um que reprimisse seus sentimentos, que os fizesse economizar em vez de gastar e lhes negasse o prazer, seria útil como força produtiva para ajudar a manter o capitalismo. Nessa fase de seu desenvolvimento intelectual, ainda não estava claro para Fromm em que medida esse valioso caráter social anal era uma adaptação às exigências do capitalismo, e em que medida um erotismo anal subjacente servia como força produtiva no desenvolvimento da economia capitalista. Mas o que ficava claro era que ele estava se afastando da ortodoxia freudiana das pulsões libidinais, cuja sublimação provia a chave para o desenvolvimento psíquico individual, em direção a um conceito de tipos de caráter social que mudavam de acordo com as circunstâncias históricas — e que, igualmente, mudavam as circunstâncias históricas.

Continuando seu distanciamento intelectual de Freud, Fromm afirmou que a socialização do caráter começava na infância, mas não estava tão arraigada nos instintos quanto nas relações interpessoais. Quando escreveu *O medo à liberdade*, em 1941, ele pensava que os instintos eram moldados menos pelas sublimações postuladas por Freud do que por condições sociais. Inicialmente, Horkheimer achava que Fromm era um aliado intelectual ao se desviar do foco marxista em forças econômicas impessoais para adotar uma crítica negativa da cultura do moderno capitalismo de monopólio. Foi só mais tarde, no final da década de 1930, que Horkheimer e Adorno ficariam contrafeitos com o anti-freudismo de Fromm. No início daquela década, no entanto, Fromm tinha sido importante para Horkheimer não apenas por ter introduzido a psicanálise na academia marxista, mas também porque havia sido treinado como sociólogo. Como resultado, Horkheimer encarregara o jovem psicanalista da tarefa de investigar as atitudes dos trabalhadores alemães desde 1918, para então resolverem se poderiam confiar neles na luta contra Hitler.[28]

Essa ideia tinha vindo de Felix Weil, que escrevera ao Ministério da Ciência, Arte e Educação da Alemanha buscando empreender uma investigação empírica dos pensamentos e das condições dos trabalhadores alemães. O trabalho de Fromm nesse estudo começou efetivamente em 1929, quando a esperança era que essa pesquisa, em forma de questionário, servisse para dar uma resposta positiva à premente questão de se poderiam contar com os trabalhadores alemães para resistir à ascensão do nazismo. Muito da inspiração para a pesquisa viera de um estudo similar realizado em 1912 pelo sociólogo Adolf Levenstein, que, como ex-trabalhador de fábrica, suspeitava que o monótono labor industrial incrementava o empobrecimento psicológico das sensibilidades do trabalhador e de sua aptidão para uma ação autônoma. Levenstein concebeu três tipos psicológicos para os trabalhadores investigados: revolucionário, ambivalente e conservador-reverente. Fromm queria descobrir quais correlações havia entre esses três tipos psicológicos e qual era sua capacidade de resistência ao fascismo.

Fromm e sua equipe de trabalho de campo enviaram 3300 questionários, a maioria para trabalhadores. Os questionários consistiam em 271 perguntas de resposta livre sobre a opinião dos investigados quanto a questões como a educação das crianças, a plausibilidade de se evitar uma nova guerra e a racionalização da indústria. Em 1931, receberam cerca de 1100 respostas completas. Fromm e sua equipe continuaram a trabalhar nos resultados mesmo quando se perdera toda esperança de que os trabalhadores alemães se ergueriam para destruir o fascismo. Uns 82% dos que responderam se associavam aos sociais-democratas e aos comunistas, mas apenas 15% deles tinham o caráter, ou tipo psicológico, do antiautoritário, enquanto 25% eram ou ambiguamente ou consistentemente do tipo pró-autoritarismo. Escrevendo no final da década de 1930, depois de os nazistas terem assumido o poder, Fromm alegou que os resultados demonstravam uma "discrepância entre opiniões políticas conscientemente de esquerda e a subjacente estrutura da personalidade; discrepância que pode [ter sido] responsável pelo [subsequente] colapso dos partidos trabalhistas alemães". Para ele, apenas 15% dos trabalhadores alemães tinham a "coragem, a disposição para o sacrifício e a espontaneidade necessárias para levantar os menos ativos e superar o inimigo". Ele afirmou que uma melhor liderança dos dois partidos de esquerda poderia ter oferecido uma resistência mais forte a Hitler.[29]

Esse trabalho de Fromm nunca foi publicado pelo Instituto de Pesquisa Social, embora algumas de suas descobertas tenham aparecido em seu livro de 1941, *O medo à liberdade*. O trabalho também foi, bem confusamente, saqueado pelo grande estudo do instituto sobre autoridade e família, no qual se engajaram todos os principais eruditos de Frankfurt, com exceção de Grossman e Adorno, durante a maior parte da década de 1930, após o exílio da Alemanha. Nesse estudo eles refletiam sobre o que acontecera à instituição da família enquanto o capitalismo mudava de sua forma inicial, analisada por Marx e Engels, para a forma de capitalismo de monopólio, com a qual se defrontava a Escola de Frankfurt.

A questão de se a família era um lugar de resistência às forças dominantes ou uma zona em que os valores capitalistas podiam ser instilados intrigava a Escola de Frankfurt. Para Hegel, a família era a unidade ética central da sociedade e um lugar de resistência contra a desumanização. Para Marx e Engels, no *Manifesto do Partido Comunista*, a família era um instrumento da opressão capitalista, e tinha de ser abolida. "Até mesmo os mais radicais se inflamam com essa proposição infame dos comunistas", escreveram Marx e Engels com ironia. E, destemidamente:

Em que fundamento se baseia a família atual, a família burguesa? No capital, no ganho privado. [...] Mas, na prática, esse estado de coisas encontra seu complemento na ausência da família entre os proletários e na prostituição pública. A família burguesa desaparecerá como simples decorrência quando seu complemento desaparecer, e ambos desaparecerão com o desaparecimento do capital.[30]

Para a Escola de Frankfurt, a família burguesa não tinha desaparecido, mas a sua autoridade, a do pai em particular, estava em queda livre. Ela tinha sido a instituição social determinante na mediação entre a base material e a superestrutura ideológica, mas estava a caminho da impotência — não pelas razões revolucionárias que Marx e Engels ansiaram por ver realizadas, mas porque outras instituições puderam socializar as populações das sociedades capitalistas mais eficazmente.

Num ensaio para *Estudos sobre autoridade e família*, Horkheimer observou que foi principalmente na época do início do capitalismo (ou liberalismo burguês) que o poder paterno estava no ponto mais elevado da família. Isso fazia sentido porque, em termos hegelianos, o pai era, graças a seu maior tamanho físico e seu papel de provedor econômico, o chefe racional da casa. O poder paterno tinha declinado na era do capitalismo de monopólio, não para ser substituído por aquilo que Fromm buscava — uma concomitante elevação da ética materna de calidez, aceitação e amor. E Horkheimer não estava comemorando essa transformação.

Ao contrário, os principais membros da Escola de Frankfurt optaram por ser solidários com seus pais no momento da maior impotência destes. Em *Minima moralia*, Adorno mencionou uma "triste e sombria transformação" nas relações de sua geração com a dos pais.[31] Ele estava escrevendo não só sobre o declínio da família sob o capitalismo de monopólio, mas sobre algo muito mais específico: o que os nazistas, em seu descaramento, estavam fazendo com os pais desses intelectuais judeus alemães. Adorno tentou cuidar de seus pais quando eles, violentados e financeiramente arruinados pelos nazistas em Frankfurt, fugiram para se juntar a ele em seu exílio nos Estados Unidos, no início da década de 1940. A Escola de Frankfurt, espicaçada por Hitler, abandonou o desprezo que Marx tinha pela família voltando-se para uma amargamente conquistada concepção hegeliana e pós-edipiana dessa escarnecida instituição como um lugar de resistência e mútua consolação em meio ao que Adorno chamou de "ordem coletivista em ascensão", que a escola achava ser visível não só em Berlim e Moscou como também em Paris, Londres e Nova York.

O que os eruditos de Frankfurt lamentaram foi que, com a fraqueza da família, agentes de socialização alternativos assumiram seu papel; e esses agentes (termo que se referia a tudo, do Partido Nazista à indústria cultural) foram instrumentais na criação do que Fromm chamaria de personalidade autoritária. As instituições sociais do capitalismo tardio tinham fabricado essas personalidades como equivalentes humanos ao modelo T da Ford. Eram o retrato falado uma da outra, temerosas, passivas e incapazes de construir suas próprias identidades.

Fromm usou o conceito de personalidade autoritária — do livro com esse nome, de 1957 — para descrever tanto o governante como o governado nesse regime coletivista. Segundo ele, ambos tinham muito em comum:

A incapacidade de contar consigo mesmo, de ser independente, ou, em outras palavras, de preservar a liberdade. [...] Ele precisa encontrar um tipo de ligação que não exija nem amor nem razão — e a encontra na relação simbiótica, em se sentir um só com outros; não mantendo a sua própria identidade, mas sim se fundindo, destruindo a própria identidade.

Fromm confrontou a personalidade autoritária com a personalidade madura, que ele descreveu como a "que não precisa grudar-se aos outros, porque ativamente abraça e agarra o mundo, as pessoas e as coisas à sua volta".[32]

O gesto ativo de abraçar o mundo, a aptidão de contar consigo mesmo e, portanto, de preservar a liberdade: estes eram exatamente os traços de caráter que foram eliminados sob a ordem coletivista que a Escola de Frankfurt via surgir ao seu redor.

7. Nas mandíbulas do crocodilo

Quando, no verão de 1932, Walter Benjamin chegou à vilegiatura litorânea de Poveromo, na Toscana, ele era a própria personificação do nome de seu destino. Poveromo significa "pobre homem" em italiano.[1] Seu casamento estava acabado, dois casos de amor subsequentes tinham terminado, suas melhores obras ainda não haviam sido publicadas e, no crepúsculo que antecedeu a disseminação da escuridão do nazismo por toda a Europa, suas esperanças de se sustentar com crítica literária reduziram-se a nada. Falido e miserável, ele arranjava o dinheirinho do dia a dia com seu amigo Wilhelm Speyer e contava com um crédito junto aos proprietários da Villa Irene para morar ali. Não está claro se e como conseguiu lhes pagar.

Porém, antes que fiquemos com muita pena desse pobre homem, devemos lembrar que Benjamim nasceu numa família abastada e passou grande parte da década de 1920 viajando, jogando, colecionando coisas, dando pouca atenção à sua mulher Dora e ao seu filho Stefan. Após seu divórcio litigioso de Dora em 1930, o tribunal decidiu destinar a ela a maior parte da herança dele como quitação compensatória por ele tê-la tratado mal — decisão que pesou muito na penúria que viria a ser o quinhão de Benjamin até sua morte, uma década depois.

No verão de 1932, Benjamin estava perambulando pela Europa, como tinha feito na década anterior, mas com muito menos dinheiro. Ele tinha adiado seu retorno à Alemanha porque não queria presenciar "as cerimônias de inauguração do Terceiro Reich", conforme escreveu a seu amigo, o judeu místico e intelectual sionista Gershom Scholem.[2] Na capital alemã, naquele verão, o obsequioso antecessor de Hitler como chanceler, Franz von Papen, tinha destituído o governo prussiano liderado pelos sociais-democratas, no que Scholem chamou de "uma espécie de golpe de Estado", e em 2 de junho formara um governo reacionário. Von Papen revogou o banimento das Sturmabteilung [Tropas de Assalto], a facção paramilitar nazista, e com isso desencadeou uma onda de violência política e terror, direcionada esmagadoramente aos judeus e aos comunistas, bem como uma repressão intelectual, pavimentando o caminho para que Hitler assumisse o poder um ano depois.

Em julho, Benjamin soube que os diretores das estações de rádio em Berlim e em Frankfurt para os quais ele fizera oitenta programas, transmitidos de 1927 em diante, tinham sido demitidos. Isso resultou da política governamental de pôr o rádio na mesma linha das outras mídias, fazendo dele o porta-voz da propaganda de extrema direita. Benjamin dependia desses programas para grande parte de sua renda. Eles incluíam peças e esquetes humorísticos que ensinavam aos ouvintes como conseguir aumento de salário, e até mesmo um — muito improvável — manual de instruções para os que aspiravam a ser escritores de comédia, feito por um dos pensadores mais difíceis da Alemanha.[3] Muitos desses programas radiofônicos tinham sido escritos para crianças e se destinavam a equipar os jovens ouvintes com as faculdades críticas que a ascensão do fascismo iria daí em diante se empenhar em lhes negar. Nenhum desses programas foi gravado, e assim nunca ouviremos como soavam as palavras de Benjamin quando ele falava no rádio. Mas os scripts para eles estão entre os papéis que a Gestapo achou durante a Segunda Guerra Mundial, quando invadiu o último apartamento no qual Benjamin tinha morado em Paris. Em 2014, alguns desses scripts foram lidos pelo ator Henry Goodman como parte de um programa da BBC, *The Benjamin Broadcasts*, preparado pelo escritor de livros infantis Michael Rosen.[4]

Hoje em dia, os scripts de Benjamin para os programas radiofônicos sobre temas como caça às bruxas, o lado demoníaco de Berlim, fraudes bem-sucedidas e catástrofes humanas são lidos como alegorias do nacional-socialismo, advertências do que estava por vir. A última vez que Benjamin transmitiu o programa na rádio alemã foi em 29 de janeiro de 1933; no dia seguinte, Hitler foi nomeado chanceler e uma parada de tochas nazista forneceu o assunto para a primeira transmissão de rádio em âmbito nacional.

Essas foram de fato as cerimônias de inauguração do Terceiro Reich. A República de Weimar, que surgira do entulho da Primeira Guerra Mundial e do colapso do Império Alemão, tinha, mediante sua Declaração de Direitos, garantido a cada cidadão alemão liberdade de expressão e de religião e igualdade perante a lei; seu Reichstag, eleito, escolhia o governo. Mas, em parte, a tentativa de florescimento democrático de Weimar foi prontamente esmagada — para ser dialético por um breve instante — pela própria estrutura de seu fundamento. O sistema de representação proporcional sob o qual os eleitores votavam em partidos e não em representantes individuais eleitos resultou na existência de partidos pequenos, sem um partido forte o suficiente para ser majoritário e sem um governo eficaz que pudesse garantir a aprovação de leis no Reichstag. Pior, o artigo 48 da Constituição permitia que um presidente governasse por decreto em situações de emergência, embora — fatalmente — não esclarecesse o que seria considerado emergência, fato que permitiu a Hitler assumir o poder, legalmente, pela porta dos fundos.

Em *Poemas dos anos de crise: 1929-33*, Brecht meditava sobre o desastre que foi para os marxistas — como ele próprio — a luta dos trabalhadores alemães pelos fascistas contra os comunistas, em vez de encontrarem uma causa comum. Seu poema "Artigo 1 da Constituição de Weimar" (que declarava: "É do povo que emana o poder do Estado") concebe o poder do Estado de Weimar como uma força que marcha pelas ruas da cidade, voltando-se para a direita, sentindo-se ultrajada por aqueles que ousavam questionar seu poder.[5] O poema termina com um assassinato: ouve-se um tiro e o "poder do Estado" olha para baixo, para identificar o corpo:

O que jaz aí na merda?
Algo jaz aí na merda
— É o povo, ora, é o que é.

Dificilmente um dos melhores poemas de Brecht, mas uma imagem vívida da perversão desse suposto poder do povo. E, como veremos, para a Escola de Frankfurt, a sedução do povo pelo nacional-socialismo. Os pensadores declaradamente marxistas e em sua grande maioria judeus da Escola de Frankfurt tinham agora uma nova missão: não só elaborar por que a Revolução Alemã fracassara, mas compreender por que o povo se deixava seduzir por uma ideologia que favorecia, entre outras coisas, o assassinato de marxistas e judeus. Em livros publicados na década seguinte — como *O medo à liberdade*, de Fromm, *Behemoth: Estrutura e prática do nacional-socialismo*, do teórico político Franz Neumann, e *Estudo sobre a autoridade*, de Marcuse —, os eruditos de Frankfurt tentaram descobrir por que o povo alemão desejava sua própria dominação.

Uma esperança dos que apoiavam os nazistas era a da restauração dos antigos valores alemães que Weimar tinha contestado, pondo um fim à desordem instaurada pelo sexo, pelo jazz, pela democracia e pelo modernismo. Sob a influência da breve explosão cultural na União Soviética, que Benjamin testemunhara em primeira mão quando visitou Moscou em 1927, a literatura, o cinema, o teatro e a música de Weimar tinham entrado numa fase de grande criatividade modernista contra a qual os fascistas se posicionaram. Para os nazistas, os exuberantes cenários de cabaré e de jazz nas principais cidades alemãs eram bárbaros, tipificados nas apresentações da dançarina norte-americana Josephine Baker, que foram recebidas euforicamente em Berlim; a pintura expressionista era repugnante e, no caso do artista George Grosz, intoleravelmente difamatória dos militares; o novo tipo de arquitetura concebido na Bauhaus era feio, judaico e comunista. O Terceiro Reich significaria o fim desses tipos de expressão cultural decadentes, degradados, comunistas, de influência judaica e sobretudo estrangeira (isto é, norte-americana, soviética e francesa).

O filme de 1930 de Josef von Sternberg, *O anjo azul*, estrelado por Marlene Dietrich no papel da bela, sedutora e não confiável dançarina de cabaré Lola Lola, capturou o fascínio erótico e as incertezas de Weimar. O filme termina com o eminente professor Immanuel Rath, que se apaixonara pela dançarina de Dietrich, humilhado diante de seus ex-colegas após sua loucura erótica, agarrado à mesa que tinha representado sua eminência e liderança, como se fosse o naufrágio de um navio em águas tempestuosas.[6] A Alemanha estava, talvez, expiando sua loucura de Weimar em sua rendição sadomasoquista ao fascismo.

Mas as cerimônias de inauguração do Terceiro Reich também anunciavam sua morte. Em seu livro *Minima moralia*, escrito durante o exílio nos Estados Unidos, Adorno, esse virtuose da crítica imanente, escreveu: "Ninguém que tenha observado os primeiros meses do nacional-socialismo poderia deixar de perceber o momento de mortal tristeza, de semiconsciente rendição à perdição, que acompanhou a embriaguez manipulada, as procissões de tochas e o rufar dos tambores".[7] Para Adorno, esse tema — tristeza e embriaguez, a catástrofe prenunciada no momento mesmo da exultação, a morte prefigurada nas dores do parto — é completamente alemão, e tinha um paralelo histórico. Em 1870, ele obseva, quando nascia o Império Alemão numa vitoriosa campanha militar, Wagner compôs *O crepúsculo dos deuses*,

> esse inflamado espírito da própria destruição da nação. [...] No mesmo espírito, dois anos antes do início da Segunda Guerra Mundial, o povo tinha assistido em filme ao desastre com seu zepelim em Lakehurst. Calmamente, sem falhas, a aeronave seguia seu caminho, quando de repente despencou como uma pedra".*[8]

Assim como Benjamin, Adorno reimaginava a história como que irrompendo daquilo que o primeiro chamou de tempo vazio e homogêneo, estabelecendo constelações ressonantes de desastres ou de esperanças, juntando-as em alegorias de sua própria concepção. Não que esses pensamentos representassem um consolo para os que eram evocados em Berlim em 1933.

A morte da República de Weimar sem dúvida afetou a personalidade de Benjamin. Não o atingiu apenas no bolso, como efetivamente também o silenciou. O *Frankfurter Zeitung*, a quem Benjamin confiara a publicação de alguns de seus melhores ensaios curtos, deixou de responder a suas cartas e de confirmar o recebimento dos manuscritos — um sinal do que estava por vir. No decurso da década de 1930, seus trabalhos raramente eram publicados na Alemanha, e, quando o eram, na maioria das vezes vinham sob um pseudônimo. Seu livro *Deutsche Menschen* [Figuras alemãs], de 1936, por exemplo, foi publicado sob o pseudônimo de Detlef Holz, e assim mesmo porque sua temática era passível de ser distorcida para servir à agenda patriótica dos nazistas (consistia em 27 cartas trocadas entre alemães, inclusive Hölderlin, Kant, os irmãos Grimm, Schlegel e Schleiermacher, em cem anos, após 1783, com comentários

---

* Ao se preparar para atracar no campo de Lakehurst, nos Estados Unidos, o dirigível explodiu e foi totalmente consumido pelo fogo. (N. T.)

de Benjamin). Em 1938, no entanto, até mesmo esse livro foi incluído na lista dos livros alemães proibidos pela censura.

De Berlim, enquanto Benjamin languescia na Itália, chegou a notícia de que teria de deixar seu apartamento, onde ficava sua biblioteca, devido a "violações do regulamento" (o pesadelo do inquilino). Benjamin estava sendo varrido de sua pátria. Embora tenha voltado para Berlim em novembro, foi somente uma breve estada: em março ele deixaria Berlim para sempre para se tornar um exilado, morando a maior parte do tempo em Paris. Antes de ele deixar sua cidade natal, em 17 de março de 1933, os cidadãos de Berlim tinham testemunhado o incêndio do Reichstag em 27 de fevereiro, fato que foi utilizado por Hitler como pretexto para assassinar comunistas e outros inimigos políticos. No entanto, Benjamin deixou Berlim antes da morte simbólica da República de Weimar e do surgimento do Terceiro Reich em 23 de março, quando o Ato de Autorização* foi transformado em lei, dando a Hitler poderes absolutos para governar e sancionar qualquer lei sem a aprovação parlamentar. Em 10 de maio de 1933, livros foram queimados na maioria das cidades universitárias alemãs, e o ministro da Propaganda, Joseph Goebbels, anunciou o fim da era do "inflado intelectualismo judaico".[9]

Então, num contexto de décadas, uma tragédia muito particular ressoa em meio a uma outra muito maior: a tragédia que consiste no fato de o maior crítico alemão do século XX, devido a prescrições antissemitas, ter sido sistematicamente privado da oportunidade de compartilhar em sua língua nativa seus pensamentos sobre a cultura na qual tinha mergulhado, exatamente quando seu poder de crítica atingia a maturidade. Mas há outro elemento na tragédia de Walter Benjamin, além das frustrações amorosas e da ascensão do nazismo. Em seu romance de 1997, *A travessia de Benjamin*, Jay Parini imagina Gershom Scholem diante da sepultura de Benjamin, dez anos após a morte do amigo. "A morte de Benjamin foi, para mim, a morte da mentalidade europeia, o fim de um modo de vida", diz Scholem no romance.[10] Esse tributo ficcional ressoa com o que Brecht escreveu sobre seu falecido amigo:

> *Assim o futuro jaz nas trevas e as forças da justiça*
> *Estão fracas. Isso para você estava claro*
> *Quando você destruiu um corpo vulnerável à tortura.*[11]

---

* Decreto para a "eliminação do perigo contra o povo e o Reich". (N. T.)

A ideia de que a tragédia de Benjamin representava a morte da mentalidade europeia pode inicialmente parecer um exagero perdoável, oriundo de amor e respeito, mas é mais do que isso, pois se aproxima de uma distinção identificada por Hannah Arendt na sua introdução a *Illuminations*, uma coletânea de ensaios de Benjamin.[12] Benjamin não foi apenas um intelectual autônomo efetivamente impedido de ganhar a vida na Europa da década de 1930: ele sonhava se tornar, e quase realizou seu desejo, um *homme de lettres*. Mas o que significa esse termo? Arendt (a mais perspicaz observadora no século xx da vida intelectual judaica alemã, e também a mais bem relacionada participante desse meio) observou que um *homme de lettres* era muito diferente de um intelectual. O primeiro originara-se na França pré-revolucionária, entre os proprietários de terra, os desocupados e os intelectualmente vorazes; o segundo, ao menos como o descreve Arendt, era um servo do Estado tecnocrático. Ela escreveu:

> Ao contrário da classe dos intelectuais, que oferece seus serviços ou para o Estado — na qualidade de entendidos, especialistas ou funcionários — ou para a diversão ou instrução da sociedade, o *homme de lettres* sempre se empenhou em ficar alheio ao Estado e à sociedade. Sua existência material era baseada em ter renda sem trabalhar, e sua atitude intelectual se apoiava em sua recusa absoluta a se integrar política ou socialmente. Com base nessa dupla independência, eles podiam se permitir aquela atitude de superior desprezo que suscitou as desdenhosas incursões de La Rochefoucauld no comportamento humano, a sabedoria mundana de Montaigne, a mordacidade aforística do pensamento de Pascal e a abertura das reflexões políticas de Montesquieu.[13]

Alheio ao Estado e à sociedade. Recusa absoluta a se integrar política ou socialmente. Atitude de superior desprezo. Mordacidade aforística. Quando se leem as expressões mais vívidas dessa passagem, é difícil não se impactar com a percepção de quão bem elas se adéquam não só aos escritores franceses pré-revolucionários, como também aos líderes da Escola de Frankfurt e a Walter Benjamin. Ele sonhava em não ser "nem obrigado nem desejoso de escrever e ler profissionalmente para se sustentar",[14] disse Arendt.

Se Arendt estiver certa, os sonhos de Benjamin de se tornar um *homme de lettres* desincumbido de deveres profissionais foram catalisados e compelidos pela natureza antissemita da Alemanha guilhermiana na qual ele cresceu. Naquela sociedade anterior à Primeira Guerra Mundial, judeus não batizados eram barrados das carreiras universitárias: só podiam ocupar postos de natureza extraordinária e não remunerados. Como expressa Arendt, "era uma carreira que pressupunha, e não provia, uma remuneração garantida".[15] Assim, em vez de sonhar inutilmente com o que não poderia acontecer, sugere Arendt de modo convincente, ele sonhou com a melhor coisa que era capaz de realizar: tornar-se um erudito privado independente — o que na época era chamado de *Privatgelehrter*, uma figura de douto alemão à qual o francófilo Benjamin deu um toque gaulês. Ele quis ser um *homme de lettres*, subsidiado e independente, livre para perseguir seus próprios e ecléticos interesses.

O que impressiona em Benjamin nesse contexto é que ele não reformulou seus desejos diante da mudança das realidades políticas. Na República de Weimar, graças à sua Declaração de Direitos, as carreiras universitárias estavam abertas para todos, inclusive judeus não batizados. É verdade que essa porta, depois de aberta, foi rapidamente fechada: em abril de 1933, Hitler emitiu a Lei para Restauração do Serviço Civil, que exigia a demissão dos judeus e de "pessoas politicamente não confiáveis" (lei que acarretou a demissão, entre outros, de Arnold Schoenberg da Academia Prussiana de Arte, assim como a de pintores como Paul Klee, Otto Dix e Max Beckmann de outras academias de arte alemãs). Mas na República de Weimar, por um momento, os judeus puderam sonhar com carreiras universitárias. Por que, então, Benjamin não tentou uma carreira na academia? A teoria de Arendt é de que ele decidiu antes da guerra o que queria ser, e depois lutou cada vez mais sem esperanças para realizar esse sonho. As desastrosas tensões com seu pai após a Primeira Guerra Mundial deveram-se sobretudo ao fato de que papai não ia bancar o filho para que este seguisse uma profissão com a qual, previsivelmente, não conseguiria se sustentar. Como dizem seus biógrafos: "Seus pais pressionaram por uma carreira com algum potencial de remuneração e recusaram firmemente o tipo de suporte que permitiria a Benjamin independência financeira enquanto continuava a viver e escrever como desejava".[16] O filho era, por temperamento, incapaz de perseguir uma carreira com potencial remuneratório: era um leitor de Kafka arguto demais para isso. Kafka tinha se curvado à vontade do pai e se empregado num escritório de seguros. O romancista descreveu o que esse trabalho significava: "Você tem de ganhar sua sepultura".[17] Benjamin, por temperamento, não era capaz de acompanhar Kafka nessa degradação.

O que para nós é significativo é como sua aspiração foi emblemática da determinação da Escola de Frankfurt em permanecer independente do sistema universitário ou de partidos políticos. Em parte, isso era uma insistência na autonomia intelectual — em vez de se tornarem o que Arendt descreve pejorativamente como intelectuais, eles viveriam e escreveriam de maneira independente, desenvolvendo sua análise marxista da sociedade com o suporte financeiro do filho marxista de um comerciante de grãos argentino bem-sucedido e capitalista inconteste. Isso se deveu em parte ao fato de serem judeus, compreensivelmente desconfiados de se juntarem a um sistema universitário que só agora permitira aos judeus seguirem suas carreiras. Com certeza, quando Benjamin tentou e não conseguiu sua habilitação — a qualificação alemã de pós-doutorado que geralmente se procura obter porque leva a uma carreira universitária —, ele só fez isso para impressionar o pai e fazê-lo abrir a bolsa, o que lhe permitiria continuar seu trabalho com independência.

Benjamin também desdenhava do trabalho pelo qual era pago. Por exemplo, ele considerava como trabalho mecânico e não importante seus programas radiofônicos, que constituíram o grosso de sua remuneração entre 1927 e 1932 (não temos de concordar com isso — são precursores de textos como "A obra de arte na era de sua reprodutibilidade técnica" ou suas teses "Sobre o conceito de história"; além disso, são impressionantes por si mesmos, uma realização daquilo que o público de rádio poderia se tornar, mas que desde então não aconteceu com muita frequência). No entanto, o fato permanece: ele era um miniaturista numa época em que miniaturas não rendiam dinheiro, um trabalhador da Grub Street que considerava o trabalho mecânico menos que desprezível, mesmo antes de seus editores começarem a não responder a suas cartas. Arendt escreveu:

> Foi como se, pouco antes de seu desaparecimento, a figura do *homme de lettres* estivesse destinada a se mostrar mais uma vez na completude de suas possibilidades, apesar de — ou possivelmente devido a — ter perdido sua base material de maneira tão catastrófica, de modo que a paixão puramente intelectual que faz essa figura ser tão adorável pudesse se desenvolver em suas mais expressivas e impressionantes possibilidades.[18]

Esta é a tragédia: que os escritos de Benjamin durante os oitos anos que vão da penúria em Poveromo até sua morte em Portbou tenham demonstrado a completude das possibilidades e não a completude da realização. O que ele escreveu de Kafka — "entender a produção [de Kafka] envolve, entre outras coisas, o simples reconhecimento de que ele foi um fracasso"[19] — vale também para como Benjamin entendia a si mesmo.

Na morte daquele tipo europeu, portanto, houve um breve e intenso lampejo de luz — os escritos de Walter Benjamin. Se a Escola de Frankfurt foi o ato final do romantismo alemão, então Benjamin foi seu emblema, que revelou o grupo em todas as suas contradições. Marxistas sem partido, socialistas dependentes do dinheiro capitalista, beneficiários de uma sociedade que eles desprezavam e sem a qual não teriam nada sobre o que escrever.

Enquanto perambulava em sua fuga ao redor do Mediterrâneo naquele verão de 1932, Benjamin estava se suicidando. Apenas um mês antes de sua chegada a Poveromo, tinha estado num quarto de hotel em Nice onde preparou seu testamento, escreveu bilhetes de despedida e planejou se matar. Ele escreveu a Jula Radt, a escultora com quem tinha tido um caso antes e durante seu casamento com Dora Pollak: "Querida Jula, você sabe que uma vez eu a amei muito. E agora que estou prestes a morrer, minha vida não tem dádivas maiores do que aquelas que lhe foram conferidas pelos momentos em que sofri por você. Assim, esta saudação deve bastar. Seu Walter".[20]

Segundo seu amigo Gershom Scholem, a razão imediata que impeliu Benjamin a preparar planos de suicídio foi seu fracasso em ter outro relacionamento. Antes, naquele mesmo verão, em Ibiza, ele tinha proposto casamento a Olga Parem, uma mulher russo-alemã que ele conhecera em 1928 e que fora até aquela ilha mediterrânea para visitá-lo. Parem estava encantada com Benjamin: "Ele tinha um sorriso encantador; quando sorria, um mundo inteiro se abria", e Scholem conta que ela era "muito atraente e cheia de vida".[21] O que Benjamin achava dela não está registrado, embora Parem tenha sido uma das mulheres pelas quais ele se apaixonou perdidamente durante e após seu casamento de treze anos. Como sugerem seus biógrafos, Benjamin se envolvia em triângulos amorosos, especialmente aqueles nos quais as outras duas pessoas tinham uma ligação. É essa geometria erótica, por exemplo, que faz com que sua longa correspondência íntima com Gretel Karplus, esposa de seu grande crítico e paladino Adorno, fosse tão convincente, tão tentadora para Benjamin e, afinal, assim pensariam pessoas de mentalidade convencional, tão insatisfatória para todos os envolvidos. Dora escreveu a Scholem quando o ex-marido quis se casar com Asja Lācis:

> Ele está totalmente sob a influência de Asja e faz coisas sobre as quais quase não consigo escrever — coisas que fazem com que seja improvável que eu alguma vez torne a falar com ele nesta vida. Tudo que ele é a esta altura é cérebro e sexo; tudo o mais deixou de funcionar. E você sabe ou pode bem imaginar que nesses casos não falta muito para que o cérebro abdique.[22]

Mesmo que o despertar (em Benjamin) de uma triangulação de amor e ciúme não se aplique no caso de Olga Parem, sua resposta à proposta dele em Ibiza foi certamente insatisfatória. Ela o rejeitou, e assim, dias depois, quando Benjamin comemorava seu aniversário de quarenta anos, ele bem poderia se imaginar sem amor, sem emprego e quase sem esperança.

Com toda a tristeza daqueles meses que passou perambulando sem dinheiro pelo Mediterrâneo, adiando sua volta a Berlim e a aparente iminência da morte, Benjamin conseguiu escrever sobre um incidente naquele verão com a delicada verve que seus amigos enfatizavam mas que muito raramente aparece em seus escritos. Imaginemos a cena: Benjamin está deixando Ibiza, sua bagagem já está no barco que o levará a Mallorca. É meia-noite quando ele chega ao cais com amigos, e ele percebe que não só a rampa de acesso foi retirada como o barco já está em movimento. Para curtir a próxima sentença, você não precisa imaginar o quanto o grande intelectual judeu alemão pode se parecer, em certas fotos, com Groucho Marx ou Charlie Chaplin, mas isso pode ajudar. "Depois de calmamente apertar as mãos de meus amigos", ele escreveu a Scholem, "comecei a escalar o casco do barco em movimento e, ajudado por ibizenses curiosos, consegui passar por cima da amurada, com sucesso."[23] Benjamin foi muitas coisas, mas não um escritor cômico, embora a soberba meticulosidade e o sangue-frio daquele "calmamente", assim como a vagueza de "curiosos", permitam que nos perguntemos se ele não teria uma outra vocação.

De Mallorca ele foi para Nice, registrou-se num hotel e começou a partilhar seus bens, numa preparação para a morte iminente. Benjamin legou sua biblioteca a seu filho Stefan, e outro legado foi destinado a Dora, enquanto deixava objetos e quadros valiosos para amigos e ex-amantes, inclusive Jula Radt-Cohn, Asja Lācis e Gretel Karplus. Há uma pista que indica qual era o estado de espírito desse homem — que frequentemente considerava a ideia de se matar e que afinal conseguiria fazê-lo — em seu ensaio aforístico "O caráter destrutivo", publicado no *Frankfurter Zeitung* no mês de novembro anterior:

> O caráter destrutivo tem a consciência do homem histórico, cuja emoção mais profunda é uma insuperável desconfiança no decurso das coisas e a disposição sempre presente para reconhecer que tudo pode dar errado [...].
>
> O caráter destrutivo não vê nada como permanente. Mas exatamente por essa razão ele vê caminhos em toda parte. Onde outros deparam com muros e montanhas, ele, lá também, vê um caminho. Mas porque vê um caminho em toda parte, ele tem de tirar coisas que o bloqueiam em toda parte. Nem sempre pela força bruta; às vezes do modo mais refinado. Porque vê caminhos em toda parte, ele está sempre em encruzilhadas. Nenhum momento é capaz de saber o que trará o próximo. O que existe, ele reduz a escombros — não por causa dos escombros, mas por causa do caminho que passa através deles.
>
> O caráter destrutivo não vive do sentimento de que a vida vale ser vivida, mas de que o suicídio não vale a pena.[24]

Os escritos de Benjamin nos últimos oito anos de sua vida foram exemplos do conceito de Joseph Schumpeter de destruição criativa, que reduz a história a escombros para melhor encontrar um caminho através de suas ruínas. O que ele escreveu sobre Baudelaire, seu amado poeta francês do século xix ("Interromper o curso do mundo — esta foi a intenção mais profunda de Baudelaire"), valia também como base para seu próprio marxismo messiânico, esse aparente oximoro. Essa intenção profunda e destrutiva fez com que sua filosofia fosse herética para a linha do Partido Comunista, ainda mais porque essa linha do partido via a história como um desenvolvimento necessário para a realização da utopia comunista. Quando Scholem descreveu como "contrar-revolucionários" os escritos de Benjamin, este respondeu dizendo que a descrição estava bem correta.[25]

Essa tendência excruciante de Benjamin, como veremos, estendia-se à sua crítica e à sua visão messiânica da política revolucionária. Foi essa tendência que, paradoxalmente, o fez se decidir contra o suicídio — pelo menos até 1940, quando não mais conseguiu resistir às aberturas de seu desencanto. Mas mesmo que Benjamin fosse um caráter destrutivo, seria ele também autodestrutivo? O que ele tinha escrito no *Frankfurter Zeitung* só se refere ao suicídio para descartá-lo sarcasticamente por não valer o trabalho que dá, o que em si mesmo é um duplo dar de ombros a costumes tradicionais — um contra a tradição que condenava o suicídio, e o outro contra a transgressão antitradicional que achava o suicídio sedutor. O suicídio tem certamente uma história animada na Alemanha. Em seu ensaio "Sobre o suicídio", Schopenhauer escreveu: "Até onde posso ver, apenas os membros das religiões monoteístas, vale dizer, judaicas, consideram a autodestruição um crime".[26] Pode ser, mas quando se designa algo como crime não se está somente anunciando sua proibição, mas conferindo a esse ato uma catexia libidinal: a transgressão é sexy.

No romance *Os sofrimentos do jovem Werther*, de Goethe, publicado pela primeira vez em 1774, no contexto do movimento literário romântico alemão Sturm und Drang [Tempestade e Ímpeto], o herói raciocina que um membro do triângulo amoroso no qual ele está enredado deve tirar sua própria vida, e assim, como é incapaz de cometer um assassinato mas sente que tem de agir, ele dá um tiro na cabeça e morre doze horas depois. O romance de Goethe, após sua publicação, levou a uma torrente de suicídios de jovens na Alemanha que imitavam o do livro. Em 1903, o filósofo austríaco Otto Weininger, de 23 anos, deu um tiro no peito no mesmo quarto em que Beethoven tinha morrido 76 anos antes. Ele declarou: "Para mim, há três possibilidades: a forca, o suicídio ou um futuro tão brilhante que não ouso pensar nele".[27] Esta terceira possibilidade, tendo em vista a fria recepção da crítica a seu livro *Sexo e caráter*, publicado naquele mesmo ano, parecia ser improvável.

Então, o que levou Benjamin a contemplar o suicídio em 1932? O efeito Werther causado por um triângulo amoroso? A noção de que esse gênio não estava sendo reconhecido? Com certeza, sugerem seus biógrafos, pensamentos de suicídio foram frequentes em sua mente durante a maior parte das duas décadas, desde a eclosão da Primeira Guerra Mundial. Em 1914, um de seus amigos mais próximos, o poeta Fritz Heinle, juntamente com Rika Seligson, tinha cometido suicídio. Certa manhã, Benjamin foi despertado pela chegada de uma carta expressa na qual se lia: "Você vai nos encontrar estirados na Casa de Reuniões".[28] Foi lá que o casal se matou usando gás. Seu fim trágico foi descrito em muitos jornais como o resultado de um amor condenado, mas seus amigos viram naquilo um protesto contra a guerra.

Para Benjamin, o suicídio de Heinle foi uma sombra que se estendeu sobre o resto de sua vida. Ele escreveu um ciclo de cinquenta sonetos nos anos que se seguiram à morte do amigo, e lia poemas de Heinle para os amigos durante a década de 1920. O suicídio é um tema presente em seus escritos daquele período. "Quão mais facilmente amado é aquele que diz adeus e vai embora", ele escreveu em seu livro *Rua de mão única*, de 1928.

> Pois a chama arde com mais pureza quando arde à distância, alimentada pelo efêmero fragmento material de um aceno do navio ou da janela de um trem. A separação penetra como um pigmento na pessoa que desaparece e a mergulha em suave radiância.[29]

Talvez Benjamin tenha imaginado a si mesmo mergulhado nessa radiância quando começou com as formalidades de se despedir e se separar de amigos e amantes no verão de 1932, mas não conseguiu então cometer o ato que faria essa separação ser final.

O suicídio, pois, foi um espectro que perseguiu Benjamin em sua vida adulta. Mas, por tudo isso, ele escreveu com uma terrível beleza sobre o que a morte significa para os que ficam. Em *Rua de mão única*, por exemplo, escreveu:

> Se uma pessoa muito próxima a nós está morrendo, há algo nos meses vindouros que, percebemos isso vagamente — muita coisa que gostaríamos de compartilhar com ela —, só poderia acontecer na ausência dela. Nós finalmente a saudamos numa linguagem que ela não entende mais.[30]

O fato é que em 1932 ele não se suicidou. Por quê? Talvez porque ainda houvesse trabalho a ser feito. "O único argumento convincente contra o suicídio é que ele contradiz a realização do mais elevado objetivo moral, visto que substitui a verdadeira redenção deste mundo miserável por outra apenas aparente."[31] Pode parecer obtuso citar aqui Schopenhauer — Benjamin dificilmente pode ser considerado um leitor ávido de seus escritos —, mas a menção da palavra "redenção" por Schopenhauer parece relevante. Adorno escreveu na conclusão de *Minima moralia*:

> A única filosofia que pode ser praticada com responsabilidade ante o desespero é a que tenta contemplar todas as coisas como elas se apresentariam do ponto de

vista da redenção. O conhecimento não tem a luz, a não ser a que é derramada no mundo pela redenção: tudo o mais é reconstrução, mera técnica. Devem ser modeladas perspectivas que desloquem e estranhem o mundo, que o revelem ser, com suas brechas e fendas, tão indigente e distorcido quanto nos parecerá ser um dia, sob a luz messiânica.[32]

Na Tese 9 de seu ensaio "Sobre o conceito de história", já citada antes, Benjamin imaginou exatamente esse ponto de vista da redenção, e quão perigoso era se colocar nele. Fez isso contemplando uma imagem que tirou da pintura *Angelus Novus*, de Paul Klee:

> É assim que se representa o anjo da história. Seu rosto está voltado para o passado. Onde nós percebemos uma cadeia de acontecimentos, ele enxerga uma única catástrofe que continua a acumular destroços sobre destroços e os arremessa diante de seus pés. O anjo gostaria de ficar para despertar os mortos e restaurar à integridade o que fora esmagado. Mas do paraíso ruge uma tempestade que o apanha pelas asas com tal violência que ele não consegue mais fechá-las. Essa tempestade o empurra irresistivelmente para o futuro, ao qual suas costas estão voltadas, enquanto o monte de escombros à sua frente cresce em direção ao céu. Essa tempestade é o que chamamos de progresso.[33]

Mas se a tempestade é o que chamamos de progresso, o anjo pode ser visto como um similar ou um símbolo de Walter Benjamin naquele verão de 1932 em Poveromo, quando tentou, por meio da memória da escrita, redimir o passado, restaurar à integridade o que fora esmagado. A tempestade rugia, os escombros aumentavam, mas Benjamin estava tentando se manter firme fazendo a única coisa que podia: escrever. Ele certamente ficou fascinado pelo *Angelus Novus* de Klee desde que viu pela primeira vez a pequena aquarela do pintor suíço numa exposição em Berlim, em 1920. Ele a comprou por mil marcos e a pendurou em todo apartamento em que viveu, como se fosse um talismã (hoje, após uma tórrida história, o quadro está no Museu de Israel, em Jerusalém). Em 1921, ele editou um periódico que chamou de *Angelus Novus*, "em parte como uma tentativa de estabelecer uma conexão entre a vanguarda artística da época e a lenda talmúdica sobre dois anjos que estão sendo constantemente criados e encontram moradia nos fragmentos do presente".[34] Também citou a pintura em seu ensaio de 1931 sobre o escritor e satirista austríaco Karl Kraus, segundo o qual a pintura permitia "entender uma humanidade que se afirmava pela destruição".[35] E em 1933, ano em que os nazistas chegaram ao poder e ele deixou Berlim pela última vez, deixou o quadro para trás e escreveu num ensaio autobiográfico chamado "Agesilaus Santander", quando no exílio em Ibiza: "O anjo, no entanto, se parece com tudo de que eu tive de me separar: as pessoas e, acima de tudo, as coisas".[36]

No ensaio "Walter Benjamin e seu anjo", Scholem observou que na época Benjamin via na pintura um paralelo de suas complicadas relações com Jula Cohn e Asja Lācis.[37] Mas no anjo da história havia mais do que apenas ressonâncias pessoais. A insistência em que o passado pode ser transformado continua a ser, para marxistas e outros, uma das ideias mais atraentes de Benjamin. O crítico Terry Eagleton, por exemplo, escreveu:

> Em um de seus pronunciamentos mais sagazes, Benjamin comentou que o que leva homens e mulheres a se revoltarem contra a injustiça não são os sonhos de libertação dos netos, mas as memórias de antepassados escravizados. É voltando nosso olhar para os horrores do passado, na esperança de que com isso não nos transformemos em pedra, que somos impelidos para a frente.[38]

Assim, a figura enigmática do Angelus Novus, que tanto cativou Benjamin, tornou-se um emblema icônico para a esquerda; se ele teria visto isso dessa maneira, já é outra questão.

Seja como for, na época em que foi para Poveromo, Benjamin poderia não estar convencido de que a vida valesse ser vivida, mas que certamente era para ser vivida — mesmo quando, para ele, as circunstâncias eram cada vez mais terríveis. Um ano após ter escrito, numa vilegiatura litorânea da Toscana, as confortadoras memórias de sua infância em Berlim, ele foi obrigado a deixar para sempre sua cidade natal para fugir dos nazistas. Passou os últimos oito anos de sua vida em perigoso exílio, perambulando por uma Europa cada vez mais inóspita, como tantos outros judeus e comunistas naquela época. Em 1938, descreveu-se numa carta como "algo parecido com um homem que fez sua casa nas mandíbulas de um crocodilo, as quais ele mantém abertas à força por meio de escoras de ferro".[39] Foi assim, talvez, que ele viveu em sua década final — até o momento solitário num quarto de hotel na Espanha em que decidiu tirar a própria vida em vez de correr o risco de ser assassinado.

Foi nesses anos, no entanto, que Benjamin escreveu algumas de suas melhores obras, inclusive, como veremos no próximo capítulo, um ensaio ainda maior sobre as possibilidades revolucionárias da arte, ensaio cheio de esperança em meio à desesperança da época. Seu amigo e companheiro de exílio Theodor Adorno sabia muito bem o que era isso quando escreveu: "Para um homem que não tem mais uma pátria, escrever torna-se um lugar onde viver".[40]

8. Modernismo e todo aquele jazz

No decurso da década de 1930, a Escola de Frankfurt empenhou-se em descobrir por que a revolução socialista não tinha acontecido e por que Hitler chegara ao poder. Não obstante, alguns de seus trabalhos mais qualificados referiam-se à cultura — a nova frente na luta marxista. Em 1936, por exemplo, a revista do Instituto de Pesquisa Social publicou dois ensaios que tinham a ver com a arte moderna. Um deles, de Walter Benjamin, tornou-se um clássico entre os textos do século xx, tantas vezes reproduzido, mimeografado, baixado da internet, citado, cortado e colado que, desde que foi publicado, sua aura ocupa quase todo texto que é escrito sobre teoria da arte. O outro, de Theodor Adorno, tornou-se uma criptonita intelectual, desdenhado até mesmo por seus mais ardentes admiradores por causa de seu ostensivo racismo e por seu diagnóstico para a forma de arte em discussão, de que era um tipo de ejaculação precoce e uma dessublimação repressiva mais ou menos sadomasoquista, emblemática da fraqueza e da passividade perversas de seus praticantes e de suas audiências.

Há outras diferenças. O texto de Benjamin, "A obra de arte na era de sua reprodutibilidade técnica", é quase desvairadamente esperançoso quanto ao potencial revolucionário das novas formas de arte de massa, em particular o cinema.[1] O artigo de Adorno, "Sobre o jazz", escrito sob o pseudônimo de Hektor Rottweiler, é um ataque feroz a um novo tipo de música cujo impacto social ele execrava e o qual considerava representativo do desastre que era a arte mercantilizada sob o capitalismo.[2]

Mas ambos os ensaios eram críticas marxistas da cultura de massa e, como tais, antídotos às jeremiadas esnobes e conservadoras que prevaleciam na época como prevalecem agora. Os dois homens eram iconoclastas culturais, por educação e por temperamento, mas seria difícil encontrar em qualquer dos ensaios algo do esnobismo de Proust, do desprezo de Huxley à produção cultural de massa ou do desdém de D. H. Lawrence pelo entretenimento popular. Nenhum dos dois vê nas novas formas de arte sobre as quais estão discorrendo a causa para o lamento spengleriano do declínio do Ocidente. Nenhum deles busca imprecar contra as barbaridades do presente justapondo-as às glórias do passado.

Ambos os ensaios foram escritos no limbo do exílio — Benjamin estava em Paris e Adorno em seu terceiro ano em Oxford, e o futuro dos dois parecia estar ligado à sua saída da Europa. Como resultado, o fascismo assombrou os dois textos. A crítica de Adorno ao jazz foi conturbada pelo ressoar de marchas militares em ritmos sincopados; para Benjamin, o fascismo era a ameaça urgente à qual o comunismo respondia politizando a arte. Benjamin parece perceber que o luxo do desespero devido à diminuição da experiência humana causada pela cultura de massa seria impróprio num momento em que o fascismo tinha de ser atacado. O desespero que ele expressou em seu ensaio "Eduard Fuchs, colecionador e historiador", sobre o modo como a experiência humana tinha sido reduzida por nossa "desastrosa maneira de receber a tecnologia", foi posto de lado em benefício de uma reflexão esperançosa sobre como novas formas tecnológicas de arte, particularmente o cinema, poderiam revolucionar as sensibilidades humanas, e talvez até mesmo torná-las mais resistentes ao fascismo. Seus sonhos para o cinema não se deixaram abalar pelo avanço avassalador da máquina de Hollywood. Ele se preocupava com o modo pelo qual o culto ao astro de cinema envolvia o falso feitiço de personalidade e o fetichismo da mercadoria, mas isso ficava quase entre parênteses: a maior parte do restante de seu ensaio mais famoso discorria excitantemente contra a índole de proverbial negatividade da Escola de Frankfurt. "A obra de arte na era de sua reprodutibilidade técnica" começa com a ideia de que no final do século XIX houve um ponto de inflexão na relação da arte com a tecnologia:

Por volta de 1900, a reprodução técnica atingiu um padrão que não apenas permitiu-lhe reproduzir e transmitir todas as obras de arte, causando com isso a mais profunda mudança em seu impacto sobre o público; ela também obteve um lugar para si entre os processos artísticos. Para estudar esse padrão, nada é mais revelador do que a natureza das repercussões que essas duas manifestações diferentes — a reprodução de obras de arte e a arte do cinema — tiveram em sua forma tradicional.

Onde Huxley — em palavras que Benjamin citou numa nota de rodapé — tinha visto nessas mudanças um facilitador da "vulgaridade" e da "produção de lixo", Benjamin imaginou seu potencial de libertação. Não que fosse ingênuo a ponto de alegar que a produção de lixo não fora também aumentada graças à mudança tecnológica. Para ele, o novo padrão de reprodução técnica era o que o álcool é para o camarada dialético Homer Simpson: a causa do — e o remédio para o — empobrecimento da experiência humana.

É fácil imaginar com que se parecia esse empobrecimento. D. H. Lawrence o imaginou quando escreveu sobre os humanos

sentados com nossos rabos enrolados
enquanto a máquina nos diverte, o rádio, o filme ou o gramofone.
Macacos com um insosso sorriso forçado em nossos rostos.[3]

Muito mais difícil de fazer é o que Benjamin fez em seu ensaio: imaginar como as mudanças na reprodução mecânica poderiam nos libertar. Benjamin esperava que a fotografia e o cinema detonassem uma abertura na tradição cultural, liquidassem o poder que a classe dominante tinha exercido sobre as massas por meio da aura de autenticidade, autoridade e permanência das obras de arte. Seus escritos sobre esse tema estavam marcados de imagens violentas — como se a guerra que se aproximava já tivesse começado para ele.

"As ideologias dos governantes são por natureza mais instáveis do que as ideias dos oprimidos", escreveu Benjamin em suas *Passagens* na mesma época desse ensaio. "Pois elas não só têm, assim como as ideias destes últimos, de se adaptar a cada vez à situação de conflito social, mas também têm de glorificar essa situação como sendo fundamentalmente harmoniosa."[4] As ideologias dos governantes, então, são como aquilo que o biólogo evolucionista Richard

Dawkins chamaria décadas mais tarde de "memes" — unidades que carregam ideias e práticas em mutação, respondendo a pressões adaptativas. A esperança de Benjamin era romper essa disseminação viral dos memes da classe dominante. As obras de arte não eram apenas belas e autônomas expressões de impulsos criativos humanos, tendo, na verdade, um papel instrumental na manutenção do poder da classe dominante. Por estarem situadas numa tradição cultural que conferia status a elas e à tradição, as obras de arte tornaram-se fetiches e serviam aos mesmos propósitos mistificadores das mercadorias sobre as quais escrevera Marx: elas sopravam para longe o sangrento conflito social e glorificavam uma situação desarmoniosa como se fosse harmoniosa. Benjamin queria reduzir toda essa tradição a frangalhos.

Robespierre tinha reapropriado a Roma antiga para a Revolução Francesa, fazendo assim explodir o continuum da história, como afirma Benjamin em suas "teses". Benjamin queria explodir o continuum da herança cultural, de modo que o oprimido pudesse enxergar as circunstâncias nas quais estava vivendo, revelando a barbárie que subjaz à beleza, sacudindo as massas de sua letargia. O que parecia ser normal devia ser exposto como perverso e opressivo. Benjamin pensava ser capaz de ver como isso poderia ser feito. "A reprodução mecânica emancipa a obra de arte de sua dependência parasitária do ritual", escreveu. Pode ser difícil captar a força dessa sentenciosa observação, uma vez que não pensamos de imediato na obra de arte como estando envolvida num ritual. Mas isso era exatamente o que Benjamin achava ter sido a função da obra de arte. "Como sabemos", escreveu, "as primeiras obras de arte originaram-se em serviços rituais." Sem dúvida, mas o salto daí para a sentença seguinte foi no mínimo contraintuitivo. "Em outras palavras, o valor singular da obra de arte 'autêntica' sempre se baseia em ritual." Mas isso está longe de ser óbvio. Talvez possamos ver ritual na veneração à estátua de Vênus pelos gregos antigos, mas não numa visita ao Louvre para ver a Vênus de Milo. O que Benjamin está dizendo, alegam seus biógrafos, é que, se uma obra de arte é reproduzida mecanicamente, a pessoa que a vê ou a ouve não tem de acessá-la no espaço consagrado a seu culto, como um museu, uma sala de concertos ou uma igreja. Porém, se poderia replicar, estar sentado num cinema ou ouvindo um disco certamente tem a ver tanto (ou tão pouco) com as práticas de culto e de rituais quanto experienciar uma arte que não é reproduzida de forma mecânica.

A proposta de Benjamin — e é uma proposta que tem de ser construída a partir dos fragmentos de seu pensamento, já que o ensaio está escrito de modo análogo ao das técnicas de montagem que ele admirava — é que a base ritualística da arte é mantida mesmo quando, como aconteceu na Renascença, ela desce de seu altar sagrado e se junta ao culto profano da beleza. A galeria de quadros e a sala de concertos são templos que não se declaram como tais. Até mesmo numa época em que Deus está morto e a beleza secularizada (grosso modo, o período que vai da Renascença ao início do século xx, na opinião de Benjamin), a obra de arte ainda tem sua base no ritual.

Mas então acontece algo notável. Surge a fotografia. Mais ou menos na mesma época e, insinua Benjamin, não por coincidência, surge o socialismo também. A fotografia, para Benjamin, é o primeiro meio de reprodução realmente revolucionário; o socialismo é a política que destruirá a classe dominante e todas as suas obras. Juntos, liquidarão a dependência que a arte tem do ritual. Só um problema: a arte recusa ser remodelada num papel político no palco mundial da história. Em vez disso, a arte passa o século xix se disfarçando e fingindo ser o que, para Benjamin, ela não é: ela rejeita qualquer função social. A obra de arte simula ser intrinsecamente valiosa, e não valiosa em parte, por ajudar a manter o estado das coisas. Daí, talvez, a insistência de Kant, na *Crítica da faculdade do juízo*, em que o juízo estético é necessariamente imparcial. Daí o movimento estético do século xix que clamava pela arte como arte em si mesma. Nesse movimento estético, a arte fazia uma última tentativa de resistir, afirmando sua autonomia e pureza quando, se Benjamin tinha razão, seu destino era político. A fotografia, argumentou Benjamin, separou a arte de seu fundamento no culto e, com isso, sua autonomia desapareceu para sempre. Em vez de arte em nome da arte, o século xx veria a arte em nome da política.

E quando a arte se tornou política na era da reprodução mecânica, isso envolveu duas coisas: primeiro, a ação de revolucionar os mecanismos sensoriais das massas para que pudessem ver pela primeira vez como tinham se tornado servos dos poderes existentes; depois, destruir a aura ostentada pela própria obra de arte.

Essa aura é um fenômeno mistificador. Benjamin escreveu: "O que murcha na era das reproduções mecânicas é a aura da obra de arte", definindo-a em termos de vivências na natureza. "Se, descansando numa tarde de verão, você acompanhar com os olhos uma cadeia montanhosa no horizonte, ou um ramo que lhe lança sua sombra, você estará vivenciando a aura daquelas montanhas, daquele ramo." Aura, então, envolvia distância; a reprodução mecânica, ele sugeriu, envolvia a abolição daquela distância. Mas a distância à qual Benjamin se referia em seu ensaio não precisava ser física: na verdade, é a distância psicológica, ou autoridade, que dá à obra de arte sua aura. A distância pode envolver um ritualizado jogo de esconde-esconde com o espectador. "Certas esculturas em catedrais", observou Benjamin, "são invisíveis ao espectador que está no nível do chão." Algumas esculturas da Madona ficam cobertas quase o ano inteiro. Algumas estátuas de deuses só podiam ser vistas pelos sacerdotes nas câmaras internas dos templos gregos e romanos.

Assim, de várias maneiras, a aura da obra de arte é inacessível: a ralé frequentemente é mantida à distância numa espécie de reverência, e admitida em ocasiões especiais mediante ingressos com hora marcada; enquanto isso, os iniciados têm acesso a todas as áreas, confirmando seu status e o poder da obra de arte. Claro, tudo isso vale também para a composição demográfica da classe estratificada que frequenta os atuais festivais de rock ou as casas de ópera. Nos primeiros, os desafortunados arriscam atolar os pés no solo lamacento, enquanto os endinheirados têm passes para os bastidores e helicópteros para levá-los rapidamente dos horrores do acampamento a seus hotéis butiques. Nas segundas, os desafortunados ou não têm dinheiro suficiente para comprar ingressos ou ficam com vertigem nas galerias, enquanto uns poucos privilegiados se recostam no luxo das frisas ou dos camarotes com uma visão invejável do que acontece no palco e a perspectiva de sofisticados drinques no bar durante o intervalo. Tudo isso serve apenas para demonstrar que a reprodução mecânica não eliminou a herança cultural da aura na arte, que era o que Benjamin tinha esperado. O ritual secular — como Glastonbury, como Bayreuth — sobreviveu à liquidação pela qual Benjamin tinha ansiado.

A obra de arte na era de sua reprodutibilidade técnica, assim pensava Benjamin, aboliu esse acesso privilegiado e detonou a herança cultural. Ele via a herança cultural como a glorificação corrompida de um lugar onde havia um conflito sangrento, e os que o enfeitavam e o apresentavam como belo tampouco mereciam confiança. Mas, se poderia objetar, a reprodução não tinha sido lugar-comum na arte e na literatura durante séculos, e não tinha revolucionado repetidamente não só a arte e a cultura mas também a sociedade humana (embora não do modo que Benjamin queria)? Pense nos escribas, por exemplo. Esses homens copiaram à mão, laboriosamente, a sabedoria de épocas inteiras a partir de frágeis manuscritos em decomposição. Durante gerações, eles foram indispensáveis para a renovação da memória cultural, até que, em meados do século xv, a invenção da tipografia por Gutenberg não só tornou seus talentos obsoletos, como facilitou a Reforma Protestante. Em 1492, o abade de Sponheim escreveu um tratado intitulado *Em defesa dos escribas*, instando que a tradição dos escribas fosse mantida, pois o simples ato de copiar à mão textos sagrados suscitava iluminação espiritual. Um problema: o abade compôs seu livro com tipos móveis, e assim sua argumentação teve divulgação rápida e barata.

Benjamin não negava nada disso. Ele observou que qualquer obra de arte é em princípio reproduzível: desde tempos imemoriais, alunos copiavam obras de seus mestres como forma de praticar, e também para obter algum ganho financeiro. Os gregos conheciam apenas dois modos de reproduzir tecnicamente obras de arte: estampando e fundindo, e por isso suas reproduções se limitavam a bronzes, terracotas e moedas. Foi só com a xilogravura que a arte gráfica se tornaria reproduzível; depois, durante a Idade Média, a água-forte e a gravação foram acrescentadas. No entanto, alegou Benjamin, foi só com a litografia que a reprodução da arte gráfica alcançou a revolução da imprensa de Gutenberg. Mas a litografia foi logo suplantada pela fotografia, que, para Benjamin, foi a forma revolucionária de reprodução tecnológica por excelência, já que "liberou as mãos da função artística mais importante, que daí por diante se desenvolveu apenas com o olho que contempla através da lente".

Qual o significado disso? No passado, a presença do original era pré-requisito para o conceito da autenticidade. A reprodução manual de uma obra de arte confirma a autoridade sobre o original; em contraste, a reprodução mecânica é capaz de subverter essa autoridade — de fato, em algumas circunstâncias, pode até querer dizer que nem sequer faz sentido falar de um original. "De um negativo fotográfico, por exemplo, pode-se fazer qualquer número de cópias; perguntar qual é a cópia 'autêntica' não faz sentido algum", escreveu Benjamin. Existe uma cópia original de *Porky's 3*? Não é impossível, mas mesmo se houver, não estará com suas reproduções no mesmo tipo de relação que há entre a *Mona Lisa* e qualquer dos bilhões de reproduções dessa pintura de Da Vinci. Não existe qualquer obra de arte original que confira imperiosa legitimidade a cópias e a proteja de falsários — o rei está morto, viva a democracia das coisas.

Mas Benjamin expressou essa morte da distância em termos estranhos, alegando que as "massas contemporâneas" queriam trazer as coisas "'mais para perto' no sentido espacial e humano, com o mesmo ardor com que se inclinavam a suplantar a unicidade de toda realidade aceitando sua reprodução". Mas de onde provinha esse desejo? Aqui, Benjamin — e Adorno cobrou isso dele mais de uma vez durante a década de 1930 — não foi dialético o bastante. O mais plausível, podemos afirmar, é que os aperfeiçoamentos nas tecnologias de reprodução mudam o que for possível para que os capitalistas vendam para aqueles a quem Benjamin chama de "massas". O que vale dizer: desejos não surgem do nada. Eles podem ser construídos. Eles estão, talvez, até mesmo numa relação dialética com a tecnologia. A tecnologia muda não apenas o que os humanos são capazes de fazer; ela muda os humanos, os faz desejar coisas que nem sabiam que existiam antes. Benjamin deu-se conta disso e escreveu: "Uma das principais missões da arte tem sido sempre a criação de uma demanda que só poderia ser satisfeita mais tarde".

Cinema, rádio, TV, música gravada, internet, mídias sociais, todos envolvem inovações tecnológicas que permitem aos capitalistas fornecer produtos que mudam nossos desejos e, com isso, mudam a nós mesmos. Considere-se a internet. "O desenvolvimento da internet tem mais a ver com o fato de humanos se tornarem um reflexo de suas tecnologias", afirmou uma vez o filósofo pós-estruturalista alemão e teórico da mídia Friedrich Kittler. "Afinal, somos nós que nos adaptamos à máquina. A máquina não se adapta a nós." Kittler estava se opondo à visão benevolente do teórico da mídia canadense Marshall McLuhan, que via as inovações tecnológicas como próteses humanas (daí o título do livro de McLuhan, *Os meios de comunicação como extensões do homem*). Pelo contrário, alegava Kittler, "mídias não são pseudópodes para estender o corpo humano. Elas seguem a lógica de escalada que deixa a nós e a história escrita atrás dela".[5]

Quanto a Benjamin, ele certamente considerava a tecnologia uma prótese. Observou que um fotógrafo pode captar o que o olho não é capaz de ver. Como resultado, o original não seria uma base de comparação pela qual se julgaria o sucesso da foto como reprodução. Não faria sentido, nesse caso, mencionar uma falsificação. Benjamin alegou também que a reprodução técnica pode deixar a cópia em situações que são impossíveis para o original: "A catedral abandona sua localidade para ser estudada no estúdio de um amante da arte; uma apresentação coral, realizada num auditório ou ao ar livre, ressoa na sala de estar". No primeiro caso, ele estava considerando uma fotografia; no segundo, um fonógrafo.

Porém, se a fotografia e outras formas de arte da era da reprodução mecânica estendem os poderes da percepção humana, Benjamin imaginou que essas artes tinham um propósito político, a saber, trazer a natureza da realidade para uma alta definição.

> Nossas tabernas e nossas ruas metropolitanas, nossos escritórios e quartos mobiliados, nossas estações ferroviárias e nossas fábricas parecem nos ter trancado irremediavelmente. Depois veio o cinema e despedaçou essa prisão a dinamite num décimo de segundo, e assim, agora, em meio a suas vastas ruínas e destroços, calma e aventurosamente partimos para uma viagem. Com o close-up, o espaço se expande; com a câmera lenta, o movimento se estende. [...] A câmera nos introduz numa óptica inconsciente assim como a psicanálise nos introduz em impulsos inconscientes.

Muitos anos depois, em 1962, Alfred Hitchcock, cujos filmes têm a lógica dos sonhos — como se fossem as realizações, no celuloide, dos impulsos inconscientes —, ecoou esses insights de Benjamin quando disse a François Truffaut para que servia o cinema: era, disse ele, para contrair o tempo e para estendê-lo.

Assim como Freud punha a mão delicadamente na nuca de seus pacientes e os empurrava para dentro de seus lençóis sujos, familiarizando-os com as forças escuras que subjazem em seus "eus" racionais, da mesma forma a câmera expõe as brutais dissonâncias da vida moderna. E assim como há um trabalho a ser feito pelo analisando, há também um trabalho para o frequentador de cinema, sugeriu Benjamin. Mas esse trabalho não envolve longos períodos de concentração, como é típico de quem fica diante de um quadro numa galeria de pinturas, levado a extremos heroicos pelo filósofo da arte Richard Wollheim, que escreveu: "Passei longas horas na igreja de San Salvatore em Veneza, no Louvre, no Museu Guggenheim, tentando persuadir um quadro a ganhar vida. Notei que estava sendo alvo da suspeita de quem passava, assim como a pintura que estava contemplando".[6] Benjamin, em vez disso, reivindicava uma "recepção em distração". Ele imaginava essa recepção como uma forma revolucionária de percepção — uma noção incendiária, especialmente para nós, que lemos sobre isso em retrospecto. Hoje em dia, a distração é mais um vício do que uma virtude. Na verdade, é por isso que não se consegue terminar nada. A inovação tecnológica nos mantém pulando de uma tarefa inútil para outra, respondendo a e-mails, atualizando status no Facebook, tuitando, escrevendo textos, sempre trabalhando em nossas telas de computador, como vítimas de um ciberespaço. Maldição de Sísifo. O modo distraído de viver vai contra a popular teoria do psicólogo húngaro Mihaly Csíkszentmihályi de que as pessoas são mais felizes quando estão num estado de fluência.[7] Mas acontece que Benjamin não foi um poeta que enaltecia o trabalho, nem um filósofo da felicidade. Mais provavelmente, ele teria considerado a felicidade, a fluência, a absorção e o culto da realização pelo trabalho como buscas fátuas pela completude, ilusões que nos impedem de perceber que estamos num mundo fragmentado, os joelhos mergulhados fundo em escombros acumulados, espezinhados e explorados.

Absorção e fluência são características da criação e da recepção de uma arte aurática. O tipo de arte que Benjamin prezava e tinha como possuidora de potencial revolucionário era outra: envolvia ruptura e estranhamento, o rompimento da superfície lisa da realidade. Em vez de uma meditação sobre ilusórias harmonias, significava estar desnorteado por dissonâncias, cortes bruscos, montagens perturbadoras. A distração era quase uma virtude para Benjamin. Poder-se-ia dizer que, para ele, o cinema era uma técnica de alienação brechtiana com uma tecnologia melhor. O filme, como ele disse, não é tanto uma obra de arte que acalma quanto uma que exercita seus espectadores "no vasto aparato cujo papel em suas vidas está se expandindo quase que diariamente". Aqui, "aparato" significa o mundo fantasmagórico do capitalismo de mercadoria urbano que tomamos como real, natural e óbvio, e que assim é aceito como uma fatalidade.

Mas tem mais. Pense em Greta Garbo, ou, se preferir, em George Clooney. Astros de cinema parecem ter uma aura, isto é, seu culto é parecido com o das estátuas gregas. Como resultado, o cinema parece ser um outro templo para a representação de rituais. Benjamin tinha uma ideia incendiária sobre o que subverte o pensamento de que Garbo e Clooney se assemelham a deuses. O ato de representar num filme, ele afirmou, é diferente de formas anteriores de representar, devido a que todo desempenho num filme é uma composição de tomadas separadas, que foram montadas não pelo ator, mas por diretor, cinegrafista, iluminador, produtor executivo, montador. Assim, o desempenho do ator é fragmentado e reeditado novamente. Como declarou o biógrafo de Benjamin:

> A natureza disjuntiva e testável do desempenho antes do aparato [isto é, a câmera, o estúdio de edição, a projeção no cinema] torna visível algo que de outra forma estaria oculto: a autoalienação do sujeito moderno e tecnologizado, a suscetibilidade à medição e ao controle. O ator põe assim o aparato a serviço do triunfo sobre o aparato, um triunfo de humanidade.[8]

Benjamin pensava que o cinema nos apresentava um espelho para enxergarmos nossa condição — nós também somos sujeitos tecnologizados, fragmentados, estudados, reificados, assim como são os desempenhos dos atores. Para ele, a nova tecnologia de reprodução mecânica significava que o desempenho do ator era "destacável da pessoa que ele espelhava". Enquanto formas anteriores de atuar, particularmente no teatro, envolviam desempenhos que não eram destacáveis, e assim tinham sobre eles uma aura, a atuação num filme era diferente. O desempenho de um ator num filme era "transportável e sujeito a um controle diferente — o dos espectadores, que o presenciavam em massa". Como resultado, podemos romper com o culto do astro de cinema refletindo sobre como seu desempenho foi montado mecanicamente. "Durante longos períodos da história, o modo de percepção sensorial humana muda juntamente com todo o modo de existência da humanidade", escreveu Benjamin, e sua esperança era de que, uma vez que o modo de nossa percepção sensorial muda graças à inovação tecnológica, a partir da percepção aumentada que o cinema proporciona poderíamos ver que nos tornamos coisas.

O utopismo tecnológico de Benjamin é atraente, e pode-se compreender suas esperanças nele estando sob o fascismo, mas também se poderia afirmar o contrário: em vez de tornar visível a autoalienação, o cinema pode apagá-la. Em vez de anular a acessibilidade [à aura], o cinema pode aumentar a distância suscitada pela aura. A tecnologia pode, mas não precisa, nos ajudar a perceber nossa alienação. E o treinamento que Benjamin recomendava para aprimorar os novos poderes sensoriais que o cinema nos oferece foi adotado por muito poucos. O que parece que ele estava sugerindo aqui era uma espécie de decodificação aberrante. Mas a esperança de poder fazer essa decodificação envolve um papel ativo, informado e politizado do público do cinema que, constatando em retrospecto, não existia, e é incrivelmente raro. O cinema, sem dúvida nas mãos da indústria cultural de Hollywood que Adorno e Horkheimer arrasariam em *Dialética do Esclarecimento*, tem sido um instrumento ideológico para a dominação das massas, em vez de lhes revelar sua difícil situação sob o capitalismo de monopólio. O que Benjamin esperava que fosse um aumento de consciência tem sido, muito frequentemente, apenas um embotamento do cérebro.

"A reprodução mecânica emancipa a obra de arte de sua dependência parasitária do ritual", escreveu Benjamin. Mais uma vez, poder-se-ia afirmar justamente o contrário: que ela estreita as ligações com uma tecnologia mais sofisticada. Nossos astros de cinema são objetos de uma veneração que assume caráter de culto. O devoto italiano de Walter Benjamin, Roberto Calasso, escreveu em *La rovina de Kasch* [A ruína de Kasch] que "todo astro de cinema é uma constelação, incorporada ao céu após ter sido devorada pelos deuses".[9] O astro de cinema é, assim, tanto um deus como um sacrifício aos deuses. Mais exatamente, podemos dizer que o astro de cinema só se torna um deus depois de ser sacrificado. E o que vale para astros de cinema vale para todas as celebridades: a indústria cultural produz deuses e vítimas de sacrifício por meio da mesma tecnologia; na verdade, ela apaga a distinção entre eles.

Walter Benjamin tinha um ponto cego no que concerne à música. Se não tivesse, poderia ter escrito sobre jazz com o mesmo espírito utópico com que escreveu sobre o cinema. Poder-se-ia projetar seu otimismo com o potencial revolucionário do cinema no jazz, que, como o cinema, mas ainda mais, liquida com a tradição, fratura e altera telescopicamente nossas percepções mais sóbrias e tem um potencial político subversivo, desafiando a ortodoxia da classe dominante e subvertendo a cultura afirmativa. Se a câmera nos introduz numa inconsciência óptica, assim talvez o jazz nos introduza numa inconsciência aural.

Adorno afirmou que o jazz faz o contrário de todas essas coisas. Para ele, o gênero não tinha potencial revolucionário. O que ele tenta fazer no ensaio "Sobre o jazz" é rasgar a máscara desse tipo de música para revelar o que há debaixo dela. O jazz acrescenta improvisação e sincopação ao estilo padronizado de música popular para encobrir seu caráter próprio de mercadoria. O que os amantes do jazz prezam no jazz, então, é a folha de figueira que oculta o que ele é: uma mercadoria para as massas. "O jazz quer aumentar sua comercialidade e esconder seu próprio caráter de mercadoria, o qual, em sintonia com uma das contradições fundamentais do sistema, seria prejudicial a seu sucesso, se ele se apresentasse no mercado sem disfarce."[10] Essa imputação de cinismo parece ser risivelmente injusta. Será que Miles Davis realmente ocultava o caráter de mercadoria de sua música? Os solos improvisados de saxofone de John Coltrane eram expressões disfarçadas da ortodoxia da classe dominante? Se tivesse de perguntar, como disse uma vez Louis Armstrong, você nunca ia saber. Onde se poderia ver no jazz um lugar de resistência — particularmente resistência afro-americana — à indústria cultural, ao aparato ideológico, à dominação branca, Adorno não via nada disso.

Mas essas objeções estão, em si mesmas, mal colocadas. Adorno não estava escrevendo sobre o jazz afro-americano (na verdade, não há indício de que o tenha ouvido antes de sua imigração para os Estados Unidos), e sim sobre o que ouvira na Alemanha. Mas mesmo antes de ouvir a música, ele revoltou-se contra o que erradamente pensou que fosse a conotação da palavra "jazz".

> Lembro-me claramente de que fiquei horrorizado quando li a palavra "jazz" pela primeira vez. É plausível que minha associação negativa tenha a ver com a palavra em alemão "Hatz" [matilha de cães de caça], que evocava sangrentos cães de caça perseguindo alguma coisa mais vagarosa.[11]

Mais tarde, quando ouvia o jazz na República de Weimar na década de 1920, sua revolta não diminuiu. O jazz que ele ouvia era, para os alemães, mais um entretenimento da classe alta do que uma forma de arte afro-americana. Era uma combinação de música de salão com marcha militar. "A primeira representa uma individualidade que na verdade não existe de todo, sendo apenas uma ilusão socialmente produzida disso; a segunda é uma agregação igualmente fictícia que se formou de nada mais que o alinhamento de átomos sob a força exercida sobre eles."

As raízes negras norte-americanas do jazz serviam, ele pensava, como fatores que fizeram o jazz ser mais atraente para suas audiências privilegiadas de europeus brancos. "A pele do negro e o prateado do saxofone tinham um efeito colorístico." Mas ele ouvia algo mais: ele ouvia, na medida em que o jazz era uma autêntica expressão afro-americana, não tanto uma revolta contra a escravidão quanto uma ressentida submissão a ela. O jazz, como Adorno o entendia, era sadomasoquista. Ele achava que era compatível com o fascismo, não só porque mobilizava marchas militares e agia por meio de seus personagens coletivos como um corretivo para o "isolamento burguês da arte autônoma", mas também porque "seus gestos rebeldes são acompanhados de uma tendência à obediência cega, muito como a do tipo sadomasoquista descrito pela psicologia analítica".

O jazz sugeria também ejaculação precoce. Suas síncopes eram, para Adorno, muito diferentes das de Beethoven. Enquanto estas envolviam "a expressão da força subjetiva que se dirigia contra a autoridade", as do jazz não levavam a lugar algum. "É claramente 'gozar cedo demais', e assim como a ansiedade leva ao orgasmo prematuro, a impotência também se expressa num orgasmo prematuro e incompleto." Mais tarde, em *Dialética do Esclarecimento*, Adorno e Horkheimer encontrariam no cinema de Hollywood um tipo semelhante de insatisfação sexual: a indústria cultural, escreveram, "não para de enganar seus clientes naquilo que promete sem parar, especialmente em termos de prazer sexual. Em filmes eróticos, por exemplo, tudo gira em torno do coito, porque este não acontece".[12] O jazz, de modo similar, parecia prometer libertação, mas só entregava uma negação ascética.

Como resultado disso, o jazz envolvia uma castração simbólica. O fraco homem moderno como representado por Harold Lloyd e Charlie Chaplin, que seguia "com demasiada fraqueza os padrões do coletivo que tinham sido estabelecidos sem problemas", encontrava sua contrapartida no jazz: o ego da variante "quente" do jazz, ele pensou, expressa sua impotência, talvez até se divirta muito com ela. Ao tocar, ouvir ou dançar um jazz quente, ele afirmou, talvez se esteja submetendo de maneira sadomasoquista a uma autoridade enquanto se finge estar fazendo o contrário — seria uma forma de autoalienação mascarada de rebelião.

A intervenção decisiva do jazz consiste no fato de que esse submisso à fraqueza tem prazer exatamente com sua própria fraqueza. […] Ao aprender a temer a autoridade social e experimentá-la como uma ameaça de castração — e imediatamente como medo da impotência —, ele se identifica exatamente com aquela autoridade da qual tem medo. [...] O poder de sedução do jazz é uma ordem: obedeça e lhe será permitido participar. E o pensamento do sonho é tão contraditório quanto a realidade na qual ele é sonhado: só serei potente quando me permitir ser castrado.

Para Adorno, então, o jazz envolvia uma perversão típica de toda a indústria cultural. Já é embrionário nesse ensaio de Adorno tudo que Marcuse escreveria sobre a dessublimação repressiva, trinta anos depois.

Quando chegou aos Estados Unidos, Adorno poderia ter se imergido no jazz norte-americano. Não há indício, no entanto, de que tenha ido aos clubes de jazz na Central Avenue de Los Angeles, coração do cenário jazzístico da Costa Oeste na década de 1940, onde poderia ouvir um jazz que estava além da filosofia cínica que lhe imputou. Poderia ter ouvido, digamos, Charlie Parker, Lionel Hampton, Eric Dolphy, Art Pepper e Charles Mingus. Não só não ouviu, como continuou a escrever jeremiadas contra o jazz, durante seu exílio nos Estados Unidos e depois dele. Seu livro *Prismas: Crítica cultural e sociedade*, de 1955, incluía um ensaio chamado "Moda intemporal: Sobre o jazz", no qual escreveu:

Considerando-se como um todo, a perene mesmice do jazz não consiste numa organização básica do material dentro do qual a imaginação pode vagar livremente e sem habitá-lo, como que numa linguagem articulada, e sim na utilização de certos truques bem definidos, fórmulas e clichês para a exclusão de tudo o mais.[13]

O iludido utopismo tecnológico do ensaio de Benjamin sobre a obra de arte na era de sua reprodutibilidade técnica tem seu oposto no ensaio de Adorno sobre o jazz. Poder-se-ia substituir a palavra "jazz" por "cinema" na citação acima e usá-la como um resumo do que Hollywood fez com as esperanças de Benjamin quanto à arte. O jazz, para Adorno, não obstante suas montagens musicais, com o choque que provoca, com sua reprodutibilidade tecnológica, era uma "fantasmagoria da modernidade" e só proporcionava uma "liberdade contrafeita". O cinema, no qual Benjamin depositara esperanças revolucionárias, indiscutivelmente tinha se tornado como que a imagem do jazz que Adorno caluniava.

Se Walter Benjamin tivesse conseguido cruzar o Atlântico e juntar-se à Escola de Frankfurt e a seu amigo Brecht no exílio nos Estados Unidos, é possível que se desiludisse de suas esperanças revolucionárias com o cinema. Poderia ter abraçado a América com o mesmo entusiasmo de Fromm. Poderia ter se tornado um herói da Nova Esquerda na década de 1960, como Marcuse. Poderia ter se inebriado com Charlie Parker, imerso no bebop. Charlie Chaplin poderia tê-lo representado num filme biográfico com roteiro do próprio Benjamin. Poderia ter sido levado ao Comitê de Atividades Antiamericanas da Câmara dos Representantes, onde passaria a perna em Richard Nixon e viveria até uma idade avançada como professor emérito em Harvard. Todas essas aprazíveis possibilidades de uma vida nos Estados Unidos que se podem imaginar para o maior dos críticos associados à Escola de Frankfurt existem apenas numa visão redentora, na qual o que foi esmagado é restaurado na inteireza. Na realidade, uma tempestade varria a Europa e Benjamin estava prestes a se tornar uma de seus milhões de vítimas.

9. Um novo mundo

Em 13 de março de 1933, a bandeira com a suástica foi içada na Prefeitura de Frankfurt. No mesmo dia, a polícia fechou o Instituto de Pesquisa Social. Apenas dois anos após a aula inaugural de Horkheimer, que estabelecera a natureza multidisciplinar da pesquisa do instituto, que se tornaria a teoria crítica, ele e seus colegas da Escola de Frankfurt foram obrigados a ir para o exílio. A fortaleza da Neue Sachlichkeit de Franz Roeckle, uma vez conhecida como Café Marx, tornou-se primeiro a sede dos escritórios da polícia do Estado, depois um prédio da universidade, usado por estudantes nacional-socialistas. Em 1944, foi destruído por bombas aliadas.[1] Comprovava-se que a pesquisa de Fromm sobre a classe operária alemã estava correta: não se podia contar com os trabalhadores alemães para resistir à ascensão de Hitler.

Por que o fascismo triunfou na Alemanha? Teorias não faltaram, e realmente a questão causaria amarga divisão na Escola de Frankfurt, como veremos mais adiante. Para Fromm, havia dois fatores fundamentais: o retrocesso econômico alemão e o sadomasoquismo. Fromm argumentava que, quando a Alemanha passou do capitalismo industrial para o capitalismo de monopólio, o caráter social da classe média baixa persistira, sobrevivendo sua função econômica. Essa classe, que foi central no capitalismo industrial do século XIX e sobre a qual Marx escrevera, deveria ter se tornado impotente econômica e politicamente — e portanto obsoleta — sob o capitalismo de monopólio. Mas isso não aconteceu na Alemanha. Mesmo que os traços característicos dessa classe, de parcimônia e cumprimento do dever, fossem incompatíveis com as formas modernas de produção capitalista, ela sobreviveu em números consideráveis na Alemanha. E a pequena burguesia alemã demonstrou ser a mais entusiasta apoiadora de Hitler, porque, como escreveu Fromm, "o desejo por autoridade é canalizado para um líder forte, enquanto outras figuras paternas específicas tornam-se objetos de rebelião".[2]

A ideia de que os que apoiavam o nazismo eram sadomasoquistas enfeitiçados por figuras paternas autoritárias era compartilhada por muitos na Escola de Frankfurt. Marcuse, em seu ensaio "O combate ao liberalismo na concepção totalitária do Estado", de 1934, alegava que ao fetichizar sangue, solo, pureza racial, pátria e o Führer, os nazistas engenhosamente instavam seus seguidores sadomasoquistas a se submeterem à pobreza e à morte por seu país, como se esse fosse o mais elevado de seus deveres. Marcuse tinha sido catalisado a escrever esse artigo por um discurso de duas horas e meia de Hitler num clube industrial em Düsseldorf, em 1932. Marcuse afirmou que o discurso destacava como o capitalismo de monopólio entrava numa nova era, uma era na qual o Estado totalitário e seu aparato ideológico proveriam uma defesa do capitalismo contra as crises a que este estava propenso, como, principalmente, durante a hiperinflação alemã na década de 1920 e os efeitos deflacionários globais da quebra de Wall Street em 1929.

Durante o discurso no salão de baile de um hotel para 650 líderes empresariais, Hitler procurou convencer sua audiência de que os nazistas não eram, como eles temiam, socialistas e anticapitalistas. Insistiu que somente ele seria capaz de defender os negócios alemães da crise do capitalismo e da ameaça socialista dos partidos da classe operária; somente ele seria capaz de libertar a Alemanha do jugo das reparações de guerra que estavam impedindo o país de se beneficiar do sucesso de sua indústria nativa. Hitler evitou fazer observações antissemitas. Disse a eles:

> Os recursos do trabalho de nosso povo, suas capacidades, isso nós já temos: ninguém pode negar que somos industriosos. Mas primeiro temos de remodelar as precondições políticas: sem isso, industriosidade e capacidade, diligência e economia, estão à beira de se tornarem vãs; uma nação oprimida não conseguirá

usar para seu próprio bem-estar nem mesmo os frutos de sua própria economia, e terá de sacrificá-los no altar das taxas e dos tributos.[3]

Hitler manteve o encanto dessa ofensiva sugerindo que as marchas e os comícios ruidosos com os quais os nazistas poderiam ter deixado os líderes empresariais acordados durante a noite envolviam o tipo de sacrifício necessário para que a Alemanha fosse grande novamente. Ele continuou:

> Lembrem-se do que significa sacrifício quando hoje em dia muitas centenas de milhares de homens das SA [Sturmabteilung, ou Tropas de Assalto] e da SS [Schutzstaffel, ou Tropa de Proteção] do movimento nacional-socialista têm de subir todos os dias nos caminhões, proteger comícios, realizar marchas, sacrificando-se noite após noite e depois voltar, na madrugada cinzenta, a suas oficinas e fábricas, ou, se desempregados, para receber uma migalha do seguro-desemprego: sacrifício significa que, do pouco que têm, eles precisam ainda comprar seus uniformes, suas camisas, seus distintivos, sim, e até pagar por seu transporte. Acreditem em mim, já existe nisso tudo a força de um ideal — um grande ideal!

O discurso terminou com um longo e tumultuoso aplauso — Hitler tinha convencido muitos dos presentes que ele era bom para os negócios.

Aqui, então, nas palavras de Hitler, havia o tipo de sadomasoquismo no qual a Escola de Frankfurt achava que o nazismo estava envolvido — uma perversão que seria útil para ajudar o capitalismo a funcionar melhor. "Essa ideologia", escreveu Marcuse, "expõe o statu quo, mas com uma radical transfiguração de valores: a infelicidade é transformada em graça, a miséria em bênção, a pobreza em destino."[4] Felizmente para Hitler, os nazistas, cumpridores de deveres e avessos ao prazer, eram bem adequados a se ajoelhar a essa transfiguração de valores.

Para Marcuse, o fascismo não era uma ruptura com o passado, mas a continuação de uma tendência dentro do liberalismo que apoiava o sistema econômico capitalista. Esta era a ortodoxia da Escola de Frankfurt: o fascismo não era a abolição do capitalismo e sim um meio de assegurar sua continuada existência. Horkheimer escreveu uma vez que "quem não quiser falar do capitalismo deve silenciar também quanto ao fascismo".[5] Talvez fosse preciso ser alemão para curvar-se a essa injunção. O que chocava havia muito tempo alguns dos leitores da Escola de Frankfurt era o aparente descaso com que ela se abstraía do fascismo hitlerista, do comunismo stalinista e dos Estados Unidos de Roosevelt. Mas o que era mais importante para a Escola de Frankfurt em 1933, no que concerne ao fascismo hitlerista, não era tanto como ele flertava com os grandes homens de negócios, mas como tornava impossível a vida para intelectuais marxistas judeus. Adorno, por exemplo, recebeu uma desconfortável lição quanto à impossibilidade de ser um intelectual judeu alemão na década de 1930 quando o presidente da Câmara de Literatura do Reich, à qual ele tinha de pertencer para poder ensinar alunos não arianos, rejeitou sua solicitação de adesão em 1933 com base em que essa era uma condição "estrita a membros confiáveis do *Volk* [povo]", o que queria dizer "pessoas que pertencem à nação alemã por laços profundos de caráter e de sangue. Como um não ariano, o senhor é incapaz de sentir e apreciar essa obrigação".[6]

Adorno, assim como Horkheimer e Pollock, teve sua casa revistada por paramilitares nazistas. Ele temia estar sendo espionado. Em 9 de setembro de 1933, escreveu de Frankfurt a seu amigo Alban Berg — o grande compositor e seu ex-professor — que não tinha podido dar as aulas planejadas para o semestre anterior na Universidade de Frankfurt;[7] nem, era o que temia, poderia fazer isso novamente. Seus temores eram justificados: dois dias depois, em seu aniversário de trinta anos, em 11 de setembro, os nazistas retiraram sua licença para ensinar. A vida na Alemanha estava se tornando impossível, e assim ele, como seus colegas da Escola de Frankfurt, foi obrigado a deixar o país.

É difícil explicar o sofrimento desses homens, e não só por causa do exílio, mas pelo sofrimento particular de serem erradicados da cultura intelectual alemã e jogados num contexto onde poucos falavam alemão e poucos compartilhavam sua herança filosófica ou se importavam com sua obra. Adorno fugiu primeiro para Oxford, onde passaria quatro anos, de 1934 a 1938, como estudante avançado no Merton College — um rebaixamento em relação à sua posição de professor conferencista em Frankfurt. Houve atentados piores à sua autoestima: em Merton, ele foi obrigado a jantar comunitariamente. Isso foi "como ter voltado para a escola", ele escreveu, acrescentando, com perdoável exagero, "em resumo, uma extensão do Terceiro Reich".[8] Foi lá que ele compôs música, escreveu seu brilhante ensaio sobre o compositor favorito de Hitler, "À procura de Wagner", e fez sua crítica ao sistema epistemológico de Husserl, sem receber um só convite para falar nos clubes intelectuais de Oxford.[9] Durante esses anos ele foi um outsider, um estranho cuja obra não era apreciada. A. J. Ayer, o expoente britânico do positivismo lógico vienense em Oxford, e por isso não simpatizante do pensamento dialético de Adorno, relembrou em sua autobiografia que ninguém em Oxford o levava a sério, e que todos o consideravam um dândi.[10] Desenraizado, solitário, lutando para tornar sua filosofia compreensível numa língua que ainda estava aprendendo, Adorno buscava socorro em viagens ocasionais para visitar Gretel Karplus, com quem se casaria em 1937, e Walter Benjamin, que se estabelecera em Paris.

É possível, talvez, que Adorno também tenha se consolado com o fato de que outro grande filósofo judeu de língua alemã, Ludwig Wittgenstein, achara a academia inglesa fora do alcance de sua profundidade. Em 1929, após defender sua tese diante de Bertrand Russell e G. E. Moore, que o levou a se tornar membro do Trinity College, em Cambridge, Wittgenstein bateu nos ombros de seus dois examinadores e disse: "Não se preocupem, sei que vocês nunca vão compreendê-la".[11] Adorno não se encontrou com Wittgenstein durante seus anos no exílio inglês. Uma grande pena, pois tinham muita coisa em comum: suas sensibilidades filosóficas negativas, sua iconoclastia cultural e seu pessimismo. Além disso, considerando o temperamento de Wittgenstein e a língua ferina de Adorno, a falta de interesse do primeiro no método dialético e o desprezo do segundo pelo que ele tomava como filosofia positivista inglesa, o que resultaria de qualquer encontro entre os dois provavelmente não seria agradável. Wittgenstein fora acusado de ter atacado Karl Popper com um atiçador durante um encontro dos dois no Clube de Ciências Morais de Cambridge,[12] e qualquer um pode adivinhar o que ele faria com Adorno.

Horkheimer fugiu primeiro para Genebra. Com a ajuda de Friedrich Pollock, ele se preparou para deixar a Alemanha logo após os primeiros nazistas terem assumido seus assentos no Reichstag, primeiramente transferindo seus ativos para a Holanda e depois estabelecendo na cidade suíça uma sucursal chamada Société Internationale de Recherches Sociales, bem como centros de pesquisa em Paris, Londres e Nova York. Foi para Genebra que Horkheimer, Löwenthal, Fromm e Marcuse se mudaram em 1933, a fim de lá continuarem seu trabalho. Mas ficou claro que só poderia ser um lar temporário — apenas Horkheimer tinha permissão de residência na Suíça, enquanto seus colegas tinham de ficar renovando seus vistos de turista. A Escola de Frankfurt considerava Paris ou Londres como possíveis sedes permanentes, mas Horkheimer não acreditava que uma ou outra fosse um abrigo seguro contra o fascismo.

Nova York parecia ser um refúgio mais promissor. Durante 1933 e 1934, Erich Fromm e Julian Gumperz, sociólogo nascido nos Estados Unidos que tinha estudado na Alemanha e se tornado colega de Pollock e Horkheimer, negociaram com a Universidade Columbia a possibilidade de acomodar os exilados da Escola de Frankfurt em Nova York.[13] O reitor Nicholas Murray Butler, assim como os sociólogos Robert S. Lund e Robert MacIver, ficou impressionado com os projetos de pesquisa do instituto e concordou em emprestar escritórios no número 429 da rua 117 Oeste, perto do campus da Columbia. Horkheimer e seus colegas mudaram-se para lá no final de 1934.

Mas com isso não estaria uma universidade norte-americana abrindo as portas para a ameaça vermelha? Não estaria Columbia se prestando a suprir a criação de uma nova filial da franquia Café Marx? Não seria o Instituto Internacional de Pesquisa Social (como era chamada a Escola de Frankfurt em Nova York) um invasivo dispositivo criptomarxista que se tinha infiltrado com sucesso numa influente universidade com nefandos propósitos comunistas, ocultando sua verdadeira identidade para evitar um escrutínio político e, bem possivelmente, a expulsão dos Estados Unidos? Todas essas perguntas podem ser respondidas de modo afirmativo se acreditarmos na teoria ensaiada pelo sociólogo norte-americano Lewis Feuer em 1980, a qual assinalava que Horkheimer e seus colegas se comprazian em criticar a cultura e a sociedade burguesas, mas suspeitosamente silenciavam quanto aos excessos stalinistas, como as liquidações [de supostos adversários], os julgamentos encenados e os gulags.[14] Talvez, inferia Feuer, o silêncio deles no que tangia à União Soviética de Stálin tivesse a eloquência de muitos volumes — e os eruditos de Frankfurt seriam na realidade um bando de comunistas infiltrados.

Horkheimer e Pollock, no entanto, dificilmente seriam tão geniais na arte de ludibriar intelectuais quanto o megaespião bolchevique do Comintern, Willi Münzenberg, que teve como alvo intelectuais de esquerda liberais (incluindo Ernest Hemingway, Lillian Hellman, André Malraux e André Gide) para que conduzissem organizações de fachada comunistas, e tentou seduzi-los a apoiar várias causas da União Soviética.[15] A insinuação de Feuer de que os negociadores da Universidade Columbia com a Escola de Frankfurt eram trouxas é implausível. A escola, naquele momento de sua evolução, não tinha filiação partidária, menos ainda solidariedade com a União Soviética. Seu tipo de neomarxismo multidisciplinar era uma heresia para o Kremlin, e, a menos que seu desenvolvimento da teoria crítica fosse uma elaborada cortina de fumaça, era improvável que seus pensadores agissem como soldados de infantaria para Stálin.

O que a Escola de Frankfurt realmente tinha, no entanto, era um comprometimento de longo prazo com a linguagem esopiana, isto é, palavras ou frases que transmitiam um significado inocente para os que estavam de fora, mas uma mensagem oculta para os que sabiam das coisas. É bem possível que tenha sido esse comprometimento que induziu Feuer a acreditar que os eruditos de Frankfurt eram um bando de vermelhos que se tinham infiltrado na academia de Nova York. Em 1923, por exemplo, os fundadores do Instituto de Pesquisa Social tinham abandonado a ideia de se chamarem Institut für Marxismus (Instituto de Marxismo) porque seria demasiada provocação, e então optaram, como diz Martin Jay, por uma alternativa mais esopiana.[16] Durante a década de 1930, muitos membros da Escola de Frankfurt sentiram-se compelidos a usar pseudônimos para poder escrever sem serem perseguidos pelos nazistas, ou, pelo menos, a se expressar com uma agressividade não compatível com suas identidades eruditas. Assim, Horkheimer publicou como Heinrich Regius, Adorno como Hektor Rottweiler, e Benjamin como Detlef Holz. Em seu exílio nos Estados Unidos, Horkheimer assegurou-se de que os eruditos de Frankfurt ficassem alheios à sociedade na qual viviam. A decisão de publicar em alemão evitou que a escola tivesse muita influência sobre um país preponderantemente monoglota em inglês. Essas decisões com certeza impediram a integração da Escola de Frankfurt na sociedade norte-americana, mas também lhe deram o tipo de independência intelectual que ela buscava desde suas origens. E ainda, deve-se dizer, contribuiu para isso o fato de que ela tinha uma fonte de recursos independente (embora essa fonte tenha sido drasticamente reduzida devido a especulações financeiras nos Estados Unidos).

Durante o exílio nos Estados Unidos, Horkheimer também foi escrupuloso ao assegurar que a revista do Instituto de Pesquisa Social, a *Zeitschrift für Sozialforschung*, sempre que possível, empregasse eufemismos para palavras que pudessem ser lidas como uma demonstração das simpatias políticas do instituto, resultando num assédio político por parte de seus anfitriões norte-americanos.[17] Quando a *Zeitschrift* publicou em 1936 o artigo de Walter Benjamin "A obra de arte na era de sua reprodutibilidade técnica", por exemplo, mudou suas sentenças finais, sem o que poderiam ser lidas como um chamado aos artistas que apoiavam o comunismo para que resistissem ao fascismo em suas obras. Benjamin tinha escrito: "Esta é a situação em que o fascismo torna-se estético. O comunismo responde politizando a arte". Na versão da *Zeitschrift*, contudo, substituiu-se "fascismo" por "doutrina totalitária", e "comunismo" por "forças construtivas do gênero humano". Assim, até mesmo norte-americanos de direita, se conseguissem penetrar o alemão no qual o ensaio de Benjamin fora publicado, poderiam estar certos de que ele não estava louvando o papel político da arte comunista, mas sim o de toda arte não fascista. Isso pode ser lido como uma grotesca deturpação de Benjamin — e era —, mas tinha o objetivo pragmático de ajudar a Escola de Frankfurt, durante a década de 1930, a evitar ser perseguida por norte-americanos anticomunistas. Se esse pragmatismo era justificado, isso é outra questão. Ainda não era a época da caça às bruxas do macarthismo aos suspeitos de serem comunistas, mas Horkheimer não queria assumir quaisquer riscos. Esse imperativo pragmático tornou-se mais importante quando, como resultado das dificuldades financeiras que o instituto sofreu após desastrosas especulações no mercado de ações e de propriedades dos Estados Unidos, Horkheimer e seus colegas saíram em busca de contratos, e por isso precisavam se promover como eruditos sensatos e não escudeiros criptostalinistas.

O que está claro é que esses exilados judeus alemães não estavam à vontade. Considerando o que tinham acabado de vivenciar no velho mundo, talvez seu constrangimento quanto a ostentar demasiadamente suas identidades no novo mundo fosse compreensível. É impactante, por exemplo, que quando Adorno, após quatro anos em Oxford, juntou-se a seus colegas em Nova York, ele tenha removido Wiesengrund de seu sobrenome, por sugestão de Pollock, porque havia na lista do instituto um número grande demais de intelectuais com nomes que soavam judaicos. Se isso parece ridículo — afinal, os Estados Unidos eram um país que tinha recebido judeus que, não fosse isso, teriam sido assassinados na Alemanha nazista —, considere-se a observação de Leo Löwenthal: ele disse a Martin Jay que muitos na Escola de Frankfurt achavam que os alemães eram menos antissemitas do que os norte-americanos que tinham conhecido em seus anos de exílio.[18]

É uma observação que deve ser recebida com algum ceticismo, pois qualquer que tenha sido o antissemitismo experimentado por esses exilados judeus nos Estados Unidos, ele não envolvia revistas em casa por paramilitares, licenças de magistério revogadas e a ameaça iminente de campos de extermínio. Na verdade, eles foram bem recebidos em Nova York, onde lhes foi dada oportunidade para pensar, escrever, publicar e pesquisar como quisessem. É significativo que quando Adorno transmitiu suas primeiras impressões do novo lar, ele salientou quão familiar lhe parecia o lugar. Assim escreveu a Benjamin depois de chegar de navio a Nova York com sua mulher Gretel:

> Como nós dois esperávamos, não estamos achando difícil nos adaptar às condições de vida aqui. São *sérieusement* muito mais europeias do que em Londres, e a Sétima Avenida, que fica perto de nós, é, pacificamente, tão reminiscente do bulevar Montparnasse quanto Greenwich Village.[19]

É verdade que nessa passagem ele estava tentando convencer Benjamin, o irredimível francófilo, a migrar para Nova York, acentuando as similaridades com as vizinhanças parisienses do 15º Arrondissement, onde morava então Benjamin. Mas também estava fazendo a cidade parecer menos estranha e mais simpática.

Comparem-se as primeiras impressões de Adorno com as de sua mulher, numa carta para Benjamin da mesma época:

> O que mais me espanta é o fato de que as coisas aqui não são de modo algum tão novas e avançadas quanto se poderia pensar; pelo contrário: pode-se observar aonde quer que se vá o contraste entre as coisas mais modernas e as mais desgastadas. Aqui não é preciso procurar o surreal, pois deparamos com ele a cada passo.[20]

Com isso, Gretel estava lançando a ideia estereotipada e tipicamente europeia da América como terra de interminável novidade, mas tocada pela sensação (não necessariamente desagradável) de estranheza que seu marido não era capaz de (ou não queria) sentir. Adorno, e na verdade o restante da Escola de Frankfurt, não se adaptou à América, mas tentou fazê-la se adaptar a eles — como veremos, eles trataram com desprezo e rejeitaram implacavelmente os aspectos da vida norte-americana dos quais instintivamente não gostavam, quase como se estivessem tentando se inocular contra a infecção de uma forma de vida inferior.

Mas a velha iconoclastia da Escola de Frankfurt em relação ao mundo não ficou sem um desafio em Nova York. Pouco depois de se instalarem no campus da Universidade Columbia em Morningside Heights, com vista para o Harlem, Horkheimer e seus colegas viram o fundamento da teoria crítica ser desafiado por um grupo chamado Intelectuais de Nova York. Esses intelectuais divergiam de dois dos artigos de fé da Escola de Frankfurt, a saber: que o método dialético era essencial no suposto instrumental conceitual do marxismo, e que aqueles que não fossem suficientemente dialéticos estavam fadados a sustentar o statu quo. Em dois encontros tensos em 1936 e 1937, Horkheimer e seus colegas foram confrontados por outro grupo de (em sua maior parte) pensadores judeus marxistas que achavam que o método dialético explicava pouca coisa, e que a distinção hegeliana entre *Vernunft* e *Verstand* era ofuscação metafísica.[21] Os Intelectuais de Nova York eram liderados por Sidney Hook, um homem ferozmente argumentador, herético do marxismo e devoto do pragmatismo norte-americano, apelidado de "Pitbull de John Dewey". A ele se juntaram o historiador de arte trotskista Meyer Schapiro e os filósofos Ernest Nagel e Otto Neurath, dois homens que, ao menos intelectualmente, representavam muito do que a Escola de Frankfurt desprezava, o positivismo lógico.

Neurath, em particular, vale a pena ser mencionado porque, tanto no molde matemático de sua filosofia quanto na aplicação de seu pensamento lógico, comprometida com os problemas do mundo real, era muito avesso ao tipo de filosofia de salão e especulativa da Escola de Frankfurt. Ele era um membro exilado do Círculo de Viena de positivistas lógicos, além de economista e sociólogo. Antes de sua morte prematura aos 63 anos, em 1945, Neurath estabeleceria o Isotype Institute, em Oxford, dedicado a seu método simbólico de representar informação quantitativa, que ele implementaria para ajudar no planejamento de eliminação de favelas de West Midlands. Com todo o devido respeito a essa disciplina, a filosofia, esse foi um dos raros momentos no qual os talentos do pensamento lógico ajudaram a melhorar as condições de vida de quem sofre sob o capitalismo. Se o Instituto Isotype de Neurath foi *Verstand* em sua ação, então isso talvez possa ser interpretado como uma útil contestação à insistência de Horkheimer e Marcuse na ideia de que a lógica formal era um instrumento de opressão.

Mas o que era mais impactante no que concerne aos encontros entre as duas escolas não foi tanto o conflito entre Frankfurt e Viena, entre o método dialético e o positivismo lógico, mas sim o choque entre duas heresias marxistas — ambas desdenhadas como perversões do verdadeiro credo pelo Comintern. Horkheimer e Hook eram marxistas, talvez, mas não como Stálin entendia o termo.

Hook é uma figura intrigante, que na década de 1920 tinha estudado com Karl Korsch em Berlim e no Instituto Marx-Engels, em Moscou, mas em 1985 mudou sua visão política tão notoriamente — tendo em vista Stálin, a Guerra Fria e o Vietnã — que foi capaz de aceitar a Medalha Presidencial da Liberdade, concedida pelo então presidente dos Estados Unidos, Ronald Reagan. Em meados da década de 1930, Hook tinha rompido com o Comintern e, quando estudava com o filósofo norte-americano John Dewey, em Columbia, desenvolveu uma síntese intelectual do marxismo com o pragmatismo. Essa síntese originou-se dos mesmos motivos que fizeram Horkheimer reconfigurar o marxismo e desenvolver a teoria crítica interdisciplinar: a revolução não tinha acontecido, e era imperativo descobrir por quê. Tanto a Escola de Frankfurt quanto os Intelectuais de Nova York liderados por Hook opunham-se à crença ortodoxa marxista no determinismo histórico. Hook achava que o pragmatismo oferecia um marxismo intelectualmente respeitável que dispensava o determinismo e se encaixava melhor nas sensibilidades norte-americanas.

O professor Ned Rescher, no *Oxford Companion to Philosophy*, descreve a ideia característica do pragmatismo como sendo uma "eficácia na aplicação prática — 'aquilo que na prática é mais efetivo' — que de algum modo oferece um padrão para se determinar a verdade no caso de uma declaração, a retidão no caso de ações e o [verdadeiro] valor no caso de avaliações".[22] O pragmatismo não é, como a Escola de Frankfurt acusava o positivismo e o empirismo de serem, uma ciência livre de juízos de valor — fato que Marcuse reconheceu em 1941 em sua resenha do livro *Teoria da valoração*, de Dewey.[23] Na verdade, o valor está embutido na insistência do pragmatismo na eficácia da aplicação prática. Como filosofia, o pragmatismo tem uma longa tradição nos Estados Unidos, e é tentador sugerir que seu viés muito prático fez com que fosse, por questão de temperamento, atraente para o autoconfiante norte-americano, certamente se a alternativa fosse a proverbial obscuridade do idealismo alemão.

Porém, e isso é incômodo, as coisas não são tão simples. Na verdade, o pragmatismo, como teorizado por Dewey, inspirou-se no idealismo alemão, particularmente em Hegel. Dewey ficou atraído pelo conceito de Hegel de uma mente ativa capaz de construir a realidade, noção que influenciara os transcendentalistas norte-americanos no século XIX. Como vimos antes, o conceito hegeliano de autorrealização — que Marx tinha reformulado em termos materiais, de modo que, para ele, ser livre era dar-se conta da própria identidade, trabalhando sem ser explorado — era contradito pela Escola de Frankfurt. E Dewey ainda tomou esse legado hegeliano e, pragmaticamente, aplicou-o à ciência: a ciência vista como uma ferramenta para ajudar os humanos a concretizarem seu potencial e assim criar utopias. Embora Dewey não fosse marxista (Hook o descreveria em sua autobiografia como um "liberal honesto"), essa guinada pragmática que a ciência poderia atingir, se fosse equipada para tal, era atraente para Hook. Isso era compatível com sua visão de Marx como cientista-ativista e o deixava cético quanto ao marxismo hegeliano da Escola de Frankfurt. Ele suspeitava que isso efetivamente devolvia a filosofia alemã ao conservadorismo, autoritarismo e obscurantismo, e alegava que seu marxismo pragmático evitava essas armadilhas elitistas. Como afirma Thomas Wheatland em sua história sobre os anos de exílio da Escola de Frankfurt, tanto Hook quanto Dewey foram influenciados pelas ideias igualitárias do grande filósofo do pragmatismo C. S. Peirce, uma lufada de ar fresco e democrático na ciência e na filosofia. Wheatland escreve sobre a visão de Peirce sobre o empreendimento intelectual:

> Qualquer pessoa, assim como qualquer cientista, seria capaz de gerar ideias novas e criativas sobre o mundo, que poderiam ser testadas e avaliadas de acordo com a experiência prática. Conhecimento e razão poderiam então ser refinados à medida que as descobertas fossem compartilhadas por essa comunidade científica e começasse a se formar um consenso.[24]

Hook achava que o marxismo poderia ser revivido mediante um viés pragmático similar — chegar livremente a um consenso poderia deslanchar uma ação coletiva que teria um curso democrático. A visão pragmática de uma irreprimida ação coletiva e democrática orientada por consenso não foi tão atraente para Horkheimer ou para o restante da primeira geração da Escola de Frankfurt, mas se mostraria inspiradora para a segunda geração, particularmente Jürgen Habermas, cujo desenvolvimento da noção de ação comunicativa baseou-se em considerável medida em suas leituras de pragmatistas norte--americanos, especialmente George Herbert Mead.

Essa defesa da ciência como ferramenta para a libertação e não como instrumento de opressão era avessa a Horkheimer e ao resto da Escola de Frankfurt. Para eles, Hook não era dialético o bastante. Hook replicava essas acusações perguntando com sarcasmo a Horkheimer e Marcuse que doutrinas seriam dialeticamente verdadeiras mas cientificamente falsas, ou cientificamente verdadeiras mas dialeticamente falsas. Para Hook, a perspectiva distópica da Escola de Frankfurt quanto à ciência era injustificável. Não temos as réplicas dos eruditos da Escola de Frankfurt ao desdenhoso desafio de Hook, mas o que sabemos é que, mesmo após essas conversas com os Intelectuais de Nova York, Horkheimer continuou a abominar o pragmatismo. Ele o tinha como uma forma de positivismo que, assim como o empirismo, facilitava a vida do capitalismo, em vez de criticá-lo como fazia a teoria crítica hegelianizada que ele estava desenvolvendo. Numa carta de 1943 a Pollock, ele escreveu que "pragmatismo e empirismo e a falta de uma filosofia autêntica são alguns dos principais motivos responsáveis pela crise que a civilização teria de enfrentar mesmo se a guerra não tivesse acontecido".[25] Os Estados Unidos estavam estorvados, pensou Horkheimer, por lhes faltar uma herança filosófica dialética, por sua carência de um pensamento crítico.

Hook, por sua vez, continuou pensando que a Escola de Frankfurt estava estorvada por seu comprometimento com um inútil pensamento dialético que não levava a resultados práticos.

Adorno não participou desses debates carregados entre a Escola de Frankfurt e os Intelectuais de Nova York. Naquele momento ele ainda estava em Oxford, só chegando a Nova York em 1938. Mas assim que chegou, seu primeiro trabalho para o instituto envolveu um embate com o novo mundo que foi ainda mais traumático do que aquele que Horkheimer mantivera com o "Pitbull de John Dewey". Foi um confronto que serviria para aprofundar sua iconoclastia do velho mundo e seu ceticismo a respeito da cultura de massa norte-americana, e levaria a muitas das devastadoras críticas do que ele e Horkheimer chamariam de indústria cultural em *Dialética do Esclarecimento*.

A primeira tarefa de Adorno nos Estados Unidos começou em 1938, quando ele se juntou ao Projeto de Pesquisa do Rádio em Princeton. Era um projeto que visava estudar os efeitos que as novas formas de comunicação de massa poderiam trazer à sociedade norte-americana, e foi viabilizado por uma subvenção da Fundação Rockefeller à Universidade Princeton. Foi liderado pelo sociólogo vienense exilado Paul Lazarsfeld, que anos antes trabalhara como pesquisador associado do instituto em seus estudos sobre autoridade e família.[26] Antes de Adorno se envolver no projeto, os pesquisadores de Lazarsfeld tinham estudado os efeitos sociais da famosa adaptação radiofônica de Orson Welles da *Guerra dos mundos*, de H. G. Wells, que tinha sido transmitida pela Rádio CBS para 6 milhões de ouvintes no Halloween de 1938. A transmissão foi tomada por muitos ouvintes como um indício de que estava acontecendo naquele momento uma invasão marciana, e, assim diz a lenda, espalhou-se o pânico por todo o país. Mas enquanto a transmissão de Welles é frequentemente citada como um exemplo do poder das novas formas de comunicação de massa e da credulidade do público, serve também para demonstrar como os consumidores dos meios de comunicação de massa decodificam de modo aberrante suas mensagens. De fato, segundo o texto dos pesquisadores de Lazarsfeld, *Invasion from Mars: A Study in the Psychology of Panic* [Invasão de Marte: Um estudo da psicologia do pânico], uma quarta parte dos que ouviram o programa não percebeu que se tratava de um drama encenado (mesmo tendo sido a transmissão antecipada por um aviso que comunicava aos ouvintes que era na verdade uma adaptação dramatizada), e a maioria deles relatou não ter pensado que era uma invasão de Marte, mas um ataque da Alemanha — crença ilusória possivelmente explicada pela Crise de Munique de 1938, com a anexação de partes da Tchecoslováquia por Hitler, que acontecera no mês anterior.[27]

Adorno foi contratado por Lazarsfeld como diretor musical do projeto, porque era tido como dono de uma mente estimulante e porque sua expertise musicológica poderia ser útil. Mas uma vez dentro do prédio de uma cervejaria desativada em Newark, Nova Jersey, onde se instalou a sede do projeto, Adorno estava num ambiente intelectual estranho, que envolvia uma pesquisa empírica, algo que nunca tinha feito antes, e usando uma estrutura analítica da qual desconfiava. Ele duvidava que medir as reações do público, de gostar ou não gostar do material de um programa, levaria ao cerne da questão de por que ouviam determinadas transmissões. Ele escreveu a Lazarsfeld:

> Você pode medir em termos percentuais quantos ouvintes gostam de música erudita, quantos gostam do estilo clássico e quantos do romântico, quantos pre-

ferem o verismo da ópera e assim por diante. Mas se você quiser incluir os *motivos* que eles apresentam para suas preferências, o mais provável é que se descubra que isso é impossível de ser quantificado.[28]

Adorno estava especialmente escandalizado com um dispositivo chamado "analisador de programa", que Lazarsfeld tinha desenvolvido junto com o psicólogo Frank Stanton. Era uma espécie de precursor do audiômetro da Nielsen usado atualmente pelas redes de tv e rádio. Esperava-se que os ouvintes estudados pelo projeto registrassem do que gostavam e do que não gostavam apertando um botão. "Eu refleti que cultura era simplesmente a condição que excluía uma mentalidade que tentasse medi-la", relembrou Adorno.[29] Ainda bem, poderíamos pensar, que ele não viveu para ver como os usuários do Facebook são estimulados a curtir coisas — seja uma foto de um bolo de alguém ou uma sinfonia de Beethoven —, com isso submetendo tudo à mesma escala de avaliação de julgamento.

O distanciamento de Adorno em relação ao projeto originou-se em parte de sua insistência em fazer perguntas interpretativas além das enviadas para o estudo empírico. Mais ainda, ele rejeitava a ideia de que um trabalho sociológico fosse usado para finalidades comerciais, neste caso fornecendo dados que ajudariam os produtores dos programas a decidir que tipo de programa alcançaria os maiores índices de audiência. Essa espécie de espírito capitalista era inimiga da sensibilidade de inflexão marxista de Adorno. Em vez disso, ele escreveu quatro estudos para o projeto que destacavam o quanto estava distante da concepção de Lazarsfeld do que era a pesquisa social e de como a sociologia poderia funcionar a serviço dos negócios. Em seu longo ensaio "A música no rádio", por exemplo, Adorno desenvolveu um conceito que chamou de fetichização da música. Escreveu:

> Com o termo "fetichização da música" queremos dizer que, em vez de qualquer relação direta entre o ouvinte e a própria música, existe apenas uma relação entre o ouvinte e algum tipo de valor social ou econômico que foi atribuído ou à música ou a seus intérpretes.[30]

Em resumo, a música tornara-se uma mercadoria e/ou um meio de estimular a aquisição de outras mercadorias.

Lazarsfeld, quando leu o trabalho de 160 páginas, anotou furiosamente nas margens comentários como "idiotice", "nunca se sabe do que ele está falando" e — em palavras que encontrariam ressonância em Sidney Hook — "a dialética como um pretexto para não ter de pensar de modo disciplinado". Lazarsfeld também escreveu diretamente para Adorno, condenando seu ensaio:

> Você se orgulha de atacar outras pessoas por serem neuróticas e fetichistas, mas não lhe ocorre quão vulnerável você é a esses ataques. [...] Você não acha que é um perfeito fetichismo a maneira como você emprega palavras latinas ao longo de todo o seu texto?[31]

Assim mesmo Adorno continuou a escrever para o projeto de Lazarsfeld, desenvolvendo suas ideias sobre música como fetichismo e sobre o ato de ouvir música pelo rádio ser uma pseudoatividade, antes de abandonar o projeto em 1941. Ele considerava o rádio comercial norte-americano semelhante ao rádio totalitário que tinha ouvido na Alemanha nazista, ao qual, ele refletia, tinha sido atribuída a missão de "prover bom entretenimento e diversão" para controlar as massas. Ele chegou a acreditar que a função do rádio comercial norte-americano era distrair os ouvintes da realidade política fazendo deles consumidores passivos que "escolhiam" aquilo que lhes era oferecido.

Em seu ensaio "Plugging Study" [Estudo tampão], de 1939, Adorno sugeriu que a música era usada em jingles e padronizada em paradas de sucesso para produzir uma reação emocional naquilo que ele chamou de "vítimas": "Igual ao som do alimento que cai na tigela de comida e faz o cão vir correndo". Essa música não era mais música, e sim uma fórmula sistemática de sons que produzia seu efeito no ouvinte por meio de recursos como clímax e repetição. Foi uma crítica devastadora não só de como se compunha música popular, mas da maneira como a música era usada para vender produtos.

> Uma vez tendo a fórmula obtido sucesso, a indústria fez a mesma coisa à exaustão. O resultado foi tornar a música uma espécie de cimento social cuja ação se baseia na distração, na distorcida satisfação de desejos e na intensificação da passividade.[32]

Nisso, há bons motivos para concluir que Adorno foi presciente: ele identificou muito cedo os desenvolvimentos que dominariam a televisão, os filmes, o teatro comercial, a publicação de livros e a internet nos séculos xx e xxi, e como a infindável repetição de fórmulas de sucesso, como sequelas [de filmes, séries, livros etc.] ou sugestões e recomendações on-line com base em modelos de consumo anteriores, nos mantêm numa espécie de inferno sisifiano, comprando e consumindo produtos culturais com uma diferença mínima entre eles.

Seu biógrafo Stefan Müller-Doohm sugere que, ao final de sua associação com o projeto, Adorno ficara convencido de que os mecanismos de produção estereotipada de cultura popular tinham modelado as expectativas dos consumidores com o objetivo de maximizar os lucros de seus acionistas. Havia o que ele chamou de uma harmonia preestabelecida entre a indústria cultural e suas audiências, em que estas demandam aquilo que lhes é ofertado. É verdade que essa harmonia preestabelecida ajudava o capitalismo a funcionar com mais eficiência, mas o preço era que suas vítimas, como Adorno as chamava, estavam presas numa degradante relação de dependência às mercadorias, consumindo coisas de que não precisavam, tornando-se passivas, estúpidas e — isso não era pouca coisa para o compositor alemão — cada vez mais incapazes de ouvir de maneira apropriada uma música que merecesse este nome.[33]

Este foi o primeiro presente de Adorno a seus anfitriões norte-americanos: um eviscerante ataque aos valores capitalistas e à cultura mercantilizada e customizada que para ele dominava o novo mundo no qual vivia. Ainda mais incendiária foi sua proposição de que os Estados Unidos, em suas técnicas de controle das massas, não eram diferentes da Alemanha, da qual ele tinha fugido para o exílio exatamente para evitar isso. A ideia de que havia um paralelo entre a comunicação de massa nos Estados Unidos de Roosevelt e na Alemanha de Hitler pode ter parecido escandalosa na época, e pode parecer agora, mas a Escola de Frankfurt não abandonaria essa convicção durante os anos de exílio nos Estados Unidos. Pelo contrário, eles aprofundaram essa convicção quando experimentaram mais do novo mundo.

PARTE IV

A DÉCADA DE 1940

10. O caminho para Portbou

> Meus queridos, ficamos radiantes ao ouvir de Leo Frenkel, que nos ligou ontem à noite, que vocês aterrissaram — e imigraram! — com sucesso. Nós lhes enviamos calorosas boas-vindas ao país que pode ser feio e habitado por drugstores, cachorros-quentes e carros, mas pelo menos é seguro em alguma medida neste momento![1]

Maria e Oscar chegaram aos Estados Unidos depois de terem primeiro viajado de navio de Hamburgo para Cuba. Na época, seu filho estava em Nova York, atuando como vice de Horkheimer no instituto enquanto o diretor viajava pela Costa Oeste, planejando trabalhar num projeto que analisaria a psicologia e a tipologia do antissemitismo contemporâneo. Considerando o que acontecera com os pais de Adorno, o projeto tinha ressonância pessoal. Desde 1938, os nazistas tinham intensificado sua política de forçar os judeus a emigrar, e nos dias 9 e 10 de novembro daquele ano desencadearam a Kristallnacht [Noite dos Cristais], quando lares, hospitais, sinagogas e escolas judaicos foram destruídos, centenas de judeus mortos e dezenas de milhares detidos para serem enviados como prisioneiros a campos de concentração. O aumento da violência nazista contra os judeus logo levaria ao que ficou conhecido como Solução Final. Em Frankfurt, o pai de Adorno, com quase setenta anos, foi ferido quando revistaram e depredaram seu escritório. Ele e Maria foram depois detidos e passaram várias semanas na prisão, e foi-lhe confiscado o direito de dispor de seus bens. Sofrendo o efeito de sequelas físicas e emocionais, Oscar contraiu pneumonia, e assim o casal não pôde se valer imediatamente de sua permissão para viajar de navio para Havana; quando chegaram lá, foram obrigados a esperar vários meses até poderem viajar para os Estados Unidos.

Durante esse período terrível, Adorno manteve uma correspondência de cunho encantadoramente infantil com seus pais, assinando muitas vezes "Seu velho filho Teddie", presumivelmente antes de voltar para seu trabalho sobre o caráter fetichista da música e sobre o estudo do antissemitismo. Assim ele começava um cartão-postal para a mãe: "Minha querida, leal e maravilhosa Hipopótama. [...] Que você possa continuar a viver com a mesma satisfação, a mesma segurança e a mesma e obstinada superioridade da hipopótama no verso deste cartão".[2] O verso era uma fotografia de Rose, a "hipopótama" do Zoológico de Nova York. Adorno e a mulher Gretel terminavam suas cartas para os pais dele: "Os mais calorosos beijos de seus dois cavalos, Hottilein e Rossilein", ou "Os mais calorosos beijos de seu velho Rei Hipopótamo e sua querida Girafa Gazela". Há um encanto especial em deparar com essas expressões de carinho nas cartas de Adorno, não só porque são um antídoto para as costumeiras asperezas de seus escritos de adulto, mas também porque têm origem numa afeição real — não são o que se poderia esperar, uma desesperada máscara de jovialidade em alguém que era capaz de enxergar o abismo que se abria atrás de seus pais quando eles viajavam a seu encontro. Assim ele escreveu para Horkheimer, cujos pais, Moritz e Babette, de modo semelhante, faziam o possível para fugir da Alemanha antissemita: "Parece-me como se todo o sofrimento que nos acostumamos a associar ao proletariado tivesse agora se transferido para os judeus de um modo horrivelmente concentrado".[3] Um momento decisivo para a teoria crítica — o sofrimento do proletariado, que era ostensivamente o objetivo subjacente à fundação do Instituto de Pesquisa Social — estava sendo suplantando como objeto das atenções da Escola de Frankfurt. De fato, *Dialética do Esclarecimento*, de Adorno e Horkheimer — ao qual acrescentaram o capítulo final sobre antissemitismo em 1947 —, quase não menciona o proletariado no decorrer da análise de "por que o gênero humano, em vez de alcançar uma condição verdadeiramente humana, está mergulhando num novo tipo de barbárie".[4]

A chegada de Oscar e Maria em segurança aos Estados Unidos foi um consolo para Adorno, especialmente quando a situação dos refugiados alemães tornava-se mais difícil com a eclosão da Segunda Guerra Mundial, em 1939. Na França, por exemplo, os emigrados de língua alemã que viviam em Paris foram enquadrados e confinados num estádio de futebol chamado Yves-du-Manoir, em Colombes. Walter Benjamin, que estava vivendo num exílio materialmente arriscado na capital francesa desde que fugira de Berlim em 1933, estava entre eles. Não era alemão o bastante para viver na Alemanha (os nazistas tinham destituído os judeus alemães de sua cidadania), mas era alemão o bastante para os franceses o encarcerarem por três meses num campo prisional perto de Nevers, na Borgonha. Quando retornou a seu apartamento no número 10 da Rue Dombasle, Benjamin escreveu o que acabaria se tornando seu último ensaio, as teses "Sobre o conceito de história", onde figuram as seguintes palavras:

> A tradição dos oprimidos nos ensina que o "estado de emergência" em que vivemos não é a exceção, mas a regra. Temos de nos ater a uma concepção de história que se identifique com essa visão. Então constataremos com clareza que é nossa missão provocar um verdadeiro estado de emergência, e isso vai melhorar nossa posição na luta contra o fascismo.[5]

Em 13 de junho de 1940, um dia antes de os alemães entrarem em Paris, ele e sua irmã Dora, que acabara de ser solta de um campo de internação, fugiram para Lourdes, na França não ocupada.[6] Benjamin tinha retirado do apartamento os documentos mais importantes — inclusive a versão de 1938 de *Infância em Berlim por volta de 1900*, uma versão de "A obra de arte na era de sua reprodutibilidade técnica" e sua cópia das teses "Sobre o conceito de história" — e os confiara a Georges Bataille, o escritor e bibliotecário da Bibliothèque Nationale. O restante foi confiscado do apartamento pela Gestapo, que tinha ordens para prender Benjamin.

Não havia dúvida de que ele corria grande perigo. Poucos dias antes, a República Francesa fora dissolvida e, no armistício que se seguiu entre o Terceiro Reich e o regime colaboracionista de Vichy do marechal Pétain, os refugiados da Alemanha nazista corriam o risco de serem enviados de volta ao país. Os Estados Unidos tinham concedido, por meio de seu consulado na França não ocupada, alguns vistos de emergência para salvar opositores políticos do nazismo — uma categoria de refugiados que estaria particularmente em risco se retornasse à Alemanha. Uma colega de Benjamin, a intelectual judia alemã Hannah Arendt, na época também fugindo dos nazistas e de seus lacaios franceses, escreveria mais tarde que essa categoria de refugiados "nunca incluiu a massa de judeus apolíticos que depois vieram a ser os que corriam mais perigo". Benjamin estava confuso e ambíguo quanto a aceitar um desses vistos. "Como iria viver sem uma biblioteca? Como poderia ganhar a vida sem a extensa coleção de citações e excertos que havia em seus manuscritos?", escreveu Arendt. "Além disso, nada o atraía nos Estados Unidos, onde, como ele costumava dizer, as pessoas provavelmente não achariam para ele outra utilidade que não a de carregá-lo pelo país inteiro para exibi-lo como o 'último europeu.'"[7]

Em Lourdes, uma cidade mercantil ao pé dos Pireneus que se tornara centro de peregrinação católica e de curas milagrosas desde que Bernadette Soubirous tivera lá visões da Virgem Maria em 1858, Dora e Walter sofreram. Ela estava com espondilite anquilosante e uma arteriosclerose avançada, enquanto a condição cardíaca dele tinha piorado devido à altitude e, sem dúvida, à ameaça de cair nas mãos dos nazistas. Era um temor muito justificável, podemos constatar em retrospecto: seu irmão Georg seria morto no campo de concentração de Mauthausen-Gusen em 1942. O principal consolo de Walter durante esses dois meses em Lourdes foi a leitura de *O vermelho e o negro*, de Stendhal.

Benjamin pouco sabia do trabalho que os eruditos de Frankfurt exilados em Nova York estavam fazendo para tentar levá-lo em segurança para os Estados Unidos; nem eles tinham certeza do seu paradeiro — cartas e cartões-postais deles chegaram a seu apartamento em Paris após a Gestapo o ter invadido. Mas eles estavam tentando arrumar algo para Benjamin no outro lado do Atlântico. A certa altura, graças aos esforços de Horkheimer, Benjamin se tornaria professor na Universidade de Havana, emprestado pelo Instituto de Pesquisa Social.

Após dois meses em Lourdes, Benjamin soube que o instituto tinha conseguido para ele um visto de entrada nos Estados Unidos, o qual seria emitido no consulado norte-americano em Marselha. Então foi para lá, deixando sua irmã em Lourdes, entregue a seu destino (ela depois se enfurnou numa fazenda, e no ano seguinte conseguiu chegar à neutra Suíça). Em Marselha, ele estava de volta, em terríveis circunstâncias, a uma cidade que amava, assim como

Nápoles e Moscou, por seu atrevimento coletivista e sua vibração nem um pouco alemã. No início da década de 1930, ele tinha publicado dois ensaios enaltecendo a cidade, um intitulado "Marselha"[8] e o outro "Haxixe em Marselha", uma cativante e enlouquecida descrição de um alegre rastejar por seus bares e cafés "no êxtase de um transe".[9]

Mas a Marselha que ele encontrou em agosto de 1940 era muito diferente, abarrotada de refugiados aterrorizados com a possibilidade de caírem nas garras da Gestapo, e as experiências que teve dessa vez foram qualquer coisa, menos excitantes. No consulado norte-americano, ele recebeu um visto para os Estados Unidos e vistos de trânsito para a Espanha e Portugal. Então mergulhou em depressão, considerando todo tipo de esquemas malucos para sair da Europa — um dos quais envolvia a ele e a um amigo pagando suborno para viajarem num cargueiro destinado ao Ceilão, disfarçados de marinheiros franceses.

Em meados de setembro, ele e dois refugiados conhecidos de Marselha decidiram, já que não havia perspectiva de deixar a França legalmente, ir para a zona rural francesa perto da fronteira com a Espanha, para atravessar os Pireneus a pé. Seu plano era cruzar a pretensamente neutra porém fascista Espanha até Lisboa e tomar um navio da capital portuguesa para os Estados Unidos. Em Nova York, na expectativa de sua chegada, Theodor e Gretel Adorno procuravam um lugar de moradia para Benjamin. Enquanto isso, as chances de que ele e outros refugiados chegassem à Espanha tinham diminuído, porque funcionários do regime de Vichy estavam vigiando atentamente a rota que levava direto à sua destinação espanhola, Portbou. Assim, em 25 de setembro, um pequeno grupo de refugiados, entre eles Benjamin, começou a subir a montanha, seguindo uma trilha distante e acidentada. Uma das mulheres do grupo, a ativista política Lisa Fittko, estava preocupada, já que a precária condição cardíaca de Benjamin fazia com que a travessia fosse arriscada, mas ele insistiu em acompanhá-los. Durante a jornada, ele caminhava dez minutos e parava um minuto para tomar alento — o tempo todo agarrado a uma pasta preta que, disse a Fittko, continha um novo manuscrito que era "mais importante do que eu".[10] Mas isso não era tudo que ele levava consigo: o escritor e companheiro refugiado Arthur Koestler lembra-se de que Benjamin tinha saído de Marselha com uma quantidade de morfina suficiente "para matar um cavalo" (na verdade, o próprio Koestler tentou e não conseguiu se matar com morfina na mesma época). Quando, num dia quente de setembro, eles já avistavam Portbou, um membro do grupo de Benjamin notou que ele parecia estar a ponto de ter um infarto. "Corremos em todas as direções em busca de água, para auxiliar o homem doente", relembra Carina Birman.[11]

O pior estava por vir. Quando os refugiados chegaram a Portbou e se apresentaram na alfândega para ter seus documentos carimbados e continuar viajando pela Espanha, disseram-lhes que o governo espanhol tinha recentemente fechado a fronteira para refugiados ilegais da França. Em consequência, o grupo estava diante da possibilidade real de ser devolvido ao solo francês — provavelmente para enfrentar a prisão e depois o transporte para, e o assassinato em, um campo de concentração alemão. Foram postos sob guarda num hotel, onde Benjamin, em desespero, escreveu um bilhete suicida que entregou a um dos refugiados, a colega Henny Gurland. Gurland contou mais tarde que achou necessário destruir a nota, mas a reconstituiu de memória: "Numa situação que se apresenta sem saída, não tenho outra opção senão a de pôr-lhe um fim. É numa pequena aldeia nos Pireneus, onde ninguém me conhece, que minha vida vai terminar".[12] Acredita-se que mais tarde, naquela noite, ele tomou a morfina que tinha trazido de Marselha. Seu atestado de óbito, contudo, diz que a causa da morte foi hemorragia cerebral — talvez, especulam os biógrafos, o médico espanhol tenha sido subornado pelos outros refugiados para dizer isso, poupando-os de um escândalo que tornaria mais provável seu retorno à França. A data no atestado é 26 de setembro. No dia seguinte, a fronteira foi reaberta. Se não tivesse tomado a morfina, teria livre trânsito pela Espanha e dali para os Estados Unidos.

Quando receberam a notícia da morte de Benjamin, Theodor e Gretel Adorno mergulharam em desespero pelo que assumiram ter sido o suicídio do amigo. Se Benjamin aguentasse firme por apenas mais doze horas, Adorno escreveu a Gershom Scholem, ele estaria salvo. "É totalmente incompreensível — como se ele tivesse sido tomado de estupor e quisesse acabar consigo mesmo já tendo sido resgatado."[13]

Desde a morte de Benjamin, teorias ousadas têm concorrido para preencher essa lacuna de incompreensibilidade. Entre elas, uma sugere que capangas de Stálin assassinaram Benjamin. Em *The Mysterious Death of Walter Benjamin* [A misteriosa morte de Walter Benjamin], Stephen Schwartz, um jornalista baseado em Montenegro, escreveu que havia agentes stalinistas operando no sul da França e no norte da Espanha durante os primeiros anos da guerra, quando o pacto nazi-soviético ainda estava em vigor. O resultado disso foi que duas das mais poderosas forças de polícia secreta da Europa estavam trabalhando em estreita colaboração. "Inquestionavelmente, a polícia secreta soviética estava operando num ponto de passagem obrigatório no sul da França — peneirando a onda de refugiados em fuga, em busca de alvos a serem liquidados", escreveu Schwartz. "Walter Benjamin marchou direto para esse turbilhão do mal. E, embora seus acólitos tenham decidido ignorá-lo, ele era eminentemente qualificado para estar presente numa lista de alvos soviética." Outros que Schwartz mencionou terem sido vítimas do que ele chamou de *killerati* [intelectuais socialistas recrutados como agentes stalinistas para cometer assassinatos] incluíam o comunista alemão Willi Münzenberg, aquele ex-espião de Stálin que se tinha tornado em Paris um líder da comunidade antifascista e antistalinista de emigrados alemães, até ser forçado, como Benjamin, a fugir ante o avanço nazista. Porém, Münzenberg foi detido e levado para um campo de concentração. Mais tarde foi libertado, mas o encontraram pendurado numa árvore perto de Grenoble, assassinado, alega Schwartz, por um agente soviético disfaçardo de colega socialista preso. Schwartz afirma que o homem que mais sabia sobre as operações russas de desinformação fora varrido da história.[14]

Mas por que Benjamin atrairia atenção similar dos escudeiros de Stálin? Schwartz observa que alguns meses antes de morrer Benjamin tinha escrito suas teses "Sobre o conceito de história", uma das mais inspiradas análises do fracasso do marxismo jamais produzidas. Ele morreu numa época em que muitos ex-seguidores leais dos soviéticos tinham se desiludido com Moscou devido ao pacto entre Hitler e Stálin. Em resposta, agentes stalinistas, muitas vezes recrutados entre intelectuais socialistas, cometiam assassinatos. Benjamin tinha, talvez inadvertidamente, se associado a agentes do Comintern. Schwartz escreveu: "Benjamin era parte de uma subcultura entremeada de gente perigosa — que era sabidamente insegura". No final da década de 1930, afirma Schwartz, agentes stalinistas na Espanha foram encarregados de localizar antistalinistas de língua alemã e obter deles, sob tortura, confissões falsas. "Moscou queria um paralelo, fora das fronteiras soviéticas, dos infames julgamentos de expurgo." Pode ser, mas Walter Benjamin dificilmente seria uma ameaça à ortodoxia comunista soviética como fora Liev Trótski, assassinado no exílio mexicano um mês antes da morte de Benjamin. Ao contrário das outras vítimas dos *killerati* de Stálin, Benjamin nunca foi membro do Partido Comunista. Nem era seu excêntrico tipo de marxismo com infusões teológicas e místicas (que até mesmo seu amigo Bertolt Brecht chamava de "chocante") uma ameaça real e iminente a Stálin. Além do mais, Schwartz não tem um relato convincente de como os capangas de Stálin supostamente o teriam matado.

Mas se a teoria do assassinato é duvidosa, assim também o é a teoria do suicídio, alega Schwartz. A documentação de um juiz espanhol não apresenta evidência da presença de drogas. Não existe certeza absoluta de que seja falso o relatório do médico segundo o qual o que matou Benjamin foi uma hemorragia cerebral, talvez agravada pelo esforço de atravessar os Pireneus. Perdura ainda mais um mistério em torno do que Benjamin deixou ao morrer. O que havia em sua maleta preta e o que foi feito dela? Uma história conta que a maleta foi confiada a um colega refugiado que a perdeu no trem de Barcelona para Madri. Mas qual era o manuscrito? Uma versão completa das *Passagens*? Uma nova versão do livro sobre Baudelaire? Seus biógrafos descartam essas possibilidades, alegando que sua saúde estava tão comprometida que ele só trabalhou esporadicamente durante seu último ano de vida, de modo que tarefas literárias muito grandes estavam fora de seu alcance. Ou talvez fosse uma versão aprimorada de seu último ensaio, as teses "Sobre o conceito de história". Mais uma vez, seus biógrafos Eiland e Jennings duvidam disso, alegando que Benjamin não atribuiria tanta importância a uma nova versão a menos que fosse marcadamente diferente das cópias que confiou a Hannah Arendt em Marselha. Claro que esse argumento dificilmente é decisivo; talvez fosse exatamente isso: uma revisão feita ao longo de um ensaio eivado de esperanças de redenção. Mesmo se for isso, o mais provável é que nunca saberemos o que a maleta continha.

Em vez disso, temos a versão do ensaio que Hannah Arendt, mais afortunada do que Benjamin, conseguiu entregar a Adorno em Nova York e que foi publicada em 1942 pelo Instituto de Pesquisa Social. Essa versão teve um efeito eletrizante em Adorno e em Horkheimer. Para Adorno, o ensaio era consonante com sua própria maneira de pensar, "acima de tudo a ideia da história como uma permanente catástrofe, a crítica do progresso, a dominação da natureza e a atitude em relação à cultura".[15] Vale a pena salientar, no entanto, que o ensaio também foi tido como uma refutação da história como um processo de progresso contínuo, e em particular como uma crítica sentenciosa aos contemporâneos de Benjamin, os ideólogos marxistas vulgares da Segunda e da Terceira Internacionais. Benjamin pode muito bem ter sugerido, embora indiretamente, que para eles o materialismo histórico afirmava haver um continuum de progresso em direção a uma conclusão benigna, a saber, uma utopia comunista. Certamente, o anjo da história que Benjamin invoca na Tese 9 é uma figura que inverte esse tosco materialismo histórico: para o anjo, o passado não é uma cadeia de eventos e sim uma única catástrofe, e a missão de qualquer materialismo histórico justificável não é predizer um futuro revolucionário ou uma utopia comunista, mas contemplar e consequentemente redimir os sofrimentos do passado.

Dialética do Esclarecimento, o grande livro que Adorno e Horkheimer escreveriam em seu exílio na Califórnia, pode ser lido como uma extrapolação das dezoito teses que Benjamin propôs em seu ensaio, seu testamento intelectual. Hoje, escrita em catalão e em alemão em sua sepultura em Portbou, há uma citação da Tese 7 daquele ensaio: "Não há documento da cultura que não seja ao mesmo tempo um documento da barbárie".[16]

11. Em aliança com o diabo

Max Horkheimer mudou de Nova York para a Califórnia em abril de 1941 a conselho de seu médico, que lhe recomendou um clima mais ameno para melhorar sua condição cardíaca. Em novembro do mesmo ano, Adorno seguiu seus passos e mudou-se para a Costa Oeste. Max e sua mulher Maidon tinham dinheiro suficiente para construir um bangalô em Pacific Palisades, na abastada zona oeste de Los Angeles. Era espaçoso o bastante para acomodar o amigo de infância de Max, Friedrich Pollock (a quem mais tarde foi dedicado o livro *Dialética do Esclarecimento*), enquanto Theodor e Gretel Adorno mudavam para um duplex alugado na também próspera Brentwood, que era espaçoso o bastante para abrigá-los junto com o grande piano de Adorno.

Eles estavam se juntando a uma crescente comunidade de exilados alemães, entre os quais Thomas Mann, Bertolt Brecht, Arnold Schoenberg, Fritz Lang e Hanns Eisler, um posto avançado da civilização alemã no lado do mundo oposto ao de sua barbarizada pátria. Brecht, de sua parte, escrevia poesia descrevendo seu novo lar como o inferno:

Pensando no inferno, eu deduzo que
Meu irmão Shelley achou que era um lugar
Muito parecido com a cidade de Londres. Eu

Que moro em Los Angeles e não em Londres
Acho, pensando no inferno, que este deve ser
Ainda mais parecido com Los Angeles.

Nesse inferno californiano, refletia Brecht, os jardins luxuriantes secavam se não fossem irrigados com água cara, o fruto não tinha aroma nem gosto, e as casas eram feitas para pessoas felizes, "portanto ficando vazias/ mesmo quando habitadas".

As casas no Inferno tampouco são todas feias.
Mas o medo de ser atirado na rua
Consome os habitantes das vilas não menos
que
Os habitantes de favelas.[1]

Por meio de uma espécie de ruptura modernista de que Adorno e Horkheimer gostavam, os poemas de Brecht traduziam as imagens utópicas da cidade dos anjos, e com isso produziam uma alegoria de uma cidade modernista que era feia e nada caridosa.[2] Esse tipo de perspectiva disruptiva era uma característica da arte moderna, como ressaltou o crítico Raymond Williams em seu ensaio "Quando se deu o modernismo?". Os artistas modernistas antiburgueses internacionais (Apollinaire, Beckett, Joyce, Ionesco, por exemplo) que prosperavam em Londres, Paris, Berlim, Viena e Nova York agora prosperavam em Los Angeles. Brecht escreveria que "a emigração é a melhor escola da dialética".[3] Certamente catalisava sua arte, assim como os escritos de Adorno e Horkheimer.

Nessa cidade, no entanto, Brecht foi obrigado, ou assim ele dizia, a se prostituir, como talvez também o fizeram outros exilados alemães que trabalhavam para a indústria cultural de Hollywood:

Toda manhã, para ganhar meu pão,
Eu vou ao mercado onde se compram mentiras.
Prestimosamente ocupo meu lugar entre os vendedores.[4]

Foi nesse hipotético mercado de mentiras, nesse suposto inferno onde todo mundo é obrigado a fazer um pacto com o diabo, que Brecht escreveria sua grande peça *A vida de Galileu*, e foi também onde Stravínski compôs sua ópera *O progresso de Rake*, onde Thomas Mann completou *Doutor Fausto* e onde Orson Welles fez *Cidadão Kane*.

Para os emigrantes da Escola de Frankfurt, Los Angeles tornou-se o último e distante refúgio da perseguição nazista. Ainda assim não resistiram à ideia de comparar o Terceiro Reich com aquele outro império opressor que tinham em seus umbrais, Hollywood. Nisso, estavam seguindo com implacável consistência o dictum de Walter Benjamin sobre a cultura. Em 1941, havia indiscutivelmente algumas similaridades entre o Terceiro Reich e aquilo que Otto Friedrich, historiador de Hollywood, chamou de "grande império construído de sonhos de glamour, sonhos de beleza, riqueza e sucesso".[5] Naquela época, ambos estavam no auge de sua influência e autoafirmação, e poucos ousariam prever o declínio e a queda de qualquer um deles.

O Terceiro Reich tinha a Europa continental esmagada sob o tacão de sua bota, enquanto a Grã-Bretanha estava marginalizada e a União Soviética aparentemente neutralizada pelos resultados da Operação Barbarossa dos nazistas, deslanchada em junho de 1941. Em dezembro do mesmo ano, o Japão entrou na guerra como aliado de Hitler, enquanto os Estados Unidos de Roosevelt ainda estavam a três anos de pôr seus pés em solo europeu. Nessas circunstâncias, os nazistas se imaginavam heróis conquistadores e invencíveis. "Não será exagero dizer que a campanha russa foi vencida em catorze dias", escreveu o general Franz Halder, chefe do Oberkommando des Heeres, ou Alto-Comando do Exército alemão, em seu diário no dia 3 de julho.[6] Quando o Japão se aliou à Alemanha nazista em dezembro de 1941, Hitler levou a notícia a seu bunker acenando com o comunicado e atreveu-se a supor que o Terceiro Reich era invencível. "Agora nos é impossível perder a guerra", ele disse, "pois temos um aliado que não foi vencido durante 3 mil anos."[7] O golpe decisivo contra Hitler, desferido na Batalha de Stalingrado, só aconteceu no inverno de 1942-3.

Otto Friedrich argumentava que, da mesma forma, os principais produtores de filmes de Hollywood naquela época "poderiam, com alguma justificativa, se considerar heróis conquistadores".[8] Em 1939, Hollywood era o 11º maior negócio dos Estados Unidos, produzindo quatrocentos filmes por ano, levando 50 milhões de norte-americanos aos cinemas toda semana, com uma receita bruta de 700 milhões de dólares por ano. Foi a era de ouro de Hollywood, graças a filmes como *E o vento levou*, *Ninotchka*, *O morro dos ventos uivantes*, *O mágico de Oz*, *Relíquia macabra* e *Cidadão Kane*, e astros e diretores como Humphrey Bogart, Lauren Bacall, Ingrid Bergman, Alfred Hitchcock e Orson Welles. Porém, assim como o Terceiro Reich após Stalingrado, Hollywood vivia uma prorrogação. "Hollywood é como o Egito. Cheia de pirâmides desmoronando. Nunca voltará a ser o que era", disse David O. Selznick, produtor de *E o vento levou* e de *Rebecca*, que ganharam o Oscar de melhor filme em 1939 e 1940, respectivamente. "Hollywood só vai continuar a desmoronar até que finalmente o vento soprará o último acessório de estúdio pelas areias."[9] Não foi bem assim: enquanto o Terceiro Reich desabava em 1945, Hollywood ainda cambaleava. Mas uma década após 1941 seus estúdios estavam perdendo dinheiro, muitas de suas celebridades eram acusadas de serem comunistas durante a caça às bruxas do macarthismo (que envolveu também exilados alemães como Brecht) e seu público estava migrando para a televisão.

Foram os valores de Hollywood, tanto quanto os de Hitler, que a Escola de Frankfurt desafiou em seu exílio californiano. Mas não é ridículo comparar o Terceiro Reich com Hollywood? Mesmo que se possa alegar que aquela civilização alemã tinha levado à barbárie que foi o Terceiro Reich, parece obsceno sugerir que toda civilização tem a marca da bota em seu rosto, e parece barbárie intelectual sugerir que os males da Alemanha de Hitler têm seus paralelos nos Estados Unidos de Roosevelt. No entanto, uma vez que Horkheimer e Adorno se estabeleceram perto de Hollywood, foi isso que sugeriram. Começaram a escrever *Dialética do Esclarecimento* em 1941 num espírito de iconoclastia e não da prostituição pragmática satirizada por Brecht. Sabiam que quase ninguém estava ouvindo suas mensagens.[10] Essa iconoclastia se intensificou com a frustração do plano da Escola de Frankfurt de formar uma aliança com a comunidade acadêmica da Costa Oeste. Horkheimer alimentara a esperança de encontrar uma universidade na Califórnia à qual o Instituto de Pesquisa Social pudesse se afiliar, do mesmo modo que fizera com a Universidade Columbia em Nova York. Ele tinha sugerido que esse ramo ocidental do instituto poderia oferecer palestras e seminários sobre filosofia e sobre a história da sociologia desde Comte, oferecendo 8 mil dólares como apoio ao empreendimento. Mas Robert G. Sproul, reitor da Universidade da Califórnia, descartou a ideia, porque Horkheimer queria ter mais autonomia do que Sproul estava disposto a tolerar. Mesmo assim, alguns outros membros da Escola de Frankfurt, inclusive Löwenthal, Marcuse e Pollock, juntaram-se a Horkheimer e Adorno na Califórnia.

Essa rejeição fez a Escola de Frankfurt sentir-se ainda mais isolada no exílio. Pode muito bem ter acirrado seu desdém pela cultura norte-americana na qual viviam e aprofundado sua ligação com a cultura europeia que tinham perdido. Adorno, por exemplo, vinha tendo um sonho recorrente durante seus anos como emigrado. Ele estava sentado à escrivaninha de sua mãe na sala de estar da casa da família, em Oberrad, subúrbio de Frankfurt, olhando para o jardim lá fora — em algumas variações do sonho, após Hitler ascender ao poder. Ele escreveu: "Outono, carregado de trágicas nuvens, uma melancolia sem fim, mas com um pervasivo aroma pairando sobre tudo. Por toda parte, jarros com flores outonais".[11] Adorno sonhava que estava escrevendo o ensaio "A situação social da música", de 1932, mas durante o sonho o manuscrito se transformava naquele que estava escrevendo em Los Angeles, *Filosofia da nova música*. Para ele, o significado do sonho era claro: "Seu verdadeiro significado é evidentemente a recuperação da vida europeia que foi perdida". Adorno, como outros exilados alemães naquela colônia de tempos de guerra em Los Angeles que foi chamada de Weimar do Pacífico (especialmente Thomas Mann, como veremos), ansiava por aquela vida europeia mesmo quando ela estava morrendo. Sua saudade era mais intensa porque parecia não haver um rumo de volta para casa.

Em *Dialética do Esclarecimento*, Adorno e Horkheimer ousaram fazer paralelos impressionantemente explícitos entre Hollywood e a Alemanha de Hitler. Assim eles descreveram a cena final de *O grande ditador*, de 1940, sátira de Charlie Chaplin sobre Hitler: "Os campos de cereais soprados pelo vento no final do filme [...] insinuam que seja mentiroso o pleito antifascista pela liberdade. São como os cabelos louros da moça cuja vida no campo, na brisa de verão, foi fotografada pela companhia cinematográfica nazista".[12] Dado que Chaplin tinha custeado ele mesmo o filme, já que em 1939 os estúdios de Hollywood estavam preocupados com os custos de provocar um boicote alemão, essa comparação parece ser injusta. Seja como for, se a mensagem do filme de Chaplin era antifascista e a do filme nazista era pró-fascista, que valor argumentativo teria a menção de alegadas similaridades entre as imagens? Mas Horkheimer e Adorno estavam afirmando algo mais profundo:

> A natureza é vista pelo mecanismo de dominação social como um sadio contraste à sociedade e, portanto, desnaturada. Figuras que mostram árvores verdes, um

céu azul e nuvens se movendo transformam esses aspectos da natureza em muitos criptogramas para chaminés de fábricas e postos de combustível.[13]

O texto aqui é um tanto críptico, mas a sugestão é que tanto a UFA (o estúdio cinematográfico nazista) quanto os estúdios de Hollywood utilizavam imagens da natureza a par de outras imagens estereotipadas da vida humana para fazer propaganda do statu quo — fosse o Terceiro Reich, fosse o capitalismo norte-americano. Daí a invocação de ciclos naturais e repetitivos, que parecem ser eternos, e o uso de imagens estereotipadas. "O que se repete é saudável, como os ciclos naturais ou industriais. Os mesmos bebês estão eternamente rindo nas revistas; a máquina do jazz vai ficar martelando para sempre. [...] Isso serve para confirmar a imutabilidade das circunstâncias."[14] Esses ciclos naturais e esses estereótipos do que é saudável precisavam ser invocados no cinema de Hollywood para fazer com que tudo que não fosse natural — o sistema existente de capitalismo de monopólio nos Estados Unidos, com todos os seus múltiplos meios de dominação e crueldade — parecesse ser não só atraente, mas exatamente o que não era: natural (e portanto inquestionável, eterno).

Considere-se, por exemplo, o Pato Donald. Houve um tempo em que esses personagens de desenho animado eram "expoentes da fantasia, em oposição ao racionalismo", escreveram Adorno e Horkheimer. Agora tinham se tornado instrumentos de dominação social.

> Eles martelam em todo cérebro a velha lição de que o atrito contínuo, a derrocada de toda resistência individual, é parte da condição de vida nesta sociedade. O Pato Donald nas animações e os desafortunados na vida real recebem sua surra para que a audiência possa aprender a arcar com seu próprio castigo.[15]

Eles reproduzem a crueldade da vida real de modo que nos adaptemos a ela. Mas poderíamos objetar que, enquanto o Pato Donald da Disney (e presumivelmente o Patolino da Warner Bros. — deve haver uma tese de doutorado sobre o motivo pelo qual Hollywood tem uma fixação em maltratar patos) pode atender a esse objetivo, com certeza o drama de Tom e Jerry da MGM ou os enfrentamentos no deserto do Papa-Léguas com o Coiote não podem atender. Estes não envolvem a postura do mais fraco que resiste heroicamente ao tirano opressor, mas uma reversão da ordem hierárquica da natureza, fazendo o caçador virar caça e o predador uma vítima na estrada. Talvez esses desenhos animados sejam emblemáticos da dialética hegeliana do senhor e do escravo, sugerindo a instabilidade das atuais relações de poder em vez de uma conformidade com elas. Mas Horkheimer e Adorno não escreveram sobre esses desenhos animados: é mais provável que os considerassem projeções fantásticas dos oprimidos e despossuídos que não eram capazes de concretizar essas fantasias na vida real.

Ou considere o riso. A função ideológica do riso é como a função de todo entretenimento, alegavam Horkheimer e Adorno, ou seja, a de produzir concordância.

> A diversão é um banho medicinal. A indústria do prazer nunca deixa de prescrevê-la. Isso faz do riso um instrumento da fraude praticada em forma de felicidade. Momentos de [verdadeira] felicidade são sem riso; só operetas e filmes retratam o sexo com o acompanhamento de risadas sonoras. Na sociedade falsa, o riso é uma doença que atacou a felicidade e a arrasta para sua inútil totalidade.[16]

E o que é essa totalidade? É uma diabólica plateia de indivíduos sentados no cinema, rindo das comédias de Preston Sturges, Howard Hawks e os irmãos Marx, numa forma de bárbara autoafirmação. Adorno e Horkheimer escreveram: "Essa plateia rindo é uma paródia da humanidade. Seus membros estão todos dispostos, todos dedicados ao prazer de estarem prontos para qualquer coisa às expensas de todos os outros. A harmonia entre eles é uma caricatura da solidariedade". O riso induzido pela indústria cultural era uma *Schadenfreude*, a alegria cujo prazer está na — e somente na — desgraça dos outros. Seu ressoar odioso era uma paródia de outro tipo de riso, que era programaticamente silenciado nessas circunstâncias, um riso melhor, por ser conciliatório. Na próxima vez em que eu rir daquela cena do filme *No circo* (1939) dos irmãos Marx, na qual a desafortunada e rechonchuda viúva berra "Tirem-me deste canhão!" e Harpo inutilmente lhe acorre bradando "Estou indo, sra. Dukesberry!" (Pois o que é meu riso, senão sadomasoquista? E o que é o canhão senão uma alegoria da dessublimação repressiva? E o que é a sina da sra. Dukesberry senão emblemática das ejaculações precoces que Adorno e Horkheimer encontraram em outras manifestações da indústria cultural?), saberei que sou parte do problema, que estou desfrutando do tipo errado de marxismo.

Mas Adorno e Horkheimer tinham razão: é como, digamos, a comédia maluca do filme *Jejum de amor* (1940) de Howard Hawks, em que a metralhadora giratória dos duelos verbais entre o editor Cary Grant e a despachada e intrometida Rosalind Russell é ininterrupta, enquanto fora da histeria da sala de imprensa da cadeia, no pátio de prisão, está sendo erguido um patíbulo para um enforcamento. É como se Hawks não ousasse deixar que o riso fosse interrompido, porque, se fosse, cairíamos no abismo. Adorno, naquele tipo de quiasma que ele tanto apreciava (em *Minima moralia*, cuja maior parte ele escreveu durante o exílio nos Estados Unidos, há uma seção chamada "Saúde até a morte", invertendo o título de *Doença até a morte*, de Kierkegaard), provavelmente intitularia o filme de *Riso até a morte*. Se Horkheimer e Adorno programassem uma sessão de cinema sob o título "Riso bárbaro", *Jejum de amor* seria incluído.

Considerando o modo como Horkheimer e Adorno arrasaram com Hollywood e com a indústria cultural, é surpreendente descobrir que no exílio eles não se associaram apenas com exilados alemães, mas também com os próprios alvos de seus ataques. Adorno, por exemplo, relacionou-se com Charlie Chaplin, embora não esteja claro se este último leu alguma vez as desabonadoras observações de Adorno e Horkheimer em *Dialética do Esclarecimento* sobre seu filme *O grande ditador*. Em 1947, Adorno e Gretel assistiam a uma projeção privada do novo filme de Chaplin, *Monsieur Verdoux*, e depois do jantar Adorno pôs para tocar trechos selecionados de óperas de Verdi, Mozart e Wagner, enquanto Chaplin interpretava a música com paródias. Em outra festa, numa vila em Malibu, na qual ele e Chaplin eram convidados, Adorno tentou apertar a mão do ator Harold Russell, que representara o papel de um veterano de guerra ferido no filme *Os melhores anos de nossas vidas*, de 1946. Russell tinha perdido a mão na guerra e a substituíra pelo que Adorno descreveu como "uma garra artificial". Ele relembrou:

> Quando apertei sua mão direita e esta correspondeu à pressão, fiquei muito perplexo, mas de imediato dei-me conta de que não podia, em circunstância alguma, deixar que Russell visse minha reação, e instantaneamente transformei a expressão de choque em meu rosto numa careta triunfal que deve ter parecido ainda mais chocante.

Assim que Russell deixou a festa, Chaplin começou a imitar a cena. "O riso que ele provocou era tão próximo do horror", escreveu Adorno, "que só muito de perto ele pode adquirir sua legitimidade e seu aspecto salutar."[17] Isso não esclarece se o riso que Chaplin provocou era do tipo ruim e derrisório, que Adorno e Horkeimer descompunham em *Dialética do Esclarecimento*, ou do tipo bom, conciliatório. Esperemos que tenha sido este último.

Mas a questão levantada por Adorno e Horkheimer permanece. O ministro da Propaganda nazista Joseph Goebbels pelo menos foi explícito quanto ao que estava fazendo para a propaganda do Terceiro Reich. Assim como Andrei Jdánov, ex-comissário cultural de Stálin, cuja doutrina de 1946 conhecida como *jdanovchtchina* exigia que artistas e escritores soviéticos fossem conformes com a linha do partido, sob o risco de sofrerem perseguição. Na ausência de qualquer reconhecimento explícito por parte de Hollywood e do resto da indústria cultural norte-americana de que eram instrumentos de dominação, cabia à Escola de Frankfurt expô-los. Talvez tenha tido uma atitude infeliz, naquela conjuntura histórica, ao visar na mesma mira o filme de propaganda antifascista de Chaplin e os filmes de Leni Riefenstahl, mas não se pode pôr em dúvida sua meticulosa leitura dos filmes.

No entanto, seria injusto tratar os eruditos exilados de Frankfurt como esnobes europeus que foram para os Estados Unidos e simplesmente detestavam o que viam e ouviam. Com certeza compartilhavam a opinião do camarada herético do marxismo Ernst Bloch, que chamou os Estados Unidos de "um beco sem saída iluminado por lâmpadas de neon".[18] Eles alegavam que a sociedade norte-americana era horrivelmente inclinada à busca da felicidade individual — e o resultado era o epítome da hipocrisia e de uma superficialidade rasa e inautêntica. Mas a crítica que faziam daquela sociedade e da indústria cultural que servia para sustentá-la não se baseava na defesa da civilização europeia contra a barbárie norte-americana, nem em serem eles os paladinos de uma forma elevada de arte contra uma cultura de baixo nível, por mais que sua rejeição ocasional e eloquente dos produtos desta última possa ter parecido ser uma demonstração disso. Na verdade, o que eles odiavam na cultura supostamente popular era o fato de não ser democrática, e de que sua mensagem subliminar era de conformismo e repressão.

No final do século XVIII, Kant tinha afirmado que a arte exibia uma "intencionalidade sem intenção". Em meados do século XX, Adorno e Horkheimer propuseram que a cultura popular envolvia "intencionalidade com uma intenção", e sugeriram que essa intenção era ditada pelo mercado. A cultura de massa parecia prometer libertação, mas, para Horkheimer e Adorno, a aparente espontaneidade do jazz ou o esconde-esconde na exposição sexual dos astros de cinema ocultavam o oposto. Marcuse usaria mais tarde a expressão "dessublimação repressiva" para se referir à aparente libertação de comportamentos sexuais, da moda e da música na supostamente desinibida década de 1960. O germe dessa ideia já se encontrava em *Dialética do Esclarecimento*. O que Malcolm X diria sobre os afro-americanos serem ludibriados pelo Partido Democrata dos Estados Unidos — "Eu digo que vocês foram enganados, vocês foram apropriados, vocês foram tomados" — era o que Adorno e Horkheimer tinham como sendo o verdadeiro impacto da música e dos filmes populares sobre seus consumidores. E as mudanças culturais que ocorreram mais tarde naquele século, quando a arte popular, a TV, a música e o cinema se apoderaram mais das massas, bem poderiam confirmar seus argumentos. No livro *As utilizações da cultura*, de 1957, o teórico inglês de estudos culturais Richard Hoggart escreveu que na Grã-Bretanha, durante a década de 1950, a cultura tradicional da classe trabalhadora que ele discernia na ficção popular, nas canções e nos jornais, e que considerava ser solidária, amistosa e sentimental, estava sendo erodida. Devido à prosperidade, aquela cultura estava sendo substituída, afirmava Hoggart, por ficção gângster e romances cheios de sexo e violência que estimulavam o vazio moral, e também por revistas reluzentes e canções pop que atraíam os consumidores para "um mundo de algodão-doce".[19]

Adorno e Horkheimer teriam reconhecido essa descrição de Hoggart de um mundo de algodão-doce, vendo nele uma extensão da jurisdição da indústria cultural; também poderiam ter visto que a erodida cultura da classe trabalhadora representava uma intolerável ameaça a uma sociedade autoritária que substituía a cultura popular espontânea por uma cultura de massa organizada a partir de cima. Se tivessem vivido para assistir ao programa *The X Factor** ou ler a revista *Grazia*,** teriam visto essa camisa de força se apertar ainda mais.

O ataque da Escola de Frankfurt à cultura popular, então, provém mais de uma posição radical do que de uma posição conservadora. Benjamin já tinha se distanciado de escritores como Aldous Huxley por suas jeremiadas reacionárias contra a cultura popular. Isto é, eles tinham saudade da Alemanha pré-fascista e de seus produtos culturais, que Horkheimer e Adorno achavam ter

---

* Programa de TV para descoberta de talentos musicais. (N. T.)
** Revista feminina cujos temas são moda, beleza, luxo, celebridades etc. (N. T.)

"um grau de independência do poder do mercado", uma independência cada vez mais ausente no que consideravam ser as mais avançadas nações industriais, proeminentemente os Estados Unidos.[20] Tampouco estavam defendendo de forma explícita um cânone civilizado de uma arte de alto nível contra seu bárbaro oposto popular. Marcuse, em seu ensaio "O caráter afirmativo da cultura", de 1937, tinha argumentado que a cultura burguesa do século XIX buscara uma experiência mais elevada, retirando-se para um mundo espiritual mais refinado. Mas a segregação da vida cultural de sua base material, ele achava, serviu para conciliar seus consumidores com as desigualdades da sociedade. Adorno e Horkheimer compartilhavam o desdém de Marcuse pelo que este chamava de "cultura afirmativa". O que eles defendiam não era uma arte elevada nem uma cultura baixa, mas uma arte que expusesse as contradições da sociedade capitalista em vez de aplainá-las — em resumo, arte moderna. É por isso que em seu livro *Filosofia da nova música*, de 1949, Adorno atacou o período neoclássico de Stravínski como sendo "necrofilia universal". Ele argumentou que, em obras como *Oedipus Rex* e a *Sinfonia dos Salmos*, a incessante citação por Stravínski de música mais primeva "é a própria essência de tudo que foi aprovado e certificado em duzentos anos de música burguesa. [...] O caráter autoritário de hoje é, sem exceção, conformista; da mesma forma o apelo autoritário da música de Stravínski estende-se total e completamente ao conformismo".[21] Nesse livro, Adorno mais uma vez dá preferência a Schoenberg sobre Stravínski (ambos eram nessa época seus vizinhos em Los Angeles) por ter saído de seu sistema dodecafônico, que se tornara uma jaula da qual Schoenberg, como Beethoven, explodira para um novo estilo.

A defesa da arte moderna foi vista por críticos posteriores de Adorno e Horkheimer como elitismo. Como ressalta J. M. Bernstein em sua introdução ao livro *A indústria cultural*, de Adorno, parecia que eles estavam defendendo uma arte moderna esotérica contra uma cultura acessível a todos.[22] Trinta anos depois, os novos teóricos culturais do pós-modernismo desprezavam o que consideravam ser um elitismo modernista como o de Adorno e Horkheimer. Porém, o que eles tinham defendido não era uma arte elitista por si mesma, mas uma arte que se recusava a ser afirmativa — como expressaria Adorno em seu livro *Teoria estética*, publicado postumamente —, a ideia de arte como o único meio remanescente de expressar a verdade do sofrimento "numa era de indescritível horror". O que alguns chamaram de arte moderna esotérica era para eles a única arte que poderia expressar esse sofrimento, que poderia ousar ser negativa. Era definida em oposição àquilo que é, aos poderes que *são:** era, como definiu Adorno, uma *promesse du bonheur* [promessa de felicidade], uma visão de algo diferente da cultura afirmativa.

O que a Escola de Frankfurt não tinha temperamento para fazer era considerar a cultura popular um lugar de resistência contra a cultura afirmativa. No entanto, em Birmingham, cidade muito semelhante a Frankfurt, outro grupo de intelectuais de esquerda, entre eles Richard Hoggart e Stuart Hall, faria exatamente isso. O Centro de Estudos Culturais de Birmingham, estabelecido em 1964, ao mesmo tempo que acompanhava a Escola de Frankfurt no reconhecimento de que a cultura era um elemento-chave de controle político e social, avaliava como a indústria cultural podia ser decodificada aberrantemente, até mesmo com rebeldia, por seus consumidores de massa, e como aquelas subculturas populares podiam subverter a indústria cultural numa forma de crítica imanente. Adorno não era capaz de ouvir no jazz a verdade do sofrimento, nem (é de se suspeitar) teria ele gostado de punk rock ou de hip--hop — mas, nessas formas de música e em outros tipos de cultura popular, os doutos que conduziram os estudos culturais de Birmingham viram uma negação crítica da ordem social existente. De fato, o cânone modernista tornou-se um recuo esotérico para uma elite cultural e, com isso, semelhante à arte elevada burguesa — o contrário do que Adorno esperava dele. O "God Save the Queen" do Sex Pistols, o "Fight the Power" do Public Enemy, o "Fuck tha Police" do N.W.A. ou o "Jolly Fucker" do Sleaford Mods foram mais eficazes na ousadia de negar o que Chuck D. chamou de "poderes que são".

Na Califórnia, Adorno e Horkheimer tinham mais do que Hollywood e a indústria cultural no foco de suas atenções. *Dialética do Esclarecimento* virou de cabeça para baixo o conceito hegeliano e marxista da história como um desdobramento para a liberdade humana. Para Adorno e Horkheimer, os próprios valores do Esclarecimento, ou Iluminismo, tinham se tornado mais uma prisão do que um meio de fugir da prisão. Tais valores não eram automatica-

---

* A expressão *"powers that be"* refere-se aos poderes (indivíduos ou grupos) que têm o controle de um domínio ou contexto. (N. T.)

mente progressistas, mas solapados por nossa escravização dentro da totalidade das relações sociais do capitalismo. Isto é que era incendiário em seu livro: enquanto os pensadores do Iluminismo do século XVIII como Rousseau, Voltaire, Diderot e Kant entendiam que o processo do esclarecimento envolvia a libertação da humanidade da natureza, o que levava, portanto, à liberdade e ao florescimento humanos (Kant definiu o Iluminismo, ou Esclarecimento, como "a saída do homem de sua menoridade, da qual ele mesmo é o culpado"), Horkheimer e Adorno o entendiam como um processo que aprisiona o gênero humano, ao ser a razão usada instrumentalmente para criar redes ainda mais pervasivas de disciplina e controle administrativos. Para eles, o pai e fundador da mentalidade científica foi Francis Bacon, o pensador inglês dos séculos XVI e XVII que alegou que as inovações tecnológicas tinham feito do homem o "senhor da natureza". Foi Bacon, eles afirmaram, que louvou o que Max Weber chamaria mais tarde de "desencantamento do mundo". Bacon citou a imprensa, a pólvora e a bússola como inovações fundamentais que tinham transformado o mundo — a primeira modificou o aprendizado, a segunda mudou a guerra, a terceira possibilitou a viagem oceânica e, assim, a dominação do mundo pelo homem.

O gênero humano separou-se da natureza para dominá-la, para torná-la — assim como a outros homens — avaliável, substituível e, acima de tudo, explorável. O capitalismo e uma ciência supostamente livre de juízos de valor caminham de mãos dadas, avaliando o mundo para obter a melhor forma de explorá-lo, assim como aos humanos. Nesse processo, a natureza é desnaturada e nós somos desumanizados. Adorno e Horkheimer escreveram:

> A natureza torna-se aquilo que se pode registrar matematicamente; mesmo o que não pode ser assimilado, o insolúvel e o irracional, é delimitado por teoremas matemáticos. Na identificação preemptiva de um mundo meticulosamente matematizado com a verdade, o esclarecimento imagina-se livre de um retorno ao mítico. Ele equaciona o pensamento usando a matemática.[23]

Os vilões filosóficos desse fragmento são Parmênides e Bertrand Russell, pois tanto o filósofo pré-socrático quanto o pai da análise lógica contemporânea estavam fixados em reduzir tudo a quantidades abstratas e finalmente ao Um — uma fixação que parece racional mas que também poderia ser chamada de totalmente irracional. Assim como a sociedade burguesa é governada pela equivalência e o capitalismo é impensável sem o princípio da troca, que despoja o labor humano e os frutos desse labor de tudo que não seja sua equivalência a outras mercadorias, da mesma forma Parmênides e Russell transformam tudo que não pode ser reduzido a números numa ilusão, a ser descartada como mera literatura. "Insiste-se na destruição de deuses, assim como de qualidades."[24]

É uma pena que Russell tenha ficado sob fogo cerrado por causa disso, inclusive porque esse britânico, que deu aulas na Universidade da Califórnia de 1939 a 1940 e foi barrado de ensinar na Universidade da Cidade de Nova York em 1941 devido a suas ideias radicais sobre as mulheres e a família, presumivelmente não achava que os valores pelos quais tinha lutado — como o pacifismo, o sufrágio feminino ou, mais tarde, o desarmamento nuclear — pudessem ser descartados como mera literatura.[25] No momento em que muitos em Nova York clamavam para que Russell fosse "pichado e emplumado e expulso da cidade" simplesmente por ter ousado sugerir anos antes que o adultério talvez nem sempre fosse uma coisa ruim, ele poderia ter granjeado uma abordagem mais simpática de dois filósofos que passaram boa parte de seu livro deplorando a falta de solidariedade humana. Sem dúvida o comprometimento de Russell com a lógica formal e o poder da análise lógica era algo hostil aos dialéticos alemães, mas parece injusto considerar Russell e sua filosofia como defensores da ortodoxia científica e, portanto, da opressão social.

Contudo, o húbris antropocêntrico e o impulso de dominar, que Adorno e Horkheimer consideravam característicos do Iluminismo, envolviam autoalienação. Considere-se, à guisa de analogia, o que aconteceu a Odisseu e seus homens quando tentaram evitar a sedução das sereias para não se tornarem presas de seu canto mortal.[26] Eles achavam que esse incidente no Canto XII da *Odisseia* de Homero estava cheio de significado simbólico, e pode-se entender porque lhes era tão ressonante — assim como os marinheiros de Odisseu, eles eram itinerantes que estavam encontrando terras estranhas a uma distância de muitas milhas e muitos anos de casa. Os marinheiros taparam os ouvidos com cera para poderem continuar a remar e conduzir seu barco, assim como os trabalhadores modernos se disciplinam para reprimir sua sensualidade e seu desejo de satisfação e poder continuar trabalhando. Quanto a seu chefe, ele pode ouvir o canto das sereias, mas foi amarrado no mastro, de modo a não sucumbir à tentação. Adorno e Horkheimer afirmaram que essa tentativa de romper o temido poder da natureza (aqui simbolizado pelas sereias) levava o pensamento "cada vez mais profundamente para a escravidão. Daí o curso da civilização europeia". Os marinheiros e Odisseu tinham se libertado das coerções da natureza usando autodisciplina, e ao fazer isso utilizaram a razão humana instrumentalmente para quebrar sua força coercitiva e com isso dominá-la. Mas o sujeito humano foi assim reduzido ao "ponto nodal das respostas e dos modos de operação convencionais que dele se esperam". O processo da individuação ocorria portanto "às expensas da individualidade". Adorno e Horkheimer consideraram esse incidente mítico dramatizado por Homero no século VIII a.C. como uma alegoria de como o sujeito burguês do Iluminismo domesticava não só a natureza, mas também a si mesmo. Odisseu é o primeiro herói burguês — um herói cuja traiçoeira jornada envolvia riscos que justificavam lucros; um herói que utilizava a razão, o artifício, a autorrenúncia e a autodisciplina para sobreviver. O que Odisseu começou, as inovações tecnológicas louvadas por Francis Bacon continuaram no século XVII — a saber, a dominação da natureza e a autoalienação do sujeito humano.

Em outro excurso em *Dialética do Esclarecimento*, chamado "Juliette: ou esclarecimento e moral", Adorno e Horkheimer afirmam que um conhecimento científico completamente secularizado recusa-se a reconhecer quaisquer limites morais.[27] Esse é o pensamento aterrorizante que assombrou escritores como Nietzsche e Marquês de Sade. Para Nietzsche, se Deus estava morto, tudo era permitido; para Sade, a cruel sujeição das mulheres, a negação de sua subjetividade e sua redução a objeto sexual eram o corolário perverso da dominação da natureza pelo Esclarecimento. Adorno e Horkheimer alegaram que a tentativa de Kant de fundamentar a moralidade numa racionalidade prática, a aplicação da razão, servia para ampliar a racionalidade calculista, instrumental e formal que envolve a dominação da natureza e da humanidade. Sade é, então, o lado bárbaro e obscuro do civilizado projeto de esclarecimento de Kant.

Martin Jay, historiador da Escola de Frankfurt, sustentou que essa racionalidade instrumental levou aos horrores do século XX. "Na verdade", ele afirmou, "o sadismo do Esclarecimento em relação ao 'sexo frágil' antecipou o posterior extermínio dos judeus — tanto as mulheres quanto os judeus foram identificados com a natureza como objetos de dominação."[28] Mas enquanto a Escola de Frankfurt, compreensivelmente, passou muito tempo pensando e escrevendo sobre a opressão dos judeus, quase nada foi dito sobre a opressão das mulheres. Isso, em parte, porque não havia mulheres eminentes na Escola de Frankfurt — o que é estranho em se tratando de um grupo de pensadores supostamente radical no século xx. Nesse aspecto, veja-se o contraste entre a teoria crítica e a nova e relacionada teoria psicanalítica, à qual mulheres como Melanie Klein e Anna Freud fizeram contribuições substanciais e distintivas. Mas isso não quer dizer que a Escola de Frankfurt ignorava a opressão das mulheres. Em *Minima moralia*, por exemplo, Adorno escreveu um parágrafo em que aborda a noção de "personagem feminino", alegando que este é o produto de uma sociedade masculina. As mulheres, como a natureza, são dominadas e mutiladas como parte do projeto de Esclarecimento. Em nossa civilização, ele argumentou, a natureza e o personagem feminino têm muito disso em comum: parecem naturais, mas carregam as cicatrizes da dominação. "Se a teoria psicanalítica tem razão ao afirmar que as mulheres vivenciam sua constituição física como consequência da castração", escreveu causticamente Adorno (e a implicação é que ele não aceitava essa teoria), "sua neurose dá a elas uma insinuação da verdade. A mulher que se sente uma ferida sabe mais sobre ela mesma do que aquela que se imagina uma flor porque isso convém a seu marido."[29] As mulheres são oprimidas, e para isso, pensava Adorno, não é preciso mais do que reduzi-las ao — e obrigá-las a representar o — papel do personagem feminino.

Além disso, algumas feministas posteriores encontraram na teoria crítica, particularmente em Adorno, inspiração para seu trabalho. Em *Dialética do Esclarecimento*, ele e Horkheimer apresentaram a razão instrumental como uma nova mitologia, uma mentira para justificar e obscurecer a opressão, a dominação e a crueldade que existem sob os suaves procedimentos da sociedade burguesa. "O que aparecia como ordem racional na sociedade burguesa, Adorno mostrou ser um caos irracional", escreveu Susan Buck-Morss, "mas onde a realidade se apresentava como anárquica e irracional, Adorno expôs a ordem de classe que subjaz a essa aparência."[30] Essa perspectiva, como observa Renée Heberle em sua introdução a *Feminist Interpretations of Theodor Adorno* [Interpretações feministas de Theodor Adorno], é ecoada no feminismo. "Onde algumas feministas têm mostrado a historicidade de qualidades presumivelmente naturais da existência sexuada, outras têm mostrado a força irracional, mítica e naturalizante dos conceitos historicamente constituídos de masculinidade e feminilidade."[31] De fato, Adorno era sensível a como filósofos do sexo masculino utilizavam esses conceitos historicamente constituídos de masculinidade e feminilidade para oprimir as mulheres. Nietzsche escreveu uma vez: "Está indo ver uma mulher? Não esqueça seu chicote". Adorno, em *Minima moralia*, observou que Nietzsche tinha confundido "a mulher com uma imagem não verificada do feminino originária da civilização cristã da qual ele, em outros aspectos, desconfiava tão completamente". As mulheres não eram todas personagens femininas, mas convinha a Nietzsche imaginar isso. Em outras palavras, o conselho de Nietzsche era inútil uma vez que, como escreveu Adorno, "a feminilidade já é consequência do chicote".[32]

Dominação, crueldade e barbárie eram, para Adorno e Horkheimer, as verdades reprimidas do Iluminismo. Não que os dois fossem, como são às vezes retratados, anti-iluministas. Eles eram, na verdade, filhos do Esclarecimento, beneficiários de seu legado tanto quanto suas vítimas e, além do mais, compelidos a usar seus instrumentos para criticar essa herança intelectual. Não havia uma posição transcendente a partir da qual realizar essa tarefa: como Brecht em seu galho, eles foram obrigados a serrar o galho no qual estavam sentados. Seu livro era, entre outras coisas, um exímio desempenho de crítica imanente, que utilizava a razão para criticar a razão categórica do Esclarecimento.

Em suma, *Dialética do Esclarecimento* rastreou como a humanidade começara seu descenso com Francis Bacon, continuara com Immanuel Kant e culminara com Hitler. O catalisador do pensamento de Adorno e Horkheimer foi o fato de o nazismo ter problematizado radicalmente a narrativa do Esclarecimento como o desdobramento da maturidade humana, da liberdade e da autonomia. Em vez de progresso moral, eles alegaram, o Esclarecimento tinha produzido uma regressão à barbárie, à intolerância e à violência. Mas esta não poderia ser a história toda. Sim, o nacional-socialismo poderia ser visto assim nessa narrativa dialética do desdobramento, mas e as forças que estavam combatendo o fascismo na Europa e em outros lugares, enquanto os dois eruditos de Frankfurt escreviam *Dialética do Esclarecimento* na Califórnia? Ao contrário, implacáveis em sua aplicação do dictum de Benjamin sobre a cultura, Adorno e Horkheimer afirmavam que o Esclarecimento assumira a postura de libertar a humanidade do mito e da ilusão, mas mesmo em países que estavam então combatendo o nazismo ele tinha degenerado em barbárie — a indústria cultural, a ciência e a tecnologia como instrumentos de ideologia e dominação, a destruição do indivíduo e a sociedade administrada. Implicitamente, eles tomaram o marxismo — decerto em sua perversão soviética — como um novo instrumento de dominação. Mais tarde descreveriam essa sua obra como "uma avaliação da transição para o mundo da vida administrada", e a barbárie nisso envolvida poderia ser encontrada tanto em Nova York, Paris, Londres, Moscou quanto em Berlim. *Dialética do Esclarecimento* ressaltava o abandono pela Escola de Frankfurt de todos os seus compromissos prévios com o marxismo, assim como seu despencar no desespero.

Em 1943, Thomas Mann convidou Adorno a visitá-lo em sua casa em San Remo Drive, Pacific Palisades, onde leria para ele o manuscrito de seu último grande romance, *Doutor Fausto: A vida do compositor alemão Adrian Leverkühn narrada por um amigo*. Laureado com o Prêmio Nobel de Literatura em 1929, Mann, agora com 68 anos, buscava em Adorno, 28 anos mais jovem, uma opinião de especialista em música que ele pudesse incorporar ao romance, uma atualização da lenda de Fausto. Mann escreveu a Adorno: "Você estaria disposto a meditar comigo qual poderia ser o aspecto da obra — quero dizer, a obra de Leverkühn —, e como agiria você se tivesse feito um pacto com o diabo?".[33] Esse pacto de Fausto foi irresistivelmente tentador para Adorno — mesmo parecendo envolver Mann como Mefistófeles exaurindo de Adorno sua expertise musical, assim como o herói diabólico de Mann no romance, Adrian Leverkühn, exauria do professor o seu conhecimento.[34] Como resultado dessa colaboração, Adorno teve não só a possibilidade de trabalhar com o mais eminente escritor em língua alemã, como também um canal para expressar as ideias sobre música e filosofia nas quais estivera trabalhando, assim como uma oportunidade de produzir esboços de música à maneira de seu falecido mestre, Alban Berg.

Mann foi um escritor cujo entendimento do nazismo e do exílio coincidia em alguns aspectos importantes com o de Adorno. É verdade, havia quem duvidasse dos méritos literários daquele exilado alemão. "Quem é o mais entediante escritor alemão? Meu sogro", gostava de gracejar o poeta inglês W. H. Auden.[35] (Auden tinha concordado com um casamento de conveniência com a filha de Mann, Erika, em 1936, para ajudá-la a escapar dos nazistas, tornando-a qualificável para um passaporte britânico.[36]) Nada indica que Adorno pensasse assim. Ao contrário, como observou George Steiner: "Adorno foi durante a vida toda um admirador, conquanto às vezes inquieto, da genialidade de Thomas Mann".[37] Mann, e isso talvez não tenha sido uma questão menor para Adorno quando contemplou a colaboração com o laureado do Prêmio Nobel, também teve de superar sentimentos antijudaicos expressos em alguns de seus escritos. Ainda em abril de 1933, quando Hitler assumiu o poder, Mann foi capaz de escrever em seu diário: "Mas com tudo isso, não poderia estar ocorrendo na Alemanha algo profundamente significativo e revolucionário? Os judeus: afinal, não é uma calamidade [...] que a dominação do sistema legal pelos judeus tenha terminado".[38] Em 1936, contudo, Mann tinha se aliado a judeus perseguidos, particularmente os exilados. O dr. Eduard Korrodi, crítico literário e editor no *Neue Zürcher Zeitung*, atacou escritores alemães que viviam no exílio, alegando que eles representavam a influência judaica internacional nas letras alemãs, e a pátria podia dispensá-los facilmente.[39] Numa carta aberta publicada no *Neue Zürcher Zeitung*, Mann replicou que a influência judaica não era dominante entre os romancistas exilados, e que (como expressou um escritor do *New Republic* num artigo que elogiava Mann em 1936 por se opor aos antissemitas) "o espírito internacional ou europeu, compartilhado igualmente por escritores judeus e gentios, tinha ajudado a erguer a Alemanha da barbárie". Mann acrescentou que a campanha antissemita dos atuais governantes da Alemanha "não é, em essência, dirigida contra os judeus, ou não exclusivamente contra os judeus. É dirigida contra a Europa e contra o verdadeiro espírito da Alemanha". Esse verdadeiro espírito da Alemanha, se é que havia um, seria aquele que Mann, Adorno e Horkheimer, entre outros, sentiam estar guardando em seu exílio. Mann acrescentou:

> A profunda convicção [...] de que nada de bom para a Alemanha ou para o mundo pode advir do atual regime alemão fez-me evitar o país em cuja tradição espiritual estou mais profundamente enraizado do que esses que durante três anos têm tentado se munir de coragem o bastante para declarar perante o mundo que eu não sou alemão.[40]

Essas convicções foram, no caso de Mann, adquiridas a duras penas. De início, seu temperamento tinha sido apolítico, e a ideia de expressar solidariedade com quem quer que fosse, especialmente com os judeus, não o atraía. Em 1918 ele escreveu *Betrachtungen eines Unpolitischen* [Considerações de um apolítico], em que tentava justificar o Estado autoritário ante a democracia e a cultura voltada para dentro em face da civilização moralista. Seu romance mais celebrado, *A montanha mágica*, publicado em 1924, foi uma inversão radical dessa filosofia. Seu herói, o engenheiro Hans Castorp, quando visita um primo num sanatório em Davos, é seduzido pelas tentações da doença, da interioridade e da morte, mas no fim se decide por uma vida de serviço. O desfecho representava, alegou Mann, "o adeus a muitos encantamentos, simpatias e tentações perigosos, aos quais a alma europeia tinha se inclinado".[41]

Em 1930, Mann já escrevia contra um particular encantamento europeu, o do nazismo. Num discurso em Berlim naquele ano, intitulado "Ein Appell an die Vernunft" [Um apelo à razão], ele conclamou à formação de uma frente comum da burguesia culta e da classe trabalhadora socialista para resistir ao nazismo. O discurso pelo menos serviu para fazer dele um inimigo proeminente dos nacional-socialistas: na verdade, em 1933, quando Hitler assumiu o poder, Mann estava de férias na Suíça e foi aconselhado por seu filho e sua filha a não retornar à Alemanha. Começaram então os anos de exílio e peregrinação no estrangeiro que ele iria compartilhar com intelectuais judeus, como Adorno.

A atualização da lenda de Fausto que Mann escreveu em Los Angeles, atrelado à sua escrivaninha das nove da manhã ao meio-dia, foi ambiciosa no sentido de que buscava entrelaçar a tragédia que ocorria na Alemanha com a história da vida trágica do compositor moderno. Mann pensou que um pacto com o diabo, "a aliança satânica para ganhar todo o poder na Terra por algum tempo ao preço da salvação da alma", era para ele "algo extremamente típico da natureza alemã".[42] A história é narrada pelo amigo do compositor Leverkühn, do tempo de seu exílio na guerra, Serenus Zeitblom, e incluía comentários de Zeitblom sobre a guerra em andamento. É difícil não ler esses comentários como evocações dos pensamentos de Mann sobre as notícias que chegavam da Europa nos últimos anos da Segunda Guerra Mundial. Na verdade, o livro pode ser lido como uma história da República de Weimar e da Segunda Guerra Mundial, com o pacto de Leverkühn com o diabo sendo justaposto ao não menos diabólico pacto do povo alemão com o nacional-socialismo. Em certo momento, Zeitblom conta como os cidadãos de Weimar passam pelos crematórios de Buchenwald a caminho de seus negócios e tentam "nada saber, embora às vezes o vento trouxesse o fedor de carne humana queimada a seus narizes".[43]

No entanto, é de se notar que apesar de Zeitblom não mencionar que as vítimas em Buchenwald eram judeus, Mann certamente tinha ciência disso ao escrever o livro, uma vez que falou sobre isso em programas de rádio que gravou nos estúdios da NBC em Los Angeles e que foram transmitidos pela BBC para a Alemanha. Mas o romance publicado retrata uma Alemanha sem antissemitismo. E nele dois personagens são descritos de uma perspectiva antissemita. Um deles, um agente de concertos chamado Saul Fitelberg, que tenta seduzir Leverkühn a se tornar regente e pianista internacional, servia para proporcionar um alívio cômico na trama, apesar das advertências da família de Mann.[44] "Nós, judeus, temos tudo a temer do caráter alemão, *qui est essentiellement anti-semitique*", são as palavras que Mann pôs na boca de Fitelberg a certa altura, "e isso é motivo suficiente, é claro, para nos lançarmos para o lado cosmopolita e providenciarmos entretenimentos sensacionais."[45] Essa passagem, certamente, não traz as marcas da colaboração com Adorno tanto quanto as trouxe a maior parte do resto do livro.

Mann se deu conta de que, para escrever de forma convincente sobre música no romance, particularmente sobre a imagem que a Alemanha tinha de si mesma como capital da música e sobre a contribuição musical vanguardista de Leverkühn para isso, ele ia precisar de ajuda. Por sorte, em julho de 1943, quando estava nos estágios iniciais da escrita de *Doutor Fausto*, Mann leu o manuscrito de Adorno "Schoenberg e o progresso", que se tornaria a primeira parte da *Filosofia da nova música*. Schoenberg estivera muito presente nos pensamentos de Mann quando ele refletia sobre seu romance; ele tinha relações amistosas com o grande compositor vienense exilado e já havia jantado em sua casa em Brentwood. Mann também tinha lido o compêndio do compositor sobre harmonia, que ele achou ser "a mais estranha mescla de devoção à tradição e à revolução".[46] Os escritos de Adorno sobre Schoenberg foram mais a seu gosto; além do mais, davam a seu romance um contexto intelectual do qual, sem isso, ele carecia. "Encontrei uma crítica artística e sociológica de nossa situação atual do tipo mais sutil, progressista e profundo, e que demonstrava ter uma notável afinidade com o conceito central de minha própria obra." Ele pensou consigo mesmo: "Este é o meu homem".[47]

Assim, após passar três horas escrevendo o romance todas as manhãs, à tarde Mann recebia Adorno, que proferia palestras sobre musicologia para o grande romancista, explicando as complexidades do sistema dodecafônico de Schoenberg e as executando ao piano. Mann gostava de se referir a Adorno como seu "conselheiro privado" (em alemão, *Wirklicher Geheimer Rat*, literalmente "mais efetivo conselheiro privado"). Uma tarde, Adorno tocou para ele a última sonata de Beethoven, a *Opus 111*, e deu ao romancista uma aula sobre seu significado, em particular sobre como o estilo final de Beethoven casava dialeticamente a subjetividade com a objetividade. Isso levou Mann a reescrever o capítulo 8 de *Doutor Fausto*, que dizia respeito a uma palestra do professor de música Wendell Kretzschmar sobre as obras tardias de Leverkühn. É difícil ler esse trecho sem imaginar que Mann pôs as palavras de Adorno na boca de Kretzschmar; difícil não ler essas soberbas passagens como uma sequência das observações de Mann sobre uma aula perdida de Adorno:

> A arte de Beethoven superou a si mesma, elevando-se acima das regiões habitáveis da tradição, mesmo antes da contemplação admirada de olhos humanos, para as esferas do que é inteira e totalmente e nada mais do que pessoal — um ego dolorosamente isolado no absoluto, isolado também da sensação da perda de sua audição; príncipe solitário de um reino de espíritos, de quem agora só emana um frio bafejo para aterrorizar seus mais benevolentes contemporâneos.[48]

Ou ainda:

> Onde a grandeza e a morte se encontram, lá surge uma objetividade soberana receptiva à convenção, e que deixa para trás a subjetividade arrogante, porque o que é apenas pessoal [...] novamente supera a si mesmo; entra no coletivo e no mítico de modo fantasmagórico e glorioso.[49]

Se Mann explorou os pensamentos de Adorno sobre o estilo tardio de Beethoven, ele escorregou no capítulo em que expressa sua gratidão pelo material, num desastrado cumprimento: no capítulo 8, Kretzschmar ilustra sua aula sobre a sonata cantando a palavra "Wiesengrund" (traduzível como "pradaria"). Este, é claro, era o patronímico de Adorno, embora o tivesse suprimido nos Estados Unidos.[50]

Essas eulogias ao estilo tardio de Beethoven no romance — sejam de Adorno, de Kretzschmar ou de Mann — ecoam no que Adorno estava escrevendo na época sobre o estilo tardio de Schoenberg, seu vizinho exilado em

Hollywood; sobre como ele, da mesma forma que Beethoven, representava a culminação dialética da obra de um compositor. Adorno criticou a música atonal que Schoenberg tinha feito por volta de 1910 por causa de sua livre expressão, e criticou também seu estilo musical dodecafônico de 1923 em diante por sua absorção total no material musical e por sua eliminação dos elementos subjetivos. Somente com seu estilo tardio, segundo Adorno em *Filosofia da nova música*, Schoenberg reuniu um extremo tecnicismo à expressão subjetiva para alcançar uma "nova soberania" similar à de Beethoven.[51] Essa movimentação dialética das falhas estéticas para a nova soberania do estilo tardio tornou-se também a história da evolução musical de Adrian Leverkühn.

Não é de admirar que quando os exilados alemães leram o romance completo, em 1947, alguns viram em Leverkühn o dublê ficcional de Schoenberg. Schoenberg, embora tenha declarado que sua visão estava fraca demais para ler o livro, ficou furioso com os relatos sobre a obra que chegaram até ele. Isso talvez seja compreensível. Não são muitos os que gostariam de se ver descritos como alguém que concorda em fazer um pacto diabólico que envolve sua renúncia ao amor em troca de 24 anos de vida como um gênio musical. Não contava pouco para a irritação de Schoenberg o fato de Mann ter se apoderado de uma conversa que tiveram num jantar, na qual o compositor descrevera como usara suas vivências em doença e tratamento médico para compor um novo trio, num capítulo sobre a música de câmara de Leverkühn. Mas sua ira foi aumentada pelo que ouviu de Alma Mahler Werfel (ilustre ex-mulher tanto do compositor Gustav Mahler quanto do arquiteto Walter Gropius, e que recentemente enviuvara de seu terceiro marido, o romancista Franz Werfel, em 1945). "Ela gostava de começar uma fofoca, e foi ela quem fez Arnold Schoenberg prosseguir no negócio do sistema dodecafônico, dizendo a ele que Thomas Mann tinha roubado sua teoria", escreveu a mulher de Mann.[52]

Schoenberg, sentindo-se traído por seu célebre vizinho, pediu a Werfel que convencesse Mann a incluir uma nota nos exemplares do romance declarando que o sistema dodecafônico era de fato uma invenção de Arnold Schoenberg. De início, Mann recusou-se. Numa suprema arrogância, imaginou que o sistema dodecafônico que aparece em *Doutor Fausto* fosse dele. "Dentro do âmbito do livro [...] a ideia da técnica dodecafônica assume uma coloração e uma vividez que ela não tem por direito próprio, o que — não é assim? — em certo sentido a torna na verdade propriedade minha."[53]

Existe uma terceira possibilidade: a de que o sistema dodecafônico, como aparece em *Doutor Fausto*, não deveria ser atribuído nem a Schoenberg nem a Mann, mas a Theodor Adorno. Foi ele, afinal, quem veio com as inovadoras ideias musicais que foram apresentadas na ficção de Mann. Adorno tinha rascunhado versões das composições finais de Leverkühn, as quais Mann, como ele mesmo diz, tinha "versificado". Para Adorno, essa parte da colaboração tinha algo da realização de seus até então amplamente frustrados sonhos de ser um compositor. Ele evoca isso numa carta à filha de Mann, em 1962: "Pensei nesses problemas exatamente como teria feito se fosse um compositor enfrentando a tarefa de escrever essas palavras, como faria qualquer um, Berg, por exemplo, preparando-se para começar o trabalho". Ele continuou depois a elaborar essas ideias musicais "como se fossem não apenas esboços preparatórios, mas descrições de peças musicais reais".[54]

Uma dessas elaborações de Adorno foi a *Lamentação do Doutor Fausto*, última obra de Leverkühn. Sua ideia central é emprestada da filosofia melancólica de Adorno, a saber, a identidade do não idêntico — conceito exemplificado por Walter Benjamin no dictum sobre a inseparabilidade da cultura e da barbárie que tanto influenciou a Escola de Frankfurt. Há uma "substancial identidade entre os mais abençoados e o mais abomináveis, a identidade interior de um coro de crianças angelicais com uma risada do inferno", diz o narrador do romance Zeitblom, ao descrever um oratório primevo de Leverkühn.[55] Essa identidade entre os abençoados e o que é mais abominável torna-se o princípio que orienta a obra final de Leverkühn.[56] Ehrhard Bahr alega que a risada do inferno é expressa em trinados musicais que representam gritos nos "porões de tortura da Gestapo". Essa integração entre céu e inferno, civilização e barbárie, era essencial, como explicaria Adorno em sua postumamente publicada *Teoria estética*, se a arte fosse autêntica — isto é, se fosse para servir como uma memória dos sofredores, para funcionar como crítica em vez de ser meramente afirmativa. No romance, Zeitblom descreve a obra final de Leverkühn como o inverso da "Lied an die Freude" ("Ode à alegria") de Beethoven em sua *Sinfonia nº 9*. É, na verdade, uma "Lied an die Trauer" ("Ode à tristeza"), e nesse sentido tenta fazer justiça aos sofredores. O porão de tortura da Gestapo é a não arte que a obra de arte moderna precisa identificar para poder se opor a ela.[57]

Uma vez concluído, o romance sem dúvida reflete a filosofia melancólica de Adorno mais profundamente que a de Mann. Isso não é para sugerir que houve plágio: como escreveu Adorno em 1957, a insinuação de que Mann tinha feito uso ilegítimo de sua "propriedade intelectual" era absurda.[58] A filosofia estética que subjaz no romance vai além dessa oposição binária entre o apolíneo e o dionisíaco, entre o ordeiro e o extático, citada por Nietzsche em *O nascimento da tragédia* e à qual Mann apelava repetidamente em sua ficção. De fato, Mann concebeu originalmente *Doutor Fausto* como a representação da fuga de "tudo que é burguês, moderado, clássico, apolíneo, sóbrio, industrioso e confiável num mundo de embriagada liberação, a vida de um audacioso gênio dionisíaco, que está além da classe burguesa, na verdade um super-homem".[59] Durante a colaboração com Adorno, no entanto, Mann pôs de lado sua concepção original e dionisíaca do compositor e, como resultado, Leverkühn acabou se tornando muito mais interessante — uma figura que dramatizava algo da distintiva contribuição da Escola de Frankfurt, particularmente de Adorno, à filosofia da arte. No início do romance, Leverkühn está preocupado com o fato de que sua obra como artista tornara-se um jogo para a produção de belas ilusões. Mas ele se pergunta se "toda ilusão, mesmo a mais bela, especialmente a mais bela, não se tinha tornado hoje uma mentira". Isso soa como o ensaio de Marcuse de 1937 sobre o caráter afirmativo da arte burguesa, seu funcionamento como um álibi para uma ordem opressora e não em oposição a ela. Isso também se coaduna com o pensamento de Adorno de que a dissonância é a verdade da harmonia, que a produção de obras de arte belas e harmoniosas é uma mentira feia e bárbara diante de horrores como o Holocausto.

O que se tornava necessário, pensou Adorno, era uma arte que tirasse sua máscara de autossatisfação e fizesse justiça aos que sofriam, e em particular aos horrores dos campos de extermínio. Antagonismo, contradição e desarmonia eram as verdades nas relações sociais sob o capitalismo, e a arte tinha de refleti-los. "A ilusão de autossatisfação na própria música tornou-se impossível e não é mais aceitável", declara Leverkühn. São palavras que poderiam ter sido, e talvez até mesmo tenham sido, de Adorno. Mais ainda, essas palavras eram implicitamente uma crítica da estética de Mann em seus livros anteriores. Em sua novela *A morte em Veneza*, de 1912, o escritor Aschenbach subjuga seu devaneio dionisíaco na praia e produz uma obra de arte apolínea. A obra de arte de Aschenbach envolve, assim, a supressão da agonia e do sofrimento que a tornaram possível. Em contraste, a última obra musical de Leverkühn, esboçada por Adorno, e a aplicação de sua filosofia estética, com tudo que é descrito num romance de autoria de Thomas Mann, não envolvem essa subjugação de uma emoção subjetiva por uma técnica objetiva, nem uma supressão do sofrimento que a tornou possível.

Não obstante, houve por parte de Mann a tentação de criar uma bela ilusão, ou resolução, no final de *Doutor Fausto*. Adorno ficou preocupado porque isso seria "como se o arquipecador já tivesse no bolso sua salvação", e instou Mann para que resistisse a isso.[60] Poderíamos pensar que Leverkühn estaria se redimindo de seu pacto diabólico ao produzir uma obra de arte que fazia justiça ao sofrimento humano, que demonstrasse que ele não tinha, como prometera como condição de se tornar um gênio, renunciado ao amor. Adorno aconselhou Mann contra esse desfecho banal: seria suficiente que a última música de Leverkühn suscitasse uma lembrança do sofrimento.

Em vez de ser redimido, Leverkühn é castigado. Ele passa a última década de sua vida depauperado por uma doença no cérebro, seus anos de gênio musical encerrados. Mas mesmo antes dessa derrocada, ele é atormentado pela morte de seu querido sobrinho Echo, que ele acredita ter morrido como resultado de seu pacto com o diabo. Em meio aos brindes com champanhe na festa comemorativa da publicação do romance, em 1947, Mann leu um trecho no qual Leverkühn olha amorosamente para Echo, um personagem baseado no amado neto de Mann, Fridolin. Por esse olhar amoroso, que viola o diabólico contrato, Leverkühn é punido — Echo fica doente e morre quando a poderosa obra final do compositor começa a tomar forma em sua mente. Mann considerava esse trecho a passagem mais poética do romance. Após terminar a leitura, mais champanhe foi servido. É difícil não se sentir nauseado ante essa glorificação de uma expressão poética do sofrimento — como se Mann, o artista criativo, mesmo quando faz um gesto de reconhecimento do sofrimento humano, continuasse implacável e narcisisticamente fixado em sua própria realização criativa. Não importa: o romance virou um best-seller nos Estados Unidos — a primeira edição, com 25 mil exemplares, esgotou-se rapidamente, e as resenhas eram avassaladoramente positivas.

Quanto ao romance em si, Mann terminou-o com um lamento pela Alemanha do pós-guerra.

Hoje, presa de demônios por todos os lados, uma das mãos cobrindo um olho, o outro contemplando horrores, ela desaba de desespero em desespero. Quando chegará ao fundo do abismo? Quando, da mais total desesperança — milagre que está além do poder da crença —, a luz da esperança vai alvorecer?[61]

É interessante, para dizer o mínimo, comparar essa avaliação com aquilo que Adorno encontrou quando voltou a Frankfurt em 1949. Em vez de uma Alemanha a contemplar com um olho os horrores, ele a encontrou, como veremos, com os dois olhos fechados.

Arnold Schoenberg não foi o único a se preocupar com o fato de ter um dublê descompromissadamente ficcional no romance de Mann. O próprio Adorno escreveu a Mann em 1950, preocupado com a possibilidade de que, como apontara um crítico literário, o diabo descrito no capítulo 25 como um cafetão que se tornara um erudito conhecedor de música e usava óculos com aros de chifre sobre seu nariz adunco fosse ele mesmo, Adorno. Mann respondeu: "A ideia de que o diabo em seu papel de um erudito conhecedor de música tenha sido inspirado em sua aparência é totalmente absurda. Você de fato usa óculos com aros de chifre?".[62] O biógrafo de Adorno sugere que Mann provavelmente ficou espantado por Adorno não ter resolvido a charada — o diabo não era Adorno; ele tinha, sim, uma semelhança marcante com Gustav Mahler.

Mas Adorno não conseguiu contornar de todo essa associação com um diabólico bafejo de enxofre. Em 1974, o filósofo pós-moderno Jean-François Lyotard escreveu um ensaio chamado "Adorno como o diabo". Para Lyotard, Adorno lamentava com pessimismo o declínio a partir de uma situação privilegiada. "A imagem diabólica não é apenas dialética", escreveu Lyotard com uma lucidez característica. "Ela é expressamente o fracasso da dialética na dialética, a negativa no cerne da negatividade, o momento suspenso ou a suspensão momentânea."[63] Isso quer dizer que o tipo de teoria crítica de Adorno visava impotentemente à negatividade, incapaz de oferecer a promessa de um futuro melhor que os leitores encontravam em Marx.

Adorno certamente se opunha ao conceito marxista exaltado por György Lukács de que os artistas da vanguarda intelectual eram valiosos na medida em que, com suas obras, chamavam a atenção para as contradições da realidade social das quais, não fosse isso, os que os liam ou ouviam não teriam tido consciência — e portanto eles ajudavam a transformar a realidade em algo melhor. Num ensaio intitulado "Uma reconciliação extorquida", Adorno descartava a visão de Lukács como um "xibolete* materialista vulgar" e "conversa-fiada para ganhar aplausos soviéticos".[64] Mas se isso não é útil para catalisar a revolução, para que serve atestar na arte o sofrimento, como buscava Adorno? James Hellings capta bem a visão de Adorno sobre o que deveria ser a arte quando escreve: "A arte não copia nem imita, não descreve nem reflete a realidade objetiva — manquejando impotente atrás dela à la Lukács —, e sim relembra, reproduz e redime o que está além da realidade objetiva (o incomensurável, o Outro, algo mais)".[65] A arte teria, como afirmaria Adorno mais tarde, uma essência dual de "autonomia e *fait social*".[66] A arte não poderia ser afirmativa; não poderia ser usada nem para sustentar nem para reverter o statu quo. E mesmo assim, somente a arte poderia expressar a verdade do sofrimento, somente a arte não iria ceder à tentação de usar o sofrimento para outros fins.

Era para isso que serviria, na visão de Adorno, a autonomia da arte. Dito isso, ele também sustentava a ideia de que uma arte digna desse nome descreveria uma extenuante realidade social (e é isso que ele entendia como uma arte essencialmente envolvida num "*fait social*", ou fato social) sem aspirar a mudá-la. A arte poderia apenas negar um estado de coisas existente. Essa infatigável negatividade na filosofia da arte de Adorno foi o que levou Karl Popper a afirmar que ela era "oca e irresponsável".[67] Ou, como afirmou Lyotard, diabólica. Talvez Adorno tivesse uma aliança com algum tipo de diabo: o Mefistófeles do *Fausto* de Goethe, que diz "Eu sou o espírito que nega".

---

* O termo deriva do hebraico *shiboleth* (espiga) e foi usado, segundo a Bíblia, para identificar numa contenda membros da tribo de Efraim, que não conseguiam pronunciar o "sh" como "x", por não usarem esse fonema em seu vocabulário. Passou a significar uma marca, uso, preferência etc. que caracteriza um grupo. (N. T.)

12. A luta contra o fascismo

Enquanto Adorno e Horkheimer estavam na Califórnia durante a Segunda Guerra Mundial, vários outros membros da Escola de Frankfurt foram trabalhar para o governo norte-americano em Washington, para ajudar em seu esforço antiguerra. O Instituto de Pesquisa Social pôde, em consequência, cortar sua folha de pagamento. Visto isso do outro lado da Guerra Fria, pode parecer surpreendente que um grupo que parecia ser de revolucionários neomarxistas fosse convidado para o centro do governo norte-americano. No entanto, Leo Löwenthal, Franz Neumann, Herbert Marcuse, Otto Kirchheimer e Friedrich Pollock foram todos contratados porque, como recentes exilados judeus da Alemanha, conheciam intimamente o inimigo e assim poderiam ajudar na luta contra o fascismo. Em uma década, começaria para valer nos Estados Unidos a caça às bruxas macarthista atrás de suspeitos de comunismo. Em 1942, contudo, os vermelhos não estavam debaixo da cama; eram convidados entre seus lençóis.

Mas o que significava fascismo para a Escola de Frankfurt? Uma década antes, Wilhelm Reich, em seu livro *Psicologia de massas do fascismo*, de 1933, atribuiu sua ascensão à repressão sexual. Ele escreveu:

A supressão da sexualidade natural na criança, particularmente de sua sexualidade genital, faz a criança ficar apreensiva, tímida, obediente, com medo da autoridade, boa e ajustada no sentido autoritário; paralisa as forças rebeldes, porque toda rebelião está carregada de ansiedade; produz, ao inibir a curiosidade sexual e o pensamento sexual na criança, uma inibição generalizada do pensamento e das faculdades críticas.[1]

Para Reich, a família não era, como tinha sido para Hegel, uma zona autônoma que oferecia resistência ao Estado, e sim a miniatura de um Estado autoritário que preparava a criança para sua ulterior subordinação.

O principal pensador da Escola de Frankfurt na área da psicanálise, Erich Fromm, concordava em grande parte com a análise de Reich, embora se preocupasse com o fato de esta contar com muito pouca confirmação empírica e se focar demasiadamente na sexualidade genital. Fromm contestava que a ascensão do fascismo tivesse algo a ver com o sadomasoquismo. Em seu ensaio "Aspectos sociopsicológicos", ele distinguia o caráter "revolucionário" do "masoquista".[2] O primeiro tinha a força do ego e buscava mudar seu destino; o segundo se submetia à sua sina, deixando seu destino por conta de uma força acima dele. Fromm acompanhou Freud ao considerar que o sadismo era o outro lado da moeda do masoquismo: o sádico se voltava contra os que demonstravam sinais de fraqueza. O caráter social masoquista era essencial à sociedade autoritária, por envolver, como envolvia, deferência aos que estavam acima e desprezo aos que estavam abaixo. Para Fromm, o sadomasoquismo era caracterizado por um esforço compulsivo em busca de ordem, pontualidade e frugalidade: esse era o tipo de caráter social que um fascista gostaria que houvesse em sua forma mais extrema para fazer com que os trens fossem pontuais ou para assassinar judeus em escala industrial.

Mas tudo isso ainda diz pouco do porquê de o fascismo ter surgido na Alemanha em particular. Durante a década de 1930, Fromm desenvolveu um relato do que acontecera, o qual engrandeceu seu livro *O medo à liberdade*, de 1941, publicado depois que ele deixou o Instituto de Pesquisa Social. Fromm afirmava que, como a Alemanha tinha passado do capitalismo industrial para o capitalismo de monopólio, o caráter social da classe média baixa ainda era o mesmo. A pequena burguesia, que era o ícone da fase anterior do capitalismo, que era a dona e a gerente de seus próprios negócios, tornou-se uma anomalia sob as formas corporativas do capitalismo. Essa classe tinha sido o herói involuntário do relato de Max Weber em *A ética protestante e o "espírito" do capitalismo*: eram os personagens parcimoniosos, negadores do prazer, aferrados ao dever, que predominavam no início do capitalismo. Agora, na República de Weimar, estavam politicamente impotentes, economicamente esmagados e espiritualmente alienados. De maneira sadomasoquista, não ansiavam por mudar seu próprio destino, mas se submeter à autoridade que faria isso por eles. "O desejo de estar sob uma autoridade é canalizado para um líder forte, enquanto outras figuras paternas específicas tornam-se alvo de rebelião", escreveu Fromm em "Caracterologia psicanalítica e sua relevância para a psicologia social", em 1932.[3] Em 1941, quando escreveu *O medo à liberdade*, Fromm considerou esse anseio sadomasoquista por um líder forte por parte da pequena burguesia alemã como elemento de um grande e dialético processo histórico. O processo de ser liberado da autoridade (seja a autoridade de Deus, seja a da convenção social) resultava, alegou Fromm, numa espécie de angústia ou desesperança, semelhante à que as crianças sentem durante seu desenvolvimento na infância.

Fromm pensava que a experiência de se libertar da autoridade pode ser esmagadora e terrificante. Ele distinguia entre liberdade negativa e liberdade positiva — liberdade *de* e liberdade *para*. A responsabilidade conferida aos humanos por estarem livres da autoridade pode ser insuportável, a menos que sejamos capazes de exercer nossa liberdade positiva de forma criativa. O pensamento de Fromm tinha conexão com o relato quase contemporâneo da angústia da liberdade, como vivenciada no romance *A náusea*, de 1938, do filósofo existencialista Jean-Paul Sartre. Mas enquanto Sartre tinha a vivência nauseante da liberdade como um fato relativo ao homem, Fromm a enquadrava num contexto histórico, dialético. Porém assumir a responsabilidade de exercer criativamente a liberdade positiva era exatamente o que um caráter social fraco e desprovido de ego era incapaz de fazer. Em vez disso, para poder alcançar segurança espiritual e fugir do insuportável ônus da liberdade, o indivíduo, assustado, substituiu uma forma de autoridade por outra.

Fromm escreveu: "O indivíduo assustado busca alguém ou algo a que possa atrelar o seu 'eu'; ele não é capaz de suportar continuar sendo seu próprio 'eu' individual, e tenta freneticamente se livrar dele e se sentir novamente seguro com a eliminação dessa carga: o 'eu'".[4] É aí que entra Hitler: a personalidade autoritária do Führer não só o fez querer governar a Alemanha em nome de uma autoridade mais elevada, embora ficcional (a raça superior alemã), como também o tornou atraente para uma insegura classe média. Fromm alegou que esse medo da liberdade não era uma exclusividade fascista, e que isso ameaçava a base da democracia em todo Estado moderno. No início de *O medo à liberdade*, ele citou com aprovação as palavras do filósofo pragmatista norte-americano John Dewey:

> A séria ameaça à nossa democracia não é a existência de Estados totalitários estrangeiros. É a existência, em nossas próprias atitudes pessoais e dentro de nossas próprias instituições, das condições que deram a vitória à autoridade externa, à disciplina, à uniformidade e à dependência do Líder nos países estrangeiros. De acordo com isso, o campo de batalha é aqui também — dentro de nós mesmos e de nossas instituições.[5]

A visão que Fromm tinha do fascismo tomando como premissa o sadomasoquismo de seus apoiadores tornou-se a visão ortodoxa da Escola de Frankfurt. Em seu ensaio "O combate ao liberalismo na concepção totalitária do Estado", de 1934, Marcuse escreveu que "essa ideologia expõe o statu quo, mas com uma radical transfiguração de valores: a infelicidade é transformada em graça, a miséria em bênção, a pobreza em destino".[6]

O filósofo marxista alemão Ernst Bloch, escrevendo no exílio em Zurique, discordava da ortodoxia da Escola de Frankfurt, que via o nazismo como sintoma da vontade de se ter uma figura autoritária. Em seu livro *Erbschaft dieser Zeit* [A herança de nosso tempo], de 1935, Bloch argumentava que o fascismo era um movimento religioso pervertido que conquistava as pessoas com um kitsch anacrônico e ideias quase utópicas sobre as maravilhas de um futuro Reich.[7] O fascismo era, portanto, um paradoxo, sendo ao mesmo tempo antigo e moderno: mais precisamente, era um sistema que utilizava uma tradição hostil ao capitalismo para a preservação do capitalismo. Para Bloch, assim como para Walter Benjamin, o fascismo era uma síntese cultural que continha os dois aspectos, o anticapitalista e o utópico. A Escola de Frankfurt não enfatizou em sua análise do fascismo o que Benjamin chamou de "estetização da política". Coube a Benjamin, Bloch e Siegfried Kracauer refletir sobre o uso que o nazismo fazia de mitos, símbolos, desfiles e comícios para mobilizar apoio. Benjamin escreveu em 1936 que a autoalienação da humanidade tinha "atingido tal nível que ela seria capaz de contemplar sua própria destruição como um prazer estético de primeira ordem".[8] Como "humanidade" ele se referia à parte dela que sucumbira aos sonhos ilusórios do poeta italiano futurista e fascista Filippo Marinetti, que achava a guerra uma coisa linda.

Essas ideias conflitantes alimentaram uma disputa entre dois dos principais teóricos do fascismo na Escola de Frankfurt, Friedrich Pollock e Franz Neumann.[9] Pollock vinha argumentando havia muito tempo que existia essa coisa chamada "capitalismo de Estado", e que nem a Alemanha nazista nem a União Soviética tinham abolido o capitalismo; em vez disso, o planejamento de Estado, o estímulo à inovação tecnológica e o empurrão dado à indústria pelos crescentes gastos militares tinham tornado possível postergar suas contradições. Talvez, conjecturava Pollock com pessimismo, Hitler e Stálin tivessem tornado o sistema capitalista invulnerável mesmo durante a Grande Depressão da década de 1930. Essa ideia era herética em si mesma: ia de encontro ao relato de Henryk Grossman segundo o qual o capitalismo estava destinado a afundar em suas próprias contradições. Neumann discordava. Para ele, o "capitalismo de Estado" era uma contradição em termos. Se o Estado se tornasse o único dono dos meios de produção, ele impediria o capitalismo de funcionar apropriadamente. Na verdade, Neumann acreditava que o que estava acontecendo na Alemanha sob o governo nazista era que "os antagonismos do capitalismo estão operando num nível mais elevado e, portanto, mais perigoso, mesmo que esse antagonismo esteja encoberto por um aparato burocrático e pela ideologia da comunidade do povo".[10] O que Neumann chamava de capitalismo de monopólio totalitário de Hitler talvez fosse mais propenso à crise do que o capitalismo de monopólio liberal.

Mas até mesmo Neumann, que não era muito simpático a explicações psicossociais ou estéticas para o sucesso de Hitler, menos ainda à ideia de que era o sadomasoquismo que supostamente caracterizava seus apoiadores, escreveu em seu livro *Behemoth: Estrutura e prática do nacional-socialismo*, de 1942:

> O governo carismático tem sido há muito tempo negligenciado e ridicularizado, mas aparentemente ele tem raízes profundas e torna-se um poderoso estímulo quando se estabelecem condições psicológicas e sociais adequadas. O poder carismático do líder não é um mero fantasma — não se pode duvidar de que milhões acreditam nele.[11]

Mas o que se mostrou desastroso para os nazistas foi que eles cometeram o erro de acreditar em sua própria propaganda. Adorno reconheceu isso muito bem ao escrever esta passagem de *Minima moralia* durante os últimos dias da Segunda Guerra Mundial:

> Eles [os líderes nazistas] não enxergavam nada à sua frente a não ser multidões aclamando e negociadores assustados: isso bloqueou sua visão do poder objetivo de uma massa maior de capital. Foi uma vingança imanente sobre Hitler o fato de que ele, o carrasco da sociedade liberal, ainda era, em seu próprio estado de consciência, "liberal" demais para perceber como o potencial industrial fora da Alemanha estava estabelecendo, sob o véu do liberalismo, seu irresistível domínio.[12]

Para Adorno, a Alemanha foi derrotada por uma forma mais adiantada de capitalismo. Numa carta a Horkheimer, ele escreveu que "as forças produtivas de países mais progressistas provaram ser mais fortes, afinal de contas [...] a guerra foi vencida pela indústria contra os militares".[13] Há algo nisso, embora deixe de fora o papel da União Soviética, de política não liberal, cuja vitória sobre as forças de Hitler em Stalingrado, em 1943, foi decisiva para o desenrolar do conflito na Europa. Foi o totalitarismo soviético, não o capitalismo liberal, que desferiu o golpe crucial no totalitarismo alemão.

Uma questão continua em aberto em relação ao fascismo, a saber, sua conexão com o antissemitismo. Na parte final de *Dialética do Esclarecimento*, "Elementos do antissemitismo", escrita após a guerra e publicada pela primeira vez em 1947, Adorno e Horkheimer afirmaram que os judeus serviram como uma válvula de escape necessária para as frustrações e agressões da sociedade. Mas atribuíram essa necessidade ao sistema capitalista, e não, especificamente, ao fascismo na Alemanha. As frustrações e agressões aos trabalhadores foram descarregadas sobre outro grupo. Eles escreveram:

> O trabalho produtivo do capitalista, quer justifique seu lucro mediante retorno bruto, como no liberalismo, ou mediante seu salário de diretor, como hoje em dia, é uma ideologia que encobre a natureza real do contrato de trabalho e o caráter ganancioso do sistema econômico.

Assim, as pessoas gritam "pega ladrão!", mas apontam para os judeus. Eles são os bodes expiatórios não apenas para manobras e maquinações individuais, mas num sentido mais amplo, na medida em que a injustiça para com uma classe inteira é atribuída a eles.[14]

Mas por que foram os judeus os bodes expiatórios? Porque, sugeriram Adorno e Horkheimer, a imagem dos judeus era a falsa projeção de coisas insuportáveis para a sociedade não judaica. Os judeus eram odiados porque eram injustamente tidos como sendo aquilo que os não judeus gostariam de ser.

Não importa o que os judeus, tais como são, possam parecer, sua imagem, como a de pessoas derrotadas, tem as características às quais a dominação totalitária tem de ser completamente hostil: felicidade sem poder, remuneração sem trabalho, um lar sem fronteiras, religião sem mitos. Essas características são odiadas pelos governantes porque os governados almejam secretamente possuí-las. Os governantes só estarão seguros enquanto o povo que governam substituir seus almejados objetivos por formas do mal que possam odiar.[15]

E os judeus podiam realmente servir como essas formas odiosas. A imagem do judeu errante, escreveu Adorno em seu texto "Nota sobre o antissemitismo", de 1940, "representa uma condição da humanidade que não conhecia o trabalho, e todos os ataques posteriores contra o caráter parasitário e destrutivo dos judeus são simplesmente racionalizações".[16]

Löwenthal, Marcuse, Kirchheimer, Neumann e Pollock ajudaram a derrotar o fascismo que a Escola de Frankfurt tinha descrito trabalhando para o governo norte-americano. Pollock atuava na divisão antitruste do Departamento de Justiça, e Löwenthal no Escritório de Informação de Guerra. Enquanto isso, William Donovan, também conhecido como "Wild Bill", chefe do Escritório de Serviços Estratégicos (oss na sigla em inglês), a agência de inteligência dos Estados Unidos em tempo de guerra criada pelo presidente Roosevelt em 1941, recrutou os três outros membros da Escola de Frankfurt — Neumann, Marcuse e Kirchheimer — para trabalhar como analistas de informações de inteligência.

Marcuse disse que tinha ido para Washington "para fazer tudo que pudesse para ajudar a derrotar o regime nazista". Após a guerra, os críticos comunistas de Marcuse o admoestaram por trabalhar para o que acabou sendo o precursor da CIA. "Se críticos me repreendem por isso", ele disse numa entrevista posterior, "isso só demonstra a ignorância dessa gente que parece ter esquecido que a guerra era então uma guerra contra o fascismo e que, em consequência, eu não teria o menor motivo para me envergonhar de ter ajudado nisso."[17]

Como exilados alemães, esses homens tinham um profundo conhecimento do inimigo dos norte-americanos. Em particular, Neumann tinha acabado de publicar seu livro *Behemoth*, fruto de uma detalhada pesquisa acadêmica sobre o funcionamento do sistema nazista, embora escrito de uma perspectiva neomarxista. No prefácio de *Secret Reports on Nazi Germany: The Frankfurt School Contribution to the War Effort* [Relatórios secretos sobre a Alemanha nazista: A contribuição da Escola de Frankfurt para o esforço de guerra], Raymond Geuss, professor de filosofia política em Cambridge, sugere que essa "tolerância com o desvio intelectual", em que as ideias do marxismo poderiam ser aproveitadas para derrotar o fascismo, contrasta com a "política do conformismo intelectual míope" do mundo anglo-americano no século XXI.[18] O que Geuss tem em mente é que Neumann, Marcuse e Kirchheimer tinham sido recrutados porque podiam oferecer uma profunda percepção da cultura política do inimigo — que era, poderíamos pensar, exatamente o tipo de percepção que poderia ter sido útil durante a invasão do Iraque em 2003. Mas Bush e Blair não permitiram que essas vozes dissidentes e esclarecidas viessem informar sua "guerra ao terror". Em marcante contraste, os eruditos de Frankfurt trouxeram um estimulante desafio às opiniões estabelecidas sobre o nazismo. Eles punham em dúvida, por exemplo, a noção de Churchill de que ou o "militarismo prussiano" ou o "impulso teutônico para a dominação" poderia explicar a ascensão de Hitler, em vez de se ater a algo mais moderno, a saber, uma série de pactos entre a burguesia industrial e o regime.

Eles punham em dúvida, também, a estratégia aliada de bombardear os alemães até que estes se rendessem. Em junho de 1944, Neumann escreveu um artigo no qual criticava o bombardeio de cidades alemãs, não porque fosse desumano, mas porque era contraproducente. "Por mais diversificados que possam ser os efeitos dos ataques à população alemã, esses efeitos têm uma característica em comum: tendem a absorver todas as questões políticas numa questão pessoal, em nível tanto nacional quanto individual", ele escreveu.[19] Era, efetivamente, uma análise marxista da utilidade do bombardeio: Neumann estava alegando que os civis alemães bombardeados poriam a questão imediata de sua sobrevivência acima de seus interesses de classe ou do imperativo de derrubar o nazismo. Bombardear as cidades alemãs acarretava o risco de prolongar a vida do Terceiro Reich em vez de liquidá-lo. Só muitas décadas depois, com livros como *O incêndio*, de Jörg Friedrich, e *Guerra aérea e literatura*, de W. G. Sebald, que romperam o quase silêncio quanto aos 635 mil alemães (a maioria civis) que morreram e os 7,5 milhões que perderam suas casas quando as bombas britânicas e norte-americanas foram despejadas sobre 131 cidades e vilas, é que se pode perceber a presciência do argumento de Neumann — como, nos escombros de Hamburgo ou Dresden, dificilmente se poderia pensar em organizar uma resistência ao nazismo.

Neumann é o mais intrigante dos pensadores de Frankfurt que ajudaram Tio Sam, e não só porque durante a guerra ele tenha fornecido informação aos espiões soviéticos que o conheciam pelo codinome Ruff. Nascido em 1900 em Katowice, Polônia, Neumann, quando estudante, tinha apoiado a fracassada Revolução Alemã de 1918;[20] depois ele praticou advocacia trabalhista, representou sindicatos e tornou-se posteriormente o principal advogado do Partido Social-Democrata da Alemanha. Em 1933, temendo ser preso pelos nazistas, fugiu para a Grã-Bretanha, onde estudou na London School of Economics (LSE) com Karl Mannheim e outros. Em 1936, juntou-se ao Instituto de Pesquisa Social em Nova York por recomendação de Harold Laski, da LSE. Quando trabalhava para o instituto, Neumann não só escreveu *Behemoth* como ajudou a conseguir o suporte do American Jewish Committee [Comitê Judaico Norte--Americano] para o estudo da Escola de Frankfurt sobre o antissemitismo.

Como vice-chefe da Seção da Europa Central na Divisão de Pesquisa e Análise do OSS, Neumann tinha acesso a informações secretas dos embaixadores norte-americanos, que ele passava obsequiosamente a Elizabeth Zarubina, espiã soviética que agia nos Estados Unidos e que ele conhecera por intermédio de seu amigo Paul Massing (sociólogo com conexões com o instituto) e sua mulher Hede, que tinham trabalhado para (e ainda tinham ligações com) o NKVD, o serviço secreto soviético. No entanto, quando Neumann tornou-se cidadão norte-americano naturalizado em 1943, Hede e Paul Massing, preocupados, acharam que ele devia parar de enviar informação aos soviéticos devido a seus novos e recentes deveres patrióticos. Neumann lhes escreveu em resposta que ainda via como seu dever primordial a derrota do nazismo, e assim, "se houver algo realmente importante, eu informarei vocês sem hesitação".[21]

Tem-se sugerido que Neumann pode ter sido o espião soviético mencionado nos supersecretos Documentos Venona. Liberados de sua classificação de sigilo somente em 1995, esses documentos revelam o funcionamento de um programa de contraespionagem conduzido pelo Signal Intelligence Service do Exército dos Estados Unidos, precursor da Agência Nacional de Segurança, de 1944 a 1980. Foram os Documentos Venona que descobriram um círculo de espionagem soviética que tinha como alvo o Projeto Manhattan, de desenvolvimento de armas nucleares, e que depois acusaram Ethel e Julius Rosenberg de passar informação sobre a bomba atômica a Moscou, o que levou a suas execuções em 1953. Mas parece fantasiosa a sugestão de que Neumann, por todas as suas credenciais marxistas, fosse um traidor como eles: dificilmente ele pode ser considerado um agente duplo, e sim alguém que via como seu dever em tempo de guerra ajudar os Aliados — um dos quais era a União Soviética — a derrotar o nazismo. Para ele, pelo menos, não havia conflito de interesses. Mesmo assim, à medida que o governo dos Estados Unidos se concentrava cada vez mais em resistir ao avanço do comunismo soviético na Europa que se seguiu à derrota de Hitler, os chefões em Washington podem ter tido outras ideias. Após a guerra, Neumann foi ser professor de ciência política na Universidade Columbia em Nova York e ajudou a estabelecer a Universidade Livre de Berlim. Esta última, fundada no início da Guerra Fria em Berlim Ocidental, tinha um nome simbólico: diferentemente da Universidade Humboldt em Berlim Oriental, controlada pelos comunistas, ela era parte do que os norte-americanos gostavam de chamar de "mundo livre". É claro, podem alegar os céticos, essas atividades seriam uma boa cobertura para um agente duplo soviético deveras astuto, particularmente aquele que queria evitar ser executado como os Rosenberg ou forçado a ir para um sombrio exílio em Moscou, como aconteceu com alguns da rede de espiões em Cambridge que tinham revelado segredos ao Kremlin. Nada disso, no entanto, pode ser tido como uma indicação de que Franz Neumann era um deles.

Todos três — Marcuse, Kirchheimer e Neumann — trabalharam para o oss como analistas políticos, ajudando a identificar tanto os nazistas que seriam responsabilizados por crimes de guerra quanto os antinazistas aos quais se poderia recorrer para ajudarem na reconstrução do pós-guerra. Jürgen Habermas perguntou uma vez a Marcuse se as resultantes sugestões deles tinham tido algum efeito. "Pelo contrário", veio a resposta. "Aqueles que tínhamos listado como 'criminosos de guerra econômica' estavam muito rapidamente de volta a decisivas posições de responsabilidade na economia alemã."[22]

Após a derrota dos nazistas, Neumann continuou a trabalhar para o oss e para o Tribunal de Crimes de Guerra de Nuremberg sob seu promotor-chefe, Robert H. Jackson. Ele escreveu análises sobre os 22 réus nazistas, inclusive Hermann Goering, que tinha sido designado sucessor de Hitler, análises que foram cruciais nas acusações contra eles. Donovan pediu-lhe também que investigasse qual fora o propósito nazista na perseguição à Igreja cristã. Ele e sua equipe concluíram que o poder da Igreja sobre o povo, principalmente os jovens, fora quebrado porque representava um setor de resistência à ideologia do nacional-socialismo.

> Eles admitiram seu objetivo de eliminar as Igrejas cristãs na Alemanha e buscar substituí-las por instituições nazistas e crenças nazistas, e executaram um programa de perseguição aos padres, ao clero e aos membros de ordens monásticas que consideravam contrários a seus propósitos, e confiscaram propriedades da Igreja.[23]

O que surpreende é o fato de que Donovan não instruiu Neumann e sua equipe a investigar a outra e mais devastadora forma de perseguição religiosa do nazismo — aquela que levou à destruição de 267 sinagogas em toda a Alemanha durante a Kristallnacht [Noite dos Cristais], em novembro de 1938 —, e menos ainda a perseguição que levou ao assassinato de 6 milhões de judeus.

Em 9 de julho de 1946, Adorno escreveu à sua mãe, depois de receber um telegrama que informava a morte do pai. Oscar Wiesengrund morreu aos 77 anos, após prolongada enfermidade:

> Há dois pensamentos dos quais não consigo me livrar. O primeiro: que vou encontrar a morte no exílio, embora isso com certeza seja uma bênção se comparado com uma existência lá, especialmente horrorosa — de tal modo que a continuidade da vida de uma pessoa é absurdamente dividida em dois, que ela não pode viver sua própria vida até sua conclusão natural, mas, em vez disso, tem-lhe sido imposta, em última análise, a categoria totalmente externa de "emi-

grante", o que representa mais uma categoria do que um indivíduo [...]. O outro pensamento: que quando morre o pai de alguém, é como se sua própria vida tenha sido roubada, um ultraje, algo que foi tirado da pessoa mais velha — a injustiça de continuar vivendo, como se estivesse enganando o morto, tirando-lhe a luz e o alento. A sensação de culpa é indescritivelmente forte em mim.[24]

Mas a culpa do sobrevivente tinha outra causa. Adorno sobrevivera ao Holocausto. Em agosto de 1945, quando duas bombas atômicas eram detonadas em Hiroshima e Nagasaki para pôr fim à Segunda Guerra Mundial, o assassinato de judeus em escala industrial em Auschwitz, Treblinka, Bergen-Belsen, Sobibor, Majdanek e outros campos estava sendo revelado ao mundo.

Em *Minima moralia*, que Adorno estava escrevendo na época, ele viu os campos de extermínio como uma espécie de expressão pervertida do princípio marxista da troca, que envolve uma freudiana projeção no outro daquilo que é mais intolerável em si mesmo, tanto uma culminação como uma negação dos valores do Iluminismo.

> A técnica dos campos de concentração é fazer com que os prisioneiros se pareçam com seus guardas, os assassinados com os assassinos. A diferença racial é elevada ao absoluto, de modo que pode ser absolutamente abolida, nem que seja no sentido de que nada que é diferente sobrevive.[25]

Para Adorno, Auschwitz foi assim mesmo um horror incomparável com outros horrores.

> Auschwitz não pode ser visto em analogia com a destruição das cidades-estados gregas, como uma mera e gradual intensificação do horror, ante o qual se pode manter a tranquilidade da mente. Sem dúvida, a tortura e a humilhação sem precedentes dessas pessoas abduzidas em caminhões de transporte de gado lançam uma luz mortalmente lívida sobre o mais distante passado.[26]

O pensamento não poderia continuar a ser o que era antes. Em 1949, atormentado por Auschwitz, sentindo não só a culpa como também a responsabilidade do sobrevivente, Adorno retornou da Califórnia para Frankfurt, onde, juntamente com Horkheimer, iria filosofar em circunstâncias diferentes — nos destroços da civilização ocidental.

PARTE V

A DÉCADA DE 1950

13. A sonata fantasma

No outono de 1949, Adorno cruzou o Atlântico a bordo do *Queen Eliza-beth*, de volta à Europa. Ele estava a caminho de sua cidade natal, Frankfurt, após quinze anos de exílio, para começar a ensinar novamente. Horkheimer, a quem fora oferecido o magistério na Universidade de Frankfurt, estava doente demais para viajar. Em Paris, Adorno fez uma escala em sua viagem, e de lá escreveu para Horkheimer:

> O retorno à Europa me agarrou com tal força que faltam-me as palavras. E a beleza de Paris brilha, mais linda do que nunca, por entre os andrajos da pobreza. [...] O que aqui sobrevive pode muito bem ser condenado pela história e certamente carrega as marcas disso com bastante clareza, mas o fato, *tal como é*, a essência da intempestividade, ainda existe, é parte do quadro histórico e permite uma frágil esperança de que algo humano sobrevive, apesar de tudo.[1]

A atração gravitacional da Europa não funcionou com a mesma força em muitos outros de seus colegas exilados. Outros ex-membros do Instituto de Pesquisa Social — Marcuse, Fromm, Löwenthal, Kirchheimer e Neumann — ficaram todos nos Estados Unidos, apesar de ocasionalmente visitarem sua pátria de nascimento. Por outro lado, Henryk Grossman, que tinha passado seus anos no exílio mais ou menos afastado do instituto, ficou feliz em deixar os Estados Unidos pela zona da Alemanha ocupada pela União Soviética. Durante a guerra, o FBI suspeitara que ele fosse um espião alemão, e nos primeiros anos da Guerra Fria suas afiliações comunistas fizeram-no temer ser um alvo de investigação do Comitê de Atividades Antiamericanas da Câmara dos Representantes. "O marxismo é designado como crime", ele escreveu a um amigo, "e uma pessoa só pode fazer carreira se escrever contra Marx."[2] Assim, em 1948, Grossman aceitou uma quantia fixa como pagamento do instituto, arranjada por Friedrich Pollock, e topou um convite para ser professor de economia na Universidade de Leipzig, então na zona ocupada soviética, e depois, a partir de 7 de outubro de 1949, parte da Alemanha Oriental.

Grossman não tinha mais uma família nuclear: sua mulher, Jana, e seu filho, Jan, tinham sido assassinados em Auschwitz em 1943, e seu segundo filho, Stanislaw, aparentemente tinha morrido antes deles. Grossman, assim como Ernst Bloch, Hanns Eisler e Bertolt Brecht, foi um grande sucesso da Alemanha Oriental durante a Guerra Fria em sua competição com a Alemanha Ocidental para atrair eminentes intelectuais antinazistas exilados. Em março de 1950, Grossman foi indicado pela cidade de Leipzig para o Prêmio Nacional "pela totalidade de suas realizações científicas na área do socialismo científico", mas não ganhou. É possível que suas realizações não fossem suficientemente puras em termos doutrinários para as autoridades de Berlim.

Após sua chegada, ele juntou-se à organização das Vítimas do Fascismo e foi reconhecido como um "combatente contra o fascismo". A rigor, para fins oficiais, ele se declarou "sem religião", e não como judeu. Seu biógrafo Rick Kuhn avalia que ele fez isso porque era "incapaz de conceber que o antissemitismo seria tolerado na Alemanha Oriental 'socialista'". Grossman achou que não precisava expressar solidariedade com outros judeus, e que poderia em vez disso revelar suas convicções seculares.[3]

Embora estivesse doente, ele deu todos os sinais de estar contente com seu novo espaço num novo Estado supostamente socialista. Ele dava aulas e gostava de socializar com alunos de adesão comunista da primeira leva de estudantes de origem camponesa e operária que se graduou em 1949. Em novembro de 1950, no entanto, ele morreu depois de enfrentar problemas com a próstata e com a doença de Parkinson. Seu biógrafo concluiu:

Grossman foi para Leipzig com grandes expectativas e grandes ilusões quanto ao regime da Alemanha Oriental. Parece que ele morreu com essas ilusões incólumes. Elas escondiam a distância que havia entre sua crença marxista na capacidade da classe trabalhadora de ser a condutora de um socialismo radicalmente democrático e as realidades do regime ditatorial de capitalismo de Estado.[4]

Outros intelectuais da Escola de Frankfurt tinham menos ilusões. Quando retornou do exílio, Adorno preferiu estabelecer-se na Alemanha Ocidental capitalista e não na Alemanha Oriental marxista. O mesmo fez Horkheimer, quando finalmente chegou a Frankfurt. Adorno escreveu:

> Não conseguimos enxergar na prática de ditaduras militares disfarçadas de democracias populares outra coisa senão uma nova forma de repressão, e naquilo que as pessoas lá estão acostumadas a chamar de "ideologia", vemos apenas qual foi a intenção original desse termo: a mentira que justifica uma falsa condição da sociedade.[5]

A grande questão era por que Adorno, assim como Horkheimer e Pollock, tinha voltado para a Europa. Eles não tinham se dado conta de que a Europa não era mais o centro da civilização ocidental? "A América não é mais a crua e ainda não formada terra da promissão da qual homens de grande talento como James, Santayana e Eliot tinham partido, buscando na Europa o que achavam que faltava na América", escreveu o crítico de arte Harold Rosenberg na revista *Partisan Review* em 1940, proclamando que a centenária dependência cultural da América em relação à Europa tinha acabado. "A roda fez um giro completo e agora os Estados Unidos tornaram-se o protetor da civilização ocidental, ao menos num sentido militar e econômico."[6] Desde a guerra, aquela nascente bravata tinha se desenvolvido e algo novo se afirmava: a orgulhosa insistência dos Estados Unidos em sua virilidade cultural ante a decadência da Europa.

Quando, por exemplo, Saul Bellow visitou Paris em 1948, um ano antes da visita de Adorno, o jovem romancista norte-americano sentiu-se como Dostoiévski um século antes. "Eu também era um estrangeiro e um bárbaro de uma terra vasta e atrasada", escreveu Bellow.[7] Ou ao menos ele foi tratado como tal. Então foi para casa para escrever seu romance *As aventuras de Augie*

March, de 1953, que começa assim: "Sou norte-americano, nascido em Chicago" — como que numa censura autoafirmativa à velha Europa culturalmente morta.[8] Os europeus não tinham o direito de considerar a "civilização norte-americana" um oximoro depois de terem revelado seu lado obscuro durante o Terceiro Reich.

Adorno estava viajando para o centro daquela barbárie, para o coração das trevas europeias, só para descobrir que, cinco anos após o término da guerra, seus compatriotas se comportavam como se o Terceiro Reich nunca tivesse acontecido. Ele não negou que ficara saudoso, mas destacou outro fator: a língua alemã, que, como sugeriu num ensaio intitulado "Sobre a questão 'O que é alemão?'", tinha uma "afinidade especial com a filosofia" e era capaz de "expressar algo nos fenômenos que não se esgota em sua mera condição de ser, sua positividade e inquestionabilidade".[9] Era uma ideia revigorante — como se os anglófonos estivessem condenados às filosofias que ele e a Escola de Frankfurt execravam por causa da estrutura de sua língua; como se nos escombros da Alemanha houvesse uma joia inestimável que poderia ser resgatada.

Dificilmente pode-se dizer que Adorno estava louvando a cultura alemã naquele momento tão desfavorável da história. Na verdade, era tal a ambivalência em seu sentimento de pertencer à tradição alemã que no mesmo texto ele foi capaz de refletir que a ideia da identidade nacional era produto do pensameno reificado ao qual se opunha a teoria crítica.

> A fabricação de coletividades nacionais, no entanto — prática comum no abominável jargão de guerra que menciona o russo, o norte-americano e certamente também o alemão —, é a marca de uma consciência reificada que resiste à experiência. Essa fabricação permanece exatamente nesses estereótipos, os quais é tarefa do pensamento dissolver.[10]

Mas aí está o paradoxo: se havia pensamento a ser desenvolvido para poder dissolver a consciência reificada, esse pensamento seria mais bem desenvolvido — e talvez *só* pudesse ser desenvolvido, na visão de Adorno — em alemão. Mas esse pensamento em alemão e a herança filosófica crítica na qual Adorno sentia-se em casa, apesar de todas as suas andanças no exílio, eram agora vistos com suspeita. Jürgen Habermas, ex-membro da Juventude Hitlerista que em poucos anos se tornaria o primeiro assistente de pesquisa de Adorno, diria mais tarde que ele só conseguia identificar suas próprias tradições intelectuais a uma distância que lhe permitisse "continuá-las num espírito de autocrítica com o ceticismo e a visão clara de um homem que já foi enganado uma vez".[11]

Adorno estava voltando para a cidade da qual quase tudo tinha sido apagado. Nos últimos dias da guerra, as tropas alemãs destruíram tudo, a não ser uma das pontes sobre o rio Meno. Em 1945, os bombardeios aliados destruíram 177 mil casas, deixando apenas 45 mil de pé. Uma lembrança fantasmagórica de sua família permanecia: no chão de parquete no único recinto habitável que restava na bombardeada casa de seu pai na rua Seeheim, Adorno pôde divisar as marcas deixadas pelo piano de sua mãe. Foi dessa cidade que ele tinha sido obrigado a fugir para o exílio, deixando para trás seus pais em idade já avançada, os quais haviam sido roubados e presos pelos nazistas e forçados a vender suas propriedades bem abaixo do valor de mercado, antes de rumarem para o exílio a fim de não serem assassinados nos campos de extermínio. Não é de admirar que ele estivesse lutando para controlar seus sentimentos. Só uma vez não conseguiu fazê-lo, quando confrontou o filho do proprietário de uma casa que também fora de seu pai, na Schöne Aussicht: "Eu o chamei de nazista e de assassino, embora não esteja certo de que ele tivesse culpa. Mas é assim que as coisas são — sempre são pegas as pessoas erradas, e os vilões são tão experientes e aptos para lidar com as situações reais que acabam se livrando".[12]

Este era um dos problemas da Alemanha para a qual ele e Horkheimer tinham voltado: não havia mais nazistas. Quem voltava do exílio encontrava sua pátria em um estado de denegação em massa. Quando Horkheimer visitou Frankfurt em 1948 para discutir com as autoridades universitárias a possibilidade de restabelecer o Instituto de Pesquisa Social, ele encontrou seus ex-colegas

> doces como torta, suaves como enguias, e hipócritas. [...] Participei ontem de uma reunião da faculdade e achei que foi amistosa demais, a ponto de fazer você querer vomitar. Todas aquelas pessoas estavam sentadas lá como tinham sentado antes do Terceiro Reich [...] exatamente como se nada tivesse acontecido [...] eles estavam representando uma sonata fantasma que deixaria Strindberg para trás.[13]

Essa reunião foi emblemática de quão espectral era a nova República Federal da Alemanha que Adorno e Horkheimer descobriram ao voltar. Algumas semanas antes da chegada de Adorno a Frankfurt, a Alemanha tinha sido dividida em dois Estados: a República Democrática Alemã (RDA), que tinha sido a zona soviética de ocupação no pós-guerra, e a República Federal da Alemanha (RFA), formada pelas zonas francesa, britânica e norte-americana. Os delegados para o Congresso do Povo da RDA foram eleitos de uma lista única dos candidatos do Partido Comunista; o resultado das primeiras eleições para o Bundestag da Alemanha Ocidental fez do conservador Konrad Adenauer o primeiro chanceler da RFA. Em seu discurso inaugural como chanceler, Adenauer não se referiu à responsabilidade alemã pelo assassinato de judeus — o que indicava como a nova república ia se recusar a reconhecer a vergonhosa atuação da Alemanha durante a Segunda Guerra Mundial. Pior ainda, o governo da Alemanha Ocidental contratou muitos indivíduos que tinham servido como funcionários civis e como advogados sob os nazistas; a responsabilidade pela economia do país foi assumida por aqueles a quem Marcuse e sua equipe no Escritório de Serviços Estratégicos tinham chamado de criminosos de guerra econômica.

A República Federal recusou-se a reconhecer — ou romper em definitivo com — o passado recente da Alemanha. Para a Escola de Frankfurt, a figura emblemática no que concerne a isso foi Martin Heidegger, o grande filósofo alemão e membro do Partido Nazista, que nunca desautorizou publicamente os discursos que fizeram dele, para muitos, um dos mais fortes propositores do nazismo. Na primavera de 1947, quando estava na Alemanha a trabalho para o Escritório de Serviços Estratégicos, Marcuse visitou seu ex-professor em sua cabana em Todtnauberg, na Floresta Negra. Heidegger disse a Marcuse que se tinha dissociado completamente do regime nazista em 1934, e que em suas palestras subsequentes tinha feito observações extremamente críticas. Mas isso não convenceu Marcuse, que escreveu a Heidegger mais tarde, no mesmo ano:

> Muitos de nós esperávamos uma declaração sua, uma declaração que clara e definitivamente o livrasse dessa identificação, uma declaração que expressasse com honestidade sua atitude atual em relação aos eventos que ocorreram. Mas você não fez essa declaração. [...] Um filósofo pode ser iludido em relação a questões políticas, caso em que reconhecerá abertamente seu erro. Mas não pode estar iludido quanto a um regime que matou milhões de judeus — apenas porque eram judeus —, que fez do terror um fenômeno cotidiano e que transformou tudo que diz respeito a ideias do espírito, liberdade e verdade em seu san-

grento oposto. Um regime que em cada aspecto imaginável foi a mortífera caricatura da tradição ocidental que você explicou e justificou com tanto vigor. [...] É realmente desse modo que você gostaria de ser lembrado na história das ideias?

Em resposta, Heidegger escreveu que, quando os nazistas chegaram ao poder em 1933, ele tinha "esperado do nacional-socialismo uma renovação espiritual da vida em toda a sua inteireza, uma reconciliação de antagonismos sociais e o livramento do *Dasein* ['presença', 'existência'] ocidental dos perigos do comunismo".[14] De fato, ele tinha dito isso em seu notório discurso como reitor da Universidade de Freiburg. No ano seguinte, reconheceu seu "erro político" e renunciou ao cargo. Mas por que, após 1934, nunca se retratou publicamente ou condenou aquelas palavras? Ele escreveu a Marcuse: "Teria sido o fim para mim e para minha família. [...] Uma retratação em 1945 seria, para mim, impossível: os que tinham apoiado o nazismo anunciaram sua mudança de lealdades da forma mais repulsiva; eu, no entanto, não tinha nada em comum com eles".[15]

Isso soa bastante evasivo. Mas em 1953, Jürgen Habermas, então com 24 anos, ressaltou algo que fez a história de Heidegger sobre sua mudança de opinião quanto aos nazistas parecer ainda mais dúbia. Habermas desafiou publicamente Heidegger a explicar o que ele quis dizer, em seu livro *Introdução à metafísica*, de 1935, com "verdade interior e grandeza do nacional-socialismo". Não tinha Heidegger alegado a Marcuse que seu endosso ao nacional-socialismo havia terminado no ano anterior? Como poderia Heidegger ter autorizado a republicação em 1953 dessas palestras sem qualquer revisão ou comentário? "O que foi realmente ofensivo", escreveu Habermas em *Entre naturalismo e religião*, "foi a negação pelos filósofos do nazismo da responsabilidade moral e política pelas consequências da criminalidade massiva sobre a qual quase ninguém falava mais, oito anos após a guerra."[16]

Para o jovem Habermas, essa não foi apenas sua primeira intervenção na vida pública, mas também um momento crucial em seu desenvolvimento intelectual e moral. Nascido em 1929, Habermas vinha da chamada "geração Flakhelfer" (geração antiaérea) de intelectuais do pós-guerra, como o romancista Günter Grass e os sociólogos Ralf Dahrendorf e Niklas Luhmann, que, quando adolescentes, tinham ajudado a defender Hitler. Com quinze anos,

Habermas foi, como a maioria de seus contemporâneos, membro da Juventude Hitlerista. Assim, jovem demais para combater e velho demais para ser isentado completamente de qualquer serviço na guerra, ele foi enviado à frente ocidental para se incorporar à defesa antiaérea nas ações de retaguarda contra o avanço aliado. Mais tarde ele descreveu seu pai, diretor do seminário local, como um "simpatizante passivo" dos nazistas, e admitiu que quando jovem tinha compartilhado essa mentalidade. Mas sua complacência, assim como a de sua família, foi abalada com os julgamentos em Nuremberg e os documentários sobre os campos de concentração nazistas. "Percebemos imediatamente que tínhamos vivido num sistema político criminoso", ele disse mais tarde. Sua horrorizada reação ao que chamou de "desumanidade coletivamente empreendida" por seus colegas alemães constituiu o que ele descreveu como "aquela primeira ruptura, que ainda nos deixa perplexos".[17]

Após a guerra, Habermas matriculou-se na Universidade de Bonn, e depois estudou também filosofia em Göttingen e Zurique. Entre 1949 e 1953, passou quatro anos estudando Heidegger, e assim sua carta ao filósofo estava carregada de ressonâncias simbólicas. Um jovem intelectual estava desafiando seu mentor mais velho, solicitando que não se ocultasse no silêncio e sim que explicasse como pôde ter louvado um sistema politicamente criminoso. Uma nova geração alemã estava exigindo que outra, mais velha, prestasse contas, e talvez expiasse seus pecados.

Em seus escritos na maturidade, Habermas levantaria a hipótese de que havia algo chamado razão comunicativa, que tinha um poder emancipatório. No que ele chamou de "situação ideal de fala", os cidadãos deveriam estar aptos a levantar preocupações morais e políticas, e o discurso daí decorrente deveria se desenvolver de modo ordenado e sem conflitos. Era uma esperança utópica que nascera dos escombros da Alemanha, a filosofia de quem ansiava por uma sociedade humana engajada num discurso livre e racional que seria o bom legado do Iluminismo. Para Habermas, o objetivo inerente, ou télos, era chegar a um entendimento e suscitar um consenso. Ele argumentou que esse consenso racionalmente alcançado era tão necessário quanto possível para um florescimento humano pós-Auschwitz. As barreiras que impediam o exercício da razão e o entendimento mútuo poderiam ser identificadas, compreendidas e reduzidas.

Talvez ele estivesse esperando algo assim em seu diálogo com Heidegger, mas isso não aconteceu; Heidegger não respondeu. Esse silêncio confirmou para o jovem Habermas que a filosofia alemã tinha fracassado em seu momento de prestação de contas. A omissão de Heidegger pareceu-lhe sintomática do antidiscurso repressivo e silenciador prevalente na nova República Federal. Assim como Heidegger se recusava a reconhecer publicamente seu apoio aos nazistas, o governo de Konrad Adenauer, fixando-se em jeremiadas anticomunistas contra sua vizinha Alemanha Oriental, recusava-se a reconhecer — ou romper definitivamente com — o passado recente da Alemanha.

Se era para a Escola de Frankfurt ter um papel na Alemanha do pós-guerra, seria o de interromper essa sonata fantasma, desafiar a cultura do silêncio e a denegação. Adorno e Horkheimer seriam, ao menos por questão de temperamento, as pessoas adequadas para a tarefa, já que estavam, como o segundo disse ao primeiro, "encarando a realidade pelos ângulos corretos".[18] Quando o Instituto de Pesquisa Social reabriu em agosto de 1950, com Horkheimer e Adorno como codiretores, alguns dos escritórios ficavam nas ruínas bombardeadas do prédio da Neue Sachlichkeit, de Franz Roeckle. No ano seguinte, mudaria para o novo prédio funcional de Alois Geifer. Talvez, uma vez mais, fosse um equívoco do instituto em matéria de arquitetura: em 1923, sua arquitetura parecia ir de encontro ao éthos do funcionalismo prevalente em Weimar, de eficiência gerencial e positivismo. Quase três décadas depois, o pálido fantasma daquele projeto iludido emergia dos escombros de Frankfurt, talvez sugerindo que o instituto não se opunha aos poderes dominantes tanto quanto parecia. A história arquitetônica estava se repetindo não exatamente como farsa, mas certamente como desapontamento. Chocante também foi que o que, antes de 1933, era conhecido como Café Marx passou a ser conhecido, em 1951, como Café Max, referindo-se a Horkheimer. Marx, o filósofo cujo nome o instituto astutamente espanara de seus trabalhos durante o exílio nos Estados Unidos para não ofender seus anfitriões, era agora marginalizado também na segunda encarnação europeia da Escola de Frankfurt.

O Café Max entrou em ação. O instituto recém-reformado começou um novo projeto sociológico para investigar a conspiração de silêncio que se abatera sobre a Alemanha. "A obviedade da catástrofe tornou-se um ativo para seus apologistas", escreveu Adorno em *Minima moralia*. "O que todos sabem ninguém precisa dizer, e sob a cobertura do silêncio é permitido continuar a não manifestar oposição."[19] O assim chamado "Experimento de Grupo" tinha alguma semelhança com um projeto sociológico anterior chamado "Projeto Autoritário", que Horkheimer desenvolvera em Berkeley durante o exílio na Califórnia. O Experimento de Grupo também se baseava em conceitos psicanalíticos para investigar o complexo de culpa e a defensividade, os quais Adorno reputava serem especialmente necessários, já que a opinião subjetiva diferia tão acentuadamente do fato objetivo — e era preciso escavar fundo o que havia por trás do conteúdo explícito do que as pessoas diziam para explorar o que Adorno e seus pesquisadores entendiam como uma psicopatologia coletiva subjacente.

O experimento envolveu cerca de 1800 participantes que compareceram a 120 discussões entre grupos de quinze a vinte pessoas. Embora não representativos do povo alemão, os participantes incluíam ex-soldados, estudantes moderninhos, pessoas sem teto e até mesmo um ex-oficial da ss. Adorno descobriu que os participantes tendiam a ser defensivos quanto mais conscientes fossem da enormidade dos crimes nazistas. Eles tendiam, também, a se identificar com a nova Alemanha, apesar desses crimes. Como resultado, a Alemanha parecia estar fundamentada em uma consciência de culpa, uma psicopatologia coletiva de denegação. Claro que não era simples assim. Alguns admitiam culpa, mas tentavam convertê-la num assunto privado, motivo para autopiedade. Outros projetavam a culpa nos líderes nazistas como a sugerir que eram impotentes ante o poder de Hitler e de sua corriola. Na verdade, metade dos que participaram das discussões em grupos rejeitou a hipótese de ter culpa pelos crimes dos nazistas. Alguns foram capazes de confrontar sua culpa, e era nesses que Adorno depositava alguma esperança. "Os que não reprimem a consciência de sua culpa e não têm a necessidade desesperada de adotar atitudes defensivas são os que estão livres para dizer a verdade, a de que nem todos os alemães são antissemitas."[20]

Transcrições das entrevistas feitas no Experimento de Grupo encerram a evidência de que continuavam a existir atitudes antissemitas e nacionalistas, que às vezes se combinavam com pontos de vista democráticos. Adorno identificou uma estranha síndrome, na qual pessoas

> apelam para a democracia em sua argumentação contra os judeus. [...] Sua reação é: não temos nada contra os judeus, não queremos persegui-los, mas eles não deviam fazer coisas que conflitam com um interesse — totalmente indefini-

do e arbitrariamente escolhido — da nação. Em particular, não deveriam ter um quinhão proporcionalmente tão grande nos empregos altamente remunerados e influentes. Esse tipo de pensamento [...] provê uma saída para pessoas presas num conflito entre consciência de culpa e defensividade.[21]

Adorno concluiu que na República Federal do pós-guerra continuava a haver atitudes autoritárias e uma tendência geral ao conformismo. Quando o Experimento de Grupo foi publicado em 1955, Adorno foi atacado por sua interpretação dos resultados. Seus autores queriam obrigar a nação inteira a se arrepender, argumentou o psicológo social Peter Hofstätter numa resenha. "Mas até onde podemos assumir que a maioria dos membros de uma 'nação' pode ser responsável por uma autoacusação durante anos a fio?"[22] Adorno, porém, afirmou que eram as vítimas que tinham de suportar o peso dos horrores do regime nazista, não um povo alemão em denegação. Ele percebeu que o ressentimento em relação ao Experimento de Grupo devia-se ao fato de este ter interrompido a sonata fantasma. Ou, nas palavras de Adorno: "Na casa do carrasco, você não deve falar de corda; caso contrário estará se expondo à suspeita de que é uma pessoa rancorosa".[23]

Na casa do carrasco, Adorno continuou falando de assuntos tabu. Seu ensaio "Crítica cultural e sociedade", quando publicado no livro *Prismas* em 1955, demonstrou ser incendiário em relação à Alemanha e à vida cultural europeia. Ele escreveu:

> A crítica cultural encontra-se hoje diante do estado final da dialética da cultura e da barbárie. Escrever poesia depois de Auschwitz é bárbaro. E isso corrói até mesmo a percepção de por que tornou-se impossível escrever poesia hoje em dia. Uma reificação absoluta, que pressupõe um progresso intelectual como um de seus elementos, hoje está se preparando para absorver a mente de modo total. A inteligência crítica não pode enfrentar esse desafio enquanto se confinar numa contemplação autocomplacente.[24]

O que Adorno tinha em mente, em parte, era que a cultura servia como um álibi, mais uma zona de escape das realidades políticas do que uma dolorosa confrontação com elas. Isso queria dizer que a cultura era como o retiro de Heidegger em sua cabana da Floresta Negra para contemplação espiritual, quando a tarefa que lhe cabia era confrontar seu passado — ou seja, uma injustificável distração. Em seu livro de aforismos *Minima moralia*, cujo manuscrito ele trouxe da Califórnia em sua pasta e que publicou em 1951 para ser muito aclamado, Adorno escreveu: "Que a cultura tenha falhado até agora não é justificativa para que continue a falhar, espalhando um suprimento de boa farinha na cerveja derramada, como a garota no conto de fadas".[25]*

Até então, o potencial revolucionário das obras de arte na era da reprodução mecânica, no qual Walter Benjamin depositara tanta esperança, não se tinha realizado: a cultura tornara-se impotente para mudar a opressiva realidade social; pior, ela ajudava a manter essa ordem opressiva. Marcuse, em seu ensaio "O caráter afirmativo da cultura", de 1937, tinha afirmado que a cultura se separa da sociedade ou da civilização e cria o espaço para o pensamento crítico e a tranformação social. Mas em vez de cumprir um papel emancipatório, ela se tornara uma zona autônoma, um lugar de retiro da realidade social. Nessa zona, alegava Marcuse, a demanda pela felicidade no mundo real é abandonada em benefício de uma forma interior de felicidade, a felicidade da alma. A cultura burguesa cria no ser humano um interior no qual os mais elevados ideais da cultura podem ser realizados. Essa transformação interna não exige uma transformação externa do mundo real e de suas condições materiais. Assim é a cultura afirmativa: os horrores do dia a dia podem ser dissipados prestando atenção nas belezas de Chopin.

Mas esse fracasso da cultura em cumprir seu papel crítico e social era efetivamente um prelúdio para uma obscenidade ainda maior. Em seu livro de memórias *É isto um homem?*, Primo Levi descreve como era ouvir o toque de alvorada musical toda manhã em sua cama na enfermaria, em Auschwitz. "Todos sentimos que essa música é infernal", ele escreveu. "Quando essa música toca, sabemos que nossos camaradas, lá fora na neblina, estão marchando como autômatos; suas almas estão mortas, e a música os carrega, como o vento carrega as folhas mortas, e toma o lugar de seus desejos."[26] Para que serve a cultura se ela fracassou em seu papel crítico, e quando pouco mais faz do que suprir uma trilha sonora para o assassinato em massa? Contudo, filósofos, artistas e escritores mobilizaram-se contra o rigor de Adorno. O sobrevivente de Auschwitz e filósofo Jean Améry acusou Adorno de usar uma linguagem into-

---

* Frederico e Catarina, dos irmãos Grimm. (N. T.)

xicada de si mesma na qual tinha explorado Auschwitz para seu espectro metafísico de "negatividade absoluta". O escritor e dramaturgo Wolfgang Hildesheimer alegou em suas conferências poéticas em 1967 que a poesia era a única opção literária possível após Auschwitz. Para ele, poemas como "Todesfuge" [Fuga da morte] de Paul Celan e "Früher Mittag" [Meio-dia, cedo] de Ingeborg Bachmann "eram como um voo e lampejos de insight na aterrorizante instabilidade do mundo, o absurdo".[27] O poema de Bachmann, por exemplo, escrito sete anos após o fim da Segunda Guerra Mundial, começa com uma descrição de um exuberante verão, uma limeira verdejante e fontes jorrando, e depois, em sua segunda estrofe, muda abruptamente de tom:

> Onde o céu da Alemanha enegrece a terra
> Seu anjo decapitado busca um túmulo para o ódio
> E lhe oferece o receptáculo do coração.[28]

O companheiro de Bachmann, o dramaturgo e romancista suíço Max Frisch, afirmou uma vez que a cultura servia como um álibi. O poema de Bachmann faz o contrário: diz-nos que não é mais possível evocar a herança poética lírica da Alemanha sem evocar também seus crimes. É um poema que desaloja e estranha o mundo — tarefa que, em *Minima moralia*, Adorno insistia ser necessariamente da filosofia, mas que a poesia, como a de Bachmann, poderia realizar tão bem quanto.

A poeta austríaca e Adorno ficaram amigos, especialmente depois que ela fez conferências sobre poesia em Frankfurt, em 1959. Em 1966, em *Dialética negativa*, Adorno iria rever sua opinião de uma década antes:

> O sofrimento perene tem todo o direito de expressão assim como um homem torturado tem de gritar; daí pode ter sido errado dizer que depois de Auschwitz não se poderia mais escrever poemas. Mas não está errado levantar a questão, menos cultural, de se após Auscwhitz pode-se continuar a viver — especialmente se alguém que escapou por acidente, e que normalmente deveria ter morrido, pode continuar a viver. Sua simples sobrevivência invoca a frieza, o princípio básico da subjetividade burguesa, sem a qual não poderia ter havido Auschwitz; esta é a drástica culpa que recai sobre aquele que foi poupado.[29]

Também em *Dialética negativa*, Adorno expressou, melhor do que tinha feito uma década antes, qual era o dever humano na esteira de Auschwitz. "Um novo imperativo categórico foi imposto por Hitler à humanidade em sua condição de não liberdade: ordenar seus pensamentos e suas ações de modo que Auschwitz nunca mais se repita, para que nada semelhante aconteça."[30]

Ao observar sua terra natal após seu regresso, Adorno não viu quase nada que o fizesse pensar que a parte alemã da humanidade não livre fosse capaz de atuar de acordo com aquele imperativo categórico. Não só os novos chefões ou os ex-aliados silenciavam quanto a Hitler, como o resto da Alemanha ainda se curvava ao poder. Adorno escreveu a Thomas Mann em junho de 1950:

> O caráter inarticulado de uma convicção apolítica, a disposição para se submeter a toda manifestação dos poderes em exercício, a acomodação instantânea a qualquer situação nova que surja, tudo isso é meramente um aspecto da mesma regressão. Se é verdade que o controle manipulador das massas acarreta sempre uma formação regressiva da humanidade, e se o impulso de Hitler para o poder envolveu essencialmente uma relação com esse desenvolvimento "num único golpe", podemos apenas dizer que ele e o colapso que se seguiu conseguiram produzir a necessária infantilização.[31]

O fascismo tinha sido derrubado na Alemanha, mas o tipo de personalidade que o apoiara sobreviveu. A ideia de que os que eram propensos a se deixar seduzir pelos líderes fascistas eram infantis foi um tema de longa duração na obra de Adorno antes de seu retorno à Alemanha. Mas outro tema importante da Escola de Frankfurt após a guerra, e que escandalizou particularmente quem tinha lutado pelos Aliados contra os nazistas, foi que havia paralelos entre a forma como os nacional-socialistas controlaram o povo alemão e como os aparentemente cidadãos livres de Estados supostamente liberais e democráticos como os Estados Unidos eram roubados daquilo que consideravam ser seus direitos natos coletivos, a liberdade e a autonomia.

Num simpósio de psicanalistas e sociólogos em San Francisco, em 1944, antes de retornar à Europa, Adorno tinha mencionado o sucesso da propaganda fascista dizendo que "ela simplesmente toma as massas pelo que elas realmente são: autênticos filhos da atual cultura de massa padronizada que têm sido roubados em grande parte de sua autonomia e espontaneidade".[32] Havia semelhanças, ele afirmava, entre a propaganda nazista e os programas de rádio de pregadores californianos que ele chamava de "aspirantes a Hitler". Nos dois casos, tentava-se ganhar autoridade sobre suas audiências num processo retórico em duas etapas: primeiro, professando sua própria fraqueza, identificando-se assim com os fracos receptores daquela mensagem; segundo, acentuando seu status como uns dos poucos eleitos a quem seus ouvintes poderiam se aliar se quisessem se submeter unicamente à sua autoridade. Para ser um Führer bem-sucedido ou um pregador carismático de rádio, alegava Adorno, era preciso ser o que ele chamou de "pequeno grande homem", parecido o bastante com seus seguidores para saber apelar para aqueles elementos de narcisismo que continuavam apensos ao próprio ego dos seguidores, e ainda corporificar também suas esperanças e até mesmo virtudes coletivas. A habilidade de Hitler, sugeriu Adorno, foi que ele "se apresentava como um compósito de King Kong com um barbeiro de subúrbio".[33]

Esse simpósio levou Adorno a trabalhar no desenvolvimento do que se tornaria conhecido como escala F, um teste de personalidade que ele desenvolveu em 1947 com pesquisadores que trabalhavam na Universidade da Califórnia em Berkeley, publicado em 1950 num livro intitulado *A personalidade autoritária*, na série Estudos sobre o Preconceito, patrocinada pelo American Jewish Committee [Comitê Judaico Norte-Americano]. O "F" denota "fascista", e a ideia se baseava na hipótese que Erich Fromm também procurou testar em seu estudo de trabalhadores alemães quase duas décadas antes: a de que os pesquisadores, para investigar os tipos de caráter mais propensos a sucumbir ao fascismo, teriam de penetrar as dimensões manifestas da personalidade para chegar às estruturas latentes que lhe subjaziam. Assim como o estudo de Fromm, o projeto de Berkeley envolvia um modelo freudiano de desenvolvimento: a personalidade autoritária era incapaz de enfrentar seus rígidos e punitivos pais, e em vez disso se identificava com figuras autoritárias. Mais dubiamente, a personalidade autoritária estava ligada à homossexualidade reprimida tida como comum entre os sadomasoquistas. "O ato proibido que se converte em agressão é geralmente homossexual por natureza", escreveram Adorno e Horkheimer em *Dialética do Esclarecimento*. "Com medo da castração, a obediência ao pai é levada ao extremo de uma antecipação de castração, numa aproximação consciente e emocional à natureza de uma garotinha, e o atuante ódio ao pai é reprimido."[34]

Mas enquanto o estudo de Fromm com trabalhadores alemães foi empreendido para investigar a possível força deles de resistir ao fascismo, bem como sua suscetibilidade a ideias socialistas revolucionárias, o estudo de Berkeley investigava quais tipos de personalidade eram passíveis de sucumbir a ideias antidemocráticas e quais não. Um motivo para essa mudança foi que, como vimos, quando estava no exílio nos Estados Unidos, o instituto não ousou usar a "palavra com M" (marxismo) em seus ensaios ou pesquisas, por medo de afastar potenciais patrocinadores. Como resultado, ironicamente, os valores e comportamentos que tinham sido associados a um bem-sucedido marxismo revolucionário no estudo de Fromm eram agora associados, no estudo de Berkeley, ao apoio à democracia.

Mas nessa mudança há mais de taxonomia do que de autocensura — o desaparecimento da linguagem do marxismo no instituto indicava o declínio da crença da Escola de Frankfurt no proletariado e na revolução. Lukács tinha escrito em *História e consciência de classe*: "A sina da revolução (e com isso a sina da humanidade) dependerá da maturidade ideológica do proletariado, isto é, de sua consciência de classe".[35] A Escola de Frankfurt não acreditava mais na revolução exatamente porque parecia pouco provável que o proletariado chegasse à maturidade ideológica. Como disse Fromm em seu livro *A sociedade sã*, de 1955: "O mundo é um grande objeto de nosso apetite, uma grande maçã, uma grande garrafa, um grande seio; nós somos os lactentes, os eternamente expectantes lactentes — e lactentes eternamente desapontados".[36] A maturidade ideológica era improvável num mundo assim. O controle manipulador das massas sempre acarreta uma formação regressiva da humanidade, escreveu Adorno numa carta de 1950 a Thomas Mann.[37] Ele estava escrevendo sobre o impacto de Hitler, mas era convicção crescente da Escola de Frankfurt que esse controle e essa regressão eram características de sociedades que só recentemente tinham se aliado contra Hitler.

A escala F foi concebida como um projeto de pesquisa para explorar o que Adorno e sua equipe chamaram de "um novo tipo antropológico", a personalidade autoritária. Envolvia um conjunto de perguntas projetado para medir o potencial fascista, testando nove variáveis de personalidade, como apresentadas em *A personalidade autoritária*, e que Adorno descreveu como se segue:

Convencionalismo: rígida aderência a valores convencionais, de classe média. Submissão à autoridade: atitude submissa e acrítica em relação a autoridades morais idealizadas de grupo. Anti-intracepção: oposição ao subjetivo, ao imaginativo, ao compassivo. Agressão autoritária: tendência a ir buscar e condenar, rejeitar e punir pessoas que transgridem valores convencionais. Superstição e estereotipia: crença em determinantes místicos do destino do indivíduo; disposição para pensar segundo categorias rígidas. Poder e "resistência": preocupação com dimensão nas relações dominância-submissão, forte-fraco, líder-seguidor; identificação com figuras que estão no poder; ênfase excessiva nos atributos convencionados do ego; afirmação exagerada da força e da rigidez. Destrutividade e cinismo: hostilidade generalizada, vilificação do humano. Projetividade: disposição para acreditar que coisas selvagens e perigosas sucedem no mundo; projeção para fora de impulsos emocionais inconscientes. Sexo: preocupação exagerada com "comportamentos" sexuais.[38]

Os questionários pediam aos entrevistados que declarassem em que medida concordavam com declarações como estas:

— Obediência e respeito pela autoridade são as virtudes mais importantes que uma criança deve aprender.

— Aquilo de que o país mais necessita, mais do que de leis e programas políticos, é de alguns líderes corajosos, incansáveis, dedicados, nos quais o povo possa depositar sua fé.

— Aquilo de que a juventude mais necessita é de uma disciplina estrita, de uma vigorosa determinação, e da vontade de trabalhar e lutar pela família e pelo país.

— Quase não há nada mais baixo do que uma pessoa que não sente um grande amor, gratidão e respeito por seus pais.

— Crimes sexuais, como estupro e assédio a crianças, merecem castigo maior do que a prisão; esses criminosos deveriam ser açoitados publicamente, ou receber um castigo ainda pior.

— O verdadeiro modo de vida norte-americano está desaparecendo tão rapidamente que é preciso usar a força para preservá-lo.[39]

Era permitido atribuir uma gradação à concordância ou discordância em relação a essas e outras declarações, e as respostas eram classificadas numa escala que ia de +3 a −3. Das 2099 pessoas — todas brancas, não judias, norte-americanas de classe média — que preencheram os questionários, as que marcavam pontos muito altos ou muito baixos na escala F eram convidadas a participar de longas entrevistas de avaliação. Adorno utilizou informações colhidas nessas entrevistas para esboçar uma lista de seis tipos de personalidade autoritária e cinco tipos de personalidade não autoritária.

Os tipos de personalidade autoritária incluíam o do "sujeito durão" (cujas "tendências reprimidas do id predominavam, mas de forma atenuada", segundo Adorno), o do "resmungão" e o do "manipulador" (ambos os quais, pensou Adorno, "parecem ter resolvido seu complexo de Édipo por meio de um recuo narcisista para seus próprios 'eus' interiores"). Adorno concebeu também uma tipologia para os que tiveram pontos baixos na escala F. Os tipos não fascistas incluíam o que "protestava" (cuja "propensão oculta à hostilidade para com o pai levava à rejeição consciente de uma autoridade heteronômica, em vez de sua aceitação. A característica decisiva é a oposição a tudo que pareça ser tirania") e o "liberal autêntico" (o qual "pode ser concebido em termos do equilíbrio entre superego, ego e id, que Freud considerava o ideal").[40]

Adorno não especificou a que tipo ele pertencia, mas é mais que razoável supor que ele se descreveria como um liberal autêntico.[41]

Quando *A personalidade autoritária* foi publicado em 1950, a escala F foi criticada por muitas razões, inclusive por assumir que conservadorismo tinha relação com autoritarismo. Também foi atacada porque permitia que pessoas inteligentes percebessem o significado de cada pergunta, respondendo de modo a formarem uma imagem moderada, distorcendo os resultados. O sociólogo Edward Shils, da Universidade de Chicago, se perguntava por que, no trabalho de Adorno e de sua equipe, o autoritarismo fora associado ao fascismo e não ao comunismo. Uma escala C [de comunismo] seria muito diferente da escala F? E seria certo que em 1950 a verdadeira oposição era entre as democracias liberais e o totalitarismo, fosse este fascista ou comunista? A Guerra Fria tinha começado, e então o que se precisava era compreender não os tipos de personalidade dos que apoiavam Hitler, mas os tipos de personalidade dos que apoiavam Stálin e seus sucessores e, muito possivelmente, extirpar os que tinham tendências comunistas. Reconfigurada, a escala F poderia tornar-se a escala R (o R significando, em inglês, "red", "vermelhos"), e outra escala poderia ser calibrada para investigar os tipos desejáveis dos que resistiriam à ameaça vermelha. A ideia pode ter sido a de lançar contra as desafortunadas hordas sadomasoquistas do bloco soviético os tipos livres e viris da personalidade individual que prosperavam no Ocidente livre, mas Adorno e o restante da Escola de Frankfurt recusaram-se a contrastar o totalitarismo soviético com o Ocidente libertário, individualista e não ideológico. Eles viam dominação em toda parte — nas políticas fascista, socialista e capitalista liberal.

Na verdade, em *A personalidade autoritária*, Adorno chegou a sugerir que a retórica do individualismo, apresentada durante a Guerra Fria em oposição ao coletivismo soviético, era em si mesma um instrumento de dominação. "O individualismo, ao se opor a uma categorização desumana, pode em última análise tornar-se um mero véu ideológico numa sociedade que é efetivamente desumana e cuja tendência intrínseca para a 'subsunção' de tudo transparece na classificação das próprias pessoas." Adorno argumentou vigorosamente que humanos eram pouco mais do que exemplos de tipos numa sociedade dividida em classes. "Em outras palavras", escreveu, "grande número de pessoas não são mais, ou na verdade nunca foram, 'indivíduos', no sentido da filosofia tradicional do século xix. [...] Processos sociais avassaladores [...] só deixam ao 'indivíduo' uma pequena margem de liberdade para ação e uma verdadeira individuação."[42]

14. A liberação de Eros

Em 1950 e 1951, Herbert Marcuse deu uma série de conferências na Escola de Psiquiatria de Washington. Era seu retorno à filosofia e à escrita após um longo período no qual trabalhara para o governo dos Estados Unidos em sua luta contra o nazismo. As conferências marcaram um momento em que a teoria crítica começara a se dividir entre a versão pessimista de Frankfurt, de Horkheimer e Adorno, e as mais esperançosas mutações norte-americanas de Marcuse e Fromm, que ficaram, os dois, no outro lado do Atlântico.

Para Horkheimer e Adorno, *A personalidade autoritária* e o Experimento de Grupo serviram como justificativa empírica de seu desalento quanto às probabilidades de realizar o objetivo prático da teoria crítica — a transformação radical da sociedade. As conferências de Marcuse sugeriram que essa transformação era possível. Ele não contradisse exatamente o sombrio diagnóstico de *Dialética do Esclarecimento* de que "a humanidade, em vez de alcançar uma verdadeira condição humana, está mergulhando num novo tipo de barbárie", mas propôs nessas conferências algo que parecia estar além da filosofia de Horkheimer e Adorno — o potencial subversivo do desejo sexual. As conferências formaram a base do livro de Marcuse de 1955, *Eros e civilização: Uma interpretação filosófica do pensamento de Freud*, dedicado à sua primeira mulher, a matemática e estatística Sophie Wertheim, que morreu de câncer em 1951.

Em 1955, Marcuse casou-se com Inge Neumann, viúva de seu amigo Franz Neumann, que morrera num acidente de carro na Suíça em 1954. Nessa época, Marcuse estava dando aulas de filosofia política, primeiro na Universidade Columbia, depois em Harvard.

O potencial subversivo do desejo sexual não era um tema novo. Em seu ensaio "Sobre o hedonismo", de 1938, Marcuse tinha escrito:

> A liberação não purificada e não racionalizada das relações sexuais seria a mais forte liberação do prazer como tal e a total desvalorização do trabalho por si mesmo. [...] A precariedade e a injustiça das condições de trabalho deveriam penetrar explosivamente na consciência das pessoas e tornar impossível sua submissão pacífica ao sistema social do mundo burguês.[1]

Essas ideias eram um desafio à ortodoxia freudiana, bem como uma censura ao marxismo clássico, que nunca imaginara que a liberação sexual poderia sacudir o sistema social do mundo burguês. Em *Eros e civilização*, contudo, Marcuse foi ainda além. Ele tomou especificamente um dos livros mais sombrios e pessimistas de Freud, *O mal-estar na civilização*, e se valeu de suas principais ideias para argumentar em favor das mais libertárias e esperançosas conclusões. Era um momento propício para abordar as possibilidades da liberação sexual. Os Estados Unidos do pós-guerra estavam preocupados com o sexo. Em 1947, Alfred Kinsey fundou na Universidade de Indiana o Instituto de Pesquisas Sexuais, e tornou-se conhecido por seus dois livros, *O comportamento sexual do homem* (1948) e *O comportamento sexual da mulher* (1953). Também no final da década de 1940, o téorico da psicanálise e marxista dissidente Wilhelm Reich, nascido na Áustria, tinha ficado famoso nos Estados Unidos como o profeta da liberação sexual. Em *A irrupção da moral sexual repressiva*, de 1932, ele escrevera: "Uma revolução sexual está em progresso, e nenhum poder na Terra irá detê-la".[2]

Durante a década de 1930, membros da Escola de Frankfurt, entre eles Marcuse e Fromm, tinham lido os escritos de Reich, e a concepção da escola sobre o fascismo foi influenciada por seu livro *Psicologia de massas do fascismo*. Reich tinha se exilado nos Estados Unidos desde 1939, e no decorrer desse tempo ele desenvolveu seu "acumulador de energia orgônica", um armário de madeira guarnecido de metal e isolado com lã de aço. Embora Albert Einstein, a quem Reich convidara para experimentar o acumulador, se mostrasse cético quanto à alegação de seu inventor de que aquilo poderia aumentar a "potência orgiástica" do usuário e, com isso, sua saúde mental, muitos dos principais escritores homens do pós-guerra — como Norman Mailer, J. D. Salinger, Saul Bellow, Allen Ginsberg e Jack Kerouac — aclamaram os benefícios de que auferiram por terem entrado no armário de Reich. Mais tarde, William Burroughs escreveu num artigo de revista intitulado "All the Accumulators I Have Ever Owned" [Todos os acumuladores que já possuí]: "Este seu intrépido repórter, com 37 anos de idade, teve um orgasmo espontâneo, sem usar as mãos, num acumulador orgônico construído num laranjal em Pharr, Texas". Se mulheres adquiriram ou não potência orgiástica da máquina, satirizada por Woody Allen como "orgasmatron" no filme *O dorminhoco*, de 1973, é uma informação que não chegou até nós.

Em meados da década de 1950, no entanto, Reich, sofrendo de alucinações paranoicas de que o mundo estava sendo atacado por óvnis, foi investigado pela Food and Drug Administration (FDA) [agência de segurança de alimentos e medicamentos dos Estados Unidos] por ter feito declarações fraudulentas sobre o acumulador de energia. Christopher Turner, autor de *Adventures in the Orgasmatron: Wilhelm Reich and the Invention of Sex*, pergunta:

> Se suas declarações sobre o acumulador orgônico não eram mais do que um ridículo charlatanismo, como sugeriram os doutores da FDA, e se ele era apenas um esquizofrênico paranoico, como concluiu um psiquiatra forense, por que o governo norte-americano o considera tão perigoso?[3]

Uma resposta possível é que a liberação sexual apregoada por um psicanalista marxista poderia parecer um claro e presente perigo vermelho para uma América cada vez mais paranoica no auge da Guerra Fria. Outra é que a ideia de Reich sobre a liberação sexual era uma ameaça a valores norte-americanos tão acalentados como a ética do trabalho e a monogamia. Uma terceira possibilidade é que um charlatão ganhando dinheiro com um fajuto cura-tudo seria intolerável para qualquer sistema político.

Reich morreu de infarto em novembro de 1957 na Penitenciária Federal de Lewisburg, na Pensilvânia, onde cumpria uma pena de dois anos por violar um mandado que o proibia de alugar ou vender sua máquina. Não sabemos se

Herbert Marcuse entrou no acumulador de Reich, menos ainda se sentiu seus benefícios, mas nem uma coisa nem outra parecem plausíveis. Marcuse, embora conhecendo os escritos de Reich e tendo sido influenciado por eles, era genitalmente menos obcecado que seu camarada de exílio. Em *Eros e civilização*, ele não estava clamando por maior quantidade ou qualidade de orgasmos. O erro de Reich, ele alegou, foi considerar a "liberação sexual por si mesma uma panaceia para doenças individuais e sociais": "O problema da sublimação é minimizado; não é feita distinção essencial alguma entre sublimação repressiva e não repressiva, e o progresso da liberdade aparece como mera liberação da sexualidade".[4]

Em *O mal-estar na civilização*, de 1930, Freud afirmou que a civilização envolve a subordinação da felicidade e do prazer sexual ao trabalho, à monogamia e às restrições sociais. Ele alegou que as restrições sociais são necessárias para o florescimento da sociedade humana. Os recursos são escassos, por isso é necessário trabalhar duro. Assim, uma indulgência ilimitada com as necessidades biológicas e psicológicas humanas, de acordo com o que Freud chamou de princípio do prazer, infringia a liberdade dos outros e, portanto, tinha de ser restringida por regras e disciplina, ou, como ele as chamou, o princípio da realidade. Assim se desenvolve a narrativa freudiana de como indivíduos reprimem e sublimam suas necessidades. Inicialmente, nossos instintos (que Freud chamou de id) nos impulsionam a buscar o prazer e evitar a dor. Mas durante seu desenvolvimento, como observa Marcuse, "o indivíduo chega à traumática constatação de que uma satisfação total e indolor das necessidades é impossível". Desse modo, o princípio da realidade (representado na psique do indivíduo pelo ego) intervém para instruí-lo sobre o que é socialmente aceitável. Nesse processo, o indivíduo fica não somente fixado no prazer, mas torna-se "um sujeito consciente, pensante, engrenado numa racionalidade que lhe é imposta de fora".[5]

Freud achava que esses instintos eram imutáveis. Marcuse, no entanto, afirmou que, se os instintos podem ser reprimidos, eles não são imutáveis. O mais importante é que o tipo de sociedade em que um indivíduo se desenvolve como um sujeito consciente e pensante desempenha um papel na configuração dos instintos. Na verdade, Marcuse estava historiando Freud a partir de uma perspectiva marxista, sugerindo que os instintos que Freud hipostasiava poderiam mudar junto com o sistema social. Isso ficou claro quando Marcuse fez sua distinção crucial entre repressão básica e mais-repressão (exatamente a distinção que, em sua opinião, Reich deixara de fazer em sua eulogia ao orgasmo como o bem supremo). A primeira é um tipo de repressão de instintos que é necessário, escreveu Marcuse, "para a perpetuação da raça humana na civilização". Mas a segunda, a mais-repressão, tem o propósito de modelar os instintos de acordo com o "princípio do desempenho", que, para Marcuse, era a forma prevalente do princípio da realidade.

A ideia de Marcuse era de que o princípio da realidade adquiria uma nova forma sob o capitalismo. Ele escreveu em *Eros e civilização*:

> O princípio do desempenho, que é o de uma sociedade aquisitiva e antagônica em processo de constante expansão, pressupõe um longo desenvolvimento durante o qual a dominação tem sido cada vez mais racionalizada: o controle sobre o trabalho social agora reproduz a sociedade numa escala maior e em condições melhoradas. [...] Para a vasta maioria da população, o escopo e o modo da satisfação são determinados por seu próprio labor; mas seu labor trabalha para um aparato que eles não controlam, que opera como um poder independente ao qual os indivíduos têm de se submeter se quiserem viver. E isso se torna mais alienado* quanto mais especializada se torna a divisão do trabalho. Os homens não vivem suas próprias vidas, mas desempenham funções preestabelecidas. Enquanto trabalham, não estão satisfazendo suas próprias necessidades e faculdades, mas trabalhando em *alienação*.[6]

Com isso, Marcuse estava associando a repressão freudiana com a alienação marxista: o trabalhador é manipulado de tal maneira que as restrições à libido parecem ser leis racionais que são depois internalizadas. O não natural — isto é, que nossa função preestabelecida seja produzir mercadorias e lucro para o capitalista — torna-se natural para nós, uma segunda natureza. Daí, o indivíduo se define em conformidade com o aparato. Ou, como expressa Marcuse:

> Ele deseja o que se quer que ele deseje. [...] Nem seus desejos nem sua alteração da realidade são a partir daí realmente seus: eles agora estão "organizados" por

---

* "Alienado" (*alien*), aqui, mais como "estranho", "apartado", "fora do contexto". (N. T.)

sua sociedade. E essa "organização" reprime e transubstancia suas necessidades instintivas originais.[7]

Marcuse estava escrevendo nos Estados Unidos da década de 1950, onde, ele pensava, a publicidade, o consumismo, a cultura de massa e a ideologia integravam os norte-americanos numa subordinação pacífica ao sistema social do mundo burguês e os faziam querer coisas das quais não necessitavam. Embora estivesse lecionando em universidades norte-americanas, Marcuse mantinha laços estreitos com seus ex-colegas Adorno e Horkheimer, em Frankfurt, e, em aspectos fundamentais, suas críticas aos Estados Unidos se assemelhavam. Para os três, o áspero individualismo da sociedade norte-americana, que se voltava retoricamente contra o coletivismo da União Soviética durante a Guerra Fria, era um mito: os norte-americanos eram infantilizados, pseudoindivíduos reprimidos. Durante 1952 e 1953, por exemplo, Adorno passou dez meses na Califórnia analisando colunas de astrologia nos jornais, novelas no rádio e a nova mídia televisiva, e o que teve a dizer sobre isso foi muito próximo do que Marcuse escreveu em *Eros e civilização*. Adorno encontrou nessas formas de cultura de massa uma simetria com a propaganda fascista: tanto a cultura de massa quanto a propaganda fascista, ele argumentou, usavam e manipulavam as necessidades das quais dependia o caráter pseudoindividual, "promovendo atitudes convencionais, conformistas e de satisfação".[8]

Se você fosse norte-americano, é claro, isso poderia parecer incrivelmente paternalista. Adorno, pelo menos, louvava os colunistas de astrologia por sua inventividade. Seus leitores não eram totalmente tolos: eles percebiam, a partir de suas próprias vidas, que "nem tudo corre tão suavemente como a coluna parece insinuar e nem tudo se arranja por si mesmo"; mais que isso, sua experiência de vida lhes apresentava exigências contraditórias. De modo semelhante ao dos propagandistas nazistas, "a coluna tem de assumir essas próprias contradições como se realmente quisesse prender os leitores à sua autoridade". Uma maneira pela qual os colunistas de astrologia faziam isso era recomendando atividades diferentes para diferentes momentos do dia: "a.m.", isto é, as horas anteriores ao meio-dia, a manhã, seria para o trabalho, a realidade e o princípio do ego; "p.m.", ou a tarde, seria aparentemente para "os impulsos instintivos do princípio do prazer", observou Adorno. Ele notou também que os prazeres de "p.m." eram recompensas, ou compensações, pelo trabalho de "a.m.". Mas os prazeres de "p.m." só se justificam se servirem, afinal, para "o ulterior propósito de sucesso e autopromoção".[9] Como resultado, o próprio prazer torna-se um dever, uma forma de trabalho: o que parecia ser um deleite vespertino depois dos labores da manhã na verdade não era nada disso. Eros curvava-se a Logos. Em vez de um liberado princípio do prazer, essa divisão servia para estender os ditames do princípio da realidade sobre todos os aspectos da vida. O que os psicanalistas chamam de comportamento bifásico é um sintoma de uma neurose compulsiva, alegou Adorno. As colunas de astrologia pareciam oferecer a seus leitores instrumentos para lidar com as contradições da vida cotidiana, mas na verdade estavam, ele pensou, tornando-os neuróticos compulsivos que internalizavam essas contradições em vez de confrontá-las.

Adorno considerou essa divisão neurótica compulsiva entre "a.m." e "p.m." emblemática da cultura de massa norte-americana. Em vez de confrontar as contradições da sociedade, seus cidadãos, neuroticamente, as internalizavam; dividindo os dias em trabalho e prazer, eles ficavam não autorrealizados, mas autoalienados. O que Adorno encontrou nas colunas de astrologia, Marcuse acreditou ser genericamente verdadeiro para os norte-americanos e, de fato, para qualquer sociedade industrial avançada. Em *Eros e civilização*, sua esperança era de uma transformação radical dessas sociedades: que o princípio do prazer fosse libertado da ditadura do princípio do desempenho, que o homem se tornasse reerotizado — inteiro, realizado e livre.

Freud tinha alegado que esse tipo de transformação era impossível, que a civilização tem de negociar a liberdade em troca da segurança. Os Estados Unidos da década de 1950 pareciam ser uma civilização que tendera para a segurança, afastando-se da liberdade, enquanto retoricamente se postava de modo diferente. Richard Yates sugeriu que seu romance *Foi apenas um sonho — Rua da Revolução*, publicado em 1961 mas situado em 1955, era sobre uma época que incorporava "uma espécie de apego cego e desesperado à segurança e à seguridade a qualquer preço".[10] Os Estados Unidos estavam aterrorizados com o comunismo e com a guerra nuclear; as ações e investigações de Nixon e de McCarthy no Comitê de Atividades Antiamericanas da Câmara dos Representantes faziam com que homens e mulheres tivessem medo de falar livremente ou agir com independência. A sociedade norte-americana, ou, nesse aspecto, qualquer outra sociedade civilizada que se apresentasse na década de 1950 como livre e afluente, estaria, assim afirmava Marcuse, numa camisa de força de conformismo.

A questão-chave em *O mal-estar na civilização*, de Freud, era que o progresso ostensivo da civilização envolvia uma repressão da qual não havia escapatória. Marcuse argumentava contra esse pessimismo. Em sociedades industriais avançadas, como os Estados Unidos, ele afirmava, a escassez de recursos, que Freud tinha citado como um motivo pelo qual o princípio do prazer precisava ser restringido pelo princípio da realidade, já não deveria preocupar mais. "O simples progresso da civilização sob o princípio do desempenho atingiu um nível de produtividade no qual as demandas sociais de uma energia instintiva a ser despendida em trabalho alienado podem ser consideravalmente reduzidas", escreveu Marcuse.[11] O argumento de Freud quanto à escassez pode ter tido alguma validade em épocas anteriores, ele alegou, mas agora uma escassez ostensiva funciona ideologicamente para nos manter trabalhando quando parte desse trabalho excede às necessidades, um excedente que sustenta a exploração do trabalhador pelo capitalista.

É inegável que a função ideológica do trabalho duro ainda está presente entre nós. Num artigo intitulado "On the Phenomenon of Bullshit Jobs" [Sobre o fenômeno dos empregos fajutos], de 2013, o anarquista, antropólogo e ativista do movimento Occupy, David Graeber, observou que, em 1930, o economista John Maynard Keynes previu que no final do século xx a tecnologia teria avançado o bastante para que em países como o Reino Unido e os Estados Unidos as pessoas tivessem semanas de trabalho de quinze horas. Graeber, como Marcuse, afirmou que, em termos tecnológicos, temos a capacidade de reduzir nossas horas de trabalho. Ainda assim, isso não aconteceu. "Em vez disso", diz Graeber,

> a tecnologia foi manobrada, quando muito, para conceber maneiras de fazer com que todos nós trabalhemos mais. Contingentes enormes de pessoas, na Europa e na América do Norte em particular, passam toda a sua vida de trabalho realizando tarefas que acreditam ser desnecessárias. O dano moral e espiritual que resulta dessa situação é profundo. É uma cicatriz em nossa alma coletiva. Porém quase ninguém fala sobre isso.[12]

O que Marcuse chamou de "caráter sombrio e injusto das condições de trabalho" e "subordinação pacífica dos trabalhadores ao sistema social do mundo burguês" não é menos verdadeiro hoje do que era sessenta anos atrás.

Em *Eros e civilização*, contudo, Marcuse não estava denunciando os empregos fajutos por si mesmos; na verdade, ele estava alegando que uma produtividade cada vez maior à custa de trabalho alienado tinha eliminado a escassez que nos obrigava a trabalhar duro. Nosso problema nas sociedades industriais avançadas, tanto naquela época como agora, não é a escassez, mas a ausência de uma justa distribuição dos recursos. Na visão otimista de Marcuse, a jornada de trabalho é reduzida e as necessidades de todos são atendidas por uma melhor distribuição de bens e serviços e uma melhor distribuição de trabalho, de modo que, como resultado, as energias eróticas são liberadas. Assim, a liberação das energias eróticas, alegou Marcuse, iria nos liberar do tipo de fixação genital para a qual se inclinara Wilhelm Reich. Liberado de ser um mero instrumento de trabalho, o corpo poderia ser ressexualizado. Marcuse sugeriu que por muito tempo a filosofia tinha tratado o "ser" como consciência pura e abstrata. Eros tinha sido sujeitado por Logos. E o capitalismo também limitava Eros, constrangendo-o sob a supremacia genital e pondo-o a serviço da monogamia e da reprodução.

Não está muito claro, no entanto, como as práticas sexuais iriam mudar se Eros fosse liberado. Marcuse não condenou, por exemplo, a coprofilia ou a homossexualidade, mas argumentou que, na civilização não repressora que ele defendia, elas poderiam assumir "outras formas, compatíveis com a normalidade de uma civilização de alto nível".[13]

Mas invocar "normalidade" é problemático: se houvesse normas sexuais no mundo não repressor de Marcuse, elas não iriam conter as energias eróticas que tinham acabado de se libertar? Ele claramente não estava sugerindo o estabelecimento de um esquadrão antivício para policiar sua utopia não repressora, mas, presumivelmente, estava sugerindo que nela as práticas sexuais evoluíssem a partir daquilo que são agora. Para nós, como sujeitos reprimidos e alienados sob o jugo do capitalismo de monopólio, é difícil imaginar quais seriam as formas que elas iriam assumir.

Uma das baixas resultantes do fim da civilização repressiva e da liberação da energia da libido, sugeriu tentadoramente Marcuse, seria aquela icônica instituição norte-americana da década de 1950: a família nuclear. "O corpo em toda a sua inteireza tornar-se-ia um objeto de catexia, algo a ser desfrutado — um instrumento de prazer", escreveu Marcuse. "Essa mudança no valor e no escopo das relações libidinais levaria à desintegração de instituições nas quais se tinham organizado as relações interpessoais privadas, particularmente a família monogâmica e patriarcal." O sexo não mais estaria "a serviço da produção"; em vez disso, teria a "função de extrair prazer de zonas corporais".[14] E isso não encerrava a questão: não só o corpo inteiro seria erotizado, como também tudo que uma pessoa fazia — relações sociais, o trabalho e a criação de cultura.

Ainda mais intrigante era o que a civilização não repressiva de Marcuse entendia como sendo a noção de produção e de trabalho gratificante discutido aqui anteriormente. Para Hegel, o homem afirma sua identidade por meio da produção, "transladando-se da noite da possibilidade para o dia da realidade", e Marx também insistiu que a realização de alguém como humano envolve a produção de algo. Erich Fromm, nesse sentido, propôs o ideal do "homem produtivo", um personagem normativo que está vivo na medida em que "expressa seus próprios poderes especificamente humanos". Para Marcuse, contudo, essa ênfase na produção reforçava a ética do trabalho capitalista e o princípio do desempenho. Sua argumentação demonstrava quão longe a teoria crítica tinha se afastado da ortodoxia marxista: Marx foi efetivamente interpretado [por Marcuse] como um filósofo que acolhera a ideologia capitalista ao elogiar a autorrealização por meio do trabalho, desde que um trabalho não alienado. Mas Fromm, e não Marx, era seu alvo explícito: Marcuse sugeriu que Fromm tinha contrabandeado valores capitalistas para formular sua crítica ao sistema capitalista — tema que mais tarde iria alimentar uma amarga discórdia entre os dois.

Mas Marcuse não era meramente um hedonista alegando que deveríamos apenas brincar e não trabalhar. Na verdade, ele estava alegando que a divisão entre o trabalho e o lúdico deveria ser abolida. Acompanhando Schiller, Marcuse defendeu o lúdico e a arte como atividades emancipatórias que poderiam transformar os seres humanos e, em particular, mudar sua relação com o trabalho. Em vez de trabalharmos alienados em tarefas que nos diminuem espiritualmente e nos destroem fisicamente, ele sugeriu que, numa sociedade erótica não repressiva, as energias fluiriam para a satisfação sexual e para o trabalho lúdico e criativo. Marcuse obteve parte dessa visão utópica de um socialista utópico francês do século XIX, o pré-marxista Charles Fourier, que buscava uma sociedade semelhante àquela com que Marcuse sonhou em *Eros e civilização*. Fourier tinha em vista, escreveu Marcuse, "a criação do 'luxo, ou o prazer dos cinco sentidos'; a criação de grupos com base na libido (de amizade e de amor) e o estabelecimento de uma ordem harmônica, organizando esses grupos para trabalhar de acordo com o desenvolvimento do indivíduo". A principal desvantagem da utopia de Fourier era que seria administrada por uma organização gigantesca que, pensava Marcuse, iria reproduzir o sistema repressivo do qual ela mesma estava destinada a se libertar.[15]

No entanto, nada disso deve ser tomado como um indício de que a revolução libidinal não repressiva de Marcuse fosse algo que se alcançaria sem trabalhar. Freud, afinal, tinha definido Eros empenhando-se em "formar substância em unidades ainda maiores, de modo que a vida seja prolongada e levada a um nível mais alto de desenvolvimento".[16] Isso soa como trabalho, e Marcuse reconheceu muito bem — a liberação do princípio do prazer, como ele sugeria, altera aquilo que o trabalho é, mas assim mesmo é trabalho.

> O objetivo erótico de ter no corpo inteiro um sujeito-objeto de prazer exige uma contínua revolução do organismo, a intensificação de sua receptividade, o aumento de sua sensualidade. Esse objetivo gera seus próprios projetos de realização: a abolição da labuta, a melhora do meio ambiente, a extirpação da doença e da decadência, a criação do luxo. Todas essas atividades emanam diretamente do princípio do prazer e, ao mesmo tempo, consistem em trabalho.[17]

O que Marcuse descreveu como revolução contínua soa como um trabalho de Sísifo. Mas esse trabalho, crucialmente, não era o trabalho alienado e repressivo que sustenta o princípio do desempenho, e soa mais como o trabalho de outras duas figuras clássicas da mitologia que Marcuse citou: Orfeu e Narciso. Orfeu recusa a sexualidade repressiva e busca se unir com o objeto de seu desejo, enquanto Narciso tem impulsos eróticos disseminados por toda a sua personalidade. O que também é marcante para Marcuse é que Narciso não está separado da natureza, mas é parte dela, e tem prazer em se ver refletido nela. Essa parte da análise de Marcuse está conectada com a crítica que Adorno e Horkheimer fazem à espoliação da natureza em *Dialética do Esclarecimento*. Para todos três, qualquer transformação desejável envolve reunificar o homem com a natureza, e não tratá-la de uma forma que convém apenas à sua dominação, como tinha sido desde Francis Bacon. Orfeu e Narciso eram, para Marcuse, "imagens da Grande Recusa: recusa em aceitar a separação do objeto (ou sujeito) libidinal. Essa recusa visava à liberação — à reunião do que se tinha separado".[18] Eros fora apartado de Logos e subjugado por ele; a humanidade tinha se separado da natureza e a dominava. Sem dúvida, os tipos de reunião que Marcuse imaginou envolvem trabalho, e este é o tipo de trabalho de autor-realização que Fromm descreveu em seu livro *Conceito marxista do homem*, de 1961.

Em *Eros e civilização*, Marcuse estava reconceituando o marxismo. Para ele, em 1955, a história de todas as sociedades existentes até então não era simplesmente a mesma que tinha sido para Marx e Engels no *Manifesto do Partido Comunista*, isto é, a história da luta de classes; era também uma luta que dizia respeito à repressão de nossos instintos. A sociedade industrial avançada tem nos impedido de alcançar uma sociedade não repressiva "baseada numa vivência totalmente diferente do ser, numa relação fundamentalmente diferente entre homem e natureza e com relações existenciais essencialmente diferentes".[19] Mas, ao contrário da filosofia de Horkheimer e Adorno, a de Marcuse era otimista, afirmando que uma sociedade não repressiva era possível e que "uma nova experiência básica do ser mudaria a existência humana em toda a sua completude".

Em *Eros e civilização*, Marcuse tomou a visão pessimista de Freud quanto àquilo que envolve a civilização e a usou para imaginar exatamente a possibilidade que Freud descartava, a de uma civilização não repressora. Isso soa muito como um revisionismo neofreudiano. E ainda assim seu livro terminava com um epílogo intitulado "Crítica do revisionismo neofreudiano", no qual ele acusava vários preeminentes psicanalistas de rever o trabalho de Freud de maneira a purgá-lo de suas implicações críticas. Entre os que estavam na mira de Marcuse, aparecia mais uma vez Erich Fromm. Marcuse acreditava que Fromm e os outros neofreudianos tinham rejeitado alguns dos insights fundamentais de Freud, tais como sua teoria da libido, a pulsão de morte, o complexo de Édipo e a teoria da horda primitiva, segundo a qual, na pré-história, um pai e único macho dominante foi morto por impor seus direitos sexuais sobre mulheres, gerando uma culpa que foi passada adiante por gerações na história.

Fromm, atuando como um crítico marxista de Freud e não diferentemente do próprio Marcuse em *Eros e civilização*, duvidava que a tensão edipiana fosse a verdade eterna das relações entre pai e filho, mas a via como uma tensão para a qual as condições da sociedade capitalista a tornavam mais propensa.

Marcuse, porém, foi mais além ao tachar Fromm de revisionista. Ele alegou que seu ex-colega tinha se afastado do fundamento instintivo da personalidade humana, "abraçando em vez disso um pensamento positivo que deixa o negativo onde está — predominante na existência humana". Marcuse afirmava que as distinções de Fromm entre o que é bom e o que é mau, entre o produtivo e o improdutivo, eram tiradas da própria ideologia capitalista que ele estava ostensivamente criticando. Pior, ele acusou Fromm de se curvar ante o mote conformista "realce o que é positivo".[20]

Isso é justo para com Fromm? Como Marcuse, Fromm tinha preferido ficar no país de seu exílio após a guerra. Na verdade, de todos os eruditos de Frankfurt, Fromm foi o que se sentiu mais à vontade nos Estados Unidos — o que mais rapidamente aprendeu inglês (e depois escrevendo nessa língua com mais fluência e facilidade não só em comparação com seus colegas alemães, mas também em relação a muitos anglófonos nativos) e o que mais prontamente se integrou na sociedade norte-americana. Não que não fosse crítico dessa sociedade: na realidade, seus escritos no exílio eram tão críticos que, de início, ele poderia ser tido como um aliado natural de Marcuse. Por exemplo, em seu livro *O medo à liberdade*, embora acusasse explicitamente as sociedades totalitárias e o modo como elas apelam para um anseio profundamente estabelecido de fugir da liberdade do mundo moderno para voltar ao útero, Fromm também reconhecia que as democracias capitalistas ofereciam outra forma de fuga da liberdade. Em seu livro *A sociedade sã*, de 1955, ele sugeria que enquanto o capitalismo inicial tinha produzido o "caráter acumulador", que acumula tanto posses quanto sentimentos, um novo tipo de caráter tinha emergido do capitalismo do pós-guerra: o "caráter de marketing", que "se adapta à economia de mercado ao se tornar apartado de emoções autênticas, da verdade e de convicções", e para o qual "tudo se transforma em mercadoria, não somente as coisas, mas a própria pessoa, sua energia física, suas aptidões, seu conhecimento, suas opiniões, seus sentimentos, até mesmo seus sorrisos".[21] Essas pessoas não são capazes de se afeiçoar, "não porque sejam egoístas, mas porque sua relação com outros e consigo mesmas é muito tênue".[22] Ao caráter de marketing Fromm justapôs seu tipo de caráter ideal, o "caráter produtivo", que ama e cria, e para o qual *ser* é mais importante do que *ter*. Um caráter produtivo como esse não encontra estímulo na economia de mercado. Na verdade, constitui uma ameaça a seus valores.

Muito disso parece ser tão compatível com *Eros e civilização* que é difícil entender por que Fromm foi alvo de Marcuse em seu epílogo. Tendo em vista o comprometimento de Fromm com o marxismo, não é provável que ele tivesse reduzido a psicanálise a uma psicologia conformista, e ainda assim Marcuse o acusa disso. O epílogo foi ligeiramente modificado e apresentado à revista *Dissent*, que o publicou em 1955, desencadeando uma amarga controvérsia que ocupou as páginas da revista em várias edições subsequentes. As origens do conflito, no entanto, remontam à década de 1930, quando a crescente aversão de Fromm à ortodoxia freudiana provocou um choque entre ele e Adorno e Horkheimer, levando à sua demissão do Instituto de Pesquisa Social em 1939. Nessa época, Adorno e Horkheimer tinham concordado com a sugestão de Freud de que não poderia haver harmonia entre o "eu" e a sociedade. Os instintos buscam se libertar, e a sociedade tem de restringir essa liberação para poder sobreviver. Fromm, ainda na década de 1930, desconfiava dessa ortodoxia freudiana: seu conceito de caráter social envolvia estruturas sociais externas modelando o "eu" interior. Mas para Adorno e Horkheimer, e depois Marcuse, essa revisão de Freud era socialmente conservadora. Fromm tinha minimizado a importância que Freud atribuía às experiências sexuais na primeira infância e ao inconsciente, e Marcuse o acusou de se agarrar a uma "ética idealista". Ele alegou que o apelo de Fromm à produtividade humana, ao amor e à sanidade sugeria exatamente o que Freud tinha contestado, que poderia haver harmonia entre o "eu" e a sociedade. O revisionismo de Fromm desautorizava Freud, ao descartar um aspecto crucial da radical crítica social deste último. O "caminho para a sanidade" de Fromm, afirmou Marcuse, apresentava paliativos para "um funcionamento mais suave da sociedade estabelecida". Fromm replicou que Marcuse, ao negar a possibilidade da produtividade criativa, da felicidade e do amor genuíno sob o capitalismo, estava pensando de modo não dialético, levando seu pessimismo a um ponto em que já era niilismo. Fromm alegou que havia potencialidades limitadas para uma autotransformação sob o capitalismo que poderiam posteriormente realizar o que ele chamou de humanismo socialista.

A contestação de Marcuse era de que não existia tal caminho para a sanidade. Ele estimava que a proposta de Fromm tinha como premissa a ideia de um indivíduo autônomo capaz de se esquivar às estruturas dominantes da sociedade. Mas a ideia de Freud, ecoada pela teoria crítica, era de que essa figura era um mito, uma coisa inventada no século xix sob um capitalismo primevo e que agora era totalmente anacrônica, um retrocesso a uma época pré-freudiana. Invocá-la agora só iria servir aos interesses da sociedade dominante. Fromm estava ostensivamente exposto para ser criticado. Em *Dialética do Esclarecimento*, Adorno e Horkheimer compararam o indivíduo a uma lojinha local que um supermercado tornara obsoleta. O indivíduo é "a lojinha da esquina psicológica" que surgiu de restrições feudais como "uma célula dinâmica de atividade econômica". A psicanálise freudiana "representava o 'pequeno negócio' interior que cresceu [...] como um sistema dinâmico complexo do consciente e do inconsciente, o id, o ego e o superego". A psicanálise freudiana, para esses teóricos críticos, se não para Fromm, era a teoria da psique humana própria ao capitalismo, tal como se desenvolveu no final do século xix e no século xx. Em particular, a psicanálise afirmava que um indivíduo autônomo é uma quimera. Não estamos livres de nossos instintos biológicos, tampouco temos como escapar da determinação e do domínio da ordem social. Adorno e Horkheimer escreveram:

> As decisões que afetam os homens como trabalhadores ativos são tomadas pela hierarquia que vai das associações de comércio à administração nacional, e na esfera privada pelo sistema de cultura de massa que se apodera dos últimos impulsos internos de indivíduos que são forçados a consumir o que lhes é oferecido.[23]

O indivíduo autônomo, a figura que Fromm precisava para construir seu caminho para a sanidade, era programaticamente contestado pela teoria crítica. Adorno escreveu: "Enquanto eles [os revisionistas] falam sem parar da influência da sociedade sobre o indivíduo, esquecem que não apenas o indivíduo, mas a categoria da individualidade é um produto da sociedade".[24]

O debate na *Dissent* que marcou o anátema imposto a Fromm pela teoria crítica foi tão acerbo que acabou com a amizade entre ele e Marcuse. Anos depois, Fromm avistou Marcuse num trem e acintosamente o ignorou. O que também magoou Fromm foi o fato de a controvérsia ter sido mostrada nas páginas de uma revista de cujo conselho editorial ele tinha participado. Seus editores, Irving Howe e Lewis Coser, do grupo dos Intelectuais de Nova York, estavam tão desencantados com seu colega e com suas opiniões que não se constrangeram de ofendê-lo ao publicar os ataques de Marcuse. Até permitiram que Marcuse escrevesse uma refutação à refutação de Fromm. Isso pode parecer uma questão menor, mas demonstra em que medida o grupo estava articulado contra ele. A disputa na *Dissent* foi assim vivenciada por Fromm como uma dupla facada nas costas. Seu biógrafo sugere que esse debate prejudicou sua busca de respeitabilidade acadêmica, atribuindo-lhe um papel marginalizado — experiência comparável ao que sentira quando criança na casa de seus pais, ou que vivenciara quando foi demitido pelo instituto em 1939.[25] Mas se por um lado Fromm foi prejudicado nos círculos acadêmicos devido a essa controvérsia e acabou se tornando, como disse um crítico, "o intelectual esquecido",[26] isso demonstra principalmente como a reputação acadêmica não foi importante no papel cada vez maior que ele desempenhou como aquilo a que nos acostumamos a chamar de intelectual público. Após a derrocada na *Dissent*, e apesar disso, Fromm continuou a escrever livros que argumentavam em prol do tipo de humanismo socialista que seus ex-colegas negavam ser possível. E, não obstante, obteve notável sucesso com muitos deles.

Embora fosse passar a maior parte de sua vida nos Estados Unidos — desde seu exílio em 1933 até sua morte em 1980 —, Fromm aceitou em 1950 um posto na Universidade Nacional Autônoma, na Cidade do México. Ele se mudou para lá em atenção à sua segunda esposa, Henny Gurland, com quem se casara em 1944. Ela fora aconselhada pelo médico a frequentar fontes radioativas nas proximidades da Cidade do México para ajudá-la a se recuperar de hipertensão, problemas cardíacos e depressão. Em setembro de 1940, Gurland, que era fotógrafa, estava no grupo de refugiados que escapou a pé pelos Pireneus e no qual se incluía Walter Benjamin, e pode ter sido a última pessoa a tê-lo visto com vida antes de ele, alegadamente, ter se suicidado. Durante as várias viagens ao México, o clima e as tépidas águas minerais amenizaram o sofrimento de Henny e, ao que parece, diminuíram sua depressão. Para Fromm, o México parecia ser sua última esperança de restaurar sua própria felicidade e a dela. Mas em 1952 Henny morreu, possivelmente de parada cardíaca, embora seja mais provável, sugere o biógrafo de Fromm, que ela tenha se suicidado.

É difícil não ler o último livro de Fromm, *A arte de amar*, sem associá-lo a seus anos no México, à morte de Henny e à tristeza que isso lhe causou. Ele escreveu o livro em parte para se contrapor à noção cada vez mais comum de que estabelecer um relacionamento não exige trabalho. Como todas as outras coisas no capitalismo de mercadoria, o amor tem sido envenenado, reificado e neutralizado daquilo que, de outra maneira, seria seu poder perturbador. Fromm escreveu sobre a forma prevalente de vida a dois como um *égoïsme à deux*, no qual duas pessoas egocêntricas unem-se num matrimônio ou numa parceria para fugir da solidão, como se o amor fosse uma apólice de seguro totalmente abrangente capaz de proteger as duas partes das vicissitudes do mundo real, da perda e do desapontamento. No entanto, nem o egoísta se empenha para chegar ao que Fromm chamou de "relação central". Ele alegou que a própria linguagem do amor era conivente com essa mentira: "Essa postura — de que nada é mais fácil do que amar — continuou a ser a ideia prevalente sobre o amor a despeito da avassaladora evidência do contrário".[27] Em termos marxistas, a sociedade tratava o amor como uma mercadoria em vez de perceber que era uma arte que exigia tempo, talento e dedicação para ser dominada. O ser amado também torna-se reificado, um objeto a serviço de propósitos instrumentais, e não de uma pessoa.

Todos os cinco tipos de amor que Fromm identificou em *A arte de amar* estavam, de forma semelhante, perdendo suas bases: o amor fraternal pela mercantilização dos humanos; o amor maternal pelo narcisismo; o amor a si mesmo pelo egoísmo; o amor a Deus pela idolatria; o amor erótico pela ausência de ternura. A morte da ternura no amor erótico, ele acusava, vinha da recusa a uma responsabilidade pessoal, a insistência em auferir direitos e a tendência de olhar para fora em demanda em vez de olhar para dentro em obrigação.

É quase desnecessário dizer que, como sociedade, não aprendemos a arte de amar. De fato, uma hipótese é a de que abolimos o amor em favor do sexo, uma vez que para nós, capitalistas do antirromance, o amor envolve trabalho demais, comprometimento e risco. Como resultado, o livro de Fromm, seis décadas após sua publicação, constitui um desafio e uma estimulante repreensão: numa época de amantes sempre disponíveis, onde um calculado prazer sexual suplantou a imprevisibilidade do amor, onde ir em busca do amor é como fazer compras, o que esperamos dele então veio a ser o que esperávamos de nossas outras aquisições — novidade, variedade, disponibilidade. Em seu livro *Amor líquido*, o sociólogo e filósofo Zygmunt Bauman afirma que nossa sociedade não aprendeu as lições do livro de Fromm:

Tentativas de domar o voluntarioso e domesticar o desordeiro, tornar previsível o imponderável e acorrentar a livre andança — todas essas coisas soam como a badalada que anuncia a morte do amor. Eros não sobreviverá à dualidade. No que concerne ao amor, a posse, o poder, a fusão e o desencantamento são os Quatro Cavaleiros do Apocalipse.[28]

Em maio de 1958, o jovem Jürgen Habermas, com 28 anos, fez um discurso de protesto em Frankfurt. Em março, o Bundestag da República Federal tinha aprovado em votação a permissão para que as Forças Armadas alemãs fossem equipadas com armas atômicas da Otan. O Exército da República Federal se formou em 1955, e desde sua origem discutia-se se deveria ter armas nucleares. Um grupo de protesto chamado Os Dezoito de Göttingen, que consistia nos principais cientistas nucleares da Alemanha, alegava que cada uma das armas que estavam sendo consideradas tinha o poder destrutivo da bomba de Hiroshima, e declarava que não havia lugar para elas na Alemanha.

A questão de se a Escola de Frankfurt deveria se envolver nesses assuntos também estava sendo debatida. Adorno, de sua parte, parecia estar sugerindo que o silêncio seria melhor do que ser mal interpretado. Ele escreveu:

> É difícil até mesmo assinar apelos com os quais se simpatiza, porque em seu inevitável desejo de ter impacto político eles sempre contêm um elemento de inverdade. [...] A ausência de um comprometimento não é necessariamente um defeito moral; também pode ser moral porque significa a insistência na autonomia de seu próprio ponto de vista.[29]

A grande valorização que Adorno atribuía a essa autonomia e a esse distanciamento de um comprometimento político soa semelhante à qualidade de flutuação livre que Mannheim prescreveu para os intelectuais no início da década de 1930, mas essas qualidades também se tornaram exasperantes para os que buscavam transformar a sociedade — entre eles, os próprios alunos de Adorno, nos protestos universitários da década de 1960, como veremos.

Adorno e seu codiretor Horkheimer não se abstinham de comprometimentos políticos quando achavam que eram necessários. Em 1956, por exemplo, escreveram à revista de notícias alemã *Der Spiegel* para defender o ataque militar francês e britânico ao Egito, que fora condenado pelas Nações Unidas. "Ninguém se aventura sequer a destacar que esses Estados árabes ladrões têm estado durante anos à espreita esperando uma oportunidade para cair sobre Israel e massacrar os judeus que lá encontraram refúgio."[30] Mas geralmente os dois se mantinham arredios.

Tampouco compartilhavam da crescente aversão de alguns intelectuais alemães aos riscos que representaria um novo Exército alemão, sobretudo se dispusesse de armas nucleares. Na verdade, eles irritaram alguns membros jovens do instituto por não terem tido escrúpulos ao realizar um estudo para o Ministério da Defesa alemão destinado a descobrir como selecionar voluntários para o Exército com base em suas atitudes em favor da democracia. Habermas temia que especialmente Horkheimer, diretor do Instituto de Pesquisa Social durante um quarto de século, tivesse se aliado demais à República Federal. "Sua conduta em público e sua política para o instituto nos pareceram ser quase expressão de um conformismo oportunista que estava em desacordo com a tradição crítica que, afinal, ele incorporava." Adorno e Horkheimer escreveram a Marcuse explicando por que se sentiam mais à vontade na Alemanha Ocidental do que na Alemanha Oriental, onde, como críticos da sociedade, "já teriam sido mortos há muito tempo". Eles chegaram ao ponto de alegar que a liberdade de pensamento de que desfrutavam no lado ocidental era paradisíaca.[31]

Mas o que fazer com essa liberdade? Depois de proferir seu discurso de protesto em Frankfurt, Habermas escreveu um artigo para uma revista estudantil sob o título "A inquietude é o primeiro dever do cidadão", no qual evocava as palavras de seu professor Adorno, de que a tarefa da filosofia contemporânea "tem seu sangue vital na resistência". O artigo de Habermas foi um contragolpe a um artigo publicado simultaneamente por Franz Böhm, que não só era membro democrata-cristão do Bundestag, mas também, contraintuitivamente, presidente do conselho da Fundação de Pesquisa do Instituto.[32] Böhm acusou os que protestavam de serem uma turba que atacava seu partido (a União Democrata-Cristã, ou CDU) e de colaborarem com ditadores que se opunham ao lado ocidental, brutalizando o debate político e preparando o caminho para uma nova forma de nazismo. Em resumo, Böhm estava acusando manifestantes como Habermas de um fascismo de esquerda, da mesma forma que faria o próprio Habermas, uma década depois, com manifestantes como Rudi Dutschke, líder do movimento estudantil alemão no final da década de 1960. Habermas alegou que o protesto era contra "os estadistas que governam em nosso nome", e conclamou um plebiscito sobre a hipótese de o Exército ser equipado com armas nucleares (um plebiscito que o Tribunal Constitucional da Alemanha Ocidental rejeitou mais tarde naquele mesmo ano).[33]

No entanto, a atividade política de Habermas provocou irritação no Café Max. Não eram apenas o discurso e a polêmica que preocupavam Horkheimer, mas também os comprometimentos políticos expressos em seus trabalhos de pesquisa para o instituto. Em 1957, Habermas tinha escrito um artigo intitulado "Sobre o debate filosófico a respeito de Marx e do marxismo", no qual parecia clamar pelo "desenvolvimento da democracia formal para a democracia material, da democracia liberal para a democracia social".[34] Mas essas não eram as palavras que Habermas tinha escrito originalmente, suspeitou Horkheimer. Na verdade, Horkheimer estava convencido de que o chamado original pela revolução no artigo de Habermas tinha sido editado por Adorno e substituído pelas palavras citadas acima para poupar o instituto de passar vergonha. Assim, essa versão editada estava alinhada com o comprometimento a longo prazo do instituto com a linguagem esopiana. Mas Horkheimer não se aplacou: qualquer leitor poderia inferir o chamado à revolução que lá permanecia. "Como um povo que está sendo mantido acorrentado pela sociedade burguesa por meio de uma constituição liberal poderá mudar a assim chamada sociedade política — para a qual, segundo H. [Habermas], ele está 'mais do que maduro' — a não ser pela violência?" Horkheimer escreveu numa carta a Adorno: "Simplesmente não é possível admitir coisas desse tipo num relatório de pesquisa de um instituto que existe graças ao financiamento público dessa sociedade que acorrenta".[35] Era isso mesmo: chamamentos a uma revolução violenta não iriam ajudar o instituto a conseguir contratos de pesquisa com o Ministério da Defesa alemão.

Em resumo, Horkheimer queria Habermas fora do instituto. E manobrou para alcançar esse objetivo, não obstante as apreensões de Adorno, com um pretexto inteligente. Habermas estava planejando escrever sua tese de pós-doutorado sobre mudanças na esfera pública burguesa (que se tornaria, quando publicada em 1962, seu influente livro *Mudança estrutural da esfera pública: Investigações sobre uma categoria da sociedade burguesa*), mas Horkheimer insistiu que ele fizesse primeiro outro estudo, que levaria três anos. Exasperado, Habermas se demitiu e foi terminar sua tese na Universidade de Marburg, orientado pelo jurista marxista Wolfgang Abendroth.

O que irritava Horkheimer nos escritos de Habermas era que ele criticava a estrutura política da sociedade da qual o instituto dependia para sua sobrevivência financeira. A abordagem dele era marxista demais. Habermas tinha escrito também uma introdução para um estudo sociológico empírico chamado "Estudantes e política" que visava investigar a participação política de estudantes e sua postura em relação à democracia. Ali ele alegava que a sociedade alemã estava numa encruzilhada entre um Estado de bem-estar social autoritário e uma democracia substantiva. Para Habermas, a República Federal tinha concedido muitos direitos básicos ao povo da Alemanha Ocidental sob a assim chamada Lei Fundamental, e lhe tinha dado acesso à política em nível federal mediante as eleições para o Bundestag. Porém, como observa Rolf Wiggershaus, o Bundestag tinha perdido poder para o Executivo, a burocracia e o lobby.[36] As eleições, então, pareciam conferir poder político, mas na verdade estavam zombando dele. "Com o declínio dos antagonismos de classes em aberto, as contradições tinham adquirido um novo formato: elas se manifestavam agora na despolitização das massas com o aumento da politização da sociedade", escreveu Habermas.[37] Essa crítica à democracia liberal, que seria uma simulação, juntamente com um chamado codificado à revolução, foi demais para Horkheimer. Ele decidiu que o instituto não publicaria "Estudantes e política". Quando o texto foi publicado mais tarde em outro lugar, a Escola de Frankfurt quase não era mencionada.

O Café Marx estava morto. Vida longa ao Café Max. O que estava menos claro era qual seria o papel da Escola de Frankfurt e da teoria crítica na década de 1960.

PARTE VI

A DÉCADA DE 1960

15. Contra a parede, filhos da puta

No verão de 1964, na ilha de Korčula, no mar Adriático, Herbert Marcuse fez uma pergunta interessante: "Por que a derrubada da ordem existente deveria ser uma necessidade vital para pessoas que possuem, ou podem esperar possuir um dia, boas roupas, uma despensa bem fornida, um aparelho de TV, um carro, uma casa, e assim por diante, tudo isso dentro da ordem existente?".[1] Mais de quarenta anos antes, na cidade de Ilmenau, na Turíngia, um curso de verão marxista tinha se defrontado com uma crise do socialismo revolucionário na esteira do fracasso da Revolução Alemã e do sucesso da Revolução Bolchevique. A assim chamada Erste Marxistische Arbeitswoche (Primeira Semana de Trabalho Marxista) levou, um ano depois, à fundação do Instituto de Pesquisa Social e à reconfiguração do marxismo.

Agora, em Korčula, outro grupo de marxistas empenhava-se em compreender outra crise do socialismo revolucionário num mundo que a Guerra Fria dividira entre o Ocidente capitalista e o bloco soviético. No primeiro, as massas tinham ficado acomodadas demais; no segundo, a se acreditar em *Marxismo soviético* (1958), de Marcuse, ou em *Conceito marxista do homem* (1961), de Fromm, os cidadãos estavam sendo esmagados espiritualmente por uma burocracia totalitária que encenava uma perversão da filosofia de Marx.

Com todo o ardor ideológico despendido na Guerra Fria entre os dois lados, Marcuse detectou algo semelhante à noção freudiana do narcisismo das pequenas diferenças. Ele aderiu à visão ortodoxa da Escola de Frankfurt de que o capitalismo de monopólio era uma forma de totalitarismo tal como o nacional-socialismo ou o marxismo soviético. De fato, Marcuse considerou seu livro *O homem unidimensional*, de 1964, a contrapartida ocidental de seu *Marxismo soviético*. Ele sustentava que o Ocidente capitalista tinha se consolidado em sua oposição a seu inimigo, a sociedade soviética. Mas sustentava também que a sociedade industrial avançada "totalmente administrada", com seu consumismo, seu militarismo e sua repressão sexual mascarada de erotismo livre para todos, era uma resposta, e um paralelo, ao proverbial e sombrio desalento da vida sob Stálin e seus escudeiros.

O lugar era significativo. Korčula é uma ilha da Croácia e, na época da conferência de Marcuse, era parte da República Socialista Federativa da Iugoslávia. Desde 1948, quando seu líder Josip Tito rompera com Stálin e com o bloco oriental, a Iugoslávia tinha sido um país não alinhado. O curso de verão estava sendo realizado num Estado-tampão entre os dois lados da Guerra Fria, e foi organizado por um grupo iugoslavo de filósofos chamado Práxis, os quais descreviam a si mesmos como marxistas humanistas. O termo representava um retorno às obras do jovem Marx, notadamente seus *Manuscritos econômico-filosóficos*, de 1844, nos quais salientava a alienação do trabalhador, em contraste com seus textos posteriores, em que enfatizava características estruturais do capitalismo. Muitos dos participantes eram marxistas humanistas, mas não todos: um dos convidados era um padre, Gustav Wetter, do Vaticano. Também estavam presentes os filósofos marxistas Lucien Goldmann e Ernst Bloch, que tinha deixado a Alemanha Oriental pela Alemanha Ocidental após a construção do Muro de Berlim, em 1961, assim como pensadores da Escola de Frankfurt do passado e do presente, inclusive Marcuse, Fromm e Habermas, que tinha sido atraído de volta a Frankfurt por Adorno em 1964 para substituir Horkheimer como professor de filosofia e sociologia no instituto, após sua aposentadoria.

Para os marxistas soviéticos ortodoxos da Moscou pós-Khruschóv, o humanismo marxista era uma heresia perigosa. Para o marxista francês Louis Althusser — cujo livro *A favor de Marx*, renomada descrição estruturalista e científica do marxismo, seria publicado no ano seguinte —, o marxismo humanista focava-se em textos de Marx que deveriam ser postos de lado em favor de suas obras supostamente mais maduras. E ainda assim foram exatamente essas primeiras obras que catalisaram os pensamentos dos neomarxistas da Escola de Frankfurt e sustentaram o desenvolvimento da teoria crítica na década de 1930. A verdade é que, desde então, poderia ser difícil defender a ideia de que a Escola de Frankfurt fosse marxista em geral; afinal, como vimos, ela tinha descartado termos como "marxismo" de seus textos quando no exílio nos Estados Unidos, e desde seu retorno a Frankfurt o próprio Horkheimer tinha franzido o cenho para textos que mesmo implicitamente endossassem a revolução, uma vez que poderiam arriscar o cancelamento de financiamentos e de contratos por parte da República Federal. No início da década de 1960, no entanto, dois membros da Escola de Frankfurt, Habermas e Marcuse, tentaram fazer algo contraintuitivo: reconfigurar o marxismo sem o proletariado e, consequentemente, sem a luta de classes.

Em seu ensaio "Entre filosofia e ciência: O marxismo como crítica", publicado em 1963, Habermas reconheceu que o marxismo poderia parecer desnecessário devido à difusão da prosperidade nas sociedades industriais avançadas. Essa prosperidade significava que "o interesse na emancipação da sociedade não poderia continuar a ser articulado diretamente em termos econômicos". E significava também que o "realizador designado da revolução socialista, o proletariado, tinha se dissolvido *enquanto* proletariado". Mas se o proletariado tinha se dissolvido, isso não significaria que o marxismo também teria de se recolher? Talvez não: "A libertação da fome e da miséria não converge necessariamente para a libertação da servidão e da degradação".[2]

Para Habermas, Fromm e Marcuse, o consumismo no Ocidente tinha se tornado o novo ópio das massas. A sociedade industrial avançada tinha produzido em massa não apenas bens de consumo, mas a aceitação em massa de sua ordem. Como escreveu Marcuse em seu *O homem unidimensional*:

> Se o trabalhador e seu patrão assistem ao mesmo programa de televisão e frequentam os mesmos lugares de lazer, se a datilógrafa é tão atrativamente produzida quanto a filha de seu empregador, se o negro possui um Cadillac, se todos eles leem o mesmo jornal, então o que essa assimilação indica não é o desaparecimento de classes, e sim a medida em que as necessidades e as satisfações [delas] que servem à preservação do regime vigente são compartilhadas pela população a ele subjacente.[3]

O triunfo do capitalismo de consumo e o fim das crises econômicas mais graves que poderiam ameaçar seu futuro durante as décadas de 1950 e 1960 significavam que os marxistas teriam, mais uma vez, de repensar sua filosofia.

Em particular, como reconheceu Marcuse, o proletariado não deveria mais ser visto como o tinham visto Marx ou Lukács. Marx tinha previsto uma revolução da classe operária porque ela representava a negação absoluta da ordem burguesa. Um problema: isso não aconteceu. Entre as décadas de 1920 e 1960, as classes trabalhadoras nas sociedades industriais avançadas do Ocidente não se tornaram os coveiros do capitalismo. Já em 1941, em seu livro *Razão e revolução*, Marcuse tinha alegado que nessas sociedades, desde a virada do século, o avanço da produtividade capitalista impedira o desenvolvimento da consciência revolucionária. "O progresso tecnológico multiplicou as necessidades e as satisfações, enquanto sua utilização tornou essas necessidades e satisfações repressivas: elas mesmas sustentam a submissão e a dominação", ele escreveu. Não era isso que o marxismo clássico tinha imaginado. O ponto central na ideia de Marx sobre o socialismo, afirma Marcuse em *Razão e revolução*, era a "maturidade das contradições internas do capitalismo e o desejo de aboli-las".[4] Mas sem a primeira, o segundo carecia de urgência. A elevação do padrão de vida, ao menos nos países desenvolvidos, tinha deixado as classes trabalhadoras numa situação confortável demais para que se revoltassem. Mas, como disse Marcuse em Korčula, se o proletariado não é mais a negação do capitalismo, então ele não mais difere das outras classes e, assim, já não é capaz de criar uma sociedade melhor.[5]

Porém, a elevação dos padrões de vida da classe trabalhadora no Ocidente industrial avançado não significava necessariamente que o marxismo estivesse obsoleto. Muito antes de Habermas ter alegado que seria uma interpretação errônea do marxismo articular a emancipação da sociedade apenas em termos econômicos, Marcuse tinha escrito em *Razão e revolução*: "A noção que Marx tinha sobre o empobrecimento implica a consciência das potencialidades que foram restringidas e da possibilidade de sua realização — consciência da alienação e da desumanização".[6] Esse empobrecimento era compatível com a elevação dos padrões de vida: nessa concepção, a pobreza e uma maior prosperidade material estavam numa relação direta, e não, como seria de esperar, numa relação inversa.

O que Marcuse estava sugerindo era que aqueles que vivem no Ocidente rico — entre os carros, as máquinas de lavar e as calças que não precisam ser passadas da sociedade industrial avançada — eram efetivamente os mais pobres. E não apenas pobres, mas quase dementes. Em *O homem que confundiu sua mulher com um chapéu*, Oliver Sacks descreve a história de um caso no qual um dos pacientes de um clínico neurologista cometia um erro de identificação ontológica que denotava uma doença mental. Marcuse estava descrevendo algo similar: numa sociedade unidimensional, confundimos nós mesmos com nossos bens de consumo duráveis. "As pessoas se reconhecem nas coisas que possuem; encontram suas almas em seus automóveis, em seus aparelhos de som de alta-fidelidade, em suas casas divididas em vários níveis, em seus equipamentos de cozinha", ele escreveu.[7]

Na filosofia hegeliana do sujeito, na qual Marcuse se apoiava, o caso era outro. O sujeito hegeliano é tanto um *ser em si* quanto um *ser para si*. E torna-se este último na medida em que se constitui como um sujeito autoconsciente capaz de desenvolver suas forças e potencialidades por meio da ação e não da contemplação ou do consumo. O sujeito manifesta sua natureza exercendo suas capacidades no mundo objetivo. Em *Conceito marxista do homem*, Fromm afirmava que Hegel, Marx, Goethe e o zen-budismo tinham todos essa visão do homem superando a autoalienação ao se relacionar com o mundo objetivo. Fromm escreveu: "O que é comum entre eles é a ideia de que o homem supera a divisão sujeito-objeto; o objeto é um objeto, mas deixa de ser um objeto, e nessa nova abordagem o homem e o objeto tornam-se um só, embora um e outro continuem a ser dois".[8]

Numa sociedade unidimensional não existe tal liberdade para alguém se criar como um indivíduo autêntico, porque, alegava Marcuse, seus membros não sabem quais são suas verdadeiras necessidades. Ele distinguia as necessidades entre verdadeiras e falsas. As primeiras envolviam "alimentação, vestimenta, moradia e um nível alcançável de satisfação". As últimas eram "as que são sobrepostas ao indivíduo em sua repressão por interesses sociais particulares". A percepção sombria de Marcuse era de que carecemos de liberdade para saber o que é bom para nós, e seus críticos logo sugeriram, ironicamente, que ele pretendia, melhor do que todos, saber o que era bom. Ele escreveu: "Em última análise, a resposta à pergunta sobre o que são necessidades verdadeiras e falsas deve ser dada pelas próprias pessoas, mas apenas em última análise; isto é, se e quando estiverem livres para dar essa resposta".[9] A implicação disso era que mesmo quando indivíduos parecem estar livres, eles estão de fato acorrentados em toda parte — presos a suas máquinas de lavar e a seus aparelhos de tv. Todos, exceto Marcuse, presumivelmente.

Para Marcuse, então, a liberdade de uma vontade material tinha sido transformada num meio de produzir servidão. Consumismo, publicidade e cultura de massa ajudaram a estabilizar o capitalismo e, mais do que isso, a mudar as estruturas de personalidade daqueles que viviam sob esse sistema para fazer deles tolos pacificados e subservientes.

> Os produtos doutrinam e manipulam; promovem uma falsa consciência que é imune à sua própria falsidade. E à medida que esses produtos benéficos ficam disponíveis para mais indivíduos em mais classes sociais, a doutrinação que encerram deixa de estar na publicidade; torna-se um modo de vida. É um modo de vida muito bom — muito melhor que o de antes —, e sendo um bom modo de vida, ele milita contra uma mudança qualitativa.[10]

Nem todos os produtos são assim, é claro. Um contraexemplo significativo é *O homem unidimensional*. O filósofo político e moral escocês Alasdair MacIntyre observou:

> O que há de mais estranho quanto a *O homem unidimensional* talvez seja o fato de o livro ter sido escrito. Pois se sua tese fosse verdadeira, teríamos de perguntar como é que o livro chegou a ser escrito, e certamente teríamos de verificar se alguém sequer o leria. Ou melhor, quanto mais leitores ele tivesse, menos a tese de Marcuse se sustentaria.[11]

O livro envolve uma contradição performativa: se não fosse lido, sua tese seria verdadeira; se não fosse publicado, mais verdadeira; se não tivesse sido escrito, mais verdadeira ainda. Mas talvez tivesse escapado a MacIntyre a razão do sucesso do livro: é provável que essa obra sombriamente pessimista tenha sido a mais vendida de Marcuse não por seu lúgubre diagnóstico, mas porque poderia ser aberrantemente decodificada como um guia de como proceder para viver numa sociedade unidimensional.

Alguns críticos de *O homem unidimensional* acharam que o livro era intoleravelmente paternalista.

As massas não têm ego, nem id; suas almas estão destituídas de tensão interna ou dinamismo: suas ideias, suas necessidades e até mesmo seus sonhos não são "delas mesmas": suas vidas interiores são "totalmente administradas", programadas para produzir exatamente esses desejos que o sistema social pode satisfazer e nada mais.

Assim escreveu o professor marxista nova-iorquino Marshall Berman, mais conhecido como o autor de *Tudo que é sólido desmancha no ar: A aventura da modernidade*.[12] Berman atacava o "paradigma unidimensional" por seu elitismo, sua indolente suposição de que as massas são bolhas estúpidas incapazes de subverter as mensagens controladoras e consumistas das indústrias de publicidade e de relações públicas. Apesar de *O homem unidimensional* ter se tornado um texto essencial da Nova Esquerda na década de 1960, lido por estudantes de Berkeley a Frankfurt, Berman alegou que seu autor, seu herói supostamente radical, tinha o mesmo desprezo pelas massas que os "pseudoaristocratas de direita do século xx". T.S. Eliot tinha seu "homem oco", Marcuse tinha seu "homem unidimensional": ambos eram símbolos, afirmou Berman, de um desdém por homens e mulheres modernos.[13]

A partir de *O homem unidimensional*, Marcuse retornou inúmeras vezes à ideia de uma ditadura intelectual.[14] No ano anterior ao de sua morte, por exemplo, ele estava muito atraído pelas ideias de Rudolf Bahro, escritor dissidente da Alemanha Oriental, que, em seu livro *A alternativa: Para uma crítica do socialismo real*, de 1978, desenvolveu a noção das consciências excedente e subordinada. A ideia era de que as massas estão fixadas demais no consumismo, na cultura popular e na luta por serem remuneradas para se interessarem por trabalho criativo, ideias culturais ou transformação social. Os portadores primários da consciência excedente são um amplo grupo de intelectuais — nos quais ele inclui cientistas, técnicos, trabalhadores culturais e, presumivelmente, teóricos críticos — que poderiam se tornar uma elite governante.

Em 1964, Marcuse ainda procurava um novo substituto para o proletariado e esperava encontrá-lo no

substrato dos proscritos e excluídos, dos explorados e perseguidos de outras raças e outras cores, os desempregados e os não empregáveis. Eles existem fora do processo democrático; sua vida consiste na mais imediata e real necessidade de acabar com condições e instituições intoleráveis.[15]

Somente eles poderiam ser qualificados como vanguarda revolucionária porque estavam "supostamente intocados pelo beijo mortal da modernidade".[16] Mas o pessimismo de Marcuse em *O homem unidimensional* é tal que ele acha que não se pode contar nem mesmo com os oprimidos para serem essa vanguarda, porque "as potencialidades econômicas e técnicas das sociedades estabelecidas são suficientemente vastas para permitir ajustes e concessões aos oprimidos, e suas forças armadas são suficientemente treinadas para cuidar de situações de emergência".[17]

Em retrospecto, o que é extraordinário é que o autor dessas palavras melancólicas tenha conseguido se tornar, por um momento, objeto de uma adulação quase religiosa ainda maior do que as de Mick Jagger, John Lennon ou Bob Dylan. Berman, com todas as suas desconfianças quanto ao paradigma unidimensional e ao elitismo de Marcuse, lembrou-se de uma noite de sexta-feira, na década de 1960, esperando o início de um concerto na Universidade Brandeis, nas proximidades de Boston, Massachusetts, quando

> de repente começou a se espalhar um rumor: "Marcuse está aqui!". Então fez-se silêncio, e as pessoas se afastaram para abrir caminho. Um homem alto, ereto, vigoroso, passou pelo corredor, sorrindo aqui e ali para amigos, radiante mas curiosamente alheio, na verdade como um aristocrata que é também um herói popular, talvez Egmont nas ruas de Bruxelas. Os estudantes prendiam a respiração e olhavam para ele com veneração. Quando ele tomou seu assento, todos tornaram a relaxar, e o fluxo e o caos voltaram.[18]

Ao lermos essas palavras, é difícil não pensarmos na cena do filme *Noivo neurótico, noiva nervosa* em que o personagem de Woody Allen, Alvy Singer, inadvertidamente, marca um encontro numa apresentação de Bob Dylan com uma repórter da revista *Rolling Stone*. "Repórter: Ele é Deus! De verdade, este homem é Deus! Ele tem milhões de seguidores que se arrastariam pelo mundo inteiro só para tocar na bainha de sua roupa. Alvy: É mesmo? Deve ser uma baita de uma bainha."

Os que queriam tocar na bainha de Marcuse se desiludiram. Berman, em 1981, não contaminado pela veneração a Marcuse, afirmou que os jovens radicais que lutavam para mudar a sociedade de modo que as pessoas pudessem controlar suas próprias vidas não tinham lido Marcuse com bastante atenção.

Se tivessem, teriam se dado conta de que seu "'paradigma unidimensional' proclamava que não era possível haver qualquer mudança e que, na verdade, essas pessoas não estavam realmente vivas".[19] Em *O homem unidimensional*, Marcuse não veio para louvar, e sim para sepultar os *swinging sixties*.* A permissividade da sociedade na década de 1960 não era o que parecia — a liberação de uma sociedade regida por convenções —, e sim um instrumento de dominação. "Esta sociedade", escreveu Marcuse, "transforma tudo que ela toca em fonte potencial de progresso e de exploração, de labuta e de satisfação, de liberdade e de opressão. A sexualidade não é exceção."[20]

Enquanto no passado a sexualidade frustrada constituíra uma ameaça à ordem social, uma vez que criara um repositório de descontentamento, na sociedade que Marcuse descrevia a ameaça à ordem social fora superada com a liberação da sexualidade. Mas essa liberação da sexualidade, ele pensou, não era subversiva; na verdade, ajudava a manter a ordem opressora existente em seu lugar. Hegel escreveu sobre a "consciência infeliz", referindo-se a uma consciência dividida entre aquilo que *poderia ser* e aquilo que é. A frustração sexual era uma forma de consciência infeliz. Contudo, numa sociedade repressivamente "dessublimada", isto é, privada de mecanismos de sublimação, a consciência infeliz tinha sido superada. Os membros da sociedade unidimensional tornavam-se conscientes felizes que conseguiam, sexualmente e de outras maneiras, aquilo que queriam, ignorando o fato de que, segundo Marcuse, o que eles queriam era aquilo que se tinham predisposto a querer.

Freud concebeu a ideia de que o princípio do prazer e o princípio da realidade estavam em conflito. A irrestrita indulgência das necessidades biológicas e psicológicas, de acordo com o princípio do prazer, infringe a liberdade dos outros e por isso tem de ser restringida por regras e disciplina, isto é, pelo princípio da realidade. Segundo Marcuse, na sociedade industrial avançada, aconteceu algo tão contraintuitivo como a quadratura do círculo, ou tão improvável como achar a pedra filosofal: o princípio do prazer absorveu o princípio da realidade. O gênio diabólico que Marcuse detectou na sociedade unidimensional era tal que o prazer tornou-se um instrumento de opressão. Nessa sociedade, o sexo e a exposição sexual estavam por toda parte. Como

---

* Termo que se referia à agitação cultural na década de 1960, especialmente na música (Beatles, Rolling Stones, Bob Dylan etc.). (N. T.)

resultado, o homem unidimensional (e talvez a mulher unidimensional, embora Marcuse pouco tenha falado sobre seu papel social) começou a se achar um revolucionário sexual que tinha superado séculos de repressão, triunfado sobre as inibições e evasões, sobre os espartilhos e as anquinhas do passado. Uma coisa que tornara possível essa exposição sexual foi, para Marcuse, a redução do trabalho físico pesado.

> Sem deixar de ser um instrumento de trabalho, permitiu-se ao corpo exibir suas características sexuais no mundo do trabalho cotidiano e nas relações de trabalho. Essa é uma das características únicas da sociedade industrial — possibilitada pela redução do trabalho físico sujo e pesado, pela disponibilidade de roupas baratas e atraentes, pela cultura da beleza e pela higiene física.[21]

É como se a desindustrialização e a dessublimação da sexualidade estivessem engajadas numa inflexível e lúbrica lambada, desalentadoramente obscena, que passa pelas lajotas que revestem o piso do local de trabalho. O trabalhador trocou o capacete de mineiro e a biqueira de aço por minissaias e botas extravagantes, e embora Marcuse não tenha abertamente aludido ao fato de que esse local de trabalho inovadoramente sexualizado é aquele em que mais trabalhadores do que nunca são mulheres, nem que os corpos das mulheres é que são as mercadorias indispensáveis nesse ambiente deprimente, tudo isso está implícito no que ele escreveu:

> O ambiente sexy do negócio, as garotas de vendas, o executivo júnior bonito e viril, o agente sênior, todos são mercadorias de alta comercialização, e ter as amantes apropriadas — que foi uma vez prerrogativa de reis, príncipes e lordes — facilita a carreira até mesmo das menos exaltadas hierarquias na comunidade dos negócios.[22]

É isso mesmo: não é só Don Draper* que transa nesse mercado sexual unidimensional que é o escritório da década de 1960 na filosofia de Marcuse, mas até mesmo seus subordinados. Marcuse não considerou a possibilidade de que essa exposição sexual fosse uma ação radical contra a mercantilização dos

---

* Personagem da série de TV *Mad Men*. (N. T.)

corpos das mulheres, nem é provável que tenha visto nessa cultura sexualmente permissiva um protesto das mulheres contra o homem unidimensional e sua reificada sexualidade.

Vale a pena a essa altura mencionar a vida sexual de Herbert Marcuse. Afinal, se aprendemos alguma coisa da década de 1960, é que o que era pessoal era político. Em seguida à morte de sua primeira mulher, Sophie, em 1951, Marcuse, que não sabia dirigir nem cozinhar, foi morar com seu amigo Franz Neumann e a mulher dele, Inge. Esta foi uma característica do Grande Hotel Abismo que Lukács não percebeu: se o serviço no Grande Hotel era excelente enquanto seus hóspedes contemplavam confortavelmente o abismo, quem providenciava esse serviço eram as mulheres. Depois que Franz Neumann morreu num acidente de carro em 1954, Herbert casou-se com Inge. Mais tarde, ele teve um caso com uma estudante de pós-graduação, e Inge, quando descobriu, proibiu a entrada dela em sua casa, embora isso não tivesse acabado com o caso. "Qual fosse seu ímpeto carnal, genital, sexual, isso ficava oculto", disse seu enteado Osha Neumann. "Considerando seus casos, certamente estava lá, mas estava oculto."[23] Osha era cético em relação ao filósofo como profeta da liberação da libido, e um dos motivos era seu padrasto gostar de bichos de pelúcia. "Ele tinha uma afinidade especial com hipopótamos, não efetivamente como eles cagam e lutam na floresta, mas na versão de uma espécie de ursinho de pelúcia", relembrou Osha (levantando sem querer a divertida questão de se os hipopótamos realmente lutam na floresta). "Ele ficava sentado com o hipopótamo de pelúcia no colo, transmitindo essa imagem de uma sexualidade não agressiva, não genital."[24] Marcuse dividia esse afeto com Adorno, o qual, como já observamos antes, em cartas para sua mãe, dirigia-se a ela como "Minha querida, leal e maravilhosa Hipopótama", e, ocasionalmente, assinava como "Rei Hipopótamo Archibald". De onde vem esse fetiche da Escola de Frankfurt por hipopótamos? Talvez nunca venhamos a saber.

Osha Neumann rejeitou a sociedade unidimensional e se juntou ao movimento da contracultura, do qual muitos membros cultuavam seu padrasto como um herói.[25] Ele abandonou Yale, onde estudava história, para se tornar um artista, e depois entrou num grupo de protesto anarquista conhecido como Up Against the Wall, Motherfuckers, ou Contra a Parede, Filhos da Puta, baseado no Lower East Side, em Nova York. O anarquista, ativista e cofundador do Partido Internacional da Juventude, Abbie Hoffman, descreveu o grupo como "um pesadelo da classe média [...] um fenômeno da mídia antimídia simplesmente porque seu nome não podia ser impresso". Os Filhos da Puta se descreviam como uma "gangue de rua que fez análise". Entre seus atos de protesto, invadiram o Pentágono em 1967, ocuparam a Universidade Columbia em 1968, despejaram lixo não recolhido do Lower East Side na fonte que fica em frente ao Lincoln Center no Upper West Side durante uma greve de lixeiros no mesmo ano e, em 1969, cortaram as cercas no Festival de Woodstock para permitir que muitos entrassem de graça. "Nós nos consideramos em guerra com o sistema, com todas as convenções que mantêm as pessoas presas a mercadorias", disse Osha. "Vivemos a revolução 24 horas por dia e estamos dispostos a dar a vida por nossas crenças, e, por meio de nossas ações, queremos demonstrar que é possível superar o medo e desafiar diretamente as instituições."[26] Em certo sentido, os Filhos da Puta estavam resistindo contraculturalmente ao que Marcuse tinha chamado de sociedade unidimensional.

Mas não nos deixemos levar pelos protestos dos Filhos da Puta. Alguém, e não Osha Neumann nem ninguém do restante de sua "gangue de rua", acabou limpando o lixo da fonte do Lincoln Center. O enteado de Marcuse tornou-se mais tarde um proeminente advogado de direitos civis, especializado em representar os sem-teto na área da baía de San Francisco. Seu protesto juvenil contra a sociedade convencional parece em parte edipiano, similar à rebelião de muitos pensadores da Escola de Frankfurt contra seus pais. De fato, a rebelião de Osha envolvia a rejeição do estilo de vida repressivo e burguês que ele detectou em seu padrasto — um estilo de vida no qual Herbert Marcuse insistiu mesmo quando escrevia livros nos quais acusava a repressão burguesa. Osha relembrou que a casa de sua infância era "muito repressiva".

> Herbert, em termos de vida pessoal, insistiu num grau de distância e num grau de ordem burguesa em sua vida que o protegiam muito. Lembro que ele me falava com muita aprovação de Thomas Mann, que, ao menos segundo Herbert, levantava-se toda manhã, vestia um paletó, punha uma gravata e depois sentava-se à sua escrivaninha para escrever livros sobre pessoas guiadas pela paixão.[27]

E todos esses livros continham uma mensagem para os queridos membros da sociedade reputadamente permissiva da década de 1960, ou seja, que eles, versados em sexo, estavam fazendo tudo errado. Considere-se, sugeriu

Marcuse em *O homem unidimensional*, a diferença que existe entre fazer amor numa campina e num automóvel, ou entre fazer amor durante um passeio de amantes fora dos limites da cidade ou numa rua de Manhattan:

> Nos casos apresentados em primeiro lugar, o ambiente participa da — e convida para a — catexia da libido e tende a ser erotizado, a libido transcende por trás das zonas erógenas imediatas — um processo de sublimação não repressiva. Em contraste, um ambiente mecanizado parece bloquear essa autotranscendência da libido. Impelida no esforço de ampliar o campo de satisfação erótica, a libido torna-se menos "polimorfa", menos capaz de um erotismo que esteja além de uma sexualidade localizada, e *esta última* se intensifica.[28]

Aqui Marcuse estava seguindo a linha de pensamento de *Eros e civilização*, na qual ele sugeria que Eros tinha ficado dominado pela "supremacia genital monogâmica" e que, se verdadeiramente nos libertássemos do sexo como reprodução e/ou satisfação genital, todo o nosso corpo e toda a nossa vida seriam erotizados. Na época em que escreveu *O homem unidimensional*, Marcuse parecia estar sugerindo que homens e mulheres na sociedade industrial avançada estavam tendo o tipo errado de orgasmo, embora mais intensamente prazeroso do que a catexia da libido que ele recomendava como alternativa. Mais uma vez, não consigo resistir a citar Woody Allen. Em seu filme *Manhattan*, uma mulher numa festa diz: "Eu finalmente tive um orgasmo, e meu médico me disse que era do tipo errado". "É mesmo?", replica Isaac Davis (Allen). "Eu nunca tive um do tipo errado, jamais. Até mesmo o pior que tive foi bem no alvo."

O argumento de Marcuse — correndo o risco de cair presa de uma rústica nostalgia da sociedade pré-industrial — era de que uma intensificada energia sexual, como, digamos, a experimentada por Isaac Davis em seu contexto mecanizado (nesse caso, Manhattan), limita o escopo da sublimação. Wilhelm Reich pode ter pensado que o orgasmo é o bem supremo, mas não Marcuse. Sublimar, isto é, desviar a energia sexual para uma utilização mais social, moral ou estética, longe de ser algo ruim, ressoava como utopia para Marcuse. Ele escreveu em *O homem unidimensional*: "Em contraste com os prazeres de uma dessublimação ajustada, a sublimação preserva a consciência das renúncias que a sociedade repressiva inflige ao indivíduo, e portanto preserva a necessidade de libertação".[29] Aqui ele tinha em mente o artista que, segundo Freud, sublima seus impulsos sexuais criando obras de arte. A sublimação das energias sexuais é diferente de sua repressão, mas as duas coisas, pensava Freud, são evidentes na civilização, e até mesmo necessárias para ela. Alguma repressão, como empurrar um desejo para o subconsciente, é necessária: uma satisfação não controlada dos impulsos da libido, que é o que Freud chamou de programa do princípio do prazer, "está em conflito com o mundo inteiro". Versados em felicidade, somos os produtos estragados de um criador inepto. Freud escreveu em *O mal-estar na civilização*:

> Fica-se inclinado a dizer que a intenção de que o homem será "feliz" não está incluída no plano da "Criação". O que chamamos de felicidade, stricto sensu, vem da (preferivelmente súbita) satisfação de necessidades que têm sido represadas em alta medida, e por sua própria natureza ela só é possível como fenômeno episódico. [...] Somos feitos de tal maneira que podemos extrair um prazer intenso só de um contraste, e muito pouco de um estado de coisas. Assim, nossas possibilidades de felicidade já são restringidas por nossa constituição. A infelicidade é muito menos difícil de se experimentar.[30]

Marcuse refinou essas ideias freudianas em termos marxistas, sugerindo que existia uma repressão básica e uma repressão excedente — a primeira era necessária para a civilização, e a segunda, uma ferramenta de dominação na sociedade industrial avançada. A sublimação, em contraste, não envolve tanto a ocultação de desejos no inconsciente quanto seu desvio para outras atividades que são, ostensivamente, valiosas para a civilização. Em *O mal-estar na civilização*, livro que despertou as ideias que Marcuse expressa em *Eros e civilização* e em *O homem unidimensional*, Freud escreveu que sublimação é "o que torna possível que outras atividades físicas mais elevadas — científicas, artísticas ou ideológicas — desempenhem papel tão importante na vida civilizada".[31] O que Marcuse extrai radicalmente dessa ideia de Freud é que essa sublimação na arte, área da atividade humana com a qual ele mais se preocupa em *O homem unidimensional*, não é só uma forma socialmente aceitável para expressar pulsões da libido, nem uma espécie de válvula de segurança psíquica que permite à ordem existente funcionar melhor, mas sim o oposto, estranho a essa ordem. Em última análise, porém, essa arte não ameaça tal ordem. Para Marcuse, o artista — ao menos o grande artista — é uma consciência infeliz, testemunha de possibilidades derrotadas, esperanças não realizadas e promessas não cumpridas. O que ele chama sem remorsos de "cultura mais elevada" existia como uma espécie de oposição não oficial à ordem estabelecida — uma repreensão à realidade e uma refutação dela. "As duas esferas antagônicas da sociedade sempre coexistiram; a cultura mais elevada sempre se acomodou, enquanto a realidade raramente se perturbou com seus ideais e sua verdade."[32]

É como se Marcuse estivesse imaginando que uma cultura mais elevada e bidimensional pudesse operar como uma espécie de república semiautônoma porque não representava uma ameaça séria à realidade prevalente. Nesse sentido, W. H. Auden tinha razão: a poesia não muda nada; em vez disso, cria um espaço imaginário em que a realidade pode ser vista tal qual é, onde ela pode ser ficticiamente acusada e ficticiamente punida. Marcuse escreveu que a cultura mais elevada subverte a experiência do dia a dia e demonstra que ela é "mutilada e falsa".[33] Mas alegou que essa cultura bidimensional, que funciona como uma espécie de oposição não oficial e não ameaçadora às mentiras e distorções da realidade, está liquidada na sociedade tecnológica. A segunda dimensão é incorporada ao estado de coisas prevalente. "As obras da alienação são incorporadas a essa sociedade e circulam como parte integrante do equipamento que adorna e psicanalisa o estado de coisas prevalente. Assim, elas tornam-se comerciais — vendem, confortam ou excitam."[34]

Essa é a indústria cultural descrita por Horkheimer e Adorno, cujo papel, como o da sexualidade repressivamente dessublimada, é fazer com que o capitalismo funcione da forma mais fluente possível. Essa é também a sina, numa sociedade unidimensional, até mesmo de uma arte política supostamente de vanguarda: pense no que aconteceu com *Mahagonny*, de Brecht e Weill, uma ópera composta por homens que não perceberam bem que o que estavam produzindo não iria — como esperavam — catalisar a revolução, mas tornar-se-ia parte do princípio de culinária do qual tanto zombavam.

Mas o que tem a ver a liquidação da cultura mais elevada com sexo e sublimação? A liberação da sexualidade na permissiva década de 1960 foi, afirmou Marcuse, um mecanismo de controle para nos fazer mais felizes, até mesmo mais realizados sexualmente. Mas uma precondição para essa felicidade e essa satisfação sexual maiores é uma maior conformidade. A primeira vítima dessa conformidade crescente é uma consciência infeliz, especialmente a do artista ou da artista que com sua infelicidade e seu descontentamento poderia, em suas obras, "elucidar o poder repressivo do universo de satisfação estabelecido".[35] Para Marcuse, a repressão ainda existia nas sociedades industriais avançadas, mas a sublimação existia cada vez menos, ou não mais: a primeira requeria que homens e mulheres dobrassem o joelho ante a ordem prevalente; a segunda, em contraste, requeria certo grau de autonomia e compreensão. Para Marcuse, a sublimação tornou-se, numa arte bem-sucedida, um fenômeno valioso embora paradoxal — um poder que era capaz de derrotar "a supressão ao mesmo tempo que se curvava a ela".[36]

Mas não mais existe sublimação pela arte. Para demonstrar isso, Marcuse comparou como artistas do pós-guerra e seus predecessores descreviam e dramatizavam o sexo. Em *As flores do mal*, de Baudelaire, ou em *Anna Kariênina*, de Tolstói, o prazer sexual é mais sublimado do que realizado. Talvez o melhor exemplo dessa sexualidade sublimada seja uma obra que ele não menciona, a ópera *Tristão e Isolda*, de Wagner, na qual o sexo e a morte, Eros e Tânatos, estão presos num eterno abraço. Nessas obras de arte da sublimação, como escreveu Marcuse, "a satisfação está além do bem e do mal, além da moralidade social, e assim permanece além do alcance do estabelecido Princípio da Realidade".[37] Compare-se como a sexualidade é retratada nessas obras com sua descrição na sociedade industrial avançada, sugeriu Marcuse. Ele citou como exemplos os alcoólatras de Eugene O'Neill e os conturbados personagens de William Faulkner, obras como *Um bonde chamado desejo*, *Gata em teto de zinco quente* [ambas de Tennessee Williams], *Lolita* [de Vladimir Nabokov] e todas as histórias de orgias de Hollywood e Nova York, e também as aventuras das donas de casa nos subúrbios. A sexualidade descrita nestes últimos casos é, para Marcuse, "infinitamente mais realista, ousada e desinibida" do que como é retratada na literatura clássica ou romântica. É dessublimada, sem mediação, o tempo todo presente em sua banal explicitação, desinteressantemente e despudoradamente aquilo que é.

O que se perdeu entre essas duas épocas da literatura? Negação. A primeira tem imagens que negam as sociedades que elas representam; a segunda não tem. Ou assim argumentou Marcuse. Na literatura clássica havia personagens como prostitutas, demônios, loucos, poetas rebeldes — personagens que rompiam com a ordem existente. Mas na literatura da sociedade industrial avançada, esses personagens antinômicos, conquanto ainda existam (Marcuse cita "a vampe, o herói nacional, o beatnik, a dona de casa neurótica, o gângster, o astro, o magnata carismático"), desempenham uma função contrária à de seus predecessores: "Não são mais imagens de uma outra forma de vida, e sim aberrações ou tipos da mesma vida, que servem mais como afirmação do que como negação da ordem existente".[38]

O uivo primevo de Stanley Kowalski, pois, é muito diferente do *Liebestod* [morte de amor] de Tristão e Isolda. Ao primeiro pode-se responder com eletrodos, um tempo na prisão ou o protocolo "espancalógico" da Universidade de Minnesota;* o segundo resiste a esses métodos corretivos — é uma negação social que dura até a gorda senhora parar de cantar. O sexo na arte da sociedade industrial avançada é, portanto, "selvagem e obsceno, viril e saboroso, bem imoral — e, exatamente por isso, perfeitamente inofensivo".[39] "Perfeitamente inofensivo" é um modo estranho de descrever, digamos, a pedofilia de Humbert Humbert, mas o que Marcuse quer dizer é que *Lolita* não é uma negação dessa sociedade.

O impactante aqui é que os exemplos de Marcuse põem a velha Europa contra a nova América, como a dizer que a cultura da primeira é infeliz e sublimada, e a da segunda, feliz e dessublimada. Um suspiro da velha Europa pelo que perdera perpassa as páginas pessimistas de *O homem unidimensional*. A alta cultura europeia que denunciava a sociedade pré-industrial não pode ser recapturada.[40] De fato, o tom do livro é o pessimismo. Diante de uma sociedade unidimensional sem um plausível teor revolucionário, tudo que restava é o que Marcuse — tomando emprestado o termo do surrealista André Breton — chamou de A Grande Recusa, que é, ele concede, como toda arte de oposição, politicamente impotente. Ele não explica o que significa essa recusa, mas é compreendido por seus intérpretes como estar sugerindo a rejeição de formas de opressão e dominação. O termo, com toda a sua vagueza, impotência e impraticabilidade, é sugestivo: captura o espírito de revolta que varreu as sociedades industriais avançadas durante a década de 1960, abarcando a oposição à Guerra do Vietnã, a Campanha pelo Desarmamento Nuclear, a Nova Esquerda, os hippies e os protestos estudantis. Essa oposição é "uma força elementar que transgride as regras do jogo e, ao fazer isso, o revela como um jogo de cartas marcadas".[41]

Os que se manifestavam pelos direitos civis, embora não fossem politicamente impotentes, se arrolam na Grande Recusa de Marcuse. "Quando se reú-

---

* Referência a um caso ficcional num dos episódios da série de TV *Os Simpsons*. (N. T.)

nem e saem às ruas, sem armas, sem proteção, para reivindicar os mais primários direitos civis, eles sabem que estão enfrentando cães, pedras, bombas, prisão, campos de concentração, até mesmo a morte." Marcuse esperava que "o fato de terem começado a se recusar a jogar o jogo pode ser o fato que marca o começo do fim de um período".[42] Mas os protestos pelos direitos civis não foram apenas uma recusa de jogar o jogo: eram uma insistência em que afro-americanos deveriam ter os mesmos direitos que tinham todos os outros — e nesse sentido a luta pelos direitos civis era uma afirmação, não uma negação.

Entre os alunos norte-americanos de Marcuse na década de 1960 estava Angela Davis, que se tornou mais tarde uma ativista afro-americana, feminista e revolucionária, durante certo tempo uma das dez pessoas mais procuradas pelo FBI, uma mulher que Richard Nixon chamou de terrorista e que Ronald Reagan tentou demitir de seu cargo acadêmico. Davis nasceu em 1944 e foi criada na racialmente segregada e pré-direitos civis Birmingham, Alabama, cidade notória durante as lutas pelos direitos civis por atiçar cães e dirigir jatos de água de mangueiras giratórias sobre afro-americanos que tencionavam votar. E pior:

> Cresci numa época em que, como reação a um grupo de discussão inter-racial em que estava envolvida, a igreja onde se realizavam as discussões foi incendiada. Cresci numa época em que pessoas negras se mudavam para uma vizinhança de brancos no outro lado da rua em que vivíamos, e bombas eram colocadas nessas casas.[43]

Posteriormente ela ganhou uma bolsa na Universidade Brandeis e encontrou Marcuse numa manifestação durante a Crise dos Mísseis de Cuba de 1962, quando o confronto entre norte-americanos e soviéticos devido à instalação de mísseis balísticos soviéticos em Cuba colocou as duas nações bem perto de uma guerra nuclear. Depois ela se tornou aluna dele. O que a impressionou nos escritos de Marcuse foi, em parte, o que Davis chamou de "a promessa emancipatória da tradição filosófica alemã", mas também sua habilidade ao revelar o bárbaro substrato do sonho norte-americano. Como ela expressa em seu prefácio a uma coletânea de cartas de Marcuse: "Exatamente porque ele estava tão concreta e diretamente envolvido na oposição ao fascismo alemão, era também capaz e estava desejoso de identificar tendências fascistas nos Estados Unidos".[44] Entre essas tendências fascistas em sua pátria, afirmou, estava o papel proeminente e estrutural do racismo.

Poderíamos interpretar alguns dos escritos e campanhas posteriores de Davis como continuação de sua análise das tendências fascistas do tempo em que era professora. Davis continuaria argumentando que aquilo que ela chamava de "complexo prisional-industrial" militava contra os direitos civis pelos quais os afro-americanos lutavam. Mas o superencarceramento de negros e hispânicos, ela alegava, era resultado de um desvio de capital dos serviços humanos, da habitação, de empregos, da educação, para áreas lucrativas.

> Significava que havia enormes quantidades de pessoas em toda parte do mundo que não estavam conseguindo se sustentar. Elas se tornam excedentes, e como resultado são frequentemente forçadas a se engajar em atividades que são consideradas criminosas. E com isso as prisões ficam abarrotadas no mundo inteiro, muitas vezes com a assistência de corporações privadas que lucram com essas populações excedentes.[45]

Marcuse não viveu para ver esse complexo prisional-industrial florescer, mas sem dúvida ele aprovaria esse arguto diagnóstico e essa condenação feitos por sua aluna.

Como muitos outros estudantes na década de 1960, Davis foi uma entusiasta leitora de um ensaio de Marcuse de 1965, "Tolerância repressiva" [publicado no livro *Crítica da tolerância pura*, com Robert Paul Wolff e Barrington Moore Jr.], que argumentava que numa sociedade supostamente liberal a tolerância é uma forma de mistificação, fazendo com que a sociedade aceite uma forma sutil de dominação. O que é necessário, ele alegava, é um novo tipo de tolerância, inclusive tolerância à violência revolucionária. Como no caso de *O livro vermelho* de Mao Tsé-tung, esse ensaio de Marcuse foi encadernado como se fosse um livro de orações ou um missal, e tornou-se leitura devocional em "manifestações pacíficas" de estudantes.[46] Mas sua mensagem foi considerada escandalosa por alguns críticos, como Alasdair MacIntyre:

> A verdade está sendo conduzida pelas minorias revolucionárias e seus porta-vo-

zes intelectuais, como Marcuse, e as maiorias têm de se libertar aprendendo a verdade dessa minoria, que está autorizada a suprimir opiniões adversas e danosas. Esta é talvez a mais perigosa das doutrinas de Marcuse, pois não só o que ela afirma é falso, como é uma doutrina que, se amplamente adotada, seria uma barreira efetiva a qualquer progresso e libertação racionais.[47]

Angela Davis extraiu uma mensagem diferente de Marcuse: "Herbert Marcuse ensinou-me que é possível ser acadêmica, ativista, erudita e revolucionária".[48] Ela estudou com Marcuse em Brandeis e com Adorno em Frankfurt; depois, em 1966, quando o Partido dos Panteras Negras foi fundado, ela foi atraída de volta para os Estados Unidos, em parte para trabalhar em movimentos radicais. Adorno mostrara-se cético: "Ele insinuou que meu desejo de trabalhar diretamente com movimentos radicais daquele período era semelhante ao de um especialista em estudos sobre a mídia que quisesse se tornar um técnico de rádio".[49]

Irredutível, ela se juntou aos Panteras Negras e ao Clube Che-Lumumba, um grupo só de negros dentro do Partido Comunista dos Estados Unidos. Tornou-se também professora de filosofia na Universidade da Califórnia em Los Angeles, mas foi exonerada por ser membro do Partido Comunista. Mais tarde foi reintegrada e depois, em junho de 1970, novamente despedida por usar linguagem incendiária em discursos nos quais chamava a polícia de porcos e assassinos por sua atuação ao reprimir um protesto de estudantes no Parque do Povo, no campus de Berkeley, no ano anterior. Em agosto de 1970 Davis se tornou uma foragida da justiça. Foi então incluída na lista das dez pessoas mais procuradas pelo FBI, alegadamente por ter fornecido armas aos Panteras Negras que tinham libertado três homens — os chamados Irmãos Soledad — de um tribunal onde estavam sendo julgados pela morte de um guarda na prisão. Foi finalmente presa e acusada de conspiração de sequestro e homicídio, acusação que poderia lhe valer a pena de morte. No julgamento, em 1972, foi declarada inocente, enquanto outros réus, ex-Panteras Negras, foram condenados à prisão, alguns com penas de mais de cinquenta anos.

Para Davis, seu ex-professor era uma figura intelectualmente libertadora:

Marcuse desempenhou um papel importante durante o final da década de 1960 e início da de 1970, ao incentivar intelectuais a se pronunciarem contra o racismo, contra a Guerra do Vietnã e pelos direitos dos estudantes. Ele enfatizou a importância do papel dos intelectuais nos movimentos de oposição, o que, acredito, levou mais intelectuais a enquadrar seu trabalho em relação a esses movimentos do que teria sido de outra forma. E o pensamento de Marcuse revelou quão profundamente ele próprio estava influenciado pelos movimentos de seu tempo e como seu engajamento com esses movimentos revitalizou seu pensamento.[50]

Mas talvez o aspecto mais surpreendente da influência de Marcuse sobre Davis tenha sido o modo como ela formatou sua opinião sobre as possibilidades utópicas contidas na arte, na literatura e na música. Mas, para isso, não seria ele demasiadamente embebido na alta cultura europeia? Não é certo — eu perguntei a Davis quando a entrevistei em 2014 — que Marcuse não achava que a música popular fosse resistente ao statu quo, vendo-a, em vez disso, como Adorno via o jazz, como parte da indústria cultural que mantinha no lugar o statu quo? Davis explicou:

> Ele começou a mudar. Tinha essa formação europeia muito clássica, assim a cultura para ele era a alta cultura, mas creio que depois começou a reconhecer que não devíamos nos preocupar com alta cultura versus baixa cultura. Devíamos nos preocupar com a função que a cultura preenche.[51]

Em seu livro *Blues Legacies and Black Feminism* [O legado do blues e o feminismo negro], de 1998, Davis escreveu como cantoras como Gertrude "Ma" Rainey, Bessie Smith e Billie Holiday "proveram um espaço cultural para uma construção comunitária entre mulheres negras da classe trabalhadora [...] no qual estavam ausentes as coerções das noções burguesas de pureza sexual e de 'verdadeira feminilidade'".[52] Esse livro de Davis está impregnado das noções marcusianas da arte como zona semiautônoma, ou uma outra dimensão na qual se podiam imaginar utopias em oposição às culturas dominantes que ela denuncia.

Marcuse, seguindo Adorno, que por sua vez seguira Stendhal, escreveu sobre a arte como sendo a oferta de uma *promesse du bonheur* [promessa de felicidade]. Ele explicou o que isso queria dizer em *O homem unidimensional*, escrevendo que a ordem prevalente estava "ofuscada, fragmentada, refutada por outra dimensão que era irreconciliavelmente antagônica à ordem dos negócios, denunciando-a e denegando-a".[53] Marcuse viu essa *promesse du bonheur* na pintura holandesa do século XVII, em *Os anos de aprendizado de Wilhelm Meister* de Goethe, no romance inglês do século XIX e em Thomas Mann; Angela Davis a ouviu em Bessie Smith e Billie Holiday. Porém, à medida que se desenrolava a década de 1960, Marcuse ousou imaginar que a *promesse du bonheur* só se poderia realizar na dimensão estética (o título de seu último livro é *A dimensão estética*), mas essa utopia estava ao alcance. Em *Um ensaio para a libertação*, de 1969, ele cometeu a maior heresia no entender da Escola de Frankfurt: permitiu-se pensar positivamente. "O que se denuncia como 'utópico' não é mais o que 'não tem lugar' ou que não pode ter lugar algum no universo histórico, mas o que está impedido de se realizar pelo poder das sociedades estabelecidas", ele escreveu. "As possibilidades utópicas são inerentes às forças técnicas e tecnológicas do capitalismo avançado e do socialismo: a utilização racional dessas forças em escala global terminaria com a pobreza e a escassez num futuro muito previsível."[54]

Não se pretendia que a teoria crítica da Escola de Frankfurt fosse assim. A teoria crítica tinha uma construção parecida com o tabu judaico de chamar Deus pelo seu nome: fazer isso seria prematuro, pois ainda não entramos na era messiânica. Similarmente, para a teoria crítica, conceber uma visão utópica seria prematuro: a tarefa que se autoimpôs foi a de negar a verdade da ordem existente, e não a de produzir esquemas e planos para uma ordem melhor. Mas Marcuse, em *Um ensaio para a libertação*, ousou imaginar um novo tipo de homem que rejeitava os valores das sociedades estabelecidas. Esse novo homem não era agressivo, era incapaz de fazer uma guerra ou criar sofrimento, e trabalhava satisfeito, tanto individual como coletivamente, por um mundo melhor, e não para servir a seus próprios interesses.[55]

E quanto às mulheres? Em seu ensaio "Marxismo e feminismo", de 1974, Marcuse afirmou que qualidades "femininas" como a não violência, a ternura, a receptividade e a sensibilidade representavam uma negação dos valores masculinos. "O socialismo, como sociedade quantitativamente diferente, tem de personificar a antítese, a negação definitiva das necessidades agressivas e repressivas do capitalismo como uma forma de cultura dominada pelo homem."[56]

Talvez tenha sido exatamente sua fama de pai da Nova Esquerda (título que ele renegava) que atraiu Marcuse a imaginar utopias. Alguns achavam sua visão ridícula: em *As principais correntes do marxismo: Suas origens, seu crescimento e sua dissolução*, o historiador das ideias Leszek Kołakowski descreveu a utopia de Marcuse como antimarxista, uma teoria que invertia Freud de maneira tal que as regras sociais podiam ser descartadas em favor de um "Novo Mundo de Felicidade". Ao mesmo tempo, era um novo mundo que "seria governado despoticamente por um grupo esclarecido que tinha constatado em si mesmo a unidade de Logos e Eros, jogando fora a vexatória autoridade da lógica, da matemática e das ciências empíricas".[57]

Com toda a celebridade "radical chique" e contracultural de Marcuse, seu concorrente ao título de herói da Nova Esquerda e do movimento estudantil não ficou seduzido. Quando Marcuse e Jean-Paul Sartre combinaram se encontrar no restaurante Coupole, em Paris, no final da década de 1960, Sartre ficou preocupado em como poderia passar por aquele almoço sem revelar a verdade. "Nunca li uma só palavra do que Marcuse escreveu", ele contou a seu futuro biógrafo John Gerassi.

> Sei que ele tentou fazer uma ligação entre Marx e Freud. E sei que ele apoia estudantes ativistas. Mas não me é possível ler seus livros durante a próxima semana. Além disso, não quero parar com minha pesquisa sobre Flaubert. Então, junte-se a nós. E se Marcuse começar a filosofar, se usar a palavra "reificação" uma única vez, interrompa-o e diga algo provocativo e político.

No almoço, comendo cassoulet, Sartre saiu-se com uma engenhosa estratégia para ocultar sua ignorância. Fez perguntas que sugeriam uma familiaridade com a obra de Marcuse maior do que ele efetivamente tinha. "Toda vez que ele respondia, eu aproveitava uma aparente falha na resposta para fazer outra pergunta. Mas como essa falha era só aparente, ele podia responder à pergunta, e o fazia com grande satisfação. Assim, sua vaidade aflorou, feliz." E assim aconteceu de fato: quando Gerassi ajudava Marcuse a entrar num táxi, este "apertou minhas duas mãos com genuína gratidão e disse: 'Eu não fazia ideia de que ele conhecia tão bem minha obra'".[58]

16. Filosofando com coquetéis molotov

Enquanto Marcuse sonhava com utopias na América, Adorno se desesperava na Europa. "Nenhuma história universal leva da selvageria ao humanitarismo, mas há uma que leva do estilingue à bomba de megatons",[1] ele escreveu em *Dialética negativa*, livro que publicou em 1966 sob a longa sombra de Auschwitz e a ameaça de um armagedom nuclear. O Holocausto impôs o que ele chamou de "um novo imperativo categórico", de modo que os seres humanos organizassem seus pensamentos e suas ações para que "Auschwitz nunca mais se repita, para que nada semelhante aconteça". No canto de Adorno em Frankfurt não havia futuro para o sonho californiano de Marcuse. *Dialética negativa* é uma meditação extemporânea — antissistêmica, antiutópica e destituída de esperança. "Deve haver poucas palavras na filosofia que expressem um sentido tão esmagador de esterilidade quanto as de *Dialética negativa*", escreveu Kołakowski em *As principais correntes do marxismo*.[2] Marcuse pode ter pensado que se poderia realizar a utopia neste mundo, e logo, mas a contrassugestão implícita de Adorno em *Dialética negativa* foi que só poderia ser realizada na arte, e, por definição, só na imaginação.

"A dialética negativa desconsidera a tradição", ele escreveu no prefácio do livro. "Tão antiga quanto Platão, a dialética significava alcançar algo positivo por meio da negação. [...] Este livro busca libertar a dialética desses traços afirmativos sem reduzir sua determinância."[3] Antes de Platão, Heráclito tinha proposto que o mundo está num fluxo constante. A imaginação dialética toma esse pensamento e tenta impor uma ordem na mudança. Para os dialéticos — e Adorno foi membro vitalício desse clube dialético —, a questão é: se o mundo envolve essencialmente mudança e não estase, então para onde leva essa mudança?

De Platão em diante, a sugestão era de que uma mudança, particularmente uma mudança histórica, tinha um objetivo, ou télos. A ideia de Hegel era de que a história se desenvolve segundo um processo dialético. O paradoxal termo alemão "aufheben", que significa três coisas distintas e contraditórias — elevar, suprimir/ superar e conservar — e que, em seu uso filosófico, é comumente traduzido para o português como "suprassumir" ("sublate" em inglês), é importante aqui. O tradutor e filósofo Walter Kaufmann escreveu: "Pode-se dizer que Hegel visualizou como algo pode ser tomado de modo a não mais existir como antes existia, embora não esteja de todo suprimido e sim elevado para ser mantido num nível diferente".[4] Para Hegel, fundamentalmente, nada é descartado nesse processo — tudo é levado de uma época histórica para a seguinte. Para ele, a história é a realização da liberdade humana em direção ao Absoluto e, o que é a mesma coisa, a expressão do *Weltgeist*, ou Espírito Universal. Para Hegel, "tudo que é real é racional", e com isso ele quer dizer que tudo tem seu lugar no processo de um desenrolar dialético. O resultado é que existe uma "identidade da identidade e não identidade". A história, assim concebida, é como um projeto de reciclagem de grandeza cósmica no qual nada tem permissão para se tornar mero aterro. Para Hegel, em consequência, o todo é a verdade. Para Adorno, num aforismo tipicamente perverso, o contrário é que está correto: "O todo é o falso".[5]

Ao longo de seus escritos, Adorno suspeitava desses filósofos que oferecem conciliações harmoniosas. Ele tinha suas dúvidas, como alega Martin Jay, quanto à visão do jovem Lukács sobre a inteireza épica da Grécia antiga, quanto à noção de Heidegger de que o ser realizado estava sendo agora tragicamente esquecido, e quanto à fé de Walter Benjamin na unicidade, antes da queda do homem, entre nome e coisa.[6] Mas em *Dialética negativa* ele se preocupou principalmente não em desconstruir essas fantasias regressivas, mas com a ideia oposta de que processos históricos dialéticos teriam de ter um objetivo. Em particular, ele rejeitava a ideia de que a narrativa histórica era destinada a terminar com um final feliz. Assim, em oposição à "identidade da identidade e não identidade" de Hegel, Adorno propôs a noção ainda mais desconcertante da "não identidade da identidade e não identidade". Ao fazer essa sugestão, Adorno estava afirmando que um objeto não se encaixa em seu conceito sem deixar algum resíduo. E ainda assim um objeto tem de ser subsumido sem esse resíduo para que a noção de sua identidade faça sentido. Se o objeto não se encaixar em seu conceito sem resíduo, então, como todo pensamento é conceitual, todos os conceitos representam mal os objetos que conceituam, e todo pensamento representa um ato de brutalidade em relação a seu objeto. Pelo menos era essa a inferência de Adorno.

De fato, Adorno estava apresentando retrospectivamente o princípio da troca de Marx para abrir brechas na filosofia da identidade hegeliana: para alcançar a identidade, sugeriu Adorno, a filosofia hegeliana afirma a equivalência do que não é equivalente.[7] Em vez dessa brutal conceituação de identidade, Adorno propôs como tentativa uma abordagem diferente, que veio a ser conhecida como teoria constelacional, tomando emprestado o termo "constelação" de Walter Benjamin em *Origem do drama trágico alemão*. O pensamento constelacional rejeita um pensamento de identidade que compreenda um objeto subsumindo-o sob um conceito. Compreender um objeto, na visão de Adorno, não era subsumi-lo sob um conceito, mas dispô-lo numa relação histórica dialética com uma constelação de outros objetos. Nesse sentido, há um forte paralelo entre o pensamento constelacional e a noção de Benjamin de uma imagem dialética. O uso do termo "constelação" tem afinidades com elementos da arte e da literatura modernas que atraíam Benjamin — como a montagem no cinema, a colagem cubista, as *correspondances* de Baudelaire ou as epifanias de Joyce.

Em particular, as constelações de Benjamin eram similares à noção de Proust sobre a memória involuntária. Quando prova uma madeleine, o narrador de *Em busca do tempo perdido*, involuntariamente, revive toda a sua infância. Esses súbitos lampejos de insight eram aquilo pelo que Adorno esperava em sua teoria constelacional do conhecimento. Por meio dessas constelações mutantes e desses lampejos evanescentes, a verdade sobre um objeto emergiria a um observador perceptivo. Adorno revelou essa sua abordagem da cognição em sua aula inaugural no Instituto de Pesquisa Social em Frankfurt, em 1931, uma aula que sua audiência não compreendeu. Em *Dialética negativa* ele tentou expor uma nova versão, empregando uma analogia que o fez parecer uma combinação entre um arrombador de cofres trabalhando num banco após a hora do expediente, um budista virtuose da atenção plena e um especialista em física quântica ciente de que sua investigação iria mudar a natureza daquilo que estava investigando. Ele escreveu:

> A história fechada num objeto só pode ser apresentada por um conhecimento consciente do valor posicional histórico do objeto em sua relação com outros objetos — pela efetivação e concentração de algo que já é conhecido e é transformado por esse conhecimento. A cognição do objeto em sua constelação é a cognição do processo armazenado no objeto. Como uma constelação, o pensamento teórico circunda o conceito cujo lacre ele gostaria de quebrar, esperando que possa ser aberto como a fechadura de um cofre de banco bem protegido, não por meio de uma chave ou um único número, mas por uma combinação de números.[8]

O insight, se é que era de todo obtenível, deveria ser alcançado por especialistas que transcendessem o pensamento da identidade. Mas mesmo então o insight só se apresentaria na forma de lampejos — constelações. Estas, como exércitos móveis de metáforas, estavam sempre mudando, cintilando dentro e fora da pegada de quem as tinha agarrado. Mas o corolário de *Dialética negativa* era que esses lampejos de insight eram o único meio pelo qual podemos sair do que, não fosse isso, seria um sistema de ilusão total.

Tudo isso é uma dura maçaroca difícil de engolir, até mesmo para especialistas em teoria crítica. De fato, foi a própria natureza evanescente do pensamento da não identidade proposta em *Dialética negativa* que fez recuar um jovem colega de Adorno, Jürgen Habermas. Numa entrevista em 1979, ele disse que não concordava mais com "a premissa de que a razão instrumental tinha ganhado tal predominância que na verdade não há como sair de um sistema total de ilusão no qual só se chega a um insight por lampejos de indivíduos isolados".[9]

Se isso soa enlouquecedoramente obscuro, vale a pena ressaltar que Adorno foi levado a teorizar o pensamento da não identidade para "dar voz" a um sofrimento que, de outra forma, seria silenciado. "A necessidade de permitir que o sofrimento fale é condição para toda verdade. Pois sofrimento é objetividade que exerce seu peso sobre o sujeito."[10] O sofrimento que Adorno tinha em mente era invisível no nosso mundo unidimensional — aquele causado pela opressão desumana de outros. Porém, se todo pensamento envolve brutalidade, uma vez que é inerentemente conceitual, é difícil compreender como Adorno pôde enquadrar sua crítica ao pensamento de identidade, já que fazer isso envolve empregar os conceitos dos quais ele desdenhava. Habermas escreveu que Adorno estava bem ciente da contradição performativa em sua escrita filosófica.[11] Esta, em certo sentido, era a natureza louca da noção de crítica imanente adotada pela Escola de Frankfurt, por meio da qual a ideologia que era desconstruída era demolida por seus próprios instrumentos. Em *Dialética do Esclarecimento*, Adorno e Horkheimer enfureciam-se por ter a razão se tornado instrumental durante o Iluminismo e, assim, ter cedido ao poder. Ao fazer isso, a razão perdera sua força crítica. Porém, como observou Habermas em *O discurso filosófico da modernidade*, de 1985, a crítica de Adorno e Horkheimer era estranha, já que "denunciava o Iluminismo usando os próprios instrumentos dele".

Em *Dialética negativa*, Adorno manteve-se fiel a essa estratégia filosófica paradoxal — tomar o cadáver da razão e fazê-lo falar sobre as circunstâncias de sua própria morte. Segundo a *Stanford Encyclopedia of Philosophy* [Enciclopédia de filosofia de Stanford]:

> Adorno não rejeita a necessidade de identificação conceitual [...] nem sua filosofia pretende ter acesso direto ao não idêntico. Sob as condições sociais atuais, o pensamento só pode ter acesso ao não idêntico por meio de críticas conceituais de identificações falsas. Essas críticas têm de ser "negações determinadas", apontando contradições específicas entre o que o pensamento pretende e o que ele efetivamente entrega.[12]

O sonho de utopia que Marcuse estava tentado a realizar na década de 1960 não era para Adorno.

Não foi apenas a filosofia de Hegel que Adorno atacou em *Dialética negativa*; Marx foi um alvo também. Marx tinha substituído o Espírito Universal hegeliano pela luta de classes, enquanto mantinha a concepção dialética da história. O télos do processo dialético na história era, para Marx, a libertação da humanidade numa sociedade comunista. Essa utopia se realiza na revolução proletária que abole a classe dominante. Em *Dialética negativa*, Adorno voltou as costas para o futuro, rejeitando a concepção de história de Hegel e de Marx que se move dialeticamente em direção a um final feliz. Mas isso não queria dizer, como escreveu um crítico, que Adorno estivesse envolvido na "diabolização da história", nem que *Dialética negativa* tivesse substituído a história da salvação pela história da danação. "O que se condenava em Hegel é mais uma vez virado de cabeça para baixo: o mal radical — o Mal, como tal, é promovido ao status de Espírito Universal."[13]

Mas não existe Espírito Universal em *Dialética negativa*. Não é preciso que as coisas resultem de uma determinada maneira, embora frequentemente filósofos alemães tenham suposto que sim. Marx, por exemplo, teve a esperança de que teoria e práxis poderiam ser reunidas por meio da revolução. Para Adorno, ela tinha fracassado nessa tarefa. Daí a declaração de abertura de sua introdução:

> A filosofia, que uma vez parecia ser obsoleta, continua viva porque o momento de realizá-la se perdeu [...]. O julgamento sumário de que ela tinha apenas interpretado o mundo, que a resignação diante da realidade a fez aleijar a si mesma, tornou-se um derrotismo da razão depois que a tentativa de mudar o mundo descarrilou.[14]

Quando leu *Dialética negativa*, Gershom Scholem se perguntou se a teoria crítica agora consistia em uma análise do capitalismo de Marx sem a luta de classes. Se era assim, isso poderia ser igualmente dito de *O homem unidimensional*. Mas enquanto Marcuse passou a década de 1960 buscando um sujeito revolucionário que substituísse o proletariado, a filosofia de Adorno era o inverso do marxismo: nunca poderia ajudar a mudar o mundo, só interpretá-lo mais profundamente. Se tinha um papel, era o de reduzir os sistemas de outros filósofos a escombros e assim ajudar a curar os fiéis de suas ilusões.

Em seu livro *Jargão da autenticidade*, de 1964, Adorno atacou a tendência da filosofia alemã do pós-guerra de buscar um socorro ilusório na introspecção subjetiva. Ele achou especialmente intolerável esse tipo de mudança existencial na filosofia — que ele tinha criticado em suas obras de antes da guerra sobre Husserl e Kierkegaard — nos escritos de Heidegger, Martin Buber e Karl Jaspers. Ele considerou as obras desses filósofos como semimistificadoras. Cada um ao seu próprio modo concebia filosofias elitistas em termos nebulosos para evitar se defrontar com realidades sociais, acalentando-se no proposital brilho de palavras como "ansiedade" e "salto", e com isso distraindo a si mesmos da escuridão desses tempos. O que Wittgenstein dissera de sua missão também era a verdade de Adorno em *Jargão da autenticidade*: "É preciso parar com esse tipo de coisa. Maus filósofos são como senhorios de favelas. Meu trabalho é pô-los para fora desse negócio".[15]

Em 1961, Adorno encontrou-se com Karl Popper em Tübingen, na Associação Alemã de Sociologia. Os dois eram os oradores principais num simpósio que ia debater a metodologia apropriada à pesquisa em ciências sociais. Deve ter sido um duelo contundente, uma luta entre dois representantes de posições filosóficas hostis, ou um confronto em tempos de Guerra Fria entre os representantes das ideologias rivais da democracia liberal e do marxismo.[16]

No canto azul, o vienense Popper, professor de lógica e método científico na Universidade de Londres, de quem seu discípulo britânico Bryan Magee disse uma vez: "Ele faz minha mente funcionar como um maçarico".[17] Popper era um defensor da sociedade aberta contra várias formas de totalitarismo, um campeão do método científico, um acerbo demolidor do que ele chamava de pseudociências, como a psicanálise, e insistia que o pensamento dialético em que se especializara a Escola de Frankfurt era não apenas falso, mas também perigoso.

No canto vermelho estava Adorno, um homem que até mesmo seu dedicado e amigável seguidor Martin Jay achava ser dolorosamente capaz de proferir uma "arenga devastadora".[18] Adorno duvidava de que a sociedade liberal e supostamente aberta que Popper antepunha ao totalitarismo fosse muito diferente deste. Ele, como outros teóricos críticos da Escola de Frankfurt, ficara impressionado com a psicanálise freudiana. O mais significativo, quando os dois se defrontaram, foi que Adorno era cético quanto às pretensões do método científico de ser um meio objetivo de estabelecer a verdade. "A ideia da verdade científica não pode ser separada da ideia de uma sociedade verdadeira", escreveu Adorno.[19] E o corolário era que, uma vez que não vivemos numa sociedade verdadeira, a verdade científica está fora de nosso alcance. Esse conceito de verdade científica teria ramificações não só nas ciências naturais, mas também para o tema do simpósio — a saber, como funcionaria a sociologia.

346

Para a Escola de Frankfurt, as ciências, sejam elas naturais ou sociais, tinham se tornado instrumentos usados pelos opressores capitalistas para evitar que viesse a existir a sociedade verdadeira. A filosofia, ao abandonar a perspectiva crítica da realidade social, também se tornara um instrumento mais de opressão do que de libertação. Essa perspectiva era mais contundentemente expressa num capítulo de *O homem unidimensional* no qual Marcuse arrasava com o que chamou de "filosofia unidimensional".[20] A lógica formal, a versão linguística dos positivistas lógicos do Círculo de Viena e a análise da língua comum por filósofos como Wittgenstein e J. L. Austin foram todas projetadas, alegou Marcuse, "para coordenar as operações mentais com as da realidade social", tendo assim "um caráter intrinsecamente ideológico". A lógica formal, portanto, não era tanto um modo de ordenar nossos pensamentos para garantir que não desabemos em erro ou ilusão filosófica, e sim um instrumento de dominação. "A própria ideia da lógica formal é um evento histórico no desenvolvimento de instrumentos mentais e físicos para controle universal e calculabilidade", escreveu Marcuse. Nesse aspecto, suas ideias quanto à lógica formal eram similares à crítica de Adorno ao pensamento da identidade desenvolvido em *Dialética negativa*. Na melhor das hipóteses, para a Escola de Frankfurt, o positivismo era quietista: como praticada em Viena, Oxford, Cambridge e certas faculdades norte-americanas, a filosofia tinha se tornado um jogo absorvente que distraía os filósofos de uma crítica racional a uma sociedade irracional. A ciência quase não era isenta dessa crítica: ao contrário, o método científico era o principal meio para dominar tanto a natureza quanto o ser humano.

Essa ideia dificilmente poderia ser considerada nova. Era um compromisso fundamental da Escola de Frankfurt e do pensamento crítico, desenvolvido primeiro por Max Horkheimer em seu ensaio "Teoria tradicional e teoria crítica", de 1937, e depois em palestras na Universidade Columbia, em 1944, que se tornaram a base para seu livro *Eclipse da razão*, de 1947. O título em alemão do livro de Horkheimer, *Zur Kritik der instrumentellen Vernunft* [Crítica da razão instrumental], dá uma ideia melhor daquilo que, em 1961, era o inabalável comprometimento da Escola de Frankfurt. O livro de Horkheimer era uma descrição crítica de como a razão colapsa na irracionalidade através de uma ênfase em questões instrumentais. A razão instrumental era dedicada a determinar os meios para atingir um objetivo, sem raciocinar sobre os fins em si mesmos. Horkheimer fez uma distinção entre razão subjetiva e razão objetiva (ou, em alemão, entre *Vernunft* e *Verstand*): a primeira preocupa-se apenas com os meios, e a segunda, com os fins.

Mas por que a primeira é chamada de razão subjetiva? Porque, pensava Horkheimer, ela se preocupa com a autopreservação do sujeito, enquanto a razão objetiva busca radicar a verdade e o significado das coisas em termos de uma totalidade abrangente. Horkheimer escreveu uma vez: "A filosofia social é confrontada com o anseio por uma nova interpretação de uma vida que está presa na armadilha de seu empenho individual em busca da felicidade".[21] A tarefa que se apresentava à Escola de Frankfurt era libertar a humanidade oprimida e sofredora dessa armadilha, de uma mentalidade que enredava os indivíduos na busca da felicidade e não em questionar por que buscavam tal objetivo. Por não haver uma reflexão crítica sobre a irracionalidade ou não desses fins, pensava Horkheimer, o projeto do Iluminismo se autoderrotava. Pressupunha-se que o Iluminismo, ou Esclarecimento, envolvia o uso da razão para ajudar os humanos a se libertar de mitos e superstições; em vez disso, ele estava substituindo uma forma de mito por outra.

No mesmo ano em que publicou *Eclipse da razão*, Horkheimer escreveu com Adorno no início de *Dialética do Esclarecimento*: "O Esclarecimento, entendido em sentido amplo como o avanço do pensamento, tem buscado sempre o objetivo de livrar os seres humanos do medo e de implantá-los como senhores. No entanto, a terra totalmente esclarecida irradia uma calamidade triunfante".[22] Mas o que têm a ver esses pensamentos sobre a natureza do Iluminismo com o método científico e a lógica formal? Para Horkheimer, todas as partes da natureza que não podem ser calculadas e formalizadas estão fora da imagem científica do mundo do Iluminismo. Com efeito, o Iluminismo cria um mundo que melhor se encaixe na imagem científica que tem dele. Mas esse mundo criado é uma distorção. O inexorável ímpeto da razão instrumental — inclusive o método científico, a matemática e a lógica formal — faz com que essa imagem distorcida seja vista como a única representação verdadeira do mundo. Temos um falso senso de conectividade com o mundo que nos suscita uma percepção limitada de como pode ser o mundo. Ou seja, só conhecemos algumas coisas em detrimento de outras.[23] O que parece ser um projeto dedicado a libertar os humanos da ilusão pode ser mais bem compreendido como a substituição de certas algemas mentais por outras. Na interpretação que Marcuse faz desse pensamento, tornamo-nos homens e mulheres unidimensionais, mais ou menos como drones nas sociedades industriais avançadas, e felizes com nosso quinhão.

Enquanto Adorno, Horkheimer e Marcuse entendiam que o método científico é parte de uma calamidade triunfante e o principal meio pelo qual os capitalistas conseguem dominar a natureza e oprimir a humanidade, Karl Popper estava trabalhando em sua defesa do método científico. Ele argumentou que pode haver, deveria haver e havia progresso na ciência. Foi como se nunca tivesse lido *Dialética do Esclarecimento* ou, se tinha, o achasse menos que desprezível. Em seu primeiro pronunciamento na conferência de Tübingen, Popper terminou com uma citação de Xenófanes que explicava sua visão do progresso científico:

> *Os deuses não nos revelaram desde o início*
> *Todas as coisas; mas no decorrer do tempo,*
> *Mediante a busca, podemos aprender e saber melhor as coisas.*[24]

Mas para Popper, decisivamente, esse projeto de saber melhor as coisas, que ele considerava ser o fundamento da ciência,

> não começa nas percepções ou observações ou na coleta de dados ou fatos, e sim, em vez disso, em problemas. Poder-se-ia dizer: não há conhecimento sem problemas; mas também não há problemas sem conhecimento. Mas isso quer dizer que o conhecimento começa na tensão entre conhecimento e ignorância. Daí podermos dizer não apenas que não há problemas sem conhecimento, mas também que não há problemas sem ignorância.[25]

Dito isso, as opiniões de Popper sobre ciência eram tão desafiadoras da ortodoxia científica quanto as da Escola de Frankfurt. Seu livro *A lógica da pesquisa científica*, de 1934, seguia o filósofo escocês iluminista David Hume, que tinha destacado haver uma contradição na noção de que todo conhecimento deriva da experiência e que declarações genéricas, inclusive leis científicas, são verificáveis por referência a uma experiência. Era nessa noção que se fundamentava o empirismo e também o positivismo. No entanto, afirmava Hume, nenhuma hipótese científica pode ser definitivamente confirmada, e assim nenhuma lei científica pode ser definitivamente verdadeira.[26] Por exemplo, se todos os cisnes que vimos são brancos, isso não significa que a proposição "Todos os cisnes são brancos" seja verdadeira. Esse era o problema de toda indução, e ainda assim, sugeria Hume, não há como não usar o raciocínio indutivo mesmo não podendo justificar seus resultados como sendo conhecimento.

O ceticismo de Hume quanto ao fundamento racional da indução foi inspirador para Popper, pois desafiava a noção prevalente de que somente o que pode ser provado pela razão e pela experiência pode ser aceito. Essa perspectiva de como a ciência funcionava, chamada de justificacionismo, e que formava a base retórica em grande parte do empenho da ciência para compreender o mundo (ou melhor, como alegaria a Escola de Frankfurt, para dominá-lo), foi contestada por Popper. Da mesma forma que a Escola de Frankfurt, mas por razões totalmente diferentes, ele buscou cortar as asas da ciência, solapar suas pretensões. Para ele, o progresso da ciência não expandira tanto assim as fronteiras do conhecimento humano a ponto de revelar o vasto império de nossa ignorância. Como ele disse em Tübingen: "De fato, é exatamente o assombroso progresso da ciência [...] que constantemente nos abre os olhos para nossa ignorância, mesmo no próprio campo das ciências naturais".[27]

Para Popper, todo teste de uma hipótese científica envolve uma tentativa de refutá-la ou declará-la falsa, e um contraexemplo autêntico daria como falsa toda a teoria. Ele alegou que o mesmo método científico para testar hipóteses não se aplicaria no caso da psicanálise ou do marxismo. Assim, como não haveria evidência que pudesse demonstrar ser falsa qualquer dessas teorias, ele pensou, nada poderia refutá-las. Para Popper, tanto a psicanálise quanto o marxismo eram semelhantes à astrologia: na recusa a aceitar quaisquer contraexemplos, essas teorias se tornavam imunes a uma conclusão de falsidade e, com isso, superficiais.

Sem dúvida, a versão de Popper da lógica da descoberta científica dificilmente pode ser considerada incontroversa, e foi questionada por filósofos da ciência posteriores, particularmente o norte-americano Thomas Kuhn, que ressaltou que os cientistas são mais relutantes em desistir das hipóteses que acalentam do que Popper sugeriu. Em vez de tomar um contraexemplo para condenar uma hipótese, os cientistas tendem a escorá-la com hipóteses auxiliares. Esse chamado "estratagema convencionalista" faz muito sentido, principalmente se você despendeu um bocado de tempo, esforço intelectual e dinheiro testando uma hipótese muito estimada. Os cientistas, e isso é algo prontamente esquecido na filosofia da ciência, são humanos também.

De fato, Kuhn alegou em seu livro *A estrutura das revoluções científicas*, de 1962, que a ciência envolve paradigmas que competem entre si, cada um dos quais consistindo numa teoria central e em hipóteses auxiliares.[28] Estas últimas mudam, mas a primeira permanece constante, até o momento frustrante em que se demonstra ser impossível sustentar a teoria central com hipóteses modificadas. Então acontece algo incomum, que Kuhn chamou de "mudança de paradigma", em que o cerne da teoria é abandonado ou radicalmente modificado. Isso acontece com frequência, ele pensou, quando a velha guarda que defendia a teoria central se aposenta ou morre. Essa descrição de Kuhn, além de tudo, é um inovador antídoto à visão da Escola de Frankfurt sobre a ciência como um instrumento eficaz para a espoliação da natureza e a dominação dos seres humanos. E faz também a ciência parecer menos manifestamente racional do que pretende a ideia de Popper.

A visão de Popper de como a ciência funciona é importante porque seu encontro com Adorno em 1961 foi anunciado como o início da *Positivismusstreit*, ou disputa do positivismo, que se arrastou até o fim daquela década numa série de conferências em universidades alemãs. O nome dessa disputa pode sugerir um embate entre a Escola de Frankfurt e os defensores do projeto científico hubrístico que surgiu no Iluminismo, cuja premissa era submeter o mundo ao entendimento e ao controle humanos, mas a verdade é mais complicada. Na realidade, "disputa do positivismo" não é um nome apropriado. Popper, com tudo que tinha escrito para o Círculo de Viena na década de 1930, não era positivista, ou ao menos recusava ser descrito como tal. De fato, Otto Neurath tinha se referido a Popper como a oposição oficial à Escola de Viena. O livro *A lógica da pesquisa científica*, de Popper, republicado e atualizado numa versão em língua inglesa apenas dois anos antes do simpósio de Tübingen, incluía um devastador ataque à própria base do positivismo lógico, a saber, o princípio da verificação, que determina que uma proposição só é cognitivamente significativa se puder ser definitiva e conclusivamente definida ou como verdadeira ou como falsa, isto é, ou verificável ou declarável como falsa. Era um princípio que passava um maçarico em vastos tratos do discurso humano: a se manter o princípio da verificação, então muitos juízos éticos e estéticos não teriam sentido, passando a ser talvez mais caridosamente interpretados como resmungos de aprovação ou desaprovação. E qualquer conversa sobre religião seria similarmente destituída de qualquer sentido.

Em Popper não havia nada disso. Ele aplicara seu próprio maçarico ao princípio, alegando que, em vez de verificacionismo, o que se precisava era de falsificacionismo. Este último significava, como já vimos, que hipóteses podem ser aceitas como prováveis mas jamais totalmente confirmadas. O conhecimento humano, ele afirmou, nunca é conclusivo, mas somente conjectural, hipotético, aspirando à certeza, porém só alcançando a probabilidade. O conhecimento humano na perspectiva de Popper era como o Império Britânico ou o Terceiro Reich — pode ter parecido a seus mais antojados apoiadores que suas fronteiras estavam definitivamente estabelecidas, que um território uma vez capturado jamais seria rendido, mas a verdade era que isso era provisório e passível de mudança.

Mesmo que Popper não fosse positivista, isso não impediu Adorno e seus acólitos durante a disputa de descrevê-lo — a ele e aos que o apoiavam, inclusive o filósofo alemão Hans Albert — como tal. Numa nota de rodapé em sua introdução a um livro sobre a disputa, publicado na Alemanha em 1969, depois de as hostilidades terem cessado, Adorno escreveu: "Aqui é preciso declarar novamente que Popper e Albert distanciam-se da posição específica do positivismo lógico. A razão pela qual eles são ainda assim considerados positivistas deveria ser evidente do que aqui se segue".[29] O que era evidente era que Adorno chamava Popper e Albert de positivistas porque eles desdenhavam de fazer o que os dialéticos da Escola de Frankfurt faziam, a saber, questionar a autoridade da ciência.[30]

Popper, de sua parte, descrevia a si mesmo como um racionalista crítico, o que faz do retraçar das linhas de batalha em Tübingen uma questão desafiadora. Adorno, afinal, se descreve como um teórico crítico. Mas qual é a diferença entre um racionalista crítico e um teórico crítico? Em seu ensaio "Teoria tradicional e teoria crítica", Horkheimer fez uma distinção entre o *savant* (erudito), que não percebe que a estrutura econômica da sociedade (ou seja, capitalista) modela o trabalho científico, e o teórico crítico, que percebe. Para a Escola de Frankfurt, um racionalista crítico com estilo próprio, como Popper, era um *savant* nesse sentido, tanto quanto o eram outros positivistas autodeclarados. Mas como Popper entendia o termo "racionalista crítico"? Ele fazia sua própria distinção entre o racionalismo crítico e o "racionalismo acrítico ou compreensivo". Este era na realidade outro termo para positivismo, ao menos naquilo que o positivismo concernia à filosofia e à ciência. Ele sustentava que a informação deriva da experiência sensorial, interpretada pela razão e pela lógica, formando a fonte exclusiva de todo conhecimento que tenha autoridade.

Em seu discurso inaugural em Tübingen, Popper apresentou 27 teses e convidou Adorno a ratificá-las ou divergir delas. Ele argumentou que as ciências sociais, assim como as ciências naturais, poderiam se dedicar, e frequentemente se dedicavam, à busca da verdade mediante procedimentos objetivos. Mas sua 11ª tese declarava que era um erro assumir que a objetividade de uma ciência dependia da objetividade do cientista. Popper duvidava, então, do conceito de Mannheim de um intelectual capaz de flutuar livremente e se elevar acima de classes ou outros interesses, assim como, por diferentes razões, fazia a Escola de Frankfurt.

> Não podemos roubar do cientista seu partidarismo sem lhe roubar também sua humanidade, e não podemos suprimir ou destruir seus juízos de valor sem destruí-lo como ser humano e como cientista. Nossos motivos e até mesmo nossos ideais puramente científicos, inclusive o ideal da busca desinteressada pela verdade, estão profundamente ancorados em avaliações extracientíficas e, em parte, religiosas. Assim, o cientista "objetivo", ou "destituído de juízos de valor", dificilmente será o cientista ideal.[31]

Mas Popper achava que a ciência elevava-se acima desses juízos de valor e interesses de classe: "O que pode ser descrito como objetividade científica está baseado somente numa tradição crítica que, apesar de resistências, frequentemente faz com que seja possível criticar um dogma dominante". Essa tradição crítica consistia no "resultado social da crítica mútua [dos cientistas], da divisão amigável-hostil do trabalho entre cientistas, de sua cooperação e também da competição entre eles".[32] A objetividade da ciência, seja natural ou social, e a busca desinteressada da verdade eram garantidas pela existência dessa florescente tradição crítica.

Mas era exatamente isso que Adorno, em sua réplica, negava existir, ao menos na sociologia. Ele alegou que o fundador da sociologia no século XIX, o francês August Comte, foi também o homem que concebeu a disciplina do positivismo. Ambas as disciplinas, afirmou Adorno, originaram-se para ajudar a servir a interesses de classe quando o capitalismo assumiu o controle. Cada uma delas parecia, no entanto, ter um propósito mais inocente: a saber, ajudar o esclarecimento humano alargando as fronteiras do conhecimento. Em sua tréplica a Popper, Adorno disse:

> Se, em Comte, o esboço de uma nova disciplina nasceu do desejo de proteger as tendências produtivas de sua época, o desencadear de forças produtivas, isto é, a partir do potencial destrutivo que dela emergia naquela época, então, subsequentemente, nada alterou de sua situação original, a menos que se tornasse mais extremo, caso em que a sociologia teria de levá-lo em conta.[33]

Na visão de Adorno, a sociologia deveria se tornar crítica se não se destinasse meramente a manter o statu quo, ou, pior, prover o fundamento para o totalitarismo. "Em vista da emergente força abertamente coercitiva das relações", ele acrescentou, "a esperança de Comte de que a sociologia pudesse orientar a força social revela-se ingênua, exceto quando fornece planos para governantes totalitários."[34]

O conflito entre Adorno e Popper reduziu-se à diferença de perspectiva quanto à natureza das nações ocidentais industriais avançadas nas quais eles viveram e trabalharam durante suas vidas. Popper aceitava que a tradição crítica necessária para a objetividade científica poderia não existir em algumas sociedades. "A existência dessa tradição depende de certas circunstâncias sociais e políticas que fazem com que essa crítica seja possível", ele alegou em sua palestra de abertura.[35] Em seus livros *A sociedade aberta e seus inimigos* (1945) e *A pobreza do historicismo* (1957), Popper defendia as sociedades abertas (nas quais ele incluía as democracias liberais como os Estados Unidos, o Reino Unido e a Alemanha Ocidental) em oposição às sociedades fechadas, como a que Platão mencionou em *A república* e que, segundo ele, caracterizaram os regimes totalitários do século xx, como a Alemanha nazista e a União Soviética. Só as sociedades abertas, pensava Popper, preservavam a razão, isto é, a crítica. Em consequência, apenas as sociedades abertas podem ser civilizadas, somente elas podem engajar-se na busca racional da verdade científica, ou na verificação da falsidade do erro científico, porque apenas nessas sociedades essa busca é objetivamente garantida pela competição entre cientistas, pela crítica mútua e pelo livre debate.

Isso, ele pensou, era igualmente verdade tanto em relação às ciências sociais quanto às ciências naturais. "O método das ciências sociais, como o das ciências naturais, consiste em experimentar tentativas de soluções para certos problemas: os problemas a partir dos quais começam nossas investigações e aqueles que surgem durante as investigações."[36] Isso, contrapôs Adorno, era uma universalização ingênua do método científico. Ele citou o que Marx escreveu em *Contribuição à crítica da economia política*: "Não é a consciência dos homens que determina sua existência, mas sua existência social que determina sua consciência". Adorno achava que isso era importante para a ciência em geral e para as ciências sociais: o que parecem ser investigações neutras não são nada disso. O que isso significava para a sociologia é que a existência social do cientista, em particular dos cientistas sociais, determinava sua mentalidade, o que eles optavam por investigar e como o investigavam. Adorno era profundamente cético quanto à ideia de Popper de que essa existência social poderia ser superada em nome da objetividade científica mediante uma crítica recíproca e uma discussão aberta. Adorno não achava que uma revisão paritária fosse uma panaceia, sobretudo se uma disciplina estivesse a serviço da opressiva sociedade existente.

E era exatamente isso que Adorno achava que era a sociologia. Não está claro se o tipo de razão que Popper exaltava aqui era *Vernunft* ou *Verstand*, mas Adorno, com certeza, entendia que a sociologia desabara neste último — sem questionar os fins para os quais a razão, instrumentalmente, fora acionada. Ele temia que a sociologia tivesse abandonado "uma teoria crítica da sociedade", e que assim era "resignatária". Esta era a diferença central e não considerada entre Popper e Adorno: Adorno pensava que as sociedades industriais ocidentais avançadas envolviam "condições de não liberdade"; Popper pensava que era nessas sociedades abertas que existia a liberdade, para que ocorresse a busca cientificamente objetiva da verdade.

No fim do primeiro round da *Positivismusstreit*, muitos tinham a impressão de que o que havia eram dois boxeadores que não conseguiam se conectar. Ralf Dahrendorf, então professor de sociologia em Tübingen e relator do simpósio, disse: "Deve-se duvidar de que Popper e Adorno concordem com algum procedimento, por menor que seja, com cuja ajuda suas diferenças possam ser decididas".[37] A disputa, no entanto, foi um confronto entre equipes, em que Adorno e Popper eram substituídos por seus discípulos mais agressivos. Em 1963, durante um *Festschrift für Adorno* [evento de lançamento de um livro em homenagem a Adorno], Jürgen Habermas acusou Popper de ingenuidade política e intelectual em seu enquadramento da natureza da pesquisa científica e social, especialmente durante um período de crescente inquietude social. Habermas ratificou a superioridade da crítica "dialética" da Escola de Frankfurt sobre o que eles julgavam ser o racionalismo crítico de Popper. Isso fez com que os seguidores de Popper demonizassem os de Adorno como irracionais e totalitários.[38] Hans Albert, por exemplo, condenou a presunção de superioridade intelectual da Escola de Frankfurt em relação ao racionalismo crítico popperiano: "O culto dialético da razão total é por demais fastidioso para se contentar com soluções 'específicas'. Uma vez que não existem soluções que atendam às suas demandas, ele é obrigado a se contentar com insinuação, alusão e metáfora".[39]

Adorno, muito sensatamente, esperou que se publicasse o livro que continha esse discurso vituperativo para emitir seu juízo sobre a explosão de Albert. Ele alegou que a teoria dialética "não implica o culto da razão total; ela critica essa razão. Mas embora a arrogância em relação a soluções específicas lhe [à teoria dialética] seja alheia, ela não se permite ser silenciada por estas [soluções específicas]".[40] Mas, depois que a disputa terminou, nenhuma das equipes pareceu ter aprendido algo com a outra. A Escola de Frankfurt, com certeza, nunca foi tentada a compartilhar a visão de Popper em relação à ciência como uma espécie de mercado onde, graças à competição intelectual e à crítica recíproca, as piores hipóteses são julgadas falsas. Em vez disso, como colocou Adorno, a escola considerava-se no caminho certo. "A dialética permanece intransigente na disputa uma vez que acredita continuar a refletir além do ponto em que seu oponente termina, a saber, ante a indiscutível autoridade da instituição da ciência."[41]

Em 5 de abril de 1969, Marcuse escreveu de seu gabinete na Universidade da Califórnia em San Diego a Adorno, em Frankfurt: "Caro Teddy, estou achando que é realmente difícil escrever esta carta, mas isso tem de ser feito e, em todo caso, é melhor do que encobrir as diferenças de opinião entre nós dois".[42] As diferenças eram quanto aos protestos estudantis que na época varriam a Europa e os Estados Unidos. Marcuse estava especialmente escandalizado com o fato de Adorno ter chamado a polícia para expulsar do prédio do Instituto de Pesquisa Social um grupo de estudantes que protestava, em janeiro daquele ano. Marcuse tinha escrito a seu velho amigo, expressando desapontamento por ele ter escolhido o lado errado da luta: "Ainda creio que nossa causa (que não é somente nossa) fica melhor com os estudantes rebeldes do que com a polícia, e aqui, na Califórnia, isso me é demonstrado diariamente (e não somente na Califórnia)".

Essa foi a última carta numa troca de cartas entre os dois, que só terminaria em agosto daquele ano com a morte de Adorno. Essa notável correspondência mostra como cada um reagiu diferentemente ao que ambos reconheciam ser um atentado patricida por parte dos estudantes que protestavam. "Não podemos abolir do mundo o fato de que esses estudantes estão influenciados por nós (e por você também, certamente) — tenho orgulho disso e quero entrar num acordo com o patricídio, embora isso às vezes magoe", Marcuse escreveu a Adorno. Os principais luminares da Escola de Frankfurt tinham se rebelado contra seus pais e agora seus estudantes estavam, similarmente, desafiando a autoridade de seus pais simbólicos.

O movimento estudantil se opunha à guerra imperialista norte-americana no Vietnã, à militarização decorrente da Guerra Fria e à ameaça de um armagedom nuclear, ao mesmo tempo que apoiava os movimentos libertários do Terceiro Mundo e fazia manifestações pacíficas para exigir uma reestruturação democrática da educação. A questão de como a teoria crítica deveria reagir aos protestos era controversa. Habermas sugeriu que ela poderia envolver uma "estratégia de hibernação" — manter a cabeça baixa quando quase todos os outros estavam perdendo as suas. Marcuse, em contraste, achava que a causa da teoria crítica era realmente a mesma que a dos que protestavam. Se ele estivesse certo, então os eruditos de Frankfurt deveriam sair do Grande Hotel Abismo e se juntar aos estudantes nas barricadas. Adorno, com sua típica acrimônia, expressou seu desdém por essa sugestão, escrevendo em seu ensaio "Marginália sobre teoria e prática" que "as barricadas são um jogo, e os senhores do solar deixam os jogadores jogar, por enquanto".[43]

Contudo, nos primeiros dias das manifestações, Adorno tinha expressado solidariedade aos estudantes em protesto. Em uma de suas aulas de sociologia em 1967, ele chegou até mesmo a dizer que "os estudantes estavam assumindo algo do papel dos judeus". Ele também tinha apresentado uma palestra em junho daquele ano convidando os estudantes a se levantar em memória "de nosso colega morto Benno Ohnesorg". Ohnesorg tinha sido morto pelas costas por um oficial da polícia durante uma manifestação liderada por estudantes em

Berlim contra as medidas de segurança acionadas para a visita oficial do xá do Irã, o ditador que torturava oponentes e esmagava a liberdade de expressão.[44]

Adorno tampouco via com antipatia a exigência dos estudantes de uma revisão geral das estruturas autoritárias obsoletas da universidade. De fato, os estudantes estavam irritados com o poder não democrático que os professores exerciam sobre eles. Num dos protestos, por exemplo, uma cerimônia em homenagem a um reitor da Universidade de Hamburgo foi interrompida por dois estudantes carregando uma bandeira com o lema: "Debaixo de suas togas, 2 mil anos de bolor". Adorno era menos simpático aos atos de interromper as palestras e de forçar o pessoal da universidade a fazer autocrítica. Ele disse aos estudantes numa aula sobre estética que deveria haver algumas regras, e que estatutos formalizados não podiam ser vistos de modo totalmente negativo por quem quer que saiba "o que significa ouvir a campainha da porta às seis horas da manhã e não saber se é a Gestapo ou o padeiro". Por tudo isso, a teoria crítica tinha sugerido havia muito tempo que existiam paralelos entre o fascismo e a sociedade industrial avançada totalmente administrada. Adorno escolheu esse momento para defender a República Federal contra os que a chamavam de Estado fascista. Ele advertiu seus estudantes a não cometerem o erro de "atacar o que era uma democracia, conquanto muito necessitada de aperfeiçoamento, em vez de enfrentar seu inimigo".[45]

Mas os estudantes que protestavam não eram os únicos a invocar o espectro do fascismo. Habermas, a quem Adorno tinha atraído de volta para Frankfurt em 1964 para assumir o cargo de Horkheimer — que se aposentara — como professor de filosofia e sociologia, fez exatamente isso em junho de 1967, quando dividiu uma tribuna em Hannover com os líderes estudantis Rudi Dutschke e Hans-Jürgen Krahl, para discutir o tema "Universidade e democracia: Condições e organização da resistência". Habermas falou em apoio ao programa dos estudantes radicais, mas não em apoio a seus meios. Ele atacou Dutschke por pregar a revolução "por quaisquer meios que sejam necessários", alegando: "Em minha opinião, ele apresentou uma ideologia voluntarista que em 1848 chamava-se socialismo utópico, mas que no contexto atual [...] deve ser chamada de fascismo de esquerda".[46]

Adorno não se desassociou das palavras de Habermas, e, em parte como resultado disso — devido a todos os seus encontros com estudantes para discutir reforma educacional e devido aos sinais de aprovação que emitia nas entrevistas —, tornou-se um dos principais alvos da Sozialistische Deutsche Studentenbund (SDS) [União dos Estudantes Socialistas Alemães]. Quando, mais tarde naquele ano, deu uma palestra na Universidade Livre de Berlim sobre *Ifigênia em Táuride*, de Goethe, dois estudantes desfraldaram uma bandeira: "Os fascistas de esquerda de Berlim saúdam Teddie, o classicista". Eles o instaram a falar em apoio a Fritz Teufel, estudante e militante de um estilo próprio de *Spaßguerrilla* (guerrilha divertida). Ele fazia greve de fome na prisão, onde enfrentava uma acusação de traição por seu papel na manifestação que levara à morte de Benno Ohnesorg.[47] Teufel tinha se tornado uma celebridade na Alemanha por seu envolvimento no chamado "assassinato de pudim" do vice-presidente dos Estados Unidos, Hubert Humphrey, ocasião em que ele e outros manifestantes planejaram jogar sacos com pudim e iogurte durante uma visita oficial. Mas Adorno se recusou e continuou com sua palestra, no fim da qual uma mulher tentou presenteá-lo com um ursinho de pelúcia vermelho. Adorno declarou não estar abalado com o que chamou de "comportamento abusivo". Mas na verdade estava ficando exasperado com os estudantes, e escreveu a Marcuse que muitos deles tentavam "sintetizar sua práxis com uma teoria inexistente, e isso era a expressão de um decisionismo que evocava lembranças horríveis".[48] Não era a primeira vez que ele via o fascismo por trás do movimento estudantil do *flower power*.

No ano seguinte houve uma escalada da rebelião estudantil no Ocidente com o Maio de 1968 em Paris. Em Frankfurt, estudantes organizavam greves na esperança de que estas inspirassem os trabalhadores a fazer o mesmo. Foi nesse contexto que, na Feira do Livro de Frankfurt, em setembro daquele ano, Adorno, juntamente com Habermas e Günter Grass (que três décadas depois seria laureado com o Prêmio Nobel de Literatura), dividiram uma tribuna com um de seus estudantes *protégés*, Hans-Jürgen Krahl, para discutir o tema "Autoridade e revolução". A discussão ganhou ares edipianos quando Krahl voltou-se contra seu mentor. "Há seis meses, quando sitiamos o conselho da Universidade de Frankfurt, o único professor que veio à manifestação dos estudantes foi o professor Adorno", rememorou Krahl. "Ele foi direto para o microfone, e assim que o pegou, mergulhou no passado e foi buscar o seminário de filosofia. Em suma, mais uma vez, no limiar da práxis, ele recuou para a teoria." Adorno replicou: "Não sei se cavalheiros mais velhos e com uma pança são as pessoas certas para participar de uma manifestação".[49] Ele escreveu mais tarde a Günter Grass, observando: "Não tenho nada em comum com as estratégias de ação direta e de mentalidade estreita dos estudantes, que já estão degenerando num abominável irracionalismo. Na verdade, foram eles que mudaram de posição, e não eu".[50]

Uma humilhação ainda maior estava por vir. Seu seminário de sociologia foi invadido por estudantes em greve que clamavam por reformas no curso. "A teoria crítica foi organizada de maneira tão autoritária que sua abordagem da sociologia não dá espaço para que os alunos organizem seus próprios estudos", dizia um folheto distribuído pelos estudantes que ocuparam o seminário. "Estamos fartos de nos deixarmos ser treinados em Frankfurt para nos tornarmos membros duvidosos da esquerda política, os quais, assim que terminam os estudos, podem servir como aliados integrados do Estado autoritário."[51] Isso era uma reprimenda devastadora para um teórico crítico como Adorno. Afinal, antes da Primeira Guerra Mundial, como líder estudantil, Walter Benjamin tinha se rebelado contra uma educação universitária que produzia em massa prestativos funcionários do Estado. "Temos que despertar da existência que levavam nossos pais", escreveu mais tarde Benjamin nas *Passagens*. Isso, em certo sentido, era o que Krahl e seus colegas no protesto da sDS estavam fazendo: despertando da autoridade paternal de Adorno e afirmando que a educação tinha de ser mais do que aquilo que o Instituto de Pesquisa Social estava oferecendo. Nessas circunstâncias tão carregadas, Adorno escreveu a Marcuse convidando-o para ir a Frankfurt na esperança de que a presença do queridinho do movimento estudantil, o pai da Nova Esquerda, pudesse ter um efeito atenuante nos supostos filhos da revolução.

Porém, Marcuse começou a questionar a ajuda a Adorno após saber o que acontecera no instituto em janeiro de 1969. Um grupo de estudantes da sDS, liderados por Krahl, ocupou uma sala e se recusou a atender às solicitações de Adorno e Habermas para que saíssem. "Tivemos de chamar a polícia, que prendeu então todos que estavam na sala", escreveu Adorno a Marcuse. Os estudantes ficaram ultrajados com essa traição. "Adorno, como instituição, está morto", declarava um folheto distribuído por um grupo radical de estudantes de sociologia, em abril daquele ano. Também Marcuse achou que seu amigo tinha cometido um erro. Ele escreveu a Adorno: "Para mim, a ocupação de salas (com exceção de meu apartamento) sem ameaça de violência não seria um motivo para chamar a polícia. Eu os teria deixado lá sentados e deixaria que outra pessoa chamasse a polícia". Num nível mais profundo, Marcuse discordou de seus ex-colegas da Escola de Frankfurt quanto à sua análise das táticas dos estudantes, e de Adorno quanto à relação entre teoria e práxis. Ele escreveu:

> Você me conhece bem o bastante para saber que rejeito, tão enfaticamente quanto você, a tradução, sem intermediação, da teoria em práxis. Mas acredito que haja situações e momentos em que a teoria é impelida para a práxis — situações e momentos em que a teoria que é mantida separada da práxis torna-se falsa para consigo mesma. [...] Mas essa mesma situação é tão terrível, tão sufocante e aviltante que se rebelar contra ela torna forçosa uma reação biológica, física: não se pode suportá-la mais, torna-se sufocante, tem-se que deixar entrar algum ar. [...] E eu perderia a esperança em mim mesmo (nós) se eu (nós) parecesse estar do lado de um mundo que apoia o assassinato em massa no Vietnã, ou que silencie quanto a isso, e que transforma num inferno tudo que esteja fora do alcance de seu próprio poder repressivo.[52]

Nessas circunstâncias, Marcuse decidiu não ir a Frankfurt para ajudar Adorno a resolver e amenizar o conflito entre ele e seus estudantes.

Adorno respondeu raivosamente, dizendo que não se arrependia de ter chamado a polícia. Acusou a SDS tanto de stalinismo (por interromper suas aulas pedindo que ele fizesse uma autocrítica) quanto de fascismo (devido a suas táticas de violência e silenciamento). Adorno atacou Marcuse por ficar do lado dos estudantes, considerando suas táticas ultrajantes e sua política imatura que seu velho e equivocado amigo parecia compartilhar. Ele escreveu:

> Nós resistimos em nossa época, você não menos do que eu, a uma situação muito mais terrível — a do assassinato dos judeus, sem recorrer à práxis; simplesmente porque ela nos estava bloqueada. Creio que a clareza quanto a um traço de frieza no íntimo de alguém é um tema para autorreflexão.

Marcuse tinha reclamado do termo "fascismo de esquerda" usado por Habermas para descrever os estudantes. "Mas você é um dialético, não é?", rosnou Adorno em resposta.

> Como se tais contradições não existissem — um movimento não poderia, pela força de suas antinomias imanentes, se transformar em seu oposto? Não tenho

dúvida, nem por um momento, de que o movimento estudantil, em sua forma atual, está indo em direção a uma tecnocratização da universidade que ele alega querer impedir, e bem diretamente, na verdade.

Mas se Adorno se considerava um dialético melhor do que Marcuse, capaz de enxergar como as táticas da *Spaßguerrilla*, do *flower power* e da liberação erótica podiam se transformar em sua forma própria de opressão, ele não iria ter o prazer de ter reconhecida sua razão. Em 22 de abril, Adorno passou por sua mais amarga humilhação. Ele começou sua aula da série "Uma introdução ao pensamento dialético" convidando os estudantes a lhe fazerem perguntas sobre qualquer assunto. Dois estudantes lhe pediram que fizesse uma autocrítica por ter chamado a polícia para evacuar o instituto e por ter dado início a um processo legal contra Krahl. Foi então que um aluno escreveu no quadro: "Se Adorno for deixado em paz, o capitalismo jamais cessará". Outros gritaram "Abaixo o informante!". Adorno disse que daria cinco minutos para decidirem se queriam que ele continuasse a aula. Então três mulheres, como forma de protesto, o cercaram na tribuna, desnudaram os seios e jogaram nele pétalas de rosa e de tulipas. Ele pegou o chapéu e o casaco, saiu da sala e mais tarde cancelou a série de aulas.[53] A dialética chegara a um beco sem saída, embora não da maneira edificante que Benjamin tinha esperado em suas *Passagens*.

Um relato no jornal *Frankfurter Rundschau*, sob o título "Adorno como instituição está morto: Como o transformador de consciência foi expulso da sala de aula", comparava o que se tornara conhecido como "Busenaktion" (o ato do seio) ao fascismo: "A forma desordeira com que trataram Adorno, longe de sinalizar a emergência de um novo estilo pós-burguês, [...] aponta para um que é pré-burguês, na verdade pré-civilizado, uma recidiva da barbárie". Adorno, de sua parte, não conseguia acreditar que tinha sido um alvo: "Escolher a mim entre todas as pessoas. Eu, que sempre me expressei contra todo tipo de repressão erótica e tabu sexual. A risada dirigida a mim foi basicamente a reação dos filisteus que soltam risinhos quando veem uma garota com seios nus".[54] O incidente levou Adorno a uma "depressão extrema", como ele a expressou a Marcuse, que tinha atravessado o Atlântico para um ciclo de palestras, esperando encontrar-se com Adorno e Habermas no verão.

Enquanto Adorno era humilhado, Marcuse, em sua volta aos Estados Unidos, era festejado. A revista *Konkret* descreveu-o como o "único representante da 'Escola de Frankfurt' que apoia os que querem realizar as reivindicações da teoria crítica: os estudantes, os trabalhadores jovens, as minorias perseguidas das metrópoles e os oprimidos do Terceiro Mundo". Mas, algumas semanas depois, o caso de amor com Marcuse foi bruscamente interrompido por Daniel Cohn-Bendit, líder dos levantes estudantis de Maio de 1968 em Paris. "Marcuse, por que você veio ao teatro da burguesia?", gritou Cohn-Bendit quando Marcuse tentava dar uma conferência no Teatro Eliseo de Roma. "Herbert, diga-nos, quanto a CIA paga a você?"[55] Danny, o Vermelho, estava reagindo a relatos num jornal de esquerda de Berlim que alegava que Marcuse tinha trabalhado para a CIA muito depois de ter ostensivamente deixado de trabalhar para o serviço secreto dos Estados Unidos, em 1951. Seria realmente possível que o radical chique e detonador do imperialismo norte-americano fosse na verdade seu lacaio? Seria o homem que teorizara sobre a sociedade unidimensional de fato um dos responsáveis por mantê-la em seu lugar? Parecia improvável. No entanto, para Marcuse, a experiência romana foi claramente incômoda, se não tão humilhante quanto fora o "Busenaktion" para Adorno: segundo relatos de jornal, ele abandonou a conferência, embora na correspondência com Adorno negasse incisivamente que o evento fora interrompido por um protesto estudantil.

Marcuse, embora estivesse aborrecido com a forma áspera com que Adorno fora tratado em Frankfurt e achacado pelas provocações de Danny-le-Rouge em Roma, não reviu sua opinião sobre os estudantes que protestavam. Estes, se não eram o sujeito revolucionário que ele tinha buscado para substituir as desapontadoras classes trabalhadoras, eram pelo menos capazes de "protestar contra o capitalismo". Ele escreveu a Adorno da cidade de Cabris, na Provença, no fim de julho:

> Claro que nunca expressei a opinião despropositada de que o movimento estudantil é em si mesmo revolucionário. Mas é o mais forte, talvez o único, catalisador do colapso interno do sistema de dominação atual. O movimento estudantil nos Estados Unidos tem intervindo exatamente como um catalisador: no desenvolvimento da consciência política, na agitação nos guetos, na separação radical do sistema de camadas anteriormente integradas e, o mais importante, na mobilização de mais círculos da população contra o imperialismo norte-americano.[56]

Marcuse achava que a Escola de Frankfurt deveria ajudar os estudantes, em vez de pedir sua prisão.

> Eu já lutei bastante, publicamente, contra o lema "destrua a universidade", o que considero um ato suicida. Creio que é exatamente numa situação como esta que nossa missão é ajudar teoricamente o movimento, assim como defendê-lo contra a repressão e a denúncia.[57]

Se o Instituto de Pesquisa Social se opusesse ao movimento estudantil, estaria traindo sua herança radical, alegou Marcuse. Ele já estava preocupado com a possibilidade de que suas credenciais de radical tivessem sido manchadas por seu aparente apoio à política exterior dos Estados Unidos. Marcuse estava furioso principalmente com a defesa do papel dos norte-americanos no Vietnã feita por Horkheimer, que se tinha aposentado como diretor do instituto em 1964. Segundo Friedrich Pollock, Horkheimer considerava a Guerra do Vietnã uma "justificada tentativa de conter a China na Ásia", e achava que uma retirada dos Estados Unidos levaria a um banho de sangue que "também agilizaria a passagem da China para o Reno".[58] Para Marcuse, o movimento estudantil estava combatendo o imperialismo norte-americano e merecia o apoio da Escola de Frankfurt. Ele escreveu a Adorno:

> De acordo com sua própria dinâmica, o grande e realmente histórico trabalho do instituto exige que se adote uma posição contra o imperialismo norte-americano e em favor da luta de libertação do Vietnã, e não simplesmente falar dos "chineses no Reno", enquanto o capitalismo for o explorador dominante. Já em 1965 eu ouvia falar da identificação do instituto com a política norte-americana na Alemanha.[59]

Adorno respondeu a isso com uma carta de próprio punho que chegou a Marcuse em 6 de agosto, dia em que Adorno morreu. Ele e sua mulher Gretel tinham saído de férias para os Alpes suíços, na esperança de que o "muito combalido Teddie", como ele se descreveu a Marcuse, pudesse se recuperar de seu martírio em Frankfurt com algumas extensas caminhadas alpinas. Num exame recente, ele relatou, "recebera mais uma dose de gás lacrimogêneo; e isso foi muito penoso, dada a minha grave conjuntivite". Adorno quis, em sua carta final a Marcuse, esclarecer um mal-entendido: ele não era antipático ao movimento estudantil, apesar de tudo que este fizera para que seus últimos poucos anos fossem um belo inferno. No entanto, tinha uma importante ressalva: "O movimento estudantil se mistura com uma pequena dose de loucura, na qual reside teleologicamente o totalitarismo, e não simplesmente como uma repercussão (embora seja isso também)".

Apesar das advertências de seu médico de que evitasse uma atividade estrênua, Adorno subiu de teleférico até uma montanha suíça de 3 mil metros de altitude. Quando chegou ao cume, começou a sentir dores, e mais tarde, no mesmo dia, foi para o hospital em Visp, onde na manhã seguinte teve um infarto e morreu. Ele completaria 66 anos no mês seguinte. Um ano antes de sua morte, Adorno tinha escrito a seu amigo Peter Szondi que estava ficando farto das maquinações estudantis, e temia que os estudantes estivessem manipulando a ele e a seus colegas. "Um caso de patricídio postergado", ele escreveu.[60] No entanto, seria leviano alegar que a postergação tinha sido apenas breve e que Adorno tinha sido morto por seus estudantes.

Seja como for, não só os escritos de Adorno e de seus colegas sobreviveram à morte de seus autores, como também, graças a seu ex-assistente, a Escola de Frankfurt estava prestes a tomar um novo rumo.

PARTE VII

DE VOLTA DO ABISMO:
HABERMAS E A TEORIA
CRÍTICA APÓS A DÉCADA DE 1960

17. A aranha de Frankfurt

Em janeiro de 2010, Jürgen Habermas foi vítima de uma fraude na internet.[1] Um brincalhão anônimo postou um falso tuíte fingindo ser Habermas, na época professor emérito de filosofia na Universidade Johann Wolfgang Goethe de Frankfurt. "Isso me irritou porque a identidade de quem postou era falsa", disse-me Habermas quando o entrevistei. Assim como acontecera, antes dele, com o cofundador da Apple, Steve Jobs, com o ex-presidente do Zimbábue, Robert Mugabe, e com a ex-secretária de Estado dos Estados Unidos, Condoleezza Rice, Habermas tivera sua identidade surrupiada no Twitter.

O Twitter tirou do ar o falso post de Habermas, mas não antes de a blogosfera da filosofia ter ficado muito excitada. Será que o velho pensador alemão, então com oitenta anos, tinha aderido à onda do Twitter? Será que ele realmente estava tentando explicar suas teorias ético-políticas em 140 caracteres, ou menos? Alguns acreditaram, outros duvidaram. Um blogueiro escreveu ceticamente: "Em primeiro lugar, a frase '*Sprechen Sie Deutsch, bitte?*' [Você fala alemão, por favor?] não parece ser uma frase pronunciada por alguém cuja língua nativa é o alemão — ele teria perguntado simplesmente '*Sprechen Sie Deutsch?*', ou dito '*Sprechen Sie bitte Deutsch?*'".

Alguns dos tuítes eram autêntico Habermas. Por exemplo, às 17h38 de 29 de janeiro a conta tuitou o seguinte: "É verdade que a internet reativou as bases de uma esfera pública e igualitária de escritores e leitores". Às 17h40: "Ela também contrabalança os déficits do caráter impessoal e assimétrico da comunicação até agora". Às 17h41: "Ela reintroduz elementos deliberativos na comunicação. Além disso, pode solapar a censura de regimes autoritários". Às 17h44: "Mas o surgimento de milhões de discussões fragmentadas pelo mundo tende, em vez disso, a levar à fragmentação de audiências em públicos isolados".

Intrigado, copiei e colei esses tuítes no Google, e logo descobri que tinham sido todos tirados de uma nota de rodapé da tradução para o inglês de seu ensaio "Comunicação política na sociedade mediática: O impacto da teoria normativa na pesquisa empírica", de 2006. Por que Habermas haveria de copiar e colar de seu próprio trabalho? Estava claro que não fora ele.

Para descobrir quem tinha sido, postei pedidos de informação em blogs de filosofia, de Chicago a Leiden. Poderia, por favor, o criador real do falso Habermas se apresentar? Após algumas semanas, recebi um e-mail de alguém chamado Raphael, um brasileiro que estudava para um doutorado em ciência política nos Estados Unidos, confessando que tinha criado o perfil e os posts. De início, ele tinha feito isso para "informar as pessoas sobre as mais recentes publicações [de Habermas]", como forma de bajular um homem que admirava desde sua primeira graduação. Mas um dia um professor austríaco lhe enviara uma mensagem perguntando se ele era o verdadeiro Habermas. "Eu achei que seria engraçado fingir um pouco. Então citei a passagem sobre a internet e a fragmentação da esfera pública. Foi interessante ver a reação das pessoas."

Raphael, para evitar embaraços, não quis revelar seu sobrenome nem onde estudava. Mas ao tuitar os pensamentos de Habermas na internet, ele conseguiu atrair a atenção de muitos filósofos e sociólogos. Eles ficaram intrigados, querendo saber como um dos conceitos fundamentais de Habermas, o da "esfera pública" — o qual tinha desenvolvido em seu livro *Mudança estrutural da esfera pública: Investigações sobre uma categoria da sociedade burguesa*, de 1962 —, poderia se aplicar à era da internet. Não é uma questão trivial: numa época em que o desprezo pelos partidos políticos democráticos tradicionais é profundo e em que o assim chamado déficit de democracia faz a integração política da Europa parecer um esquema preparado para o autosserviço das elites, talvez a internet represente uma esperança de mudança.

Habermas emprega o termo "esfera pública" num sentido específico. "Como 'esfera pública' entendemos, em primeiro lugar, todo o âmbito de nossa vida social, na qual pode-se formar algo que se aproxima da opinião pública", ele escreveu. "Cidadãos se comportam como um corpo público quando debatem de um modo irrestrito — isto é, com a garantia da liberdade de se reunir e se associar, e da liberdade de expressar e publicar sua opinião — questões de interesse geral."[2] Para Habermas, a esfera pública florescera brevemente num momento histórico específico. Pouco antes da Revolução Industrial, no início do século XVIII, os escritores, homens e mulheres, encontravam-se nos cafés de Londres, nos salões de Paris e nas *Tischgesellschaften* ("conversas à mesa") da Alemanha, para o que Habermas chama de "discussão racional-crítica". Foi também a época dos jornais literários e de uma nascente imprensa livre, e estes também eram parte da esfera pública que atuava como um meio de fiscalização dos governantes absolutistas.

"Nesse embate com as arcanas e burocráticas práticas do Estado absolutista", escreveu Habermas numa frase longa demais para ser postada como um tuíte,

> a burguesia emergente substituiu gradualmente uma esfera pública na qual o poder do governante era meramente apresentado ante o povo com uma esfera na qual a autoridade do Estado era monitorada mediante um discurso informado e crítico por parte do povo.[3]

Essa nova esfera tornou-se possível graças aos novos direitos que garantiam liberdade de associação e, em medida limitada, liberdade de imprensa. As novas associações sociais às quais deram ensejo eram voluntárias e, o que para Habermas era crucial, estavam unidas num objetivo comum, que era o de fazer uso de seu argumento nas discussões. Ele alegou que, pela primeira vez, a opinião pública saía dessas associações de cafés e jornais literários e levava ao desenvolvimento de uma noção de bem comum. E essa noção estava sendo usada para criticar os poderes do que, na Europa daquela época, eram formas de governo fechadas e não representativas.

Mas a "esfera pública" do século XVIII foi eliminada durante o século XX. Habermas encontrou muitas e diferentes impressões digitais na arma do crime: o Estado de bem-estar social, a comunicação de massa, o surgimento das relações públicas, o solapamento das políticas parlamentares com a ascensão dos partidos políticos. O fato de que a maioria de nós sabe mais sobre Kim

Kardashian do que sobre a teoria do crescimento pós-endógeno provavelmente não ajuda muito. A liberdade de imprensa, que permitiu que se erguessem vozes críticas contra o governo absolutista, também resultou numa circulação massiva de jornais que se tornaram máquinas geradoras de lucros para organizações capitalistas, e assim, para Habermas, a esfera pública perdeu sua autonomia e seu poder de crítica.

Mas o discurso de Habermas encontra aqui um problema. A esfera pública no início do século XVIII que ele louvava dificilmente é um exemplo a ser seguido por nós, no século XX, ao nos perguntarmos como a política democrática pode se tornar algo diferente de um oximoro. Essas associações em cafés e os jornais literários eram espaços para homens letrados que tinham propriedades ou dispunham de amplos recursos. Além disso, sua noção de bem comum era provavelmente muito diferente da noção daqueles que não estavam incluídos na esfera pública, essencialmente mulheres, camponeses e o nascente proletariado. O pensamento de Habermas tinha, portanto, um tom nostálgico: se apenas fôssemos mais parecidos com aqueles frequentadores de cafés, bem instruídos e bem informados em sua mentalidade crítica, a democracia então poderia ter alguma chance no século XXI. Ele argumentou que os princípios dessas associações eram sólidos: em princípio, eram voluntárias e admitiam qualquer pessoa; em princípio, status, classe, gênero e riqueza eram irrelevantes para a admissão nessa esfera pública e para a participação num discurso informado e crítico. É claro que princípio e prática eram obviamente muito diferentes, mas o aspecto mais importante era que o povo se reunia para pensar racionalmente e sem constrangimentos. Habermas afirmou que aquele era o lugar onde o ideal da política democrática tinha nascido.

Pode-se ser cético quanto ao lugar onde ele dedidiu localizar o nascimento do ideal democrático, sem ao mesmo tempo duvidar das esperanças utópicas de Habermas e de seu comprometimento em revitalizar as instituições democráticas. Porém esperanças utópicas e comprometimento com a revitalização democrática não eram a moeda com que a primeira geração da Escola de Frankfurt negociava. Adorno e Horkheimer concebiam a emancipação de uma forma negativa: sua capacidade de mudar algo era muito pequena, e em vez disso só podiam dizer não ao estado de coisas então existente. Marcuse tinha um temperamento semelhante, escrevendo sobre o poder do pensamento negativo e só entrando, sem convencer, na imaginação de utopias quando envolto na vertiginosa euforia da Nova Esquerda, no final da década de 1960.

A primeira geração, no entanto, estava desaparecendo rapidamente (Adorno morreu em 1969, Horkheimer em 1973, Marcuse em 1979 e Fromm em 1980), sendo substituída por uma segunda geração, liderada por Habermas. Dito isso, Habermas deixou Frankfurt em 1971 para se tornar codiretor do maravilhosamente chamado Instituto Max Planck para a Investigação das Condições de Vida do Mundo Técnico-Científico, com sede em Starnberg, pequena cidade à beira de um lago perto de Munique. As condições de vida de Habermas nesse mundo técnico-científico eram sem dúvida confortáveis. Em Starnberg, que regularmente está no topo da lista das cidades alemãs com mais elevada renda per capita disponível, ele e a mulher Ute, com quem se casara em 1955, construíram uma casa espetacular e toda branca, cheia de luz e de livros, inspirada no arquiteto Adolf Loos, da Bauhaus. O austero otimismo da casa, que não fora construída exatamente segundo os princípios da Neue Sachlichkeit, e sim de temperamento modernista, combinava com ele, justapondo-se friamente a um mundo de vistoso porém barato pós-modernismo. Foi lá que Habermas e Ute criaram três filhos, e mantiveram a casa mesmo após ele ter voltado a ensinar em Frankfurt, em 1983.

Se Habermas não se tivesse rebelado contra seus professores, ele teria se tornado mais uma cassandra filosófica; em vez disso, foi mais como uma poliana da Escola de Frankfurt. Isso é surpreendente, dado o fato de que atingiu sua maioridade na Alemanha do pós-guerra. Como observa o verbete sobre ele na *Stanford Encyclopedia of Philosophy*: "Os julgamentos de Nuremberg foram um momento formativo fundamental que lhe revelaram a profundidade do fracasso moral e político da Alemanha sob o nacional-socialismo".[4] Não deveria ele, então, ter se desesperado, tal como seu professor Adorno? Foi Adorno quem meditou sobre a culpa que sente um sobrevivente do Holocausto quanto a se "alguém que escapou [de Auschwitz] por acaso, alguém que deveria por justiça estar morto, pode continuar vivendo".[5] A direção esperançosa de Habermas na filosofia alemã parecia ser uma resposta rebelde ao desespero filosófico de Adorno. A dialética negativa de Adorno era um estilo de pensamento que desdenhava do método e resistia a que se criasse exatamente o tipo de consenso sistematicamente teorizado, racionalmente alcançado, que orientava a obra de Habermas. Mas isso não tem a ver só com rebelião edipiana.

Também é significativo o fato de Habermas não ser judeu. Nem é um sobrevivente do Holocausto como eram os luminares da primeira geração da

Escola de Frankfurt. Se é que existe algo que possa sugerir que ele sentia culpa ou vergonha por ter lutado por Hitler em sua adolescência (e tampouco há em seus escritos o que possa indicá-lo), seus sentimentos eram muito diferentes dos experimentados por Adorno. A culpa do sobrevivente que Adorno descreveu numa carta à sua mãe em 1946, após a morte do pai, não é algo que Habermas pudesse compartilhar.

"Sabe-se que aos judeus era proibido investigar o futuro", escreveu Walter Benjamin em suas teses "Sobre o conceito de história".

> No entanto, a Torá e as orações os ensinam a rememorar. Isso destituía de magia o futuro, ao qual sucumbiam todos que procuravam adivinhos em busca de esclarecimento. Mas nem por isso o futuro se tornou para os judeus um tempo homogêneo e vazio. Pois nele cada segundo era o portão estreito pelo qual poderia entrar o Messias.[6]

Habermas não estava sob essa proibição. Os judeus se concentram, se Benjamin estiver certo, na lembrança das dores do passado em vez de imaginar futuros nos quais o sofrimento e a injustiça não são parte do programa. Mas não Habermas. Diferentemente de Heidegger, ele assumiu responsabilidade; diferentemente de Adorno, ele declinou de se desesperar. Ao contrário de seu professor, também, ele buscou desenvolver sistema e método, e conceber, como descreveu a mim, "como os cidadãos de uma comunidade política ainda poderiam exercer influência positiva em seu destino social por meio de um processo democrático". E também ao contrário de Benjamin, Habermas ousou olhar para o futuro e imaginar uma utopia, mesmo que poucos compartilhassem seu entusiasmo por ela.

Desde Kant e Hegel, nunca um filósofo e teórico social alemão tinha desenvolvido um sistema intelectual tão elaborado. E, ainda assim, esse sistema multidisciplinar baseia-se numa ideia simples: a de que, pela comunicação racional, podemos superar nossos vieses, nossas perspectivas egocêntricas e etnocêntricas, chegar a um consenso, ou comunidade da razão, e desenvolver por meio dela o que o filósofo pragmatista norte-americano George Herbert Mead, que influenciou muito Habermas, chamou de "eu maior". Nietzsche chamara Kant de "aranha catastrófica", que enredava a filosofia numa teia maluca de constructos intelectuais — fenômenos, números, unidades transcendentais, imperativos categóricos e juízos. Habermas, no entanto, tinha uma sensibilidade similar em relação ao grande construtor de sistemas do Iluminismo: as centenas de milhares de palavras que ele tinha escrito no meio século anterior sobre filosofia, teoria social, teoria política, ética, teoria moral e teoria legal constituíam uma ampla teia — não uma desanimadora armadilha intelectual, mas uma construção heroica projetada por alguém que se opunha ao fascismo, ao pós-modernismo e ao desespero de seu mestre. A grande diferença entre Kant e Habermas era que o sistema do primeiro era monológico, imaginando que o indivíduo poderia gerar um sistema moral integral, universalizável, de sua própria reflexão racionalizada, enquanto o do segundo era dialógico: para Habermas, só mediante uma discussão racional, o que ele chama de "comunidade de comunicação ilimitada", é que podemos chegar a um consenso racional, à visão professoral da utopia. Habermas bem poderia, então, ser considerado uma aranha filosófica pós-kantiana, se é que não uma aranha catastrófica.

Um de seus principais críticos norte-americanos, Stanley Fish, professor de inglês e de direito na Universidade Duke, é particularmente crítico da noção de Habermas de que podemos superar nossos vieses numa discussão racional. Para poder entrar numa conversa na qual seja possível perder seus preconceitos, argumenta Fish, você teria de começar pondo de lado seus preconceitos — como Habermas supôs que faziam aqueles frequentadores de café, a esfera pública do início do século XVIII. Fish duvida que seja possível fazer isso:

> O problema com a maneira de pensar de Habermas é que não é possível dar esse primeiro passo. Esse primeiro passo é na verdade o último passo. Eu sempre fiquei perplexo com a atenção que se dá a Habermas. Sua maneira de pensar sobre essas questões me parece obviamente falha. A única maneira com que consigo explicar isso a mim mesmo é que Habermas representa algo que muita gente gostaria de comprar: ele parece oferecer uma saída de um relativismo corrosivo.[7]

Porém, mesmo que Fish tenha razão e a saída de Habermas seja só mais um beco sem saída, o impulso de evitar o relativismo — segundo o qual não existe uma verdade e sim muitas verdades, nem um juízo moral correto mas somente o clamor de uma competição entre diferentes atribuições de valor — é uma parte importante do que fez Habermas manter girando sua teia de palavras durante mais de meio século. A luta de Habermas contra o relativismo do pensamento pós-moderno é central para a compreensão de sua obra.

No entanto, mais importante para compreender Habermas é, como já vimos, o pensamento articulado por Adorno: "Um novo imperativo categórico foi imposto por Hitler à humanidade em sua condição de não liberdade: ordenar seus pensamentos e suas ações de modo que Auschwitz nunca mais se repita, para que nada semelhante aconteça".[8] Foi esse pensamento, e esse dever moral, que impeliu Habermas a trabalhar para assegurar que os seres humanos nunca tivessem de se curvar novamente ante tal barbárie. É marcante que Adorno tenha falado de imperativo categórico, noção que Kant tornou central em sua teoria moral, porque Adorno, por temperamento, desdenhava do que Habermas abraçava, não só a construção do sistema da filosofia alemã e a teoria social, mas também o esperançoso comprometimento do Iluminismo com o uso da razão como meio de salvaguardar a humanidade da dominação, seja dominação por superstição ou por opressão política. A ideia de Kant era de que o sistema moral poderia ser gerado por meio da razão, e assim, como estaria livre de vieses, interesses e paixões pessoais, se tornaria universalizável: a razão era uma corte na qual todo ser humano teria a garantia de ser tratado com justiça e que produziria resultados que seriam incontestáveis.

David Hume tinha afirmado que a razão era escrava das paixões, e isso, efetivamente, destroçava as possibilidades do sistema moral de Kant antes que a aranha de Königsberg nem sequer tivesse começado a trabalhar nele. Para Kant, se uma ação fosse baseada em paixões, por definição não seria moral; somente as ações que estivessem de acordo com o imperativo categórico e fossem portanto realizadas por meio de uma reflexão racional seriam universalizáveis e, com isso, capazes de ser verdadeiramente morais. Mas e se Hume tivesse razão e todos os nossos juízos racionais tivessem como premissa meras paixões? Então, poder-se-ia pensar, o sistema kantiano desabaria. A psicologia moral de Hume era, para Kant, intolerável. Para ele, essa escravidão às paixões é imprópria se o homem quer ser maduro, senhor de si mesmo e autônomo. As paixões têm de ser dominadas e, se não somos maduros o bastante para sermos senhores de nós mesmos, outros devem nos ajudar. O imperativo categórico estava no coração de sua teoria moral, teoria que expressava seu comprometimento com o Iluminismo para o uso da razão a fim de atingir a autonomia individual. Para Kant, o uso da razão demonstrava *Mündigkeit*, ou a capacidade de pensar por si mesmo.

Mas enquanto Adorno via a *Mündigkeit* de um modo inteiramente negativo, como a significar uma recusa a se adaptar à ordem existente, Habermas insistia que era o fundamento para a criação de instituições verdadeiramente democráticas. Ele concordava que a racionalidade pode ter sido a causa de nossos problemas, mas também insistia que deveria haver solução para eles. Só mediante o tipo de razão comunicativa que Habermas atribui às esferas públicas do século XVIII, e o qual ele almeja numa sociedade acossada por um déficit democrático, poderia a humanidade se tornar aquilo que Adorno temia que ela jamais viria a ser — madura, autônoma, livre.

Mas depois Adorno e Habermas tiveram atitudes muito diferentes quanto ao que era o Iluminismo. Na verdade, muitos dos escritos de Habermas podem ser tidos como uma subversão da *Dialética do Esclarecimento*, de Adorno e Horkheimer, texto fundamental escrito na década de 1940, quando aquilo que eles consideraram ser as barbáries do nazismo, do stalinismo e da sociedade totalmente administrada estava zombando do legado do Iluminismo. O Iluminismo do século XVIII de Rousseau, Voltaire, Diderot e Kant supostamente libertaria o homem do mito, para lhe permitir pensar por si mesmo (as mulheres não faziam parte da narrativa alegadamente emancipatória do Iluminismo). Mas, com a ascensão da industrialização e do capitalismo no final do século XVIII e início do XIX, o Iluminismo trouxe mais burocracia, mais administração e, com isso, mais controle. Usando uma forma de crítica imanente (isto é, a crítica a um fenômeno utilizando seus próprios valores), Adorno e Horkheimer alegaram que no Iluminismo o tiro saiu pela culatra, porque, ao supostamente se libertar da dominação do mito e do sacrifício, o homem era forçado a reprimir seus instintos e impulsos naturais.[9]

Daí seu foco no episódio da *Odisseia* no qual Odisseu ordena a seus companheiros de navio que o amarrem ao mastro, para que não possa se render ao canto sedutor das sereias. Embora a epopeia de Homero tenha sido escrita cerca de dez séculos antes do Iluminismo europeu, é na *Odisseia* que Adorno e Horkheimer localizam o nascimento do ímpeto da humanidade, característico do Iluminismo, para se libertar do mito e dominar a natureza. Nas palavras de Habermas: "O signo permanente do Iluminismo é a dominação de uma natureza objetivada e de uma natureza interior reprimida".[10] Na *Odisseia*, o homem se separa da natureza para melhor dominá-la. Para Adorno e Horkheimer, somos todos pequenos Odisseus, acorrentados a nossos mastros, separados da natureza e de nossos próprios instintos e impulsos. Com as exceções, é claro, de Adorno e Horkheimer.

Habermas objetou. Ele tinha lido *Dialética do Esclarecimento* ainda jovem e ficou excitado com a obra, só mais tarde considerando que sua crítica imanente tinha ido longe demais. Mas foi somente após a morte de seus autores que ele ousou publicar suas dúvidas e seus receios. Mesmo então, numa palestra publicada em seu livro *O discurso filosófico da modernidade*, de 1985, ele admitiu como era difícil não ser subjugado pela retórica de seu mestre, retroceder e constatar quão simplista ela era. Habermas, então, é um novo Odisseu, ouvindo o canto da sereia dessa retórica e dominando seu impulso natural de se deixar seduzir. Seus mestres tinham alegado que a própria razão destrói a humanidade que ela primeiro tornara possível, e que isso acontecia devido a "um impulso de autopreservação que mutila a razão, pois recorre a ela apenas na forma de um domínio proposital-racional da natureza e do instinto — exatamente como uma razão instrumental". Porém, para Habermas, havia outras formas de razão que ele queria salvar do legado do Iluminismo — notadamente a razão comunicativa, do tipo que prosperava e supostamente suscitava consenso na esfera pública do início do século XVIII, e que ele considera ser o fundamento da esperança no reviver dos ideais democráticos em nossa era.

O termo "razão instrumental" é a chave aqui. Habermas o definiu em *Técnica e ciência como "ideologia"*, de 1968, como o interesse em compreender as necessidades da natureza e o potencial para um aproveitamento técnico das leis naturais, manipulando as naturezas viva e morta que constituem as ciências naturais.[11] Isso soa anódino. Mas Horkheimer, em *Eclipse da razão*, de 1947, deu-lhe um efeito retórico, talvez até mesmo humorístico, sugerindo que a razão instrumental continha dois elementos opostos:

> O ego abstrato, esvaziado de toda substância, exceto sua tentativa de transformar tudo que existe no céu e na terra em meios para sua preservação, e, por outro lado, uma natureza vazia, degradada a mero material, simples matéria a ser dominada, sem outro propósito que não o dessa mesma dominação.[12]

O Iluminismo supostamente deveria nos ter libertado do mito e desencantado o mundo, massacrado os deuses e feito dos homens os senhores de seus domínios. Mas, assim alegaram os autores de *Dialética do Esclarecimento*, o Iluminismo tinha fracassado. Em 1797, Goya produziu uma das mais terrificantes e emblemáticas imagens do Iluminismo, a de um homem dormitando num recinto cheio de terríveis criaturas aladas, e a intitulou *O sono da razão produz monstros*. A sugestão de Adorno e Horkheimer foi que o despertar da razão tinha produzido outros monstros. Max Weber, observou Habermas, imaginou os deuses antigos e desencantados erguendo-se de suas tumbas disfarçados de forças despersonalizadas para retomar suas lutas irreconciliáveis com os demônios. Essas forças despersonalizadas — racionalização, administração, os veros labores do capitalismo —, adequadamente entendidas, demonstram que não matamos os antigos deuses, apenas lhes permitimos vestir novas máscaras. É assim que o Iluminismo perverte seus próprios valores.

Habermas deu continuidade a isso, mas só até certo ponto: "É verdade que, com a economia capitalista e o Estado moderno, se fortalece a tendência de incorporar todas as questões de validade ao horizonte limitado da racionalidade intencional, própria de sujeitos interessados na autopreservação e em sistemas de automanutenção".[13] Mas o salto retórico que Adorno e Horkheimer dão a partir disso é injustificado: "Isso ainda não prova que a razão continua subordinada aos ditames da racionalidade intencional diretamente em seus produtos mais recentes — ciência moderna, ideias universalísticas sobre justiça e moralidade, arte autônoma".[14] A ciência é mais do que uma disposição da razão instrumental; a arte é mais do que a indústria cultural; e os fundamentos universalísticos da lei e da moralidade, bem como o governo constitucional, valem muito mais do que só censura. Isso quer dizer que, para Habermas, o Iluminismo tem um "núcleo sólido", mas que foi ignorado na "apresentação supersimplificada" de Adorno e Horkheimer: "*Dialética do Esclarecimento* resiste a quase toda perspectiva de uma fuga do mito da racionalidade intencional que se tornou violência objetiva".[15]

É isso, no entanto, que Habermas tenta fazer em seus escritos — isto é, teorizar seu caminho sob a sombra desse intimidante substantivo composto alemão *Verblendungszusammenhang*, ou sistema total de ilusão. Numa entrevista em 1979, ele disse: "Não compartilho a premissa básica da teoria crítica, a premissa de que a razão instrumental assumiu tal dominância que realmente não há saída de um sistema total de ilusão, no qual só se conseguem insights em lampejos de indivíduos isolados".[16] Esse tipo de insight soava, alternadamente, elitista e desesperançado. Habermas era cético quanto a como os eruditos da primeira geração da Escola de Frankfurt seriam capazes de sair da influência desse sistema total de ilusão para prover uma crítica a ele: se este era tão total, então eles não estariam iludidos também? Habermas usou um argumento semelhante contra os pós-modernistas: se, como alegavam, toda verdade era relativa, então até mesmo a alegação de que a verdade é relativa torna-se por sua vez relativa. Para a primeira geração da Escola de Frankfurt, esse sistema total de ilusão só poderia ser superado com o colapso da sociedade industrial avançada e o advento do socialismo. Habermas rejeitou essa perspectiva, defendendo em vez disso a reforma do sistema existente: para ele, a ideia da esfera pública do século XVIII poderia ser revivificada para resistir aos aparatos ideológicos do sistema. A *Mündigkeit*, ou maturidade, o domínio de si mesmo e a autonomia que Kant exaltara, poderia se realizar em nossa época para superar o sistema total de ilusão que era o capitalismo tardio.

Mas ao se agarrar ao "núcleo sólido" do Iluminismo à sua maneira, Habermas estava sendo um homem fora de seu tempo — em oposição não só aos estudantes radicais da década de 1960, mas também aos pensadores pós-modernistas das décadas seguintes. O pós-modernismo nunca foi a praia de Habermas, por duas razões. Em primeiro lugar, ele o via como um meio de silenciar vozes contrárias. Sua crítica ao pós-modernismo nesse sentido era semelhante à do pensador marxista norte-americano Fredric Jameson, que alegava que o pós-modernismo era menos uma teoria do que uma modificação sistêmica do capitalismo, que ia contra a força crítica do que Habermas considerava ser o projeto da modernidade.[17] Para Jameson, sem esse projeto, sem uma postura crítica, ficamos indefesos ante o capitalismo global. Mas enquanto Jameson ainda mantinha uma visão marxista de um novo proletariado internacional erguendo-se contra o capital globalizado e a decadência pós-moderna, Habermas tinha mudado de posição em relação a seu marxismo anterior. Em segundo lugar, ele desdenhava do pós-modernismo porque, tal como a política de Rudi Dutschke (que Habermas chamara de fascismo de esquerda), parecia flertar com o irracionalismo e o niilismo, e assim o fazia se lembrar da era nazista.

Os pós-modernistas, de sua parte, também desdenhavam do projeto de Habermas. O filósofo francês Jean-François Lyotard, autor de *A condição pós-moderna*, escreveu: "Após os imensos massacres que vivenciamos, ninguém pode continuar acreditando em progresso, em consenso, em valores transcendentes. Habermas pressupõe essa crença".[18] Assim, era como se Lyotard, e não Habermas, fosse o herdeiro da filosofia de Adorno. Mas talvez não: indiscutivelmente foi Habermas, mais do que qualquer outro intelectual europeu, quem tentou aderir ao novo imperativo categórico de Adorno.

Em 1980, Habermas proferiu um veemente discurso em Frankfurt, depois de receber o Prêmio Adorno, em reconhecimento a contribuições excepcionais em filosofia, teatro, música e cinema. O discurso intitulava-se "Modernidade: Um projeto inacabado".[19] Nele, Habermas defendeu o que entendia ser os valores da modernidade contra vários pós-modernistas — entre eles Lyotard, Michel Foucault e Jacques Derrida —, e também contra certos pensadores neoconservadores que acusavam esses valores de terem corrompido a sociedade ocidental. Em *O discurso filosófico da modernidade*, ele escreveu: "A modernidade não pode mais, e não vai mais, se tornar o critério pelo qual se orientar a partir de modelos supridos por outra época: ela tem de criar sua normatividade a partir de si mesma".[20] Isso não queria dizer que a modernidade era anti-histórica, e sim, como ele afirmara em seu discurso em Frankfurt, que era dirigida apenas contra "a falsa normatividade de uma compreensão histórica orientada essencialmente para a imitação de modelos passados".

Walter Benjamin sonhara em explodir o continuum da história. A modernidade, similarmente, tem uma noção do tempo transformada, uma noção que se liberta da autoridade da tradição. Com o surgimento da ciência moderna a partir do século XVII, envolvendo o desenvolvimento de novas técnicas de medida, de teste de hipóteses e de teorização matemática, e com o incremento do conhecimento tecnicamente útil, a autoridade da Igreja desvaneceu, assim como a da antiga abordagem aristotélica da investigação científica. A autoridade de ambas foi substituída pela da razão. Mais especificamente relevante para a tese de Habermas foi o fato de a modernidade ter libertado os humanos de seus papéis tradicionais e lhes ter permitido escolher seus próprios fins e se tornar autônomos. Nisso, a filosofia moral de Kant era a chave: ele insistia que tratássemos os outros "jamais apenas como um meio, mas sempre, e ao mesmo tempo, como um fim", e assim, para ele, de um ponto de vista moral, a característica mais distintiva da natureza humana era nossa capacidade de livremente escolher nossos próprios fins. Essa é exatamente a história do Iluminismo à qual Horkheimer se contrapôs em *Eclipse da razão*, com sua descrição de como a razão desabava em irracionalidade com sua ênfase em preocupações instrumentais. A razão instrumental, como a entendia Horkheimer, destinava-se a determinar os meios para um fim, sem raciocinar sobre os fins em si mesmos.

Assim, a tese de Habermas sobre a modernidade subvertia o mais distintivo xibolete* da Escola de Frankfurt. Ele se contrapunha a seus professores ao alegar que a razão tinha nos libertado, e não nos escravizado. Para Habermas, a modernidade nos libertou particularmente da tradição monoteísta judaico-cristã e presenciou o surgimento de uma moralidade secular. Essa moralidade secular também divorciou a humanidade de uma substancial concepção do que era uma vida boa. O bom era diferente do certo ou do justo — na verdade, do Iluminismo em diante houve uma pluralidade competitiva de concepções sobre o que é bom. É notável que aspectos da teoria moral de Kant, forjada no Iluminismo, tenham sido apropriados dois séculos depois, quase simultaneamente, por dois dos mais importantes filósofos de nossa época — um norte-americano, outro alemão. É quase como se os dois filósofos estivessem revivendo aquilo quando tentavam conceber como manter inteiras, de um modo justo e honesto, as sociedades ocidentais, que de outra forma pareciam estar destinadas a se fragmentar. Sem dúvida, a pluralidade de concepções sobre o que é bom não era algo que alguém poderia ignorar se elas fossem levantadas — como no caso de Habermas e do filósofo norte-americano John Rawls — no cada vez mais multicultural e multirreligioso Ocidente depois da Segunda Guerra Mundial. As sociedades modernas não eram mantidas inteiras por tradições que as englobassem; em vez disso, eram constituídas por indivíduos que se consideravam sujeitos autônomos.

O que, então, poderia manter inteiras essas sociedades? Uma característica principal do relato de Rawls, apresentado em seu imensamente influente livro *Uma teoria da justiça*, de 1971, é que há uma prioridade do que é certo sobre o que é bom. Com isso, Rawls quer dizer que as reivindicações baseadas nos direitos dos indivíduos eram mais importantes, e portanto prioritárias, do que as reivindicações baseadas no bem que lhes adviria, ou a outros, da violação des-

---

* Sobre o significado de "xibolete", ver nota de rodapé no capítulo 11, p. 259. O termo designa uma marca distintiva, caracterizante. (N. T.)

ses direitos. O primeiro dever do Estado liberal era salvaguardar as liberdades civis básicas do indivíduo. Isso implicava, como expressa Rawls, que "a perda da liberdade de alguns" nunca poderia "ser justificada por um bem maior a ser compartilhado por outros". A imparcialidade do conceito do que é correto assegurava, para Rawls, a estabilidade ou a harmonia social.

Habermas concordava com grande parte disso: sociedades claramente modernas não poderiam manter-se inteiras por um conceito abrangente do que é bom, como tinham se mantido sociedades anteriores. Além disso, a inviolabilidade de liberdades e direitos é essencial para garantir o florescimento e a autonomia do homem, para a *Mündigkeit* que Kant exaltava. Para Habermas, tudo isso era necessário, mas não suficiente. Sua filosofia, sua teoria social e sua teoria política dedicavam-se a nos proteger das consequências ruins do Iluminismo. Foi isso que ele quis dizer ao insistir em que a modernidade é um projeto inacabado: nós nos beneficiamos de nos tornarmos modernos em termos de progresso técnico, crescimento econômico, administração racional, maior autonomia, mas também ficamos traumatizados por essa transformação.

Em seu discurso ao receber o Prêmio Adorno, Habermas disse:

> O projeto da modernidade tal como foi formulado pelos filósofos do Iluminismo no século XVIII consiste no desenvolvimento inexorável das ciências objetivantes, dos fundamentos universalísticos da moralidade e das leis e da arte autônoma, tudo de acordo com sua própria lógica imanente.

Ele citou Max Weber, o qual alegara que, com o colapso das visões de mundo religiosa e metafísica como resultado do Iluminismo, abrem-se três esferas ou discursos de valor para substituí-las — as ciências naturais, a moralidade e a lei e as artes. Cada uma delas tornou-se institucionalizada, um domínio de especialistas, que raramente falam entre si, e muito menos com os leigos. "A distância entre essas culturas de especialistas e o público em geral aumentou", ele ressaltou.[21]

E o resultado? O que Habermas chamara de "mundo vivo", ou "mundo da vida", tinha se empobrecido. Isso é de grande importância para a teoria social. O mundo da vida é uma das duas esferas distintas da vida social, e o sistema é a outra. Para ele, o mundo da vida significa o pré-teórico mundo cotidiano da família e da casa, dos significados e entendimentos compartilhados, das conversas sem restrições que têm lugar na esfera pública. O sistema, em contraste, significa estruturas e padrões de racionalidade e ação instrumentais, notadamente o dinheiro e o poder, cuja principal função é a produção e circulação de mercadorias e serviços. O sistema, pois, inclui a economia, a administração do Estado e partidos políticos sancionados pelo Estado. A relação entre o mundo da vida e o sistema é importante para Habermas: o primeiro, que é o lugar da razão e da ação comunicativa, corre o risco de ser colonizado pelo segundo, que é o lugar da razão instrumental. Mas isso é desastroso para o projeto da modernidade.

O sonho otimista dos pensadores do Iluminismo como Condorcet, argumentou Habermas, foi que as artes e as ciências "não promoveriam apenas o controle das forças da natureza, mas também, mais adiante, a compreensão do 'eu' e do mundo, o progresso da moralidade, a justiça nas instituições sociais e até mesmo a felicidade humana".[22] Isso, ele alegou, não tinha acontecido. Em vez disso, sistemas de poder e de dinheiro tinham imposto restrições à ação humana. Sistemas são dominados por racionalidade instrumental. Em vez de refletir sobre nossos fins e mudá-los, o sistema adota uma lógica interna que foge ao controle humano.

Quanto a essa distinção entre mundo da vida e sistema, muito se deve a Heidegger e também a Marx, mas principalmente aos predecessores de Habermas na Escola de Frankfurt. Foram eles que consideraram que esse modo de vida nas sociedades industriais avançadas tinha sido totalmente colonizado pelo sistema, a tal ponto que o mundo da vida não mais existia: nós nos tornamos homens e mulheres unidimensionais, meros funcionários de um sistema capitalista, e não seres autônomos capazes de exercer apropriadamente a autonomia e o controle de si mesmo que Kant concebera.

Habermas difere de seus predecessores em dois aspectos. Primeiro, ele acha que a humanidade lucrou com o Iluminismo e com a ascensão da ciência. Segundo, ao contrário do que seus predecessores fizeram, ele se recusou a desistir da esperança. Em seu discurso no Prêmio Adorno, Habermas caracterizou seu ex-colega como um homem para quem "o apelo empático à razão tinha se retraído para o gestual acusatório da obra de arte esotérica, a moralidade não mais parecia ser suscetível à justificação, e à filosofia restava apenas a tarefa de revelar, de modo indireto, o conteúdo crítico que se encerra na arte".[23] Esse encolhimento da política para o esoterismo não servia para Habermas: ele preferiu ater-se à grande promessa do Iluminismo que Adorno e Horkheimer tinham obliterado. No meio do texto de "Modernidade: Um projeto inacabado", Habermas fazia duas perguntas retóricas:

> Devemos continuar nos atendo às intenções do Iluminismo, por mais fragmentadas que possam ser, ou deveríamos em vez disso abandonar todo o projeto de modernidade? Se os potenciais cognitivos em questão não resultam meramente em progresso técnico, crescimento econômico e administração racional, deveríamos querer restringi-los para proteger uma práxis na vida que ainda depende das cegas tradições de qualquer distúrbio inquietante?[24]

Porém, mesmo se continuássemos com o projeto de modernidade, como recomendava Habermas, o que não está muito claro é como se poderia deter o empobrecimento do mundo da vida pelo sistema. Pois é no mundo da vida que Habermas encontra o potencial baluarte contra a evisceração da vida social pelo capitalismo, pelo Estado e por aquilo que seu colega Marcuse chamara de sociedade unidimensional. É lá que ele encontra a esfera pública que uma vez oferecera a utópica esperança de uma associação racional, autônoma, voluntária, na qual poderíamos, mediante a razão comunicativa e a ação da comunicação, nos tornar mais do que homens e mulheres unidimensionais.

Pouco tempo depois de Habermas ter tido sua identidade falseada no Twitter, perguntei-lhe se a internet e a mídia social poderiam funcionar como uma esfera pública. Ele foi cético quanto a isso. "A internet gera uma força centrífuga", respondeu.

> A internet libera uma onda anárquica de circuitos de comunicação altamente fragmentados que raramente se sobrepõem uns aos outros. É claro que a natureza espontânea e igualitária da comunicação ilimitada pode ter efeitos subversivos em regimes autoritários. Mas a rede em si mesma não produz quaisquer esferas públicas. Sua estrutura não é adequada a um processo de focalizar a atenção de um público disperso de cidadãos que formam opiniões — simultaneamente, sobre os mesmos assuntos e contribuições — que foram esquadrinhadas e filtradas por especialistas.

Quem sabe as redes sociais da internet pudessem ajudar a criar aquela solidariedade?

No que concerne a seu impacto na esfera pública, a comunicação tão acelerada abre possibilidades totalmente novas para a organização de atividades e mobilizações políticas em grande escala de destinatários amplamente dispersos. [...] No entanto, elas continuam a ser circunstanciais em sua relação com o processo real de tomada de decisões que ocorre fora do espaço virtual das mônadas que eletronicamente formam a rede.[25]

Talvez Habermas estivesse errado ao desdenhar assim do potencial da internet e da mídia social para funcionar como esferas públicas, para servir como espaços virtuais numa discussão isenta de status e de viés. Hoje em dia, com certeza, o tipo de intervenções em questões políticas que Habermas tinha feito durante sua carreira no desempenho de seu papel como intelectual público ocorre cada vez mais no ciberespaço. Quando o entrevistei, ele estava mais preocupado com o risco de que os jornais se tornassem obsoletos em consequência da ascensão da internet.

Em nossos próprios países, também, a imprensa nacional, que até agora tem sido a espinha dorsal do discurso democrático, corre sério risco. Ainda não apareceu ninguém com um modelo de negócio que garanta a sobrevivência dos jornais nacionais importantes após a internet.

Essa preocupação era compreensível, considerando a esperança que ele tinha depositado na ideia de que os jornais poderiam (só às vezes) facilitar "situações de um discurso ideal" em que os cidadãos são capazes de suscitar preocupações morais e políticas e defendê-las apenas por meio da racionalidade. Sua esperança era de que os jornais atuassem como contrapeso à erosão que o sistema impunha ao mundo da vida, ou, para expressar de outro modo, que eles rechaçariam a desapropriação do sistema político moderno partidário. Habermas, mais do que qualquer outro intelectual público de sua geração, levou a sério seu papel de participante naquela esfera pública. Na revivificação dessa esfera, o papel dos intelectuais era primordial. Eles têm de orientar o debate em direção a um consenso racional, em vez de permitir que marqueteiros e outros manipuladores da mídia sufoquem a liberdade de expressão e solapem a democracia. Habermas afirmava — e Adorno, em *Dialética negativa*, rejeitava peremptoriamente — que um consenso alcançado racionalmente era necessário e possível para o florescimento humano depois de Auschwitz. As barreiras que impediam o exercício da razão e do entendimento mútuo podiam ser identificadas, compreendidas e reduzidas.

Típica do engajamento público de Habermas com a imprensa alemã foi sua intervenção na *Historikerstreit*, ou disputa dos historiadores, sobre como o Holocausto devia ser interpretado, e que se desenvolvia furiosamente havia quatro anos, desde 1986. O historiador alemão Ernst Nolte alegava que "Auschwitz [...] era acima de tudo uma reação nascida das ocorrências aniquiladoras da Revolução Russa. [...] A assim chamada aniquilação dos judeus durante o Terceiro Reich era uma reação, ou uma cópia distorcida, e não um ato primeiro, ou original". Nolte argumentava que o Arquipélago Gulag precedera Auschwitz, e inferia disso que a Alemanha tinha se voltado "razoavelmente" para o nazismo diante da ameaça bolchevique.[26] Quatro décadas após a queda de Hitler, Habermas percebeu que Nolte e outros historiadores de direita estavam tentando exonerar sua nação da responsabilidade pelas atrocidades do Terceiro Reich. Pior ainda, alguns dos historiadores contra os quais Habermas escrevia eram intelectuais que tinham contatos na Alemanha Ocidental com o governo democrata-cristão do chanceler Helmut Kohl. Para Habermas, o relato revisionista desses historiadores sobre a Solução Final representava um mau uso da história acadêmica para fins políticos. E esses fins, muito possivelmente, envolviam aumentar a popularidade de Kohl no país e servir de justificativa para cessar pagamentos da Alemanha Ocidental a Israel como reparações pelo Holocausto.

Habermas descreveu isso como uma tentativa de seus oponentes de normalizar a história alemã e de apagar o que Nolte chamou de "um passado que se recusa a passar". Habermas alegou que esses historiadores estavam tentando livrar a nação da responsabilidade, sugerindo que o nazismo fora uma ruptura com a história alemã conduzida por uma pequena gangue de criminosos. Numa série de artigos em que atacava essa tentativa de "tornar Auschwitz algo trivial", ele escreveu sobre "a obrigação que cabe a nós, na Alemanha — mesmo que ninguém mais sinta que a tenha —, de manter viva, sem distorção, e não só numa forma intelectual, a memória dos sofrimentos daqueles que foram assassinados por mãos alemãs".[27] O espectro do novo imperativo categórico de Adorno nunca esteve longe da mente de Habermas quando escreveu esses artigos.

O que o deixou particularmente enraivecido durante a *Historikerstreit* foi o ressurgimento de algo que para ele era intolerável: o nacionalismo alemão. O nacionalismo em geral nauseava Habermas, mas o nacionalimo alemão era pior. Uma de suas preocupações era de que o Estado-nação, sobretudo aquele baseado na unicidade étnica, era excludente. Outra era de que os laços de solidariedade entre membros de uma nação eram emocionais, sentimentais e afetivos, e portanto não estavam abertos à razão comunicativa, que ele considerava necessária para uma florescente esfera pública ou sociedade civil que pudesse atuar como um meio de fiscalização do Estado. O nacionalismo, pois, atende à importante função de suavizar o funcionamento do que Habermas chamava de sistema, notadamente a administração do Estado, já que este transmite aos cidadãos um sentimento de pertencimento a uma comunidade política unitária, em vez de equipá-los com espaços sociais e ferramentas intelectuais para uma fiscalização do poder do Estado. Na terminologia técnica de Habermas, esse nacionalismo pré-discursivo é um fenômeno que surge no mundo da vida, mas pode ser colonizado pelo sistema. Dito de maneira mais simples, os sentimentos nacionalistas sempre podem ser prontamente manipulados pelas elites políticas: Hitler tinha feito exatamente isso, e Habermas, compreensivelmente, estava enojado com o fato de a história estar se repetindo.

A ascensão do nacionalismo na Alemanha subverteu particularmente a ideia da racionalidade comunicativa que Habermas concebera em sua obra-prima *Teoria do agir comunicativo*, de 1981, segundo a qual os participantes num debate aprendem com os outros e consigo mesmos e questionam suposições geralmente tidas como inquestionáveis. Depois de um dos séculos mais brutais já registrados na história e com a ameaça de algo ainda pior por vir, isso soava bem-vindo — como uma versão continuada da Comissão de Verdade e Conciliação da África do Sul. Mas parecia que isso era exatamente o que não estava acontecendo, e, no final da década de 1980, a Alemanha caminhava célere para a reunificação. Quanto a isso, Habermas fez muitas observações acautelatórias, temendo que "reunificação" fosse uma palavra educada para descrever como uma república economicamente bem-sucedida do Ocidente anexava um ex-Estado satélite soviético.[28] Seu temor era de que essa reunificação estivesse ocorrendo tão rápido que os cidadãos da Alemanha Oriental seriam incorporados à República Federal pelos burocratas da Alemanha Ocidental sem terem se pronunciado quanto ao tipo de sociedade em que gostariam de viver. A reunificação, assim ele esperava, teria que trazer mais do que apenas vantagem econômica para os cidadãos da ex-República Democrática Alemã. Para ele, o modo pelo qual se fez a reunificação pode ter servido às elites políticas da Alemanha Ocidental, mas impedia a racionalidade comunicativa, o consenso dialógico que ele considerava a marca de uma política madura. Em outras palavras, mais uma vez o sistema empobrecia o mundo da vida.

Em seus escritos das décadas de 1980 e 1990, Habermas manifestou a preocupação de que um nacionalismo pré-discursivo estava minando aquilo que ele prezava no modo como sua pátria tinha se desenvolvido após a Segunda Guerra Mundial. Em certa medida, ele sentia orgulho pelo fato de a República Federal ter rejeitado o nacionalismo em favor do que ele chamou de "patriotismo constitucional". "Para nós, na República Federal", ele escreveu em *Die nachholende Revolution* [A revolução em recuperação], em 1990, "patriotismo constitucional significa, entre outras coisas, orgulho pelo fato de que conseguimos, de modo permanente, superar o fascismo, estabelecendo uma ordem política justa, ancorando-a numa cultura política razoavelmente liberal."[29] Sua esperança era de que o patriotismo constitucional conseguisse ocupar o lugar do nacionalismo.

Somente um acadêmico, poderíamos pensar, acharia que o patriotismo constitucional fosse inspirador. Ainda assim, é compreensível o ímpeto de Habermas na tentativa de encontrar um substituto para um nacionalismo em ascensão. Os inomináveis crimes cometidos pela nação alemã entre 1933 e 1945 tinham, pelo menos, dado a seus cidadãos uma oportunidade para confrontar as ilusões do nacionalismo de um modo que outros europeus não tinham. Os britânicos, graças em parte à narrativa nacional triunfalista que entremeava o inebriante autoafago por ter vencido a Segunda Guerra Mundial, raramente refletiam sobre as armadilhas de um nacionalismo exclusivista e racista para o qual tão frequentemente se inclinaram. Assim, existe algo admirável, se não inspirador, no patriotismo constitucional de Habermas, sobretudo numa época em que a Europa ocidental torna-se mais multicultural. Para sociedades multiculturais funcionarem, o nacionalismo tem de ser superado por algo como uma constituição democrática, na qual todas as diferentes etnicidades, religiões e culturas possam se sentir em casa.

Habermas insistiu também que essa constituição deve levar em conta a visão ética de todos os grupos da comunidade política. Os países da Europa ocidental não mais poderiam se manter unidos mediante a concepção do que é bom (tradicionalmente com fundamento cristão) de uma maioria. Sua noção de patriotismo constitucional era a de ser um baluarte contra o mau nacionalismo, que ele abominava desde que vira como seus ímpetos tinham sido aproveitados por Hitler. Além disso, o patriotismo constitucional não era excludente, nem tinha como premissa uma concepção única do que é bom: era algo que todos os membros de uma entidade política poderiam compartilhar, uma vez que era uma expressão de orgulho pelo funcionamento livre e justo do Estado, sempre sujeito ao escrutínio de uma florescente esfera pública, ou sociedade civil. Esta, pelo menos, era alegadamente a noção inspiradora de Habermas. Mas decerto não era inspiradora para os racistas que, depois da reunificação, atacaram trabalhadores estrangeiros visitantes nas cidades de Rostock e Hoyerswerda, na antiga Alemanha Oriental, quando a nova Alemanha lutava contra um desemprego crescente.

O ceticismo de Habermas em relação ao nacionalismo sustentava também seu sonho de uma unificação europeia — algo que, quando o milênio chegava à sua adolescência, mais parecia uma utopia, quando a crise da dívida grega ameaçava destruir a zona do euro e, com isso, o fundamento da integração política. Em seu livro *Europa, um projeto vacilante*, de 2010, ele afirmou que os "monstruosos crimes em massa do século xx" significavam que as nações não mais poderiam se presumir inocentes e imunes à lei internacional.[30] O patriotismo constitucional, então, era uma etapa no caminho para o objetivo maior de substituir um nacionalismo tacanho por uma organização melhor, mais racional, baseada num consenso de âmbito mundial.

A esperança de Habermas era que uma Europa mais unificada poderia funcionar em estreita colaboração com os Estados Unidos para construir uma ordem internacional mais estável e equitativa. Ele me disse em 2010 que a Europa deveria apoiar o então presidente dos Estados Unidos, Barack Obama, em seus objetivos internacionais, como o desarmamento e a busca pela paz no Oriente Médio, assim como incentivar Washington a liderar os esforços para regular os mercados financeiros e refrear as mudanças climáticas. "Mas como acontece tão frequentemente, faltam aos europeus a vontade política e a força necessária. Avaliada em relação às expectativas em nível global, a Europa é um grande fracasso na arena internacional."[31]

Significativamente, o título do livro em alemão é *Ach, Europa*. Não parecia provável que a comunidade transnacional que ele almejava como um meio de superar o pesadelo nacionalista europeu, que tinha levado a duas guerras mundiais e ao Holocausto, viesse a existir tão cedo no continente. Sempre uma poliana, no entanto, Habermas parecia arrancar otimismo das mandíbulas de uma aparente desesperança, quando lhe sugeri que a União Europeia parecia estar muito distante de seus cidadãos para ser inspiradora, e que, de qualquer maneira, a crise da Grécia e a atitude de seu governo diante dela ameaçavam a existência futura da União Europeia. "A crise da dívida grega trouxe um efeito colateral político bem-vindo", ele disse. "Em um de seus momentos mais débeis, a União Europeia viu-se mergulhada num debate concernente ao problema que é central para seu desenvolvimento futuro." Mas ele reconheceu que um dos maiores problemas da União Europeia, e uma pedra no caminho do processo para transcender as fronteiras nacionais, o qual ele apoia, é o renovado narcisismo de sua pátria. O espectro do nacionalismo alemão que o deixara enojado no final da década de 1980 estava fazendo novamente o mesmo efeito. Ele me disse que achava a Alemanha de Angela Merkel tão nacionalista quanto a Inglaterra de Margaret Thatcher.

> As elites alemãs parecem estar usufruindo dos confortos da autossatisfação da normalidade nacional: "Podemos ser novamente como os outros!". A disposição de um povo totalmente derrotado para aprender mais rápido desapareceu. A mentalidade narcisista de um colosso complacente bem no meio da Europa não é mais nem mesmo uma garantia de que o instável statu quo da União Europeia será preservado.[32]

Seu medo, aqui e durante a *Historikerstreit*, era de que a vergonha exclusiva da Alemanha — sua responsabilidade pelo Holocausto —, que lhe impunha uma singular e castigada identidade, estava sendo esquecida.

De qualquer maneira, como poderia a unificação europeia atender a seu sonho de estender e enriquecer a democracia enquanto permanecesse como um projeto de elite? Habermas acredita que, assim como a internet, a Europa não criou nenhuma esfera pública em que os cidadãos possam expressar suas opiniões livremente e independente de status. Como se poderia mudar isso? Ele alegou que uma coordenação das políticas econômicas da zona do euro também poderia levar a uma integração de políticas em outros setores. Nesse aspecto, o que até então tendia a ser um projeto administrativamente orientado poderia também deitar raízes nos corações e nas mentes das populações nacionais.

Mais uma vez, a esperança de poliana: o sistema pode servir ao mundo da vida, que, por sua vez, pode enriquecer o sistema, numa espiral virtuosa, ou num loop de retroalimentação. Mas isso parecia ser uma remota possibilidade, especialmente quando os líderes europeus se compraziam em garantir fronteiras e continuavam focados no nacionalismo.

Por que Habermas depositava tanta esperança numa Europa integrada? Por que não apoiar a ideia de uma rede neoliberal de Estados europeus, sendo cada um apenas um ator egoísta num mundo capitalista? "À parte a insensibilidade em relação aos custos externos dos levantes sociais que [a política neoliberal] conta como certos", respondeu ele,

> o que me irrita é a falta de compreensão histórica das mudanças na relação entre mercado e poder político. Desde o início do período moderno, a expansão dos mercados e das redes de comunicação teve uma força explosiva, com consequências ao mesmo tempo individualizadoras e libertadoras para os cidadãos individuais; mas cada uma dessas aberturas foi seguida de uma reorganização das antigas relações de solidariedade num contexto institucional expandido.

Isso é típico de Habermas: em vez de chafurdar na desesperança de um filósofo inspirado pelo marxismo quando confrontado com um capitalismo cada vez mais desenfreado e totalmente destrutivo do tipo de política igualitária que ele gostaria de ver, ele conta-me uma história sobre o passado que parece sugerir que as coisas não são tão desesperantes quanto poderíamos temer.

> Mais uma vez, conseguiu-se um equilíbrio entre o mercado e a política suficiente para assegurar que a rede das relações sociais entre cidadãos da comunidade política não foi danificada a ponto de não ter conserto. De acordo com esse ritmo, a fase atual da globalização dirigida ao mercado financeiro também deveria ser seguida por um fortalecimento da comunidade internacional.[33]

É um episódio dialético da história recente, mas dificilmente um que Adorno teria escrito.

Ao contrário de seus professores, Habermas sempre encontrava motivos para ser positivo e ambicioso quanto à reforma política. Sua carreira poderia ser vista como uma resposta heroicamente esperançosa às obras pessimistas de seus professores e ao *Zeitgeist* intelectual prevalente na Europa. Enquanto Adorno, assim como Marx, pouco disse sobre qual deveria ser o aspecto de uma sociedade boa ou racional, e pós-estruturalistas como Foucault eram altamente suspeitosos das instituições em geral, Habermas passou boa parte de sua carreira escrevendo livros que identificam as condições que melhor favorecem a autonomia individual e com isso possibilitam os indivíduos a serem capazes de resistir à natureza homogeneizante do capitalismo e aos efeitos corrosivos da administração do Estado. Enquanto Horkheimer e Adorno associavam a emancipação à recusa a se adaptar à realidade social vigente, a extraordinária esperança de Habermas é de que a realidade social pode ser mudada mediante a criação de instituições verdadeiramente democráticas que sejam capazes de resistir aos efeitos corrosivos do capitalismo.

Mas talvez Adorno tivesse motivo para se desesperar. É verdade que podemos ter deixado o Terceiro Reich para trás, mas ainda vivemos numa época em que o compromisso com a democracia parece estar em maré baixa. A noção de uma esfera pública em bom funcionamento parece ser o sonho maluco de um otimista vesgo. "Há boas razões para estar alarmado", replicou Habermas quando lhe perguntei sobre isso:

> Algumas pessoas já pensam que democracias de massa autoritárias proverão os modelos funcionalmente superiores sob as condições de uma economia mundial globalizada. [...] Hoje, muitas pessoas estão intimidadas por uma crescente complexidade social que enreda indivíduos em contextos cada vez mais densos de ação e de comunicação. Desse modo, a noção de que os cidadãos de uma comunidade política ainda poderiam exercer influência coletiva sobre seu destino social por meio de um processo democrático também está sendo denunciada por intelectuais como uma herança mal orientada do Iluminismo. A confiança liberal na ideia de uma vida autônoma está agora confinada à questão da liberdade de escolha individual de consumidores que estão vivendo, a conta-gotas, na dependência de estruturas contingentes de oportunidade.[34]

Mas essa liberdade de escolha, como Habermas a entendia na visão da primeira geração dos eruditos da Escola de Frankfurt, e de Marcuse em particular, não era absolutamente uma liberdade. Como Marcuse, Habermas esforçava-se por teorizar uma forma de sair da sociedade unidimensional.

Críticos eminentes, como os filósofos Richard Rorty e Slavoj Žižek, alegaram que a vasta rede intelectual de teoria engendrada por Habermas é inadequada. Em contraposição, eles afirmaram que a esfera pública como lugar de debate independente e puramente racional nunca existiu, e que a acalentada e meticulosamente teorizada noção de ação comunicativa de Habermas é um sonho utópico professoral que nunca se realizará. A possibilidade de um debate sem entraves como fundamento de uma legitimidade política era uma bela, porém ilusória, esperança. A essas críticas, Habermas — um homem fora de seu tempo, um modernista utópico vivendo numa distopia pós-moderna, mas também o mais engajado dos intelectuais públicos europeus — replicou numa entrevista:

> Se existe um pequeno remanescente de utopia que eu tenha preservado, é certamente a ideia de que a democracia — e sua luta pública para chegar à sua melhor forma — é capaz de romper de um golpe o nó górdio de problemas que, sem ela, seriam insolúveis. Não estou dizendo que vamos ser bem-sucedidos nisso; nem mesmo sabemos se é possível ser bem-sucedido. Mas exatamente porque não sabemos é que ainda temos de tentar.[35]

O comprometimento de Habermas em continuar golpeando aquele nó górdio teve uma consequência inesperada. Alguns anos após o Onze de Setembro, ele publicou *An Awareness of What Is Missing: Faith and Reason in a Post-Secular Age* ["Uma consciência do que está faltando: Fé e razão numa era pós-secular"], que marcou uma extraordinária ruptura com sua filosofia anterior. Ele uma vez alegara que "a autoridade do sagrado é gradualmente substituída pela autoridade de um consenso alcançado".[36] Isso, assim ele tinha pensado, era um dos bons legados do Iluminismo: o surgimento da moralidade secular e o declínio da autoridade religiosa nos permitiram pensar por nós mesmos e desenvolver nosso próprio conceito do que é bom.

No entanto, na primeira década do novo milênio, Habermas estava repensando o papel da religião na vida pública. "O pensamento pós-metafísico", ele escreveu, "não pode lidar sozinho com o derrotismo no que concerne à razão que encontramos hoje tanto na radicalização pós-moderna da 'dialética do Esclarecimento' quanto no naturalismo que se baseia numa fé ingênua na ciência."[37] E o pior, ele afirmou, é que o Estado liberal, com base numa racionalidade procedural, não pode inspirar seus cidadãos a cometerem atos virtuosos (como o contrário de atos em interesse próprio) porque ele perdeu seu "controle da imagem, preservada pela religião, de uma totalidade moral", e é incapaz de formular "ideais coletivamente agregadores".[38] Sua noção de patriotismo constitucional tinha envolvido um ideal desse tipo, que pudesse inspirar grupos diferentes numa sociedade multicultural, mesmo que cada um seguisse sua própria concepção do que é bom, mas estava claro que esse patriotismo constitucional inspirava menos os cidadãos do que o professor. Então entra a religião, para fazer o que a razão e o Iluminismo aparentemente não conseguiram.

Habermas não parou aí em seu engajamento com a religião. Em 2004, dois alemães de idade já avançada, ambos ex-membros da Juventude Hitlerista, encontraram-se na Academia Católica da Baviera para debater o tema "Fundamentos morais pré-políticos do Estado liberal". Um deles era Habermas, o professor de esquerda; o outro era o cardeal Ratzinger, que logo se tornaria o papa Bento XVI. Habermas afirmou que o Estado liberal deveria "tratar com carinho todas as fontes culturais das quais se origina a consciência normativa e a solidariedade dos cidadãos", especialmente porque eram importantes aliados em seu próprio esforço contra as forças alienantes do mundo moderno. Ratzinger, no mesmo modo emoliente, alegou que a "luz divina da razão" tinha um papel a desempenhar no controle das "patologias da religião".[39]

Ler as transcrições dessa conversa faz evocar, sem qualquer indulgência, o final do livro *A revolução dos bichos*, de George Orwell, quando as criaturas de fora da casa da fazenda olhavam "de um homem para um porco e de um porco de volta para um homem; mas àquela altura era impossível afirmar quem era porco e quem era homem". Às vezes, durante o debate entre Ratzinger e Habermas, era difícil dizer quem era o cardeal e quem era aquele que fora uma vez o defensor do legado secular do Iluminismo.

Habermas chegou ao ponto de sugerir que conceitos religiosos tinham seus paralelos na razão secular e que, como resultado, o Iluminismo estava impregnado de valores judaico-cristãos. Por exemplo, a visão bíblica do homem feito "à imagem e à semelhança" de Deus encontra sua expressão profana no princípio da igualdade de valor de todos os seres humanos. Mas nessa tradução faltava alguma coisa: "Quando o pecado foi convertido em culpa, e a violação dos mandamentos divinos em atentado às leis humanas, algo se perdeu". Era como se Habermas estivesse alegando que no Iluminismo havia uma lacuna com o formato de Deus, e que, se quisesse florescer, seu lado secular precisava daquilo que ele tinha programaticamente destituído, isto é, o lado religioso. "Entre as sociedades modernas", ele escreveu, "somente as que estão aptas para introduzir no domínio secular o conteúdo essencial das tradições religiosas que apontam para além do que é meramente o reino humano estarão aptas também para resgatar a substância do humano."[40]

Mas o que isso poderia significar? Em 2007, Habermas participou de um debate com quatro acadêmicos jesuítas em Munique que foi publicado mais tarde em *An Awareness of What Is Missing*. Ali, Habermas evoca os funerais de um amigo que em vida "rejeitara qualquer profissão de fé", e ainda assim dissera antes de morrer que queria que seu serviço fúnebre fosse na igreja de São Pedro, em Zurique. Habermas sugeriu que seu amigo "tinha percebido a estranheza de um serviço fúnebre não religioso e que, com sua escolha do lugar, declarava publicamente que a era moderna iluminista tinha fracassado em encontrar um substituto adequado para o modo religioso de lidar com o rito de passagem final". A história não é muito convincente: muitos ateus e agnósticos choraram seus entes queridos em funerais que não se realizaram em solo sagrado, sem sentir o tipo de estranhamento ou fracasso que Habermas imputou a seu amigo. Mas assim mesmo ele considerou isso "um evento paradoxal que nos diz algo sobre a razão secular".[41]

O que Habermas quis nos dizer quanto à razão secular — a qual ele passou a maior parte de sua carreira exaltando —, e também quanto ao Estado secular moderno, foi que a autoridade religiosa oferece ao crente não só a salvação, mas também, alegou, uma vida virtuosa. A razão secular padecia de uma "fraqueza motivacional", no sentido de que não conseguia inspirar os cidadãos a cometerem atos virtuosos. Não que estivesse descartando a razão secular. Ele quis se ater às "conquistas cognitivas da modernidade" — tolerância, igualdade, liberdade individual, liberdade de pensamento, cosmopolitismo e progresso científico. E quis também se contrapor aos fundamentalismos que intencionalmente "se excluem" de tudo que é bom no projeto do Iluminismo. Mas ele estava propondo algo mais. Isso foi caracterizado por Stanley Fish como algo menos que uma fusão, mais como um acordo entre parceiros de comércio: [...] o lado religioso deve aceitar a autoridade da razão "natural" como os resultados falíveis das ciências institucionalizadas e os princípios básicos do igualitarismo universalista na lei e na moral. Por outro lado, a razão secular não deve se arvorar a ser o juiz das verdades da fé, mesmo que no fim só possa aceitar como razoável o que puder traduzir como seus próprios discursos, em princípio universalmente acessíveis.[42]

Com isso, Habermas estava sugerindo uma atitude tolerante em relação à fé, similar ao que o jornalista norte-americano H. L. Mencken escreveu uma vez: "Devemos aceitar a religião do próximo, mas apenas no sentido e na medida em que respeitamos sua teoria de que sua mulher é bonita e seus filhos inteligentes".[43] Essa tolerância era, afinal, uma conquista do Iluminismo que valia a pena conservar.

Dito isso, Habermas estava alegando que o grande produto do Iluminismo — ou Esclarecimento —, a razão secular, não é "esclarecida quanto a si mesma", não sabe para o que serve. Vale dizer, ele tinha descoberto no centro de sua teia intelectual o que os teóricos críticos, com virtuosidade, tinham descoberto nas teorias de outros pensadores, a saber, uma aporia (palavra derivada do grego, no sentido de "sem saída", o que frequentemente tem a conotação de "perplexidade"). Dois de seus intérpretes tentaram apontar para a natureza aporética do relato de Habermas sobre a razão secular. Se o Ocidente moderno deve ser percebido como mais do que meramente "ateu", escreveu Edward Skidelsky, "se ele deve inspirar não só medo, mas também respeito, precisa recuperar sua substância ética". Isso, pensava ele, demandava uma reconciliação com seu legado religioso.[44] Stanley Fish afirmou: "O problema é que uma estrutura política que dá boas-vindas a todas as visões de mundo que existem no mercado de ideias, mas se mantém arredia a qualquer uma delas e a todas elas, não terá uma base para julgar as consequências advindas de seus procedimentos".[45]

Mas, certamente, os elaborados sistemas intelectuais de Habermas — seu discurso teórico sobre ética e seu programa de teoria política — foram concebidos expressamente para assegurar que o que Fish chamou de visões de mundo bem-vindas no mercado de ideais florescessem enquanto não subvertessem a ordem moral da sociedade liberal. Habermas distingue a ética da moralidade: a primeira diz respeito a questões de felicidade individual e o bem das comunidades; a segunda tem a ver com a decisão quanto a ações certas ou erradas de acordo com as normas vigentes. A ordem moral depende de que a maioria dos agentes esteja disposta a aderir a essas normas, e eles só farão isso se essas normas demonstrarem claramente ser de interesse universalizável.

A moralidade assim concebida é kantiana; a ética é uma noção aristotélica de uma boa vida e uma boa comunidade. A caracterização que Fish faz da razão secular de Habermas não estava, então, muito correta: a estrutura política que permite todas as visões de mundo em seu mercado de ideias *tem sim* um procedimento para avaliar os resultados advindos de seus procedimentos: uma ação está certa ou errada em função de ela ser permitida ou proibida por uma norma demonstravelmente válida à qual os agentes aderem, e eles aderem se essas normas incorporarem um interesse universal — como a de não ser cruel com seus filhos, ou a de ser gentil com seus amigos. E exatamente porque essas normas incorporam esse interesse universal, elas podem manter a sociedade unida, mesmo uma sociedade que englobe diferentes crenças, etnicidades e concepções do que é uma boa vida. Essas normas, então, provavelmente terão um caráter muito genérico. Assim como Rawls priorizava o que é justo em detrimento do que é bom, em parte para assegurar a correção e a estabilidade de uma sociedade liberal moderna, Habermas prioriza o que é moral em detrimento do que é ético, e sua sugestão é de que normas válidas são anteriores a concepções do que é bom, que, compreendidas de forma apropriada, são distintamente éticas.

Mas é aí que o discurso de Habermas sobre ética se complica. Ele quer separar normas de valores — normas são universalizáveis e assim fazem parte da moral, enquanto valores não são universalizáveis, estando, portanto, no terreno da ética. Porém, essa distinção entre normas e valores, como alegaram críticos entre os quais se incluem Thomas McCarthy e Hilary Putnam, não é tão nítida quanto Habermas queria mostrá-la, porque as normas morais se desenvolvem a partir de valores, como a amizade e a gentileza.[46] O projeto de Habermas era uma espécie de projeto de imunização destinado a proteger a ordem moral de ser infectada por valores éticos. Sua esperança era de que essa imunização detivesse a disseminação de conflitos nas sociedades multiculturais modernas. Mas a sugestão de críticos como McCarthy e Putnam era de que a ordem moral do Estado secular contém normas nas quais já se infundem valores éticos, alguns deles religiosos.

O argumento de Habermas em *An Awareness of What Is Missing* foi que, quando passamos de uma era secular para uma pós-secular (e ele achava que deveríamos fazer essa passagem), esses valores religiosos deveriam ser respeitados, uma vez que poderiam ajudar a manter as sociedades unidas. O Estado liberal deveria "tratar com carinho todas as fontes culturais das quais derivam a consciência normativa e a solidariedade entre os cidadãos". Não seria para ele o ateísmo militante de Richard Dawkins ou de Christopher Hitchens, para os quais a religião é um fenômeno a ser anatematizado na sociedade secular: "O Estado liberal deve esperar que seus cidadãos seculares, no exercício de seu papel como cidadãos, não tratem expressões religiosas como sendo simplesmente irracionais".[47] Ao contrário, a religião poderia ser útil; sua esperança era de que pudesse ser utilizada para ajudar a superar disrupções sociais e a alienação do Estado liberal moderno. Com efeito, Habermas estava instrumentalizando a religião. Numa palestra em 2001, ele descreveu o Onze de Setembro como uma reação a "uma modernização acelerada e radicalmente erradicante".[48] Os atentados terroristas e a ascensão do fundamentalismo religioso eram respostas a uma alienação da modernização, e sua esperança era de que uma religião não fundamentalista pudesse ajudar a suplantar essa alienação. Quanto a se a Igreja católica estava preparada para ser cooptada para isso, havia menos clareza.

O encontro de Habermas com a religião deu destaque a muitas questões pungentes — entre elas, e não a menos importante, os fracassos de seu próprio sistema intelectual e a dificuldade em fazer funcionar as sociedades liberais modernas. Para nossos propósitos, deu destaque também à longa jornada que a Escola de Frankfurt da teoria crítica tinha percorrido desde sua origem, no início da década de 1920, como um instituto de pesquisa marxista. Em vez de considerar a religião um ópio para as massas que seria abolido numa sociedade comunista, a Escola de Frankfurt a tratava agora como um aliado inestimável.

18. Paixões arrebatadoras: A teoria crítica no novo milênio

No romance *As correções* (2001), de Jonathan Franzen, o personagem Chip Lambert liquida sua biblioteca. Ele vende sua coleção de livros da Escola de Frankfurt, bem como seus livros "feministas, formalistas, estruturalistas, pós--estruturalistas, freudianos e de teoria queer", para ter dinheiro para impressionar a nova namorada. Lambert é exatamente o tipo de sujeito que teria metros e metros de tomos de crítica cultural marxista em suas estantes. Ex-professor assistente de Artefatos Textuais, professor de Narrativas Arrebatadoras, palestrante sobre ansiedade fálica no drama de Tudor, ele acabou de desistir da academia para escrever roteiros para o cinema. No entanto, desfazer-se de seus livros sobre a Escola de Frankfurt, particularmente, é uma coisa dolorosa.

> Afastou-se das lombadas acusadoras, lembrando como cada uma delas tinha acenado para ele numa livraria com a promessa de uma crítica radical da sociedade capitalista tardia. [...] Mas Jürgen Habermas não tinha as pernas longas e elegantes de Julia, que lembram uma pereira; Theodor Adorno não tinha o cheiro de vinho lascivo e maleável de Julia; Fred Jameson não tinha a língua habilidosa de Julia.[1]

Sei que você está se perguntando: se Adorno tivesse o cheiro de vinho lascivo e maleável de Julia, teria Chip Lambert conservado seu exemplar de *Dialética do Esclarecimento*? Não, suspeito eu, nem mesmo assim.

Lambert leva seus livros para a Livraria Strand, em Lower Manhattan. A aquisição de sua biblioteca lhe custara quase 4 mil dólares; o valor de revenda dos livros é de 65 dólares. Ele aplica seus proventos num "salmão norueguês selvagem pescado com linha e anzol", por 78,40 dólares, numa mercearia de luxo chamada Pesadelo de Consumo. A década é a de 1990, uma época, Franzen parece sugerir, de um consumismo tão desenfreado que para merceeiros de produtos sofisticados é vantajoso e inteligente apropriar-se ironicamente da retórica da crítica ao capitalismo na escolha dos nomes de suas lojas.

É também uma década na qual o pesadelo da Escola de Frankfurt se realizou. Não havia, como declarou Margaret Thatcher, alternativa. Nenhuma alternativa ao capitalismo, à sociedade unidimensional, à democracia liberal. Como que para firmar esse ponto, na década de 1990 o cientista político norte-americano Francis Fukuyama decidiu apagar um ponto de interrogação. Em 1989 ele tinha escrito uma dissertação chamada "O fim da história?", alegando que não poderia haver nenhuma nova etapa após a democracia liberal exatamente porque este era um sistema que assegurava o maior nível possível de reconhecimento do indivíduo. Três anos mais tarde, quando Fukuyama publicou seu livro *O fim da história e o último homem*, o ponto de interrogação tinha desaparecido. Ele pode ter infiltrado sua agenda neoconservadora em sua tese pós-ideológica, mas a sugestão de Fukuyama de que as grandes batalhas ideológicas entre Oriente e Ocidente tinham terminado, e de que a democracia liberal ocidental tinha triunfado, parecia incontestável.

Tudo que restava era uma eternidade daquilo que soava muito como puro tédio: "O fim da história será uma época muito triste", ele escreveu.

> A luta por reconhecimento, a disposição para arriscar a vida por um objetivo puramente abstrato, a luta ideológica mundial que inspirava ousadia, coragem, imaginação e idealismo, tudo isso será substituído por cálculos econômicos, a interminável busca de soluções para problemas técnicos, preocupações com o meio ambiente e a satisfação de sofisticadas demandas de consumo.[2]

Talvez a perspectiva desse tédio, divagava Fukuyama, possa dar reinício à história.

A questão da luta por reconhecimento era uma preocupação crucial de Fukuyama. E também foi uma questão central para o atual diretor do Instituto de Pesquisa Social, Axel Honneth, cujo livro *Luta por reconhecimento: A gramática moral dos conflitos sociais* foi publicado (em alemão) no mesmo ano de *O fim da história*.[3] A questão do reconhecimento remonta a Platão, para o qual a psique pode ser dividida em três partes: razão, eros e o que ele chamou de *thymos*, ou reconhecimento. Qualquer sistema político que criasse desigualdade estaria satisfazendo a necessidade humana de reconhecimento de alguns membros e negando-a a outros. Assim, megalotimia significa a necessidade de ser reconhecido como superior aos outros, enquanto isotimia é a necessidade de ser reconhecido como meramente igual aos outros. Nietzsche, em *Assim falou Zaratustra*, justapôs a megalotimia de seu imaginário ser superior, o *Übermensch*, ou super-homem, à isotimia do último dos homens, e arrasou com este. O último dos homens, pensava Nietzsche, prosperava na isotimia da democracia, na qual, segundo ele, não havia mais distinção entre governante e governado, forte e fraco, ou o sublime e o medíocre.

Nesse sentido, o fim da história que Fukuyama triunfantemente imaginou é o inferno que Nietzsche denuncia violentamente em Zaratustra: "A terra ficou pequena, e, em seus rastros, o último dos homens, o qual faz tudo ficar pequeno. Sua espécie é tão inerradicável quanto as pulgas; o último dos homens vive mais. 'Nós descobrimos a felicidade' — diz o último dos homens, e eles piscam".[4] Para Fukuyama, a democracia liberal associada ao capitalismo era o melhor meio de alcançar um equilíbrio entre a igualdade material e o *thymos*, assegurando o máximo reconhecimento possível do indivíduo. Para Nietzsche, esse sistema aniquilava com qualquer reconhecimento que valesse a pena: em vez de lutar pelo reconhecimento por meio de ousadia, coragem, imaginação e idealismo, ele achava que o último dos homens tinha apequenado os humanos, fazendo-os aspirar por direitos iguais, conforto e segurança.

Axel Honneth chegou a um conceito de reconhecimento com uma perspectiva diferente da de Fukuyama, que ele foi buscar na psicologia infantil. Ele também descartou a noção de reificação, que catalisara os pensamentos de seus predecessores na Escola de Frankfurt quando, meio século antes, tinham lido sobre isso em *História e consciência de classe*, de Lukács. Honneth supõe que começamos a reconhecer os outros como pessoas quando ainda somos bebês, e sugere que essa é uma atitude normativa. Somente mais tarde, alega ele em *Reification: A New Look at an Old Idea* [Reificação: Um novo olhar para uma velha ideia], o sujeito pode ficar cego a seu "reconhecimento antecedente".[5] Pode haver um "esquecimento do reconhecimento", sugere Honneth, causado ou por uma reificação de práticas sociais que instigam o indivíduo a perceber os sujeitos meramente como objetos, ou por sistemas de crença ideológica que descrevem alguns seres humanos como não humanos ou sub-humanos. Para Honneth, havia um paralelo entre o amor maternal e a necessidade do reconhecimento da sociedade:

> Assim como, no caso do amor, as crianças adquirem, mediante a vivência contínua do cuidado "maternal", uma autoconfiança básica para afirmar suas necessidades de maneira espontânea, os sujeitos adultos adquirem, pela experiência do reconhecimento legal, a possibilidade de ver suas ações como expressão universalmente respeitada de sua própria autonomia.[6]

É verdade que este não era o reconhecimento ordenado pelo *Übermensch* nietzschiano, e sim por aquele que Nietzsche ridicularizaria como sendo o último dos homens. Todo reconhecimento que eles recebessem do Estado lhes seria concedido como uma precondição daquele bom-mocismo do sistema, e não arrebatado imperiosamente como uma expressão da glória pessoal de alguém.

Assim, para Honneth, a tarefa não era fazer uma revolução, mas aprimorar o capitalismo e a democracia até um ponto em que possamos contar com total reconhecimento como sujeitos humanos. Pelo menos um de seus predecessores na Escola de Frankfurt, Adorno, teria objetado: para ele, não poderia haver nada verdadeiro num sistema falso, e esse sistema estava totalmente reificado. Mas Adorno morreu em 1969, e a Escola de Frankfurt, sob a direção de Habermas e depois de Honneth, estava desde então comprometida não com a revolução, mas com o aprimoramento das condições do capitalismo e da democracia liberal.

Com isso, Chip Lambert, ao expurgar sua biblioteca, passava por uma mutação, de seguidor de Adorno para homem mais sintonizado com o éthos tardio da Escola de Frankfurt, sob Honneth. Lambert "já não queria mais viver num mundo diferente; só queria ser um homem com alguma dignidade neste mundo aqui".[7] Essa "dignidade" é uma dádiva — dignidade é *thymos*, a necessidade de reconhecimento. Mas a dignidade que Lambert está buscando é de um tipo meio turvo. Na verdade, se dignidade envolve ter uma boa e efêmera conta bancária ou ser enganchado como um salmão no anzol pelas artificiosas ilusões do capitalismo avançado, vale a pena tê-la? A dignidade parece aqui ser concebida como uma abordagem intencionalmente autoilusória e patologicamente saudável, ou, como diz Adorno em *Minima moralia*, como uma

> bem-sucedida adaptação ao que é inevitável, um sereno e prático estado de espírito. [...] A única maneira objetiva de diagnosticar a doença dos saudáveis é por meio da incongruência entre sua existência racional e o curso possível que a razão possa dar a suas vidas.[8]

Contudo, não se precisa imaginar a dignidade dessa maneira. Em contraste, a dignidade que Honneth achava que valia a pena perseguir envolve a possibilidade de ver as ações de alguém como a universalmente respeitada expressão de sua própria autonomia. Esse tipo de reconhecimento mantém o sistema no lugar, em vez de desafiá-lo, mas envolve mais do que comprar salmão numa loja chamada Pesadelo de Consumo.

Ainda assim, dá para entender o impulso de Lambert. É mais fácil conseguir a garota, o salmão e essa mercantilizada conquista da felicidade do que se enredar nos inalcançáveis paradoxos de felicidade de Adorno. O que marca o indivíduo saudável e ileso, sugeriu Adorno em *Minima moralia*, é ser afligido pela infelicidade geral: "O que seria a felicidade se não fosse comparada com a imensurável tristeza daquilo que existe?".[9] Mas a questão da dignidade, para Lambert, é que não podemos, não por muito tempo, viver na imensurável tristeza daquilo que existe. Como escreveu Virginia Woolf em *As ondas*: "Não se pode viver fora da máquina por mais de meia hora".[10]

Então, é melhor se adaptar para viver dentro da máquina. Ou, como diz Adorno, "a doença adequada à época" poderia muito bem consistir "exatamente na normalidade".[11] Pode-se imaginar Chip Lambert trocando sua lúgubre biblioteca sobre a Escola de Frankfurt por uma só com livros alto-astrais. Nada de *O homem unidimensional*, *Na esteira da tecnocracia*, *Dialética do Esclarecimento*! Que venham esses novos tomos otimistas que nos intimam a sermos felizes no novo milênio, como *Tropeçar na felicidade*, de Daniel Gilbert, *The Secrets of Happiness* [Os segredos da felicidade], de Richard Schoch, *The Pursuit of Happiness* [Em busca da felicidade], de Darrin McMahon, *The Happi-*

ness Hypothesis [A hipótese da felicidade], de Jonathan Haidt, e *Felicidade: Lições de uma nova ciência*, de Richard Layard. Neste último, o professor da London School of Economics compara a felicidade não com a imensurável tristeza do que existe, mas em termos do custo que a depressão representa para o PIB. O psicanalista freudiano Adam Phillips sugeriu-me uma vez que toda cultura obcecada pela felicidade deve estar em desespero. "Caso contrário, por que alguém se incomodaria com isso? [...] Se há pessoas nessa cultura que assistem ao noticiário e conseguem ser felizes, deve haver algo de errado com elas."[12]

A dignidade de Lambert tem outra ressonância. Ao expurgar de sua biblioteca a teoria crítica, ele está pondo de lado coisas infantis — ou, no mínimo, coisas de estudante. Falar de "sociedade capitalista tardia" era na época "sinal de imaturidade, ou um desgastado credo de tempo de faculdade. A coisa em si pode envelhecer junto conosco, mas o termo não pode ser usado por participantes do mundo real que estejam na meia-idade (isto é, toda a superfície terrestre menos os campi universitários)", escreveu o crítico Benjamin Kunkel. "O mesmo vale para 'pós-modernismo', termo que hoje provoca o cansaço que ele mesmo uma vez serviu em parte para descrever."[13]

Adultos compram salmão pescado com linha e anzol, não leem *Dialética do Esclarecimento*. A história parou, e vivemos no melhor de todos os mundos possíveis, não vivemos? Neste melhor de todos os mundos possíveis, no fim da história, escreveu Fredric Jameson em *O marxismo tardio* (1990), "a questão da poesia depois de Auschwitz foi substituída pela questão de se você consegue aguentar ler Adorno e Horkheimer junto à piscina".[14] E se Adorno tinha razão no tocante à felicidade, ela consiste em pôr de lado os livros dele e de Horkheimer quando se quer relaxar. Adorno concebeu a felicidade nestes termos: "*Rien faire comme une bête*, deitado na água e olhando na maior paz para o céu. [...] Nenhum dos conceitos abstratos está mais próximo de uma utopia realizada do que o de uma paz perpétua".[15] Se Virginia Woolf estava certa e não fosse possível viver fora da máquina por mais de meia hora, então essa felicidade seria igualmente insuportável.

No novo milênio, no entanto, algo mudou. Em vez de uma paz perpétua junto à piscina, a história recomeçou, e em sua agenda havia uma revolução. "O que está acontecendo?", perguntou o filósofo francês maoista Alain Badiou em *Le Réveil de l'histoire* [O despertar da história], em 2011. "A continuação, a qualquer custo, de um mundo exaurido? Uma crise salutar desse mundo, abalado por sua vitoriosa expansão? O fim desse mundo? O advento de um mundo diferente?"[16] O tédio não fez renascer a história; uma crise no capitalismo, sim. Pena que Henryk Grossman não estivesse vivo para testemunhá-lo. Badiou estava escrevendo sobre as inesperadas consequências da crise financeira global, e particularmente sobre movimentos como Occupy, Syriza e Podemos. Poderia ter acrescentado também o fracasso dos Estados Unidos e seus aliados em "democratizar" o Iraque e o Afeganistão, bem como o renascimento socialista bolivariano na América Latina. Por meio desses movimentos, pessoas estavam reivindicando o que lhes foi negado pelo capitalismo neoliberal: reconhecimento. Para expressar isso nos termos de Fukuyama, o que parecia ser um sistema baseado na isotimia era de fato um sistema baseado na megalotimia. O reconhecimento legal tão valorizado por Axel Honneth parecia, assim como a democracia liberal, estar outorgando uma paródia de reconhecimento, e não a coisa em si mesma.

Daí o mote concebido pelo ativista do Occupy e antropólogo David Graeber: "Nós somos os 99%". Daí também o "experimento numa sociedade pós--burocrática" do movimento Occupy de Nova York: uma tentativa de realizar o anarquismo num sistema que efetivamente negava a possibilidade de as pessoas verem suas ações como a expressão universalmente respeitada de sua própria autonomia. "Queríamos demonstrar que somos capazes de realizar, sem uma interminável burocracia, todos os serviços que realizam os provedores de serviços sociais", disse-me Graeber.[17] Com seu reconhecimento negado pelo sistema, os anarquistas do Zuccotti Park o encontraram na auto-organização, e com isso alcançaram uma sensação de solidariedade. Em *Valences of the Dialectic* [Valências da dialética], Jameson alega que quando a intermitente compreensão da história entra na vida dos indivíduos, isso frequentemente vem do sentimento de pertencer a uma determinada geração: "A experiência de pertencer a uma certa geração [...] é uma experiência coletiva específica do presente: ela marca a expansão de meu presente existencial para um presente coletivo e histórico".[18]

Benjamin sonhou em explodir o continuum da história; as experiências descritas por Jameson envolvem a realização desse sonho. O tempo homogêneo e vazio de Benjamin, associado com a marcha progressiva do capitalismo e do positivismo, é interrompido, embora brevemente, e substituído por uma noção experiencialmente mais rica e redentora de um tempo não linear. Pelo menos, isso é o que Jameson deduziu do Zuccotti Park.

Nesse despertar da história sobre o qual Badiou escreveu, o marxismo estava de volta. Assim como a teoria crítica. Se Chip Lambert tivesse mantido sua biblioteca, digamos, até 2010, talvez obtivesse um preço melhor por ela. Mas não exageremos: ele poderia ter comprado dois salmões. Mas a fome por livros que sejam críticos do capitalismo continua. No pesadelo de consumo que é a loja de presentes da Tate Modern, por exemplo, existe hoje uma seção enorme chamada "teoria crítica". Nela, a Escola de Frankfurt não mais detém o monopólio do termo — a teoria crítica envolve todas as disciplinas que uma vez estiveram representadas na biblioteca de Chip Lambert.

Um aumento na popularidade de livros sobre teoria crítica — inclusive guias gráficos, dicionários e talvez até mesmo este livro — é uma consequência perversa da crise capitalista global, assim como uma renovação da sociologia crítica baseada no legado da Escola de Frankfurt. "Para onde quer que você olhe atualmente", escreveram os sociólogos alemães Klaus Dörre, Stephan Lessenich e Hartmut Rosa, "a crítica do capitalismo entrou na moda." Seu livro *Soziologie, Kapitalismus, Kritik* [Sociologia, capitalismo, crítica] não é só um artigo da moda; ele também ressuscita a teoria crítica para os novos tempos e fica do lado dos perdedores na crise financeira global. "Nossa análise aqui pode ser mais bem entendida como uma crítica ao autoaviltamento, ao autodesempoderamento e à autodestruição da sociedade sob o capitalismo."[19]

Em nossa época, quem quer que ressuscite a teoria crítica tem de ter um senso de ironia. Entre os que perdem com o capitalismo estão milhões de trabalhadores sobrecarregados e sub-remunerados que supostamente foram libertados pela maior revolução socialista da história (a da China) e que têm sido levados à beira do suicídio para que esses ocidentais possam continuar brincando com seus iPads. O proletariado, longe de sepultar o capitalismo, o está mantendo com o suporte de sua própria vida. Reiterando: se estivesse vivo, Grossman teria observado que o capitalismo adiou sua extinção com essa terceirização da exploração do trabalho. Talvez nas mercearias de Lower Manhattan ainda haja um grande suprimento de *thymos*. Em outras partes do mundo ele está penosamente em falta. Jacques Rancière, marxista francês e professor de filosofia na Universidade de Paris VIII, disse-me numa entrevista:

O domínio exercido pelo capitalismo depende hoje globalmente da existência do Partido Comunista Chinês, que provê a empreendimentos capitalistas deslocalizados mão de obra barata que permite preços baixos e priva os trabalhadores dos direitos de auto-organização. [...] Felizmente, pode-se ter a esperança de um mundo menos absurdo e mais justo do que o atual.[20]

E nosso mundo é absurdo. "Quando cada uma das pessoas num vagão de trem está olhando para um dispositivo com uma pequena tela iluminada, temos uma visão quase brega da distopia", escreveu Eliane Glaser, autora de *Get Real: How to See Through the Hype, Spin and Lies of Modern Life* [Caia na real: Como enxergar através da propaganda, das distorções e mentiras da vida moderna]. "Para mim, parece que a tecnologia — juntamente com o turbocapitalismo — está acelerando o apocalipse cultural e ambiental. Em minha opinião, o consumismo digital faz com que fiquemos passivos demais para nos revoltar, ou para salvar o mundo."[21] Certamente, se Adorno estivesse vivo hoje, ele bem poderia alegar que o apocalipse cultural já aconteceu, mas que estamos cegos demais para percebê-lo. Seus mais arraigados temores se realizaram. "A hegemonia do pop está quase completa, seus superastros dominam a mídia e exercem o poder econômico dos magnatas", escreveu Alex Ross.

Eles vivem em tempo integral no reino irreal dos megarricos, embora se ocultem atrás de uma fachada supostamente popular, devorando pizza nas festas de premiação do Oscar e torcendo por times esportivos em seus camarotes VIP. Ópera, dança, poesia e o romance literário ainda são ditos "elitistas", a despeito do fato de que o poder real que existe no mundo pouco uso faz deles. A velha hierarquia do alto e do baixo tornou-se uma farsa: o partido no poder é o do pop.[22]

Adorno e Horkheimer não viveram o bastante para serem dublados no Twitter ou para criarem perfis na mídia social, mas poderiam ter visto naquilo que a internet oferece o suficiente para confirmar sua visão de que a indústria cultural concede "liberdade para escolher o que é sempre o mesmo". "A cultura parece ser mais monolítica do que nunca, com algumas corporações gigantescas — Google, Apple, Facebook, Amazon — presidindo monopólios sem precedentes", acrescenta Ross. "O discurso na internet ficou mais conciso, mais coercitivo."

No final da década de 1990, quando eu era editor da seção de arte no jornal *The Guardian*, encomendei um artigo que deveria explorar os riscos da cultura customizada. A ideia era questionar a adaptação sob medida dos produtos culturais ao gosto do público, toda aquela coisa de "se você gostou disso, vai gostar disto aqui". Não seria função da arte, eu pensei, romper esse continuum do gosto de alguém em vez de servir como seu alcoviteiro? John Reith, primeiro diretor-geral da BBC, disse uma vez que uma boa radiodifusão provê às pessoas aquilo de que elas ainda não sabem que necessitam. Quando o artigo chegou, muitos de meus colegas de trabalho perguntaram: o que há de tão ruim com a cultura customizada? Ter mais daquilo do qual sabemos que gostamos não é uma coisa boa? Porém, daí minha resposta queixosa, uma boa radiodifusão e a grande arte oferecem um tipo de serendipidade que expande seus horizontes em vez de manter você num eterno ciclo de retroalimentação. Desde a época da publicação do artigo, a indústria cultural tem triunfado de um modo que nem mesmo Adorno e Horkheimer poderiam ter imaginado. No novo milênio, a indústria cultural on-line parece estar expressamente destinada a nos ajudar a nos fecharmos de maneira cada vez mais hermética a essas experiências de serendipidade. A internet é um meio de alcançarmos exatamente isso — uma profilaxia high-tech contra a contaminação por ideias que possam desafiar a nossa visão de mundo.

A visão esotérica que Adorno tinha da arte também foi esmagada por um rolo compressor. "O dito de Stendhal sobre a *promesse du bonheur* expressa que a arte agradece pela existência acentuando o que na existência prefigura a utopia", ele escreveu em seu último livro, *Teoria estética*, publicado postumamente.

> [A arte] é um recurso que está diminuindo, uma vez que a existência cada vez mais espelha somente a si mesma. Em consequência, a arte fica cada vez menos capaz de espelhar a existência. Como toda felicidade que se possa tirar da — ou encontrar na — existência é falsa, um mero substituto, a arte tem de quebrar sua promessa para poder mantê-la.[23]

Isso quer dizer que a arte tornou-se impossível devido ao empobrecimento da existência que ela pretende honrar. Em vez dela, ficamos com os produtos de consumo imediato da indústria cultural. O que Ernst Bloch chamou de "espírito de utopia" é dispensável na indústria cultural on-line pela qual são responsáveis Steve Jobs, Mark Zuckerberg e Jeff Bezos, entre outros, e que nos oferece mais do mesmo, desenvolve algoritmos melhores para nos acorrentar a nossos gostos e nos faz desejar nossa própria dominação. Numa cultura assim customizada, que abole a serendipidade, zomba da dignidade e transforma a libertação humana numa perspectiva terrível, os melhores textos da Escola de Frankfurt ainda têm muito a nos ensinar — especialmente sobre a impossibilidade e a necessidade de pensar de modo diferente.

Notas

INTRODUÇÃO: CONTRA A CORRENTE [pp. 9-19]

1. Ver Esther Leslie, "Introduction to Adorno/Marcuse Correspondence on the German Student Movement", em: <platypus1917.org>.

2. Ver Karl Marx, *The German Ideology: Including "Theses on Feuerbach" and "Introduction to the Critique of Political Economy"*. Amherst, NY: Prometheus, 1976, p. 571.

3. Ver György Lukács, "Preface to *The Theory of the Novel*", em: <marxists.org>.

4. Citado em Stefan Müller-Doohm, *Adorno: A Biography*. Cambridge: Polity, 2014, p. 475.

5. Ver Theodor W. Adorno, "Marginalia to Theory and Praxis". In: *Critical Models: Interventions and Catchwords*. Nova York: Columbia University Press, 2012, p. 263.

6. Ibid., p. 271.

7. Ibid., p. 263.

8. Ibid.

9. Citado em Müller-Doohm, *Adorno: A Biography*, p. 463.

10. Walter Benjamin, "Theses on the Philosophy of History". In: *Illuminations*. Org. de Hannah Arendt. Londres: Fontana, 1992, p. 253.

11. Adorno, "Marginalia to Theory and Praxis", p. 263.

12. Ver Daniel Trilling, "Who Are Breivik's Fellow Travellers", *New Statesman*, 18 abr. 2012, em: <newstatesman.com>.

13. Ver Michael Minnicino, "The Frankfurt School and 'Political Correctness'", *Fidelio*, n. 1, 1992, em: <schillerinstitute.org>. Ver também a seção "Cultural Marxism Conspiracy Theory" no verbete da Wikipédia [em inglês] para a Escola de Frankfurt.

14. Ver Peter Thompson, "The Frankfurt School, part 1: Why Did Anders Breivik Fear Them?". *The Guardian*, 25 mar. 2013, em: <theguardian.com>.

15. Ver Theodor W. Adorno, "Introduction". In: Theodor W. Adorno; Eles Else Frenkel--Brunswik; Daniel J. Levinson; R. Nevitt Sanford, *The Authoritarian Personality*. Nova York: Harper & Brothers, 1950, p. 7.

16. Ver Ed West, "Criticising Cultural Marxism Doesn't Make You Anders Breivik", *Telegraph*, 8 ago. 2012, em: <blogs.telegraph.co.uk>.

17. Theodor W. Adorno; Max Horkheimer, *Dialectic of Enlightenment*. Londres: Verso, 1997, pp. 166-7.

18. Ibid., p. 167.

19. Ver Müller-Doohm, *Adorno: A Biography*, p. 262.

1. CONDIÇÃO: CRÍTICA [pp. 23-41]

1. Walter Benjamin, *Berlin Childhood around 1900*. Cambridge, MA: Belknap, 2006, p. 62.

2. Ibid., p. 63.

3. Martin Jay, *The Dialectical Imagination: A History of the Frankfurt School and the Institute of Social Research*. Berkeley: University of California Press, 1973, p. 22.

4. Rick Kuhn, *Henryk Grossman and the Recovery of Marxism*. Chicago: University of Illinois Press, 2007, p. 2.

5. Walter Benjamin, *The Arcades Project*. Cambridge, MA: Belknap, 2002, p. 389.

6. Id., *Berlin Childhood*, p. 42.

7. Id., *The Arcades Project*, p. 391.

8. Id., "A Berlin Chronicle". In: *Reflections: Essays, Aphorisms, Autobiographical Writings*. Org. de Peter Demetz. Nova York: Harcourt, 1986. pp. 10-1.

9. Id., *Berlin Childhood*, p. 159.

10. Ver Walter Benjamin, *Selected Writings, 1931-1934*, vol. 2. Org. de Michael W. Jennings, Howard Eiland e Gary Smith. Cambridge, MA: Belknap, 2005. p. 621.

11. Benjamin, *Illuminations*, p. 248.

12. Howard Eiland e Michael Jennings, *Walter Benjamin: A Critical Life*. Cambridge, MA: Harvard University Press, 2014, p. 13.

13. Benjamin, *Berlin Childhood*, p. 158.

14. Ver Eiland e Jennings, *Walter Benjamin*, pp. 314 ss. Ver também Esther Leslie, *Walter Benjamin*. Londres: Reaktion, 2007, pp. 101 ss.

15. Benjamin, *Berlin Childhood*, p. 37.

16. Ver Terry Eagleton, "Waking the Dead". *New Statesman*, 12 nov. 2009, em: <newstatesman.com>.

17. Benjamin, *Berlin Childhood*, p. xii.

18. Leslie, *Walter Benjamin*, p. 130.

19. Benjamin, *The Arcades Project*, p. 463.

20. Id., *Berlin Childhood*, p. 85.

21. Ver Benjamin, "The Image of Proust", em *Illuminations*, p. 198.

22. Ibid., p. 198.

23. Ibid., p. 199.

24. Ver ensaio de Szondi em Benjamin, *Berlin Childhood*, p. 18.

25. Benjamin, *Illuminations*, p. 245.

26. Id., *Berlin Childhood*, p. 37.

27. Citado em Paul Muljadi, *Epicureanism: The Complete Guide*. [S.l.]: PediaPress, 2011.

28. Ver o posfácio de Adorno, de 1950, a *Berlin Childhood around 1900*, citado em: <hup. harvard.edu/catalog>, e na quarta capa da edição em língua inglesa.

29. Eiland e Jennings, *Walter Benjamin*, p. 327.

30. Benjamin, *Berlin Childhood*, pp. 39-40.

31. Axel Honneth, *Reification: A New Look at an Old Idea*. Nova York: Oxford University Press, 2008, p. 62.

32. Benjamin, *Selected Writings*, vol. 2, p. 576.

33. Ver T. J. Clark, "Reservations of the Marvelous". *London Review of Books*, 22 jun. 2000, em: <lrb.co.uk>.

34. Benjamin, *The Arcades Project*, p. 908.

2. PAIS E FILHOS E OUTROS CONFLITOS [pp. 42-73]

1. Benjamin, *Illuminations*, p. 31.

2. Ver Jay, *The Dialectical Imagination*, p. 292.

3. Ver Benjamin, *Reflections*, p. xiii.

4. Leo Löwenthal, *An Unmastered Past*. Berkeley: University of California Press, 1987, pp. 17-8.

5. Ibid., p. 19.

6. Ibid., p. 19.

7. Vincent Geoghegan, *Ernst Bloch*. Londres: Routledge, 2008, p. 79.

8. David Biale, *Gershom Scholem: Kabbalah and Counter-History*. Cambridge, MA: Harvard University Press, 1982.

9. Rolf Wiggershaus, *The Frankfurt School: Its History, Theories, and Political Significance*. Cambridge, MA: MIT Press, 1995, p. 41.

10. John Abromeit, *Max Horkheimer and the Foundations of the Frankfurt School*. Cambridge: Cambridge University Press, 2011, p. 25.

11. Ibid., p. 22.

12. Ibid., p. 26.

13. Ibid., pp. 31-2.

14. Wiggershaus, *The Frankfurt School*, p. 43.

15. E. M. Forster, *Howards End*. Londres: Penguin, 1984, p. 147.

16. Wiggershaus, *The Frankfurt School*, p. 43.

17. Alfred Schmidt, "Max Horkheimer's Intellectual Physiognomy", em *On Max Horkheimer: New Perspectives*. Org. de Seyla Benhabib, Wolfgang Bonss e John McCole. Cambridge, MA: MIT Press, 1995, p. 26.

18. Ibid.

19. Ibid.

20. Arthur Schopenhauer, *The World as Will and Representation*, vol. 2. Nova York: Dover, 1969, p. 357.

21. Id., *On the Basis of Morality*. Indianápolis, IN: Hackett Publishing, 1995, p. 166.

22. Citado em Abromeit, *Max Horkheimer*, p. 35.

23. Max Horkheimer, "Materialism and Metaphysics". In: _____. *Critical Theory: Selected Essays*. Londres: A&C Black, 1972, p. 10.

24. Abromeit, *Max Horkheimer*, p. 32.

25. Ver o ensaio de Arendt em Benjamin, *Illuminations*, p. 31.

26. Eiland e Jennings, *Walter Benjamin*, p. 18.

27. Franz Kafka, *Carta ao pai*. Trad. e posf. de Modesto Carone. São Paulo: Companhia das Letras, 1997, pp. 30-1.

28. Ibid., p. 73.

29. Ibid., p. 10.

30. Franz Kafka, *O veredicto/ Na colônia penal*. Trad. e posf. de Modesto Carone. São Paulo: Companhia das Letras, 1998, p. 20.

31. Benjamin, *Illuminations*, p. 110.

32. Ver "Biographical Notes on Herbert Marcuse", em: <history.ucsb.edu>.

33. Wiggershaus, *The Frankfurt School*, p. 96.

34. Ver Brian Magee, "Philosophy: Men of Ideas", disponível no YouTube.

35. Müller-Doohm, *Adorno: A Biography*, p. 19.

36. Adorno e Horkheimer, *Dialectic of Enlightenment*, p. 169.

37. Müller-Doohm, *Adorno: A Biography*, p. 18.

38. Arendt, em Benjamin, *Illuminations*, p. 13.

39. Müller-Doohm, *Adorno: A Biography*, p. 39.

40. Ibid., p. 20.

41. Lawrence J. Friedman, *The Lives of Erich Fromm: Love's Prophet*. Nova York: Columbia University Press, 2013, pp. 4 ss.

42. Erich Fromm, *The Art of Loving*. Londres: Unwin, 1981, p. 41.

43. Friedman, *The Lives of Erich Fromm*, p. 6.

44. Kuhn, *Henryk Grossman*, pp. 1 ss.

45. Ibid., p. 56.

46. Ibid., p. 89.

47. Müller-Doohm, *Adorno: A Biography*, p. 35.

48. Zoltán Tarr, *The Frankfurt School: The Critical Theories of Max Horkheimer and Theodor W. Adorno*. New Brunswick, NJ: Transaction, 2011, pp. 19-20.

49. Ver a entrada sobre Karl Liebknecht, em Spartacus Educational: <spartacus-educational.com>.

50. Gershom Scholem, *Walter Benjamin: The Story of a Friendship*. Nova York: New York Review of Books, 1981, p. 24.

51. Ver Leslie, *Walter Benjamin*, p. 33.

52. Eiland e Jennings, *Walter Benjamin*, p. 79.

53. Ver Ray Monk, *Ludwig Wittgenstein: The Duty of Genius*. Nova York: Random House, 2012, p. 138.

54. Ver Douglas Kellner, *Herbert Marcuse and the Crisis of Marxism*. Berkeley: University of California Press, 1984, pp. 14 ss.

55. Wiggershaus, *The Frankfurt School*, p. 44.

56. Mary-Alice Waters (Org.), *Rosa Luxemburg Speaks*. Nova York: Pathfinder, 1991, p. 7.

57. Citado em Stephen Parker, *Bertolt Brecht: A Literary Life*. Londres: Bloomsbury, 2014, p. 121.

58. Kellner, *Herbert Marcuse*, pp. 17-8.

59. Ver Abromeit, *Max Horkheimer*, p. 419.

60. Ibid.

61. Theodor Adorno, *Minima Moralia: Reflections from Damaged Life*. Londres: Verso, 2005, p. 22.

62. Ver Kellner, *Herbert Marcuse*, p. 169.

63. Adorno, *Minima Moralia*, p. 22.

64. Ibid.

65. Ibid., p. 23.

66. Müller-Doohm, *Adorno: A Biography*, p. 31.

3. o mundo de cabeça para baixo [pp. 77-106]

1. Ver história de Frankfurt em: <frankfurt.de>.

2. Ver Dieter Rebentisch, *Ludwig Landmann: Frankfurter Oberbürgermeister der Weimarer Republik*. Wiesbaden: Steiner, 1975.

3. Corina Silvia Socaciu, "Der vergessene Oberbürgermeister", 4 mar. 2015, em: <fr-online. de>.

4. Ver *Frankfurter Allgemeine Zeitung*, 10 dez. 2009, n. 287, p. 43, ou Hans Riebsamen, "Franz Roeckle: Lehrbeispiel für menschliche Gemeinheit", 29 dez. 2009, em <faz.net>.

5. Ibid.

6. *Grundriss der Statistik*, Leipzig, 1962, p. 61.

7. Simon Winder, *Germania: A Personal History of Germans Ancient and Modern*. Londres: Picador, 2010, p. 86.

8. Bryan Magee, *The Philosophy of Schopenhauer*. Oxford: Oxford University Press, 2009, p. 21.

9. Ver "Brick by Brick: The Building Blocks of Civilisation — in Pictures", *The Guardian*, 9 abr. 2015, em: <theguardian.com>.

10. Ver Ben Mauk, "The Name of the Critic: On *Walter Benjamin: A Critical Life*", em: <the-americanreader.com>.

11. Benjamin, "Surrealism", em *Reflections*, p. 191.

12. "Festung des Wissenschaft", *Neue Zürcher Zeitung*, 3 nov. 2012, Literatur und Kunst, p. 65, em: <nzz.ch>.

13. Ibid.

14. Dennis Crockett, *German Post-Expressionism: The Art of the Great Disorder, 1918-1924*. University Park, PA: Penn State University Press, 1999, p. xix.

15. Ver Jay, *The Dialectical Imagination*, p. 11.

16. Adorno e Horkheimer, *Dialectic of Enlightenment*, p. 25.

17. Ver Frank-Bertolt Raith, *Der heroische Stil: Studien zur Architektur und Ende der Weimarer Republik*. Berlin: Verlag für Bauwesen, 1997, p. 238.

18. Ver Parker, *Bertolt Brecht: A Literary Life*, p. 439, e Kuhn, *Henryk Grossman*, p. 113.

19. Ver Wiggershaus, *The Frankfurt School*, p. 12.

20. Ver Jay, *The Dialectical Imagination*, p. 5.

21. Ibid., p. 11.

22. Gillian Rose, *The Melancholy Science: An Introduction to the Thought of Theodor W. Adorno*. Londres: Verso, 1978, p. 2.

23. Ver Jay, *The Dialectic Imagination*, p. 5.

24. Ver V. I. Lênin, *The Second Congress of the Communist International*, Verbatim Report, em: <marxists.org>.

25. György Lukács, *History and Class Consciousness: Studies in Marxist Dialectics*. Cambridge, MA: MIT Press, 1971.

26. Ver "1913: Ford's Assembly Line Starts Rolling", em: <history.com>.

27. Ibid.

28. Ver Benjamin, *Illuminations*, p. 241.

29. Ibid., pp. 83-4.

30. Ibid., p. 84.

31. Ver Parker, *Bertolt Brecht: A Literary Life*, p. 238.

32. Ibid., p. 229.

33. Ver David Macey, *Dictionary of Critical Theory*. Londres: Penguin, 2001, p. 67.

34. Ibid., p. 68.

35. Rose, *The Melancholy Science*, p. 39.

36. Lukács, *History and Class Consciousness*, p. 100.

37. Macey, *Dictionary of Critical Theory*, p. 326.

38. Slavoj Žižek, *Less than Nothing: Hegel and the Shadow of Dialectical Materialism*. Londres: Verso, 2012, p. 245.

39. Karl Marx e Friedrich Engels, *The Communist Manifesto: A Modern Edition*. Londres: Verso, 1998, p. 26.

40. Kuhn, *Henryk Grossman*, p. 126.

41. Ver Parker, *Bertolt Brecht: A Literary Life*, p. 273.

42. Jay, *The Dialectical Imagination*, p. 18.

43. Ver Kuhn, *Henryk Grossman*, p. 122.

44. Georg Wilhelm Friedrich Hegel, *Phenomenology of Spirit*. Oxford: Oxford University Press, 1977, p. 126.

45. Lukács, *History and Class Consciousness*, p. 88.

46. Ver Stuart D. Goldman, "The Spy Who Saved the Soviets", 30 jul. 2010, em: <historynet.com>.

47. Ver Jay, *The Dialectical Imagination*, p. 14.

48. Wiggershaus, *The Frankfurt School*, p. 123.

4. UM POUQUINHO DO OUTRO [pp. 107-33]

1. Walter Benjamin e Asja Lācis, "Naples", em *Reflections*, p. 171. As citações seguintes são desse ensaio, a menos que especificamente atribuídas a outra fonte.

2. Charles Pettman, *Africanderisms: A Glossary of South African Colloquial Words and Phrases and of Place and Other Names*. Londres: Longmans, Green & Co., 1913, em: <archive.org>.

3. Benjamin, *The Arcades Project*, p. 9.

4. Martin Mittelmeier, *Adorno in Neapel: Wie sich eine Sehnsuchtslandschaft in Philosophie verwandelt*. Munique: Siedler, 2013. Ver também resenha de Ben Hutchinson sobre o livro em *The Times Literary Supplement*, 7 fev. 2014.

5. Ibid.

6. Ver Peter Thompson, "The Frankfurt School, part 2: Negative Dialectics", *The Guardian*, 1 abr. 2013, em: <theguardian.com>.

7. Müller-Doohm, *Adorno: A Biography*, p. 513.

8. Ver Benjamin, "Moscow", em *Reflections*, pp. 97-130. As citações seguintes são desse ensaio, a menos que especificamente atribuídas a outra fonte.

9. Ver Tim Ashley, "Too Scary for Stalin", *The Guardian*, 26 mar. 2004, em: <theguardian.com>.

10. Eiland e Jennings, *Walter Benjamin*, p. 138.

11. Ibid., p. 281.

12. Ver a seleção de *One-Way Street* em Benjamin, *Reflections*, pp. 61-96.

13. Ver Benjamin, *The Arcades Project*, p. ix.

14. Eiland e Jennings, *Walter Benjamin*, p. 53.

15. Douglas Murphy, *Last Futures: Nature, Technology and the End of Architecture*. Londres: Verso, 2015, p. 207.

16. Benjamin, *The Arcades Project*, p. 406.

17. Ibid., p. 26.

18. Peter Sloterdijk, *In the World Interior of Capital*. Cambridge: Polity, 2013, p. 174.

19. Ibid., p. 171.

20. Giorgio Agamben, *Stanzas*. Minneapolis, MN: University of Minnesota Press, 1993, p. xvii.

21. Karl Marx, *Capital: A Critique of Political Economy — The Process of Capitalist Production*. Nova York: Cosimo, 2007, p. 83.

22. Max Pensky, "Method and Time: Benjamin's Dialectical Images", em *The Cambridge Companion to Walter Benjamin*, org. de David S. Ferris. Cambridge: Cambridge University Press, 2004.

23. Ibid., p. 187.

24. Benjamin, *The Arcades Project*, p. 462.

25. Ver Pensky, "Method and Time".

26. Ver carta de Marx a Ruge em Karl Marx e Friedrich Engels, *Collected Works*, vol. 3. Nova York: International Publishers, 1975, p. 144.

27. Benjamin, *The Arcades Project*, p. 389.

28. Ver Anthony Auerbach, "Imagine no Metaphors: The Dialectical Image of Walter Benjamin", *Images and Narrative*, set. 2007, em: <imageandnarrative.be>.

29. Ver Benjamin, "Marseilles", em *Reflections*, pp. 131-6. As citações seguintes são desse ensaio, a menos que especificamente atribuídas a outra fonte.

30. Basil Woon, *From Deauville to Monte Carlo: A Guide to the Gay World of France*. Nova York: Liveright, 1929.

31. Ver o Guia de Marselha em: <eurostar.com>.

32. Ver Benjamin, "Hashish in Marseilles", em *Reflections*, pp. 137-45.

33. D. H. Lawrence, *The Complete Poems*. Ware, Hertfordshire: Wordsworth, 1994, p. 367.

34. Ver Beatrice Hanssen (Org.), *Walter Benjamin and The Arcades Project*. Londres: Bloomsbury, 2006, p. 282.

35. Max Horkheimer (sob o pseudônimo de Heinrich Regius), *Dämmerung: Notizen in Deutschland*. Zurique: Oprecht und Helbling, 1934, p. 181.

36. Erich Fromm, *Marx's Concept of Man*, incluindo *Economic and Philosophical Manuscripts*. Londres: Bloomsbury, 2013, p. 26.

37. Citado em ibid., p. 26.

38. Ver Benjamin, *Illuminations*, p. 261.

39. Ver Jay, *The Dialectical Imagination*, p. 57.

40. Herbert Marcuse, *Eros and Civilisation: A Philosophical Inquiry into Freud*. Boston, MA: Beacon, 1974, p. 161. Citado em Marshall Berman, *All That Is Solid Melts Into Air*. Londres: Verso, 2010, pp. 126-7.

41. Ibid.

42. Berman, *All That Is Solid Melts Into Air*, p. 127.

43. Simone Weil, *Oppression and Liberty*. Londres: Routledge, 2001; James Gordon Finlayson, *Habermas: A Very Short Introduction*. Oxford: Oxford University Press, 2005, p. 16.

44. Jürgen Habermas, *Theory and Practice*. Boston, MA: Beacon, 1973, p. 169.

45. William Outhwaite, *Habermas: A Critical Introduction*. Cambridge: Polity, 2009, p. 17.

46. John Milton, *The Complete Poems*. Londres: Penguin, 1998, p. 309.

5. MOSTRE-NOS O CAMINHO PARA O PRÓXIMO BAR [pp. 137-48]

1. Ver Theodor Adorno, "Mahagonny", em *The Weimar Republic Sourcebook*, org. de Anton Kaes, Martin Jay e Edward Dimendberg. Berkeley: University of California Press, 1994, pp. 588 ss. As citações seguintes são desse ensaio, a menos que especificamente atribuídas a outra fonte.

2. Parker, *Bertolt Brecht: A Literary Life*, pp. 273 ss.

3. Ver Jay, *The Dialectical Imagination*, pp. 124 ss.

4. Ver Dirk van Hulle (Org.), *The New Cambridge Companion to Samuel Beckett*. Cambridge: Cambridge University Press, 2015, p. 75.

5. Parker, *Bertolt Brecht: A Literary Life*, p. 277.

6. T.S. Eliot, "Portrait of a Lady", em: <bartleby.com>.

7. Ver Andrew Feenberg e William Leiss (Orgs.), *The Essential Marcuse*. Boston, MA: Beacon, 2007.

8. Kellner, *Herbert Marcuse*, p. 106.

9. Jay, *The Dialectical Imagination*, pp. 182 ss.

10. Theodor W. Adorno, *Quasi una Fantasia: Essays on Modern Music*. Londres: Verso 1998, p. 20.

11. Will Self, "Opera Remains the Preserve of the Rich", *The Guardian*, 13 mar. 2015, em: <theguardian.com>.

12. Ver Lukács, "Preface to *The Theory of the Novel*", em: <marxists.org>.

13. Ver Mark Clark, "Hero or Villain? Bertolt Brecht and the Crisis Surrounding June 1953", *Journal of Contemporary History*, v. 41, n. 3, pp. 451-75, 2006.

6. O PODER DO PENSAMENTO NEGATIVO [pp. 149-70]

1. Ver Benjamin, *Illuminations*, pp. 211 ss.

2. Thomas Wheatland, *The Frankfurt School in Exile*. Minneapolis, MN: University of Minnesota Press, 2009, p. 138.

3. Adorno, *Minima Moralia*, pp. 27-8.

4. Max Horkheimer, "The Present Situation of Social Philosophy and the Tasks of an Institute for Social Research", em: <marxists.org>.

5. Ver Karl Korsch, "Marxism and Philosophy", em: <marxists.org>.

6. Müller-Doohm, *Adorno: A Biography*, p. 137.

7. Ibid., p. 139.

8. Ver Jay, *The Dialectical Imagination*, p. 54.

9. Ver Feenberg e Leiss, *The Essential Marcuse*, p. 66.

10. Max Horkheimer, "The Present Situation of Social Philosophy and the Tasks of an Institute for Social Research", em: <marxists.org>.

11. Horkheimer, *Critical Theory: Selected Essays*, p. 143.

12. Ver Abromeit, *Max Horkheimer*, p. 97.

13. Horkheimer, *Critical Theory: Selected Essays*, pp. 188 ss.

14. Ver Jay, *The Dialectical Imagination*, p. 61.

15. Herbert Marcuse, *Reason and Revolution*. Londres: Routledge, 2013, p. 47.

16. Kellner, *Herbert Marcuse*, pp. 92 ss.

17. Ver a introdução de Kellner a Herbert Marcuse, *One-Dimensional Man*. Londres: Routledge, 2001, p. xvii.

18. Kellner, *Herbert Marcuse*, p. 124.

19. Horkheimer, *Critical Theory: Selected Essays*, p. 221.

20. Abromeit, *Max Horkheimer*, p. 4.

21. Karl Mannheim, *Ideology and Utopia*. Londres: Routledge, 2013, p. 143.

22. Benjamin, *Illuminations*, p. 249.

23. Marcuse, *One-Dimensional Man*, p. 261.

24. Ver Friedman, *The Lives of Erich Fromm*, p. 33.

25. Ver Stuart Jeffries, "Angela Davis: 'There Is an Unbroken Line of Police Violence in the US that Takes Us All the Way Back to the Days of Slavery'", *The Guardian*, 14 dez. 2014, em: <theguardian.com>.

26. Ver Friedman, *The Lives of Erich Fromm*, p. 36.

27. Ibid., pp. 36-7.

28. Ver Jay, *The Dialectical Imagination*, pp. 116 ss.

29. Friedman, *The Lives of Erich Fromm*, pp. 43 ss.

30. Ver Marx e Engels, *The Communist Manifesto*, cap. 2, em: <marxists.org>.

31. Adorno, *Minima Moralia*, p. 2.

32. Erich Fromm, "The Authoritarian Personality", em: <marxists.org>.

7. NAS MANDÍBULAS DO CROCODILO [pp. 171-87]

1. Ver Eiland e Jennings, *Walter Benjamin*, pp. 314 ss., e Leslie, *Walter Benjamin*, pp. 101 ss.

2. Ver Benjamin, *Selected Writings*, vol. 2, p. 846.

3. Ver Walter Benjamin, *Radio Benjamin*. Londres: Verso, 2014.

4. "The Benjamin Broadcasts", em: <bbc.co.uk>.

5. Ver Bertolt Brecht, *Poems, 1913-1956*. Londres: Routledge, 2007. Ver também Parker, *Bertolt Brecht: A Literary Life*.

6. Friedman, *The Lives of Erich Fromm*, p. 1.

7. Adorno, *Minima Moralia*, p. 104.

8. Ibid.

9. Ver Ehrhard Bahr, *Weimar on the Pacific: German Exile Culture in Los Angeles and the Crisis of Modernism*. Berkeley: University of California Press, 2008, p. 13.

10. Jay Parini, *Benjamin's Crossing*. Londres: Anchor, 1998, p. 28.

11. Ver Parker, *Bertolt Brecht: A Literary Life*, p. 437.

12. Arendt, em Benjamin, *Illuminations*, pp. 32 ss.

13. Ibid., pp. 32-3.

14. Ibid., p. 32.

15. Ibid., p. 29.

16. Eiland e Jennings, *Walter Benjamin*, p. 121.

17. Arendt, em Benjamin, *Illuminations*, p. 32.

18. Ibid., p. 33.

19. Ibid., p. 22.

20. Eiland e Jennings, *Walter Benjamin*, p. 374.

21. Scholem, *Walter Benjamin: The Story of a Friendship*, p. 238.

22. Eiland e Jennnings, *Walter Benjamin*, p. 315.

23. Gary Smith (Org.), *The Correspondence of Walter Benjamin and Gershom Scholem, 1932-1940*. Cambridge, MA: Harvard University Press, 1992, p. 13.

24. Ver Benjamin, "The Destructive Character", em *Reflections*, pp. 301-3.

25. Scholem, *Walter Benjamin: The Story of a Friendship*, p. 291.

26. Arthur Schopenhauer, "On Suicide", em *On the Suffering of the World*. Londres: Penguin, 2004, p. 52.

27. Ver Chandak Sengoopta, *Otto Weininger: Sex, Science, and Self in Imperial Vienna*. Chicago: University of Chicago Press, 2000, p. 19.

28. Eiland e Jennnings, *Walter Benjamin*, p. 70.

29. Ver Benjamin, "One-Way Street", em *Reflections*, pp. 69-70.

30. Ibid., p. 70.

31. Schopenhauer, *On the Suffering of the World*, p. 53.

32. Adorno, *Minima Moralia*, p. 247.

33. Benjamin, *Illuminations*, p. 249.

34. Ver Avner Shapira, "Walter Benjamin's Berlin, 120 Years On", *Haaretz*, 12 jul. 2012, em: <haaretz.com>.

35. Ver Benjamin, "Karl Kraus", em *Reflections*, pp. 239 ss.

36. Benjamin, *Selected Writings*, vol. 2, pp. 712 ss.

37. Gershom Scholem, "Walter Benjamin and His Angel", em *On Jews and Judaism in Crisis*. Nova York: Schocken, 1978, pp. 198 ss.

38. Ver Eagleton, "Waking the Dead".

39. Gershom Scholem e Theodor W. Adorno (Orgs.), *The Correspondence of Walter Benjamin, 1910-1940*. Chicago: University of Chicago Press, 1994, p. 569.

40. Adorno, *Minima Moralia*, p. 87

8. MODERNISMO E TODO AQUELE JAZZ [pp. 188-203]

1. Ver Benjamin, "The Work of Art in the Age of Mechanical Reproduction", em *Illuminations*, pp. 211-44. As citações seguintes são desse ensaio, a menos que especificamente atribuídas a outra fonte.

2. Theodor W. Adorno, "On Jazz", em *Essays on Music*. Berkeley: University of California Press, 2002, pp. 470-95.

3. Lawrence, *The Complete Poems*, p. 366.

4. Benjamin, *The Arcades Project*, p. 364.

5. Ver a biografia de Friedrich Kittler em: <egs.edu>.

6. Richard Wollheim, *Painting as an Art*. Londres: Thames & Hudson, 1987, p. 8.

7. Mihaly Csíkszentmihályi, *Flow: The Psychology of Optimal Experience*. Nova York: Harper, 1990.

8. Eiland e Jennings, *Walter Benjamin*, p. 517.

9. Roberto Calasso, *The Ruin of Kasch*. Cambridge, MA: Harvard University Press, 1994, p. 139.

10. Adorno, "On Jazz", em *Essays on Music*, p. 473. As citações seguintes são desse ensaio, a menos que especificamente atribuídas a outra fonte.

11. Ver Jay, *The Dialectical Imagination*, p. 186.

12. Adorno e Horkheimer, *Dialectic of Enlightenment*, p. 111.

13. Theodor W. Adorno, *Prisms*. Cambridge, MA: MIT Press, 1983, p. 123.

9. UM NOVO MUNDO [pp. 204-20]

1. Ver "Festung des Wissenschaft", *Neue Zürcher Zeitung*, 3 nov. 2012, Literatur und Kunst, p. 65, em: <nzz.ch>.

2. Friedman, *The Lives of Erich Fromm*, p. 39.

3. Ver Jeremy Noakes e Geoffrey Pridham (Orgs.), *Nazism, 1919-1945*, vol. 1: *The Rise to Power, 1919-1934*. Exeter, Devon: University of Exeter Press, 1998, pp. 94-5.

4. Kellner, *Herbert Marcuse*, p. 98.

5. Jay, *The Dialectical Imagination*, p. 156.

6. Müller-Doohm, *Adorno: A Biography*, p. 178.

7. Theodor W. Adorno e Alban Berg, *Correspondence, 1925-1935*. Cambridge: Polity, 2005, p. 193.

8. Müller-Doohm, *Adorno: A Biography*, p. 190.

9. Lorenz Jäger, *Adorno: A Political Biography*. New Haven, CT: Yale University Press, 2004, p. 88.

10. A. J. Ayer, *Part of My Life*. Londres: Collins, 1977, p. 153.

11. Monk, *Ludwig Wittgenstein*, p. 271.

12. Ver David Edmonds e John Eidinow, *Wittgenstein's Poker*. Londres: Faber & Faber, 2014.

13. Ver Wheatland, *The Frankfurt School in Exile*, pp. 35 ss.

14. Lewis Feuer, "The Frankfurt School Marxists and the Columbia Liberals", *Survey*, v. 25, n. 3, pp. 156-76, 1980.

15. Ver Stephen Koch, *Double Lives: Stalin, Willi Münzenberg and the Seduction of the Intellectuals*. Nova York: Enigma, 2004.

16. Jay, *The Dialectical Imagination*, p. 8.

17. Ibid., p. 205.

18. Ibid., nota de rodapé na p. 162.

19. Walter Benjamin e Gretel Adorno, *Correspondence, 1930-1940*. Cambridge: Polity, 2008, p. 211.

20. Ibid.

21. Ver Wheatland, *The Frankfurt School in Exile*, pp. 35 ss.

22. Ted Honderich (Org.), *Oxford Companion to Philosophy*. Oxford: Oxford University Press, 2005, p. 747.

23. Ver "Herbert Marcuse on John Dewey & Positivism", em: <autodidactproject.org>.

24. Ver Wheatland, *The Frankfurt School in Exile*, p. 109.

25. Wiggershaus, *The Frankfurt School*, p. 344.

26. Ver Susan Cavin, "Adorno, Lazarsfeld and the Princeton Radio Project", em: <citation.allacademic.com>.

27. Hadley Cantril, *The Invasion from Mars: A Study in the Psychology of Panic*. New Brunswick, NJ: Transaction, 2005.

28. Müller-Doohm, *Adorno: A Biography*, p. 247.

29. Ibid.

30. Citado em Müller-Doohm, *Adorno: A Biography*, p. 249.

31. Ibid., p. 250.

32. Ver Cavin, "Adorno, Lazarsfeld and the Princeton Radio Project".

33. Müller-Doohm, *Adorno: A Biography*, p. 254.

10. O CAMINHO PARA PORTBOU [pp. 223-31]

1. Theodor W. Adorno, *Letters to His Parents, 1939-1951*. Cambridge: Polity, 2007, p. 33.

2. Ibid., p. 3.

3. Citado em Yasemin Yildiz, *Beyond the Mother Tongue: The Postmonolingual Condition*. Nova York: Fordham University Press, 2012, p. 85.

4. Adorno e Horkheimer, *Dialectic of Enlightenment*, p. xi.

5. Ver Benjamin, *Illuminations*, pp. 248-9.

6. Ver Eiland e Jennings, *Walter Benjamin*, p. 647.

7. Ver Benjamin, *Illuminations*, p. 23.

8. Ver Benjamin, "Marseilles", em *Reflections*, p. 131.

9. Ibid., pp. 137 ss.

10. Citado no ensaio de Lisa Fittko, "The Story of Old Benjamin", em Benjamin, *The Arcades Project*, p. 948.

11. Ver Eiland e Jennings, *Walter Benjamin*, p. 674.

12. Ibid., p. 675.

13. Müller-Doohm, *Adorno: A Biography*, p. 263.

14. Ver Stuart Jeffries, "Did Stalin's Killers Liquidate Walter Benjamin?", *The Guardian*, 8 jul. 2001, em: <theguardian.com>.

15. Müller-Doohm, *Adorno: A Biography*, p. 269.

16. Ver Benjamin, *Illuminations*, p. 248. O verbete na Wikipédia sobre Walter Benjamin inclui uma fotografia do túmulo.

11. EM ALIANÇA COM O DIABO [pp. 232-59]

1. Brecht, *Poems, 1913-1956*, p. 367.

2. Ver Bahr, *Weimar on the Pacific*, p. 83.

3. Ibid., p. 35.

4. Brecht, *Poems, 1913-1956*, p. 382.

5. Otto Friedrich, *City of Nets: A Portrait of Hollywood in the 1940s*. Londres: Headline, 1987, p. xi.

6. Citado em Robert Leckie, *Delivered from Evil: The Saga of World War II*. Nova York: Harper & Row, 1987, p. 250. Ver também Antony Beevor, *Stalingrad: The Fateful Siege, 1942-1943*. Londres: Penguin, 1999, p. 80.

7. Ver Thomas Toughill, *A World to Gain: The Battle for Global Domination and Why America Entered WWII*. Londres: Clairview, 2004, p. 14.

8. Friedrich, *City of Nets*, p. xi.

9. Ibid.

10. Ver Müller-Doohm, *Adorno: A Biography*, p. 262. "Em vista do que agora ameaça engolfar a Europa", escreveu Horkheimer, "nosso trabalho é essencialmente o de passar as coisas pela noite que se aproxima: uma espécie de mensagem numa garrafa."

11. Theodor W. Adorno, *Dream Notes*. Cambridge: Polity, 2007, p. 48.

12. Adorno e Horkheimer, *Dialectic of Enlightenment*, p. 149.

13. Ibid.

14. Ibid., p. 148.

15. Ibid., p. 138.

16. Ibid., p. 140.

17. Citado em Müller-Doohm, *Adorno: A Biography*, p. 312.

18. Ver Peter Thompson, "The Frankfurt School, part 3: Dialectic of Enlightenment", *The Guardian*, 8 abr. 2013, em: <theguardian.com>.

19. Ver Richard Hoggart, *The Uses of Literacy*. Londres: Penguin, 2009, cap. 7.

20. Adorno e Horkheimer, *Dialectic of Enlightenment*, p. 105.

21. Theodor W. Adorno, *Philosophy of Modern Music*. Londres: Bloomsbury, 2007, p. 147.

22. Ver introdução de J. M. Bernstein para Theodor W. Adorno, *The Culture Industry*. Londres: Routledge, 2006, especialmente p. 1.

23. Adorno e Horkheimer, *Dialectic of Enlightenment*, p. 18.

24. Ibid., pp. 7-8.

25. Ver Ray Monk, *Bertrand Russell: The Ghosts of Madness, 1921-1970*. Londres: Vintage, 2000, pp. 219 ss.

26. Adorno e Horkheimer, *Dialectic of Enlightenment*, pp. 43 ss.

27. Ibid., pp. 81 ss.

28. Jay, *The Dialectical Imagination*, p. 265.

29. Adorno, *Minima Moralia*, p. 95.

30. Susan Buck-Morss, *The Origin of Negative Dialectics*. Nova York: Simon & Schuster, 1979, p. 58.

31. Renée J. Heberle (Org.), *Feminist Interpretations of Theodor Adorno*. University Park, PA: Penn State University Press, 2010, p. 5.

32. Adorno, *Minima Moralia*, p. 96.

33. Müller-Doohm, *Adorno: A Biography*, p. 316.

34. Ver Friedrich, *City of Nets*, p. 274.

35. Ver Andrea Weiss, *In the Shadow of the Magic Mountain: The Erika and Klaus Mann Story*. Chicago: University of Chicago Press, 2010, p. 116.

36. Ver Craig R. Whitney, "Thomas Mann's Daughter and Informer", *The New York Times*, 18 jul. 1993, em: <nytimes.com>.

37. Ver sinopse de Steiner para Theodor W. Adorno e Thomas Mann, *Correspondence, 1943-1955*. Cambridge: Polity, 2006. Disponível em: <polity.co.uk>.

38. Citado em Weiss, *In the Shadow of the Magic Mountain*, p. 103.

39. Ver "From the Stacks: 'Homage to Thomas Mann'" (1º abr. 1936), *New Republic*, 12 ago. 2013, em: <newrepublic.com>.

40. Ver *Letters of Thomas Mann, 1889-1955*, org. de Richard Winston e Clara Winston. Berkeley: University of California Press, 1975, pp. 205 ss.

41. Ver verbete na *Encyclopaedia Britannica* para Thomas Mann em: <britannica.com>.

42. Ver Bahr, *Weimar on the Pacific*, p. 244.

43. Thomas Mann, *Doctor Faustus*. Londres: Vintage, 1999, p. 481.

44. Ver Bhar, *Weimar on the Pacific*, p. 251.

45. Ver Mann, *Doctor Faustus*, pp. 406-7.

46. Ver Friedrich, *City of Nets*, p. 271.

47. Ver Adorno e Mann, *Correspondence*, p. vi.

48. Mann, *Doctor Faustus*, p. 52.

49. Ibid., p. 53.

50. Ver Bahr, *Weimar on the Pacific*, pp. 253-4.

51. Ibid., p. 258.

52. Citado em Friedrich, *City of Nets*, p. 276.

53. Ibid., p. 256.

54. Ver Adorno e Mann, *Correspondence*, p. vii.

55. Mann, *Doctor Faustus*, p. 486.

56. Ver Bahr, *Weimar on the Pacific*, p. 260.

57. Ibid.

58. Ver Müller-Doohm, *Adorno: A Biography*, p. 319.

59. Citado em Bahr, *Weimar on the Pacific*, p. 247.

60. Citado em ibid., p. 262.

61. Mann, *Doctor Faustus*, p. 510.

62. Müller-Doohm, *Adorno: A Biography*, p. 318.

63. Jean-François Lyotard, "Adorno as the Devil", *Telos*, primavera 1974, em: <www.telos-press.com>. Citado em Carsten Strathausen, "Adorno, or the End of Aesthetics", em Max Pensky (Org.), *Globalising Critical Theory*. Lanham, MD: Rowman & Littlefield, 2005, p. 226.

64. Theodor Adorno, "Reconciliation under Duress", em Adorno et al., *Aesthetics and Politics*. Londres: Verso, 1980, pp. 151 ss.

65. Ver James Hellings, *Adorno and Art: Aesthetic Theory contra Critical Theory*. Basingstoke, Hampshire: Palgrave Macmillan, 2014, p. 33.

66. Ver Theodor Adorno, *Aesthetic Theory*. Londres: Athlone, 1999, p. 229.

67. Ver Anthony Elliot (Org.), *The Routledge Companion to Social Theory*. Londres: Routledge, 2009, p. 242.

12. A LUTA CONTRA O FASCISMO [pp. 260-71]

1. Citado por Maurice Brinton, "The Irrational in Politics", em: <marxists.org>.

2. Ver Friedman, *The Lives of Erich Fromm*, pp. 51 ss.

3. Ibid., p. 38.

4. Erich Fromm, *Escape from Freedom*. Nova York: Avon, 1965, p. 173.

5. Ibid., pp. 19-20.

6. Kellner, *Herbert Marcuse*, p. 98.

7. Ernst Bloch, *Heritage of Our Times*. Nova York: Wiley, 2009.

8. Benjamin, *Illuminations*, p. 235.

9. Ver Jay, *The Dialectical Imagination*, pp. 161 ss.

10. Franz Neumann, *Behemoth: The Structure and Practice of National Socialism*. Chicago: Ivan R. Dee, 2009, p. 227.

11. Ibid., p. 85.

12. Adorno, *Minima Moralia*, p. 106.

13. Müller-Doohm, *Adorno: A Biography*, p. 310.

14. Adorno e Horkheimer, *Dialectic of Enlightenment*, pp. 173-4.

15. Ibid., p. 199.

16. Ver Jay, *The Dialectical Imagination*, p. 232.

17. Kellner, *Herbert Marcuse*, p. 149.

18. Raymond Geuss, prefácio a Franz Neumann, Herbert Marcuse e Otto Kirchheimer, *Secret Reports on Nazi Germany: The Frankfurt School Contribution to the War Effort*. Princeton, NJ: Princeton University Press, 2013, p. ix.

19. Ibid., p. 131.

20. Ver verbete sobre Franz Neumann em: <spartacus-educational.com>.

21. Ibid.

22. Kellner, *Herbert Marcuse*, p. 152.

23. Citado em *Trial of the Major War Criminals Before the International Military Tribunal, Nuremberg, 14 November 1945 – 1 October 1946: Proceedings*. Nova York: AMS Press, 1947, p. 35.

24. Adorno, *Letters to His Parents*, pp. 258-9.

25. Müller-Doohm, *Adorno: A Biography*, p. 309.

26. Adorno, *Minima Moralia*, p. 234.

13. A SONATA FANTASMA [pp. 275-93]

1. Müller-Doohm, *Adorno: A Biography*, p. 321.

2. Kuhn, *Henryk Grossman*, p. 209.

3. Ibid., p. 215.

4. Ibid., p. 221.

5. Müller-Doohm, *Adorno: A Biography*, p. 334.

6. Andreea Deciu Ritivoi, *Intimate Strangers: Arendt, Marcuse, Solzhenitsyn, and Said in American Political Discourse*. Nova York: Columbia University Press, 2014, p. 163.

7. Saul Bellow, "The French as Dostoevsky Saw Them", em *It All Adds Up*. Londres: Secker & Warburg, 1994, p. 41.

8. Id., *The Adventures of Augie March*. Londres: Penguin, 1981, p. 3.

9. Müller-Doohm, *Adorno: A Biography*, p. 326.

10. Ver Maggie O'Neill (Org.), *Adorno, Culture and Feminism*. Londres: Sage, 1999, p. 95.

11. Peter Dews (Org.), *Autonomy and Solidarity: Interviews with Jürgen Habermas*. Londres: Verso, 1992, p. 46.

12. Müller-Doohm, *Adorno: A Biography*, p. 330.

13. Ibid., p. 565.

14. Citado em "Correspondence with Martin Heidegger", em: <marcuse.org/herbert/pubs/40spubs/47MarcuseHeidegger.htm>, e em Berel Lang, *Heidegger's Silence*. Ithaca, NY: Cornell University Press, 1996, p. 58.

15. Herbert Marcuse, *Technology, War and Fascism: Collected Papers*, vol. 1, org. de Douglas Kellner. Londres: Routledge, 2004, p. 263.

16. Jürgen Habermas, *Between Naturalism and Religion*. Cambridge: Polity, 2010, p. 20.

17. Dews, *Autonomy and Solidarity*, p. 78.

18. Müller-Doohm, *Adorno: A Biography*, p. 335.

19. Adorno, *Minima Moralia*, p. 233.

20. Müller-Doohm, *Adorno: A Biography*, p. 383.

21. Ibid., p. 383.

22. Ibid., p. 384.

23. Ibid.

24. Adorno, *Prisms*, p. 34.

25. Id., *Minima Moralia*, p. 44.

26. Primo Levi, *If This Is a Man*. Londres: Abacus, 2004, p. 57.

27. Müller-Doohm, *Adorno: A Biography*, p. 405.

28. Citado em Brian Hanrahan, "Review of Darkness Spoken: Collected Poems of Ingeborg Bachmann", *Harvard Review*, n. 32, p. 162, 2007.

29. Theodor W. Adorno, *Negative Dialectics*. Londres: Routledge, 2003, p. 362.

30. Ibid., p. 365.

31. Adorno e Mann, *Correspondence*, pp. 45-6.

32. Müller-Doohm, *Adorno: A Biography*, p. 293.

33. Adorno, *The Culture Industry*, p. 141.

34. Adorno e Horkheimer, *Dialectic of Enlightenment*, p. 192.

35. Ver György Lukács, "Class Consciousness", em: <marxists.org>.

36. Erich Fromm, *The Sane Society*. Londres: Routledge, 2013, p. 166.

37. Adorno e Mann, *Correspondence*, p. 46.

38. Adorno et al., *The Authoritarian Personality*, p. 753.

39. Ibid., pp. 224 ss.

40. Ibid., p. 753.

41. Pode-se fazer o teste da escala F em: <anesi.com/fscale.htm>.

42. Adorno et al., *The Authoritarian Personality*, p. 7.

14. A LIBERAÇÃO DE EROS [pp. 294-314]

1. Kellner, *Herbert Marcuse*, p. 155.

2. Ver Christopher Turner, "Wilhelm Reich: The Man Who Invented Free Love", *The Guardian*, 8 jul. 2011, em: <theguardian.com>.

3. Christopher Turner, *Adventures in the Orgasmatron: Wilhelm Reich and the Invention of Sex*. Londres: Fourth Estate, 2011, p. 10.

4. Ver Herbert Marcuse, "Epilogue: Critique of Neo-Freudian Revisionism", em: <marxists.org>.

5. Kellner, *Herbert Marcuse*, p. 158.

6. Herbert Marcuse, *Eros and Civilisation: A Philosophical Inquiry into Freud*. Boston, MA: Beacon, 1974, p. 45.

7. Ibid., p. 14.

8. Theodor W. Adorno, *The Stars Down to Earth and Other Essays on the Irrational in Culture*. Londres: Routledge, 2002, p. 12.

9. Ibid.

10. Citado em Mary VanderGoot, *After Freedom: How Boomers Pursued Freedom, Questioned Virtue, and Still Search for Meaning*. Eugene, OR: Wipf & Stock, 2012, p. 8.

11. Marcuse, *Eros and Civilisation*, p. 129.

12. Ver David Graeber, "On the Phenomenon of Bullshit Jobs", 17 ago. 2013, em: <strikemag.org>.

13. Marcuse, *Eros and Civilisation*, p. 203.

14. Ibid., p. 201.

15. Kellner, *Herbert Marcuse*, p. 185.

16. Ibid.

17. Ibid.

18. Marcuse, *Eros and Civilisation*, p. 170.

19. Ibid., p. 5

20. Ibid., p. 250.

21. Ver Fromm, *The Sane Society*, pp. 99 ss.

22. Erich Fromm, *To Have or To Be*. Londres: A&C Black, 2013, p. 128.

23. Adorno e Horkheimer, *Dialectic of Enlightenment*, p. 203.

24. Theodor W. Adorno, "Die revidierte Psychoanalyse", em *Institut für Sozialforschung, Soziologische Exkurse*. Frankfurt am Main: Suhrkamp, 1956, p. 30. Citado em Russell Jacoby, *Social Amnesia: A Critique of Contemporary Psychology*. New Brunswick, NJ: Transaction, 1975, p. 33.

25. Friedman, *The Lives of Erich Fromm*, pp. 192 ss.

26. Ver Joan Braune, *Erich Fromm's Revolutionary Hope: Prophetic Messianism as a Critical Theory of the Future*. Nova York: Springer, 2014, p. 3.

27. Fromm, *The Art of Loving*, p. 11.

28. Ver Zygmunt Bauman, *Liquid Love: On the Frailty of Human Bonds*. Cambridge: Polity, 2013, pp. 7-8.

29. Müller-Doohm, *Adorno: A Biography*, p. 414.

30. Ibid., p. 413.

31. Ibid., p. 415.

32. Wiggershaus, *The Frankfurt School*, p. 551.

33. Ibid.

34. Ibid., p. 554.

35. Ibid.

36. Ibid.

37. Ibid.

15. CONTRA A PAREDE, FILHOS DA PUTA [pp. 317-39]

1. Herbert Marcuse, *Marxism, Revolution and Utopia: Collected Papers*, vol. 6. Londres: Routledge, 2014, p. 179.

2. Citado em Outhwaite, *Habermas: A Critical Introduction*, p. 14.

3. Marcuse, *One-Dimensional Man*, p. 10.

4. Ver Kellner, *Herbert Marcuse*, p. 232.

5. Marcuse, *Marxism, Revolution and Utopia*, pp. 178-9.

6. Ver Herbert Marcuse, *Reason and Revolution*, em: <marxists.org>.

7. Marcuse, *One-Dimensional Man*, p. 11.

8. Fromm, *Marx's Concept of Man*, p. 38.

9. Marcuse, *One-Dimensional Man*, p. 7.

10. Ibid., p. 14.

11. Alasdair MacIntyre, *Marcuse*. Londres: Fontana, 1970, p. 62.

12. Berman, *All That Is Solid Melts Into Air*, pp. 28-9.

13. Ibid., p. 28.

14. Kellner, *Herbert Marcuse*, p. 465.

15. Marcuse, *One-Dimensional Man*, p. 260.

16. Berman, *All That Is Solid Melts Into Air*, p. 29.

17. Marcuse, *One-Dimensional Man*, p. 261.

18. Kellner, *Herbert Marcuse*, p. 3.

19. Berman, *All That Is Solid Melts Into Air*, p. 29.

20. Marcuse, *One-Dimensional Man*, p. 81.

21. Ibid., p. 77.

22. Ibid., p. 78.

23. David Allyn, *Make Love, Not War: The Sexual Revolution: An Unfettered History*. Nova York: Taylor & Francis, 2001, p. 204.

24. Ibid., p. 202.

25. Ver Osha Neumann, *Up Against the Wall Motherf**er: A Memoir of the '60s, with Notes for Next Time*. Nova York: Seven Stories, 2011.

26. Ver Pooja Mhatre, "Faces of Berkeley: Osha Neumann, Activist Lawyer", *The Daily Californian*, 28 jun. 2012, em: <dailycal.org>.

27. Allyn, *Make Love, Not War*, p. 203.

28. Marcuse, *One-Dimensional Man*, p. 77.

29. Ibid., p. 79.

30. Sigmund Freud, *Civilisation and Its Discontents*. Londres: Penguin, 2004, pp. 16-7.

31. Ibid., p. 44.

32. Marcuse, *One-Dimensional Man*, p. 60.

33. Ibid., p. 65.

34. Ibid., p. 67.

35. Ibid., p. 77.

36. Ibid., p. 79.

37. Ibid., p. 80.

38. Ibid., p. 62.

39. Ibid., p. 81.

40. Ibid., p. 61.

41. Ibid., pp. 260-1.

42. Ibid., p. 261.

43. Ver Jeffries, "Angela Davis: 'There Is an Unbroken Line of Police Violence'", em: <theguardian.com>.

44. Angela Davis, "Marcuse's Legacies", prefácio a Herbert Marcuse, *The New Left and the 1960s: Collected Papers*, vol. 3. Londres: Routledge, 2004, p. ix, em: <pages.gseis.ucla.edu>.

45. Ver Jeffries, "Angela Davis: 'There Is an Unbroken Line of Police Violence'".

46. Maurice William Cranston, *The New Left: Six Critical Essays*. Londres: Bodley Head, 1970, p. 87.

47. MacIntyre, *Marcuse*, p. 90.

48. Ver John Abromeit e W. Mark Cobb (Orgs.), *Herbert Marcuse: A Critical Reader*. Londres: Routledge, 2014, p. 2.

49. Davis, "Marcuse's Legacies", p. ix.

50. Ibid.

51. Ver Jeffries, "Angela Davis: 'There Is an Unbroken Line of Police Violence'".

52. Angela Y. Davis, *Blues Legacies and Black Feminism: Gertrude "Ma" Rainey, Bessie Smith, and Billie Holiday*. Nova York: Knopf Doubleday, 2011, p. 44.

53. Marcuse, *One-Dimensional Man*, p. 62.

54. Id., *An Essay on Liberation*. Boston, MA: Beacon, 1971, p. 4.

55. Ibid., pp. 20 ss.

56. Kellner, *Herbert Marcuse*, p. 340.

57. Leszek Kołakowski, *Main Currents of Marxism*, vol. 3: *The Breakdown*. Oxford: Oxford University Press, 1981, p. 416.

58. John Gerassi, *Jean-Paul Sartre: Hated Conscience of His Century*, vol. 1: *Protestant or Protestor?* Chicago: University of Chicago Press, 1989, p. 9.

16. FILOSOFANDO COM COQUETÉIS MOLOTOV [pp. 340-65]

1. Adorno, *Negative Dialectics*, p. 320.

2. Kołakowski, *Main Currents of Marxism*, vol. 3, p. 366.

3. Adorno, *Negative Dialectics*, p. xix.

4. Walter Kaufmann, *Hegel: A Reinterpretation*. Londres: Anchor, 1966, p. 144.

5. Adorno, *Minima Moralia*, p. 50.

6. Ver Martin Jay, *Adorno*. Londres: Fontana, 1984, p. 63.

7. Ver introdução de Renée Heberle a *Feminist Interpretations of Theodor Adorno*, p. 7.

8. Adorno, *Negative Dialectics*, p. 163.

9. Dews, *Autonomy and Solidarity*, p. 82.

10. Adorno, *Negative Dialectics*, p. 17.

11. Jürgen Habermas, *The Philosophical Discourse of Modernity*. Cambridge: Polity, 1990, p. 119.

12. Ver verbete sobre Adorno em: <plato.stanford.edu>.

13. Paul Connerton, *The Tragedy of Enlightenment: An Essay on the Frankfurt School*. Cambridge: Cambridge University Press, 1960, p. 114.

14. Adorno, *Negative Dialectics*, p. 3.

15. Citado em Garth L. Hallett, *Essentialism: A Wittgensteinian Critique*. Albany, NY: SUNY Press, 1991, p. 125.

16. Ver Steve Fuller, "Karl Popper and the Reconstitution of the Rationalist Left", em Ian Charles Jarvie, Karl Milford e David W. Miller (Orgs.), *Karl Popper, A Centenary Assessment*, vol. 3: *Science*. Farnham, Surrey: Ashgate, 2006, p. 190.

17. Bryan Magee, *Confessions of a Philosopher*. Nova York: Random House, 1997, p. 183.

18. Para entender a questão referente à contundência de Adorno, ver o ensaio de Martin Jay, "The Ungrateful Dead", em seu *Refractions of Violence* (Londres: Routledge, 2012, pp. 39-46). Décadas após a morte de Adorno, Jay descobriu uma carta escrita por Adorno a Marcuse em 1969. Nela, Adorno reclama que Jay, que ele descreve como um "sujeito horrível", tinha demonstrado um "instinto infalível de ir direto à sujeira" durante sua entrevista. Compreensivelmente, Jay, que passou muito de sua vida profissional exaltando e interpretando as obras de Adorno e da Escola de Frankfurt, ficou mais do que só um pouco magoado.

19. Ver a introdução de Adorno a Theodor W. Adorno, Karl Popper et al., *The Positivist Dispute in German Sociology*. Nova York: Harper & Row, 1976, p. 27.

20. Ver Marcuse, *One-Dimensional Man*, cap. 7 ("The Triumph of Positive Thinking: One-Dimensional Philosophy"), pp. 174-203.

21. Ver o verbete para Horkheimer em: <plato.stanford.edu>.

22. Adorno e Horkheimer, *Dialectic of Enlightenment*, p. 1.

23. Ver Fuller, "Karl Popper and the Reconstitution of the Rationalist Left", p. 191.

24. Ver a primeira contribuição de Popper no simpósio de Tübingen em *The Positivist Dispute in German Sociology*, p. 104.

25. Ibid., p. 88.

26. David Hume, *An Enquiry Concerning Human Understanding*. [S.l.]: Courier, 2004, p. 14.

27. Ver o primeiro trabalho de Popper em *The Positivist Dispute in German Sociology*, p. 87.

28. Thomas S. Kuhn, *The Structure of Scientific Revolutions*. Chicago: University of Chicago Press, 1996.

29. Adorno, *The Positivist Dispute in German Sociology*, p. xi, n. 4.

30. Ibid., p. 67.

31. Popper, *The Positivist Dispute in German Sociology*, p. 97.

32. Ibid., p. 95.

33. Adorno, *The Positivist Dispute in German Sociology*, p. 121.

34. Ibid.

35. Popper, *The Positivist Dispute in German Sociology*, p. 95.

36. Ibid., p. 89.

37. Ibid., p. 3.

38. Ver Fuller, "Karl Popper and the Reconstitution of the Rationalist Left", p. 191.

39. Citado em *The Positivist Dispute in German Sociology*, p. 65.

40. Ibid.

41. Ibid., p. 67.

42. Ver Theodor Adorno e Herbert Marcuse, "Correspondence on the German Student Movement", 1969, em: <platypus1917.org>.

43. Müller-Doohm, *Adorno: A Biography*, p. 463.

44. Ibid., p. 452.

45. Ibid., p. 456.

46. Ibid., p. 453.

47. Ibid., p. 454.

48. Ibid., p. 456.

49. Ibid., pp. 460 ss.

50. Ibid., p. 461.

51. Ibid., p. 464.

52. Adorno e Marcuse, "Correspondence on the German Student Movement".

53. Müller-Doohm, *Adorno: A Biography*, p. 475.

54. Ibid., p. 476.

55. Ver Leslie, "Introduction to Adorno/Marcuse Correspondence on the German Student Movement", em: <platypus1917.org>.

56. Ver Adorno e Marcuse, "Correspondence on the German Student Movement".

57. Ibid.

58. Peter M. R. Stirk, *Max Horkheimer: A New Interpretation*. Hemel Hempstead, Hertfordshire: Harvester Wheatsheaf, 1992, p. 179.

59. Ver Adorno e Marcuse, "Correspondence on the German Student Movement".

60. Müller-Doohm, *Adorno: A Biography*, p. 457.

17. A ARANHA DE FRANKFURT [pp. 369-99]

1. Ver Stuart Jeffries, "A Rare Interview with Jürgen Habermas", *Financial Times*, 30 abr. 2010, em: <ft.com>.

2. Ver Stephen Eric Bronner, *Critical Theory and Society: A Reader*. Londres: Psychology Press, 1989, p. 136.

3. Ver a introdução a Jürgen Habermas, *The Structural Transformation of the Public Sphere: An Inquiry into a Category of Bourgeois Society*. Nova York: Wiley, 2015.

4. Ver verbete sobre Habermas em: <plato.stanford.edu>.

5. Adorno, *Negative Dialetics*, p. 363.

6. Ver Benjamin, *Illuminations*, p. 255.

7. Ver Mitchell Stephens, "The Theologian of Talk", *Los Angeles Times*, 23 out. 1994, em: <articles.latimes.com>.

8. Adorno, *Negative Dialectics*, p. 365.

9. Adorno e Horkheimer, *Dialectic of Enlightenment*, pp. 44-5.

10. Habermas, *The Philosophical Discourse of Modernity*, p. 109.

11. Jürgen Habermas, *Technik und Wissenschaft als "Ideologie"*. Frankfurt am Main: Suhrkamp, 1998.

12. Max Horkheimer, *Eclipse of Reason*. Londres: A&C Black, 2013, p. 68.

13. Habermas, *The Philosophical Discourse of Modernity*, p. 113.

14. Ibid., p. 111.

15. Ibid., p. 114.

16. Dews, *Autonomy and Solidarity*, p. 82.

17. Ver Fredric Jameson, *Postmodernism: Or, The Cultural Logic of Late Capitalism*. Londres: Verso, 1991.

18. Ver Stephens, "The Theologian of Talk".

19. Maurizio Passerin d'Entrèves e Seyla Benhabib (Orgs.), *Habermas and the Unfinished Project of Modernity: Critical Essays on* The Philosophical Discourse of Modernity. Cambridge, MA: MIT Press, 1997, pp. 38 ss.

20. Habermas, *The Philosophical Discourse of Modernity*, p. 7.

21. Passerin d'Entrèves e Benhabib, *Habermas and the Unfinished Project of Modernity*, p. 45.

22. Ibid.

23. Ibid., p. 46.

24. Ibid., pp 45-6.

25. Ver Jeffries, "A Rare Interview with Jürgen Habermas".

26. Citado em Igor Primoratz e Aleksandar Pavkovi (Orgs.), *Patriotism: Philosophical and Political Perspectives*. Aldershot, Hampshire: Ashgate, 2013, p. 140.

27. Citado em Lewis Edwin Hahn (Org.), *Perspectives on Habermas*. Chicago: Open Court, 2000, p. 355.

28. Ver Finlayson, *Habermas: A Very Short Introduction*, pp. 126 ss.

29. Citado em ibid., p. 127.

30. Jürgen Habermas, *Europe: The Faltering Project*. Nova York: Wiley, 2014.

31. Ver Jeffries, "A Rare Interview with Jürgen Habermas".

32. Ibid.

33. Ibid.

34. Ibid.

35. Michael Haller, *The Past as Future: Jürgen Habermas*. Cambridge: Polity, 1994, p. 97.

36. Citado em Nicholas Adams, *Habermas and Theology*. Cambridge: Cambridge University Press, 2006, p. 79.

37. Jürgen Habermas, *An Awareness of What Is Missing: Faith and Reason in a Post-Secular Age*. Nova York: Wiley, 2014, p. 18.

38. Ibid., p. 19.

39. Ver artigo de Edward Skidelsky, "Habermas vs. the Pope: The Darling of the 68ers and Benedict XVI Find a Surprising Amount to Agree On", *Prospect*, 20 nov. 2005, em: <prospectmagazine.co.uk>.

40. Citado em Habermas, *An Awareness of What Is Missing*, p. 5.

41. Ibid., p. 15.

42. Ver Stanley Fish, "Does Reason Know What It Is Missing?", *The New York Times*, 12 abr. 2010, blog em: <opinionator.blogs.nytimes.com>.

43. Citado em Richard Dawkins, *The God Delusion*. Nova York: Random House, 2009, p. 50.

44. Skidelsky, "Habermas vs. the Pope".

45. Fish, "Does Reason Know What It Is Missing?".

46. Ver Finlayson, *Habermas: A Very Short Introduction*, pp. 104-5.

47. Habermas, *An Awareness of What Is Missing*, p. 22.

48. Citado em Skidelsky, "Habermas vs. the Pope".

18. PAIXÕES ARREBATADORAS: A TEORIA CRÍTICA NO NOVO MILÊNIO [pp. 400-10]

1. Jonathan Franzen, *The Corrections*. Londres: HarperCollins, 2010, p. 93.

2. Francis Fukuyama, "The End of History?", *National Interest*, n. 16, pp. 3-18, 1989.

3. Axel Honneth, *The Struggle for Recognition: The Moral Grammar of Social Conflicts*. Cambridge, MA: MIT Press, 1996.

4. Friedrich Wilhelm Nietzsche, *Thus Spoke Zarathustra*. Londres: Penguin, 1969, p. 46.

5. Honneth, *Reification: A New Look at an Old Idea*, p. 75.

6. Ibid., p. 118.

7. Franzen, *The Corrections*, p. 94.

8. Adorno, *Minima Moralia*, p. 59.

9. Ibid., p. 200.

10. Citado em Alex Ross, "The Naysayers: Walter Benjamin, Theodor Adorno, and the Critique of Pop Culture", *The New Yorker*, 15 set. 2014, em: <newyorker.com>.

11. Adorno, *Minima Moralia*, p. 58.

12. Ver Stuart Jeffries, "Happiness Is Always a Delusion", *The Guardian*, 19 jul. 2006, em: <theguardian.com>.

13. Benjamin Kunkel, "Into the Big Tent", *London Review of Books*, 22 abr. 2010, em: <lrb.co.uk>.

14. Fredric Jameson, *Late Marxism: Adorno, or, The Persistence of the Dialectic*. Londres: Verso, 1996, p. 248.

15. Adorno, *Minima Moralia*, pp. 58 e 157.

16. Alain Badiou, *The Rebirth of History: Times of Riots and Uprisings*. Londres: Verso, 2012, p. 1.

17. Ver Stuart Jeffries, "David Graeber Interview", *The Guardian*, 21 mar. 2015, em: <theguardian.com>.

18. Fredric Jameson, *Valences of the Dialectic*. Londres: Verso, 2009, p. 525.

19. Klaus Dörre, Stephan Lessenich e Hartmut Rosa, *Sociology, Capitalism, Critique*. Londres: Verso, 2015, p. 1.

20. Ver Stuart Jeffries, "Why Marxism Is on the Rise Again", *The Guardian*, 4 jul. 2012, em: <theguardian.com>.

21. Ver Eliane Glaser, "Bring Back Ideology: Fukuyama's 'End of History' 25 Years On", *The Guardian*, 21 mar. 2014, em: <theguardian.com>.

22. Ver Ross, "The Naysayers: Walter Benjamin, Theodor Adorno".

23. Adorno, *Aesthetic Theory*, p. 311.

Leitura suplementar

LIVROS DE PENSADORES DA ESCOLA DE FRANKFURT

ADORNO, Theodor W. *The Authoritarian Personality*. Nova York: Wiley, 1964.

_____. *Prisms*. Cambridge, MA: MIT Press, 1983.

_____. *Quasi Una Fantasia: Essays on Modern Music*. Londres: Verso, 1998.

_____. *Aesthetic Theory*. Londres: Athlone, 1999.

_____. *Essays on Music*. Berkeley: University of California Press, 2002.

_____. *The Stars Down to Earth and Other Essays on the Irrational in Culture*. Londres: Routledge, 2002a.

_____. *Negative Dialectics*. Londres: Routledge, 2003.

_____. *Minima Moralia: Reflections from Damaged Life*. Londres: Verso, 2005.

_____. *Letters to His Parents, 1939-1951*. Cambridge: Polity, 2006.

_____. *The Culture Industry*. Londres: Routledge, 2006a.

_____. *Dream Notes*. Cambridge: Polity, 2007.

_____. *Philosophy of Modern Music*. Londres: Bloomsbury, 2007a.

ADORNO, Theodor W.; POPPER, Karl et al. *The Positivist Dispute in German Sociology*. Nova York: Harper & Row, 1976.

ADORNO, Theodor W.; HORKHEIMER, Max. *Dialectic of Enlightenment*. Londres: Verso, 1997.

ADORNO, Theodor W.; BERG, Alban. *Correspondence, 1925-1935*. Cambridge: Polity, 2005.

ADORNO, Theodor W.; MANN, Thomas. *Correspondence, 1943-1955*. Cambridge: Polity, 2006.

BENJAMIN, Walter. *Reflections: Essays, Aphorisms, Autobiographical Writings*. Org. de Peter Demetz. Nova York: Harcourt, 1986.

_____. *Illuminations*. Org. de Hannah Arendt. Londres: Fontana, 1992.

BENJAMIN, Walter. *The Correspondence of Walter Benjamin, 1910-1940*. Org. de Gershom Scholem e Theodor W. Adorno. Chicago: University of Chicago Press, 1994.

_____. *The Arcades Project*. Cambridge, MA: Harvard University Press, 1999.

_____. *Berlin Childhood around 1900*. Cambridge, MA: Belknap, 2006.

_____. *Radio Benjamin*. Londres: Verso, 2014.

FROMM, Erich. *The Art of Loving*. Londres: Unwin, 1981.

_____. *Escape from Freedom*. Nova York: Open Road Media, 2013.

_____. *Marx's Concept of Man*, incluindo *Economic and Philosophical Manuscripts*. Londres: Bloomsbury, 2013a.

_____. *The Sane Society*. Londres: Routledge, 2013b.

_____. *To Have or To Be*. Londres: A&C Black, 2013c.

GROSSMAN, Henryk. *Law of Accumulation and Breakdown of the Capitalist System*. Londres: Pluto Press, 1992.

_____. *Fifty Years of Struggle over Marxism, 1883-1932*. Org. de Rick Kuhn e Einde O'Callaghan. Nova York: Socialist Alternative, 2014.

_____. *Marx, Classical Political Economy and the Problem of Dynamics*. Org. de Rick Kuhn. Nova York: Socialist Alternative, 2015.

HABERMAS, Jürgen. *Theory and Practice*. Boston, MA: Beacon, 1973.

_____. *The Philosophical Discourse of Modernity*. Cambridge: Polity, 1990.

_____. *Autonomy and Solidarity: Interviews with Jürgen Habermas*. Org. de Peter Dews. Londres: Verso, 1992.

_____. *The Past as Future: Jürgen Habermas, Interviewed by Michael Haller*. Cambridge: Polity, 1994.

_____. *Technik und Wissenschaft als "Ideologie"*. Frankfurt am Main: Suhrkamp, 1998.

_____. *The Theory of Communicative Action*. Cambridge: Polity, 2004, vols. 1 e 2.

_____. *Between Naturalism and Religion*. Cambridge: Polity, 2010.

_____. *Philosophical-Political Profiles*. Cambridge: Polity, 2012.

_____. *An Awareness of What Is Missing: Faith and Reason in a Post-Secular Age*. Cambridge: Polity, 2014.

_____. *Europe: The Faltering Project*. Nova York: Wiley, 2014a.

_____. *The Lure of Technocracy*. Cambridge: Polity, 2015.

HONNETH, Axel. *The Struggle for Recognition: The Moral Grammar of Social Conflicts*. Cambridge, MA: MIT Press, 1996.

_____. *Reification: A New Look at an Old Idea*. Nova York: Oxford University Press, 2008.

HORKHEIMER, Max. *Critical Theory: Selected Essays*. Londres: A&C Black, 1972.

_____. *Dämmerung: Notizen in Deutschland*. [S.l.]: Edition Max, 1972.

_____. *Eclipse of Reason*. Londres: A&C Black, 2013.

MARCUSE, Herbert. *Eros and Civilisation: A Philosophical Inquiry into Freud*. Boston, MA: Beacon, 1974.

_____. *One-Dimensional Man: Studies in the Ideology of Advanced Industrial Society*. Londres: Routledge, 2002.

_____. *Technology, War and Fascism: Collected Papers of Herbert Marcuse*. Londres: Routledge, 2004, vol. 1.

MARCUSE, Herbert. *The New Left and the 1960s: Collected Papers of Herbert Marcuse.* Londres: Routledge, 2004a, vol. 3.

_____. *Reason and Revolution: Hegel and the Rise of Social Theory.* Londres: Routledge, 2013.

_____. *Marxism, Revolution and Utopia: Collected Papers of Herbert Marcuse.* Londres: Routledge, 2014, vol. 6.

NEUMANN, Franz. *Behemoth: The Structure and Practice of National Socialism.* Nova York: Oxford University Press, 1942.

NEUMANN, Franz; MARCUSE, Herbert; KIRCHHEIMER, Otto. *Secret Reports on Nazi Germany: The Frankfurt School Contribution to the War Effort.* Princeton, NJ: Princeton University Press, 2013.

BIOGRAFIAS E LIVROS DE MEMÓRIAS

EILAND, Howard; JENNINGS, Michael. *Walter Benjamin: A Critical Life.* Cambridge, MA: Harvard University Press, 2014.

FRIEDMAN, Lawrence J. *The Lives of Erich Fromm: Love's Prophet.* Nova York: Columbia University Press, 2013.

KUHN, Rick. *Henryk Grossman and the Recovery of Marxism.* Chicago: University of Illinois Press, 2007.

LÖWENTHAL, Leo. *An Unmastered Past: The Autobiographical Reflections of Leo Löwenthal.* Berkeley: University of California Press, 1987.

MÜLLER-DOOHM, Stefan. *Adorno: A Biography.* Cambridge: Polity, 2014.

NEUMANN, Osha. *Up Against the Wall Motherf**er: A Memoir of the '60s, with Notes for Next Time.* Nova York: Seven Stories, 2011.

PARKER, Stephen. *Bertolt Brecht: A Literary Life.* Londres: Bloomsbury, 2014.

SCHOLEM, Gershom. *Walter Benjamin: The Story of a Friendship.* Nova York: New York Review of Books, 1981.

HISTÓRIAS DA ESCOLA DE FRANKFURT

ABROMEIT, John. *Max Horkheimer and the Foundations of the Frankfurt School.* Cambridge: Cambridge University Press, 2011.

BUCK-MORSS, Susan. *The Origin of Negative Dialectics: Theodor W Adorno, Walter Benjamin and the Frankfurt Institute.* Nova York: Simon & Schuster, 1979.

CONNERTON, Paul. *The Tragedy of Enlightenment: An Essay on the Frankfurt School.* Cambridge: Cambridge University Press, 1960.

JAY, Martin. *The Dialectical Imagination: A History of the Frankfurt School and the Institute of Social Research.* Berkeley: University of California Press, 1973.

TARR, Zoltán. *The Frankfurt School: The Critical Theories of Max Horkheimer and Theodor W. Adorno.* New Brunswick, NJ: Transaction, 2011.

WHEATLAND, Thomas. *The Frankfurt School in Exile.* Minneapolis, MN: University of Minnesota Press, 2009.

WIGGERSHAUS, Rolf. *The Frankfurt School: Its History, Theories, and Political Significance*. Cambridge, MA: MIT Press, 1995.

ESTUDOS DE PENSADORES INDIVIDUAIS

ADAMS, Nicholas. *Habermas and Theology*. Cambridge: Cambridge University Press, 2006.

BENHABIB, Seyla; BONSS, Wolfgang; MCCOLE, John (Orgs.). *Max Horkheimer: New Perspectives*. Cambridge, MA: MIT Press, 1995.

BRAUNE, Joan. *Erich Fromm's Revolutionary Hope: Prophetic Messianism as a Critical Theory of the Future*. Nova York: Springer, 2014.

FERRIS, David S. (Org.). *The Cambridge Companion to Walter Benjamin*. Cambridge: Cambridge University Press, 2004.

FINLAYSON, James Gordon. *Habermas: A Very Short Introduction*. Oxford: Oxford University Press, 2005.

JÄGER, Lorenz. *Adorno: A Political Biography*. New Haven, CT: Yale University Press, 2004.

JAY, Martin. *Adorno*. Londres: Fontana, 1984.

KELLNER, Douglas. *Herbert Marcuse and the Crisis of Marxism*. Berkeley: University of California Press, 1984.

LESLIE, Esther. *Walter Benjamin*. Londres: Reaktion, 2007.

MACINTYRE, Alasdair. *Marcuse*. Londres: Fontana, 1970.

MITTELMEIER, Martin. *Adorno in Neapel: Wie sich eine Sehnsuchtslandschaft in Philosophie verwandelt*. Munique: Siedler, 2013.

O'NEILL, Maggie (Org.). *Adorno, Culture and Feminism*. Londres: Sage, 1999.

OUTHWAITE, William. *Habermas: A Critical Introduction*. Cambridge: Polity, 2009.

PASSERIN D'ENTRÈVES, Maurizio; BENHABIB, Seyla (Orgs.). *Habermas and the Unfinished Project of Modernity: Critical Essays on* The Philosophical Discourse of Modernity. Cambridge, MA: MIT Press, 1997.

ROSE, Gillian. *The Melancholy Science: An Introduction to the Thought of Theodor W. Adorno*. Londres: Verso, 1978.

STIRK, Peter M. R. *Max Horkheimer: A New Interpretation*. Hemel Hempstead, Hertfordshire: Harvester Wheatsheaf, 1992.

NEOMARXISMO HEGELIANO

FEENBERG, Andrew. *The Philosophy of Praxis: Marx, Lukács and the Frankfurt School*. Londres: Verso, 2014.

LUKÁCS, György. *History and Class Consciousness: Studies in Marxist Dialectics*. Cambridge, MA: MIT Press, 1971.

ŽIŽEK, Slavoj. *Less than Nothing: Hegel and the Shadow of Dialectical Materialism*. Londres: Verso, 2012.

LIVROS DE AUTORES ASSOCIADOS À ESCOLA DE FRANKFURT

BLOCH, Ernst. *The Spirit of Utopia*. Stanford, CA: Stanford University Press, 2000.

DAVIS, Angela Y. *Blues Legacies and Black Feminism: Gertrude "Ma" Rainey, Bessie Smith, and Billie Holiday*. Nova York: Knopf Doubleday, 2011.

DÖRRE, Klaus; LESSENICH, Stephan; ROSA, Hartmut. *Sociology, Capitalism, Critique*. Londres: Verso, 2015.

KRACAUER, Siegfried. *The Mass Ornament: Weimar Essays*. Cambridge, MA: Harvard University Press, 1995.

MANN, Thomas. *Doctor Faustus*. Nova York: Vintage, 1999.

MANNHEIM, Karl. *Ideology and Utopia*. Londres: Routledge, 2013.

INTRODUÇÃO À TEORIA CRÍTICA

MACEY, David. *Dictionary of Critical Theory*. Londres: Penguin, 2001.

Índice remissivo

Abendroth, Wolfgang, 313

ação comunicativa, 215, 384, 394

Adair, Gilbert, 115

Adenauer, Konrad, 280, 283

Adorno, Gretel (nascida Gretel Karplus), 180-1, 208, 212, 224, 227-8, 232, 239, 364

Adorno, Theodor, 9, 14, 18, 25, 56-8, 64, 122, 143, 286, 376, 393; *A indústria cultural*, 242; "A música no rádio", 218; *A personalidade autoritária*, 16, 290, 292-4; "À procura de Wagner", 207; "A situação social da música", 143, 236; como diretor do Instituto de Pesquisa Social, 283; complexo de Édipo, 56-7, 59; conceito de história, 175, 344-5; conceito de trabalho, 128; conflito com Popper, 346; "Crítica cultural e sociedade", 285; crítica dos Estados Unidos, 299-300; culpa por ser um sobrevivente, 270-71, 373; Davis e, 336; *Dialética do esclarecimento*, 18, 57, 84, 199, 201, 216, 224, 231-2, 235-6, 239-41, 243, 246-9, 265, 289, 294, 304, 308, 344, 348-9, 377-9, 401, 404; *Dialética negativa*, 111, 288, 340-5, 347, 386; e a família, 16, 71, 169; e a felicidade, 404-5; e atividade política, 311; e Benjamin, 38, 228; e desintegração, 111; e Lukács, 258; e *Mahagonny*, 140-5, 331; e Mann, 249-57; e o método científico, 346-56; e produção de cultura de massa, 93; escala F, 15, 289-90, 292; escritos musicológicos, 141-4, 199-202, 207, 218-9, 242, 252; estada em Nápoles, 110-2; exílio em Oxford, 207; exílio nos Estados Unidos, 15, 17, 70, 169, 210-2, 216-20, 223, 230-2, 235-50; *Filosofia da nova música*, 236, 242, 252; *Jargão da autenticidade*, 345-6; *Kierkegaard: Construção do estético*, 142; *Lamentação do Doutor Fausto*, 255; "Marginália sobre teoria e prática", 11, 357; método dialético, 153; *Minima moralia*, 70-2, 150, 169, 174, 184, 239, 247-8, 265, 271, 283, 286-7, 404; "Moda intemporal: Sobre o jazz", 202; morte, 364, 365; morte do pai, 270; "Motifs", 145; movimento estudantil e, 10-3, 356-65; no Instituto de Pesquisa Social, 151-3; "Nota sobre o antissemitismo", 266;

o debate na revista *Dissent*, 307-8; o Experimento de Grupo, 285, 294; *O tesouro de Indian Joe*, 139; "Plugging Study" [Estudo tampão], 219; *Prismas*, 202, 285; racismo de, 188, 200; *Reificação*, 39; retorno à Europa, 275; retorno a Frankfurt, 271, 277-9; "Schoenberg e o progresso", 252; sobre a Alemanha, 277; "Sobre a questão 'O que é alemão?'", 278; "Sobre a técnica dodecafônica", 112; sobre arte, 188, 199-202, 258; sobre mulheres, 247; "Sobre o jazz", 188, 199; *Teoria estética*, 242, 255, 409; trabalho no Projeto de Pesquisa do Rádio em Princeton, 216-9; visão do fascismo, 207, 265

Agamben, Giorgio, 119

Albert, Hans, 352, 356

Alemanha, 103, 138; Adorno sobre a, 265, 288; comparação com os Estados Unidos, 220, 234-7; em *Doutor Fausto*, 251, 257; *Historikerstreit*, 387-8, 391; marxismo na, 88-90; nacionalismo, 388-91; triunfo do fascismo, 204-7; *ver também* República Democrática Alemã (RDA); República Federal da Alemanha (RFA)

alienação, 60, 71, 92, 95, 97, 102, 120, 125, 154, 158, 160, 197-8, 298, 318, 320, 331, 399

Althusser, Louis, 318

American Jewish Committee [Comitê Judaico Norte-Americano], 268

Améry, Jean, 286

amor, 310-1

antissemitismo, 78-9, 87, 105, 109, 176-7, 205, 211, 223-4, 250, 252, 265-6, 268, 276, 284

Arendt, Hannah, 42, 52, 58, 130, 177-9, 226, 230

arte, 141, 188-99, 240-1, 255-6, 259, 303, 337-8, 409

assimilação, rejeição à, 44-5, 57

Auden, W. H., 249, 331

Austin, J. L., 347

autoidentificação, medo da, 51

autorrealização, 126-7, 131, 215, 303, 305

Ayer, A. J., 208

Bachmann, Ingeborg, 287

Bachofen, Johann Jakob, 59-60

Bacon, Francis, 244, 246, 248, 304

Badiou, Alain, 405-7

Bahro, Rudolf, 323

Barthes, Roland, 115

Bataille, Georges, 225

Baudelaire, Charles, 125, 130, 182, 230, 332, 342

Bauhaus, 80, 83, 174, 373

Bauman, Zygmunt, 310

Beckett, Samuel, 141, 233

Beethoven, Ludwig van, 52, 111, 183, 201, 218, 242, 253-5

Behrens, Peter, 80-1

Bellow, Saul, 277, 296

Benjamin, Emil, 53, 55, 58, 117

Benjamin, Walter, 13-4, 23-5, 45, 65-6, 151, 161, 406; "A imagem de Proust", 35, 39; "A obra de arte na era de sua reprodutibilidade técnica", 24, 149, 179, 188-9, 211, 225; Adorno sobre, 38; aspiração a ser um *homme de lettres*, 176-9; complexo de Édipo, 53-5; conceito de história, 27-9; *Crônica berlinense*, 31, 34, 39, 97; deixa Berlim, 108; *Deutsche Menschen* [Figuras alemãs], 175; e barbárie, 31; e cultura de produção em massa, 93; e Kafka, 53-5; e Lawrence, 126; e o capitalismo, 30, 117-22; e o espaço privado, 107-8, 118; e totalitarismo, 115-6; "Eduard Fuchs, colecionador e historiador", 189; em Marselha, 123, 124; em Moscou, 113-5; em Nápoles, 107, 109-10, 115; ensaio para o *Jüdische Rundschau* (jornal), 55; estilo da escrita, 114; fuga da França, 228-32; "Haxixe em Marselha", 125, 129, 227; *Illuminations*, 177; imagem dialética, 120-2; *Infância em Berlim por volta de 1900*, 23, 28, 30, 33-4, 36, 39, 97, 117, 225; influência, 13-4, 24-5, 37; lembranças da infância, 23, 24, 26-41; morte, 228-9, 231; "O caráter destrutivo", 182; "O surrealismo", 81; *Origem do drama trágico alemão*,

109, 342; *Passagens*, 34, 40-1, 98, 108, 116-21, 123, 125, 133, 190, 230, 360, 362; planos de suicídio, 180-6; possibilidades nos Estados Unidos, 202-3; programas radiofônicos, 171-2, 179; projeto, 36, 37; *Reflexões*, 43; *Rua de mão única*, 24, 114, 119, 126-7, 129, 184; sobre arte, 188-99; "Sobre o conceito de história", 13, 36, 162, 185, 225, 229-30, 374; sobre o fetichismo da mercadoria, 97-8, 120, 122; tese de livre-docência rejeitada, 109; tragédia de, 177; última visita a Berlim, 175-6; utopismo tecnológico, 198-9, 202; viagens, 108, 171-2; visão do fascismo, 263

Bento XVI, papa *ver* Ratzinger, Joseph

Berg, Alban, 58, 110, 143, 207, 249

Berlim, 17, 23-30, 32-3, 39, 78-9, 108-9, 124, 175-6

Berman, Marshall, 130, 323-4

Bernstein, Eduard, 90

Bernstein, J. M., 242

Birman, Carina, 228

Birmingham Centre of Cultural Studies, 243

Bloch, Ernst, 45, 151, 240, 263, 276, 318, 409

Böhm, Franz, 312

Bolsa de Valores de Nova York, quebra da, 138

Brecht, Bertolt, 68, 83, 85, 87-9, 94-5, 114, 127, 133, 137, 139, 141-2, 144-8, 150, 161, 173, 176, 203, 230, 232-3, 235, 248, 276, 331; *Ascensão e queda da cidade de Mahagonny*, 127, 137-47, 331

Buck-Morss, Susan, 247

Burroughs, William, 296

Butler, Nicholas Murray, 209

Calasso, Roberto, 199

Califórnia, 148, 231-2, 235, 243, 248, 260, 271, 284, 286, 299, 356-7; Universidade da, 12, 235, 245, 289, 336

Calvelli-Adorno, Maria, 25, 56, 58, 223-4

capitalismo, 29, 32, 60, 84, 94, 97, 132, 302, 407; Benjamin e o, 30, 117-22; crises, 88; Grossman sobre o, 99-101; modo de produção capitalista, 150; monopólio, 10, 141-3, 167-9, 199, 204-5, 237, 261, 264, 302, 318; monopólio totalitário, 264; Neumann sobre o, 264; trabalho sob o, 127, 130-1

Caso Rotter, 78-9

Celan, Paul, 287

Centro de Estudos Culturais de Birmingham, 243

Chaplin, Charlie, 17, 93, 140, 181, 201, 203, 236, 239-40

Chopin, Frédéric François, 142, 286*n*

ciência/método científico, 346-56

cinema, 93-4, 114-5, 174, 188-91, 196-9, 201-3, 237-9, 241, 342, 381, 400

Círculo de Viena, 156, 213, 347, 351

Chostakóvitch, Dmitri, 114

Clark, T. J., 40

classe operária, 62, 87, 101-2, 106, 138, 204-5, 241, 251, 277, 320, 337

Clavel, Gilbert, 111

Cohn-Bendit, Daniel, 11, 363

Columbia, Universidade, 209, 213, 235, 269, 295, 328, 347

Comitê de Atividades Antiamericanas da Câmara dos Representantes (EUA), 276, 300

compaixão, 51

complexo de Édipo, 42, 52-3, 59, 292

complexo prisional-industrial, 164-5, 335

Comte, Auguste, 156, 235, 353-4

comunismo, 29, 99, 116, 130, 189, 207, 211, 260, 269, 281, 292, 300

Comunistas Internacionalistas da Alemanha (IKD), 68

consciência de classe, 91-2, 95, 106, 154, 290

conspiração do silêncio, estudo sobre, 283

constelacional, pensamento, 342

consumismo, 18, 126-7, 133, 299, 318-9, 323, 401, 408

consumo, 92, 139, 401, 404, 407

Contra a Parede, Filhos da Puta (grupo anarquista), 327

controle social, 71, 150

Coser, Lewis, 308
Crise dos Mísseis de Cuba (1962), 334
Crystal Palace (Londres), 118
Csíkszentmihályi, Mihaly, 197
cultura, 92, 285-7, 331, 408-9; da classe trabalhadora, 241; de massa, 17, 150, 152, 189, 216, 240-1, 289, 299-300, 308, 322; europeia, 59, 236, 333, 337; popular, 220, 240-1, 243, 323; "verdadeira", 52
Cultura Jovem, 66
Czernin, conde, 64

Dahrendorf, Ralf, 281, 355
Daily Telegraph (jornal), 16
Davis, Angela, 164, 334, 336, 338
Dawkins, Richard, 190-1, 399
Debord, Guy, 108
Demetz, Peter, 43
Derrida, Jacques, 381
dessublimação repressiva, 188, 202, 238, 241
destruição criativa, 182
Dewey, John, 213-6, 263
Dezoito de Göttingen, Os (grupo de protesto), 311
Die Internationale: Zeitschrift für Theorie und Praxis des Marxismus [A Internacional: Revista de Teoria e Prática Marxista], 66
dignidade, 403-4, 410
Dissent (revista), 307-9
dívida grega, crise da, 391
Dolphy, Eric, 202
Donovan, William, 266, 270
Dörre, Klaus, 407
Dutschke, Rudi, 11, 358, 380

Eagleton, Terry, 33, 36, 186
Eiland, Howard, 39, 230
Eisler, Hans, 85, 87, 89, 232, 276
Eliot, T.S., 142, 277, 323
empirismo, 157, 159, 214, 216, 349
Engels, Friedrich, 84, 99, 154, 168-9, 305
Epicuro, 37
erotismo anal, 166

Erste Marxistische Arbeitswoche [Primeira Semana de Trabalho Marxista], 89, 317
escala F, 15, 289-90, 292
Esclarecimento *ver* Iluminismo
Escola de Frankfurt, 9-15, 18, 283, 407; ataque à cultura popular, 240-3; como via o fascismo, 260-5; e o método científico, 346-56; exílio nos Estados Unidos, 224, 208-20, 234-60; influência de Benjamin, 13-4, 24-5, 37; perda da fé no proletariado, 290; servindo na Segunda Guerra Mundial, 260, 266-70; visão de mundo, 140
Escola de Psiquiatria de Washington, 294
esfera pública, 313, 370-2, 378, 380, 384-6, 388, 390-1, 393-4
espaço privado, 108, 118
espaço público, 108
essência, 159
Estados Unidos, 138-9, 277; antissemitismo, 211; Comitê de Atividades Antiamericanas da Câmara dos Representantes, 276, 300; comparação com a Alemanha nazista, 220, 234-7; comunidade de exilados alemães nos, 232; crítica dos, 298-2; exílio da Escola de Frankfurt nos, 208-20, 224; exílio de Adorno nos, 15, 17, 70, 169, 210-2, 216-20, 223, 230-2; exílio de Horkheimer nos, 70, 82, 204, 208-11, 224, 230-2
estudantes: movimento estudantil, 10-3, 312, 339, 357, 359-60, 362-5
ética, 397-8
exploração, 29
expressionismo, 83-4

falsa consciência, 18, 92, 150, 322
família, instituição da, 16, 69-70, 72, 168, 302-3
fascismo, 9, 11, 15, 69, 71, 129, 144, 147, 149, 151, 159, 161, 167-8, 172, 174, 189, 198, 201, 204, 206-7, 209, 211, 225, 248, 260-1, 263-7, 288-90, 292, 295, 312, 335, 358-9, 361-2, 375, 380, 389; estético, 71
Feira do Livro de Frankfurt (1968), 359

felicidade, 404-5, 409

feminismo, 247, 334, 337-8, 400

fetichismo da mercadoria, 32, 92, 95-8, 102-3, 119-20, 145-6, 160, 189

Feuer, Lewis, 209-10

Feuerbach, Ludwig, 9, 87, 102

filosofia da identidade, 342-6

Fish, Stanley, 375, 396-8

Fittko, Lisa, 227

Fleming, Ian, 105

força de trabalho, 99

Ford, Henry, 92-3

fordismo, 92-3

Forster, E. M., 48

fotografia, 93, 114-5, 190, 192, 194, 196, 224

Foucault, Michel, 381, 393

Fourier, Charles, 303-4

França, 123-4, 154, 177, 225, 227-9

Frankfurt, 25, 56, 59, 77-81, 104, 204, 223, 271, 277-9; Feira do Livro de (1968), 359; Universidade de, 10, 82, 87, 109, 207, 275

Frankfurt, Escola de *ver* Escola de Frankfurt

Frankfurter Allgemeine Zeitung (jornal), 79

Frankfurter Rundschau (jornal), 362

Franzen, Jonathan, 400-1

fraqueza motivacional da razão secular, 396

Frenkel, Leo, 223

Freud, Anna, 247

Freud, Sigmund, 42-3, 163-6, 305-8; explicação do desenvolvimento psicossexual, 163, 165-6; *O mal-estar na civilização*, 71, 165, 295, 297, 301, 330; princípio da realidade, 70-1, 129, 297-8, 300-1, 325; princípio do nirvana, 130-1; princípio do prazer, 71, 297, 299-301, 304, 325, 330

Friedman, Lawrence, 59

Friedrich, Jörg, 268

Friedrich, Otto, 234

Frisch, Max, 287

Fromm, Erich, 9, 25, 138, 151, 163-70, 208, 275, 289, 308, 373; *A arte de amar*, 309-10; a personalidade autoritária, 169-70, 262; *A sociedade sã*, 290, 306; "Aspectos sociopsicológicos", 261; "Caracterologia psicanalítica e sua relevância para a psicologia social", 262; "Caracterologia psicanalítica", 166; como via o fascismo, 261-3; complexo de Édipo, 59-61, 70; *Conceito marxista do homem*, 130, 305, 317, 321; crítica a Freud, 305-8; e a família, 168-9; e o triunfo do fascismo, 204; mescla de Freud e Marx, 163-6; o debate na *Dissent*, 307-8; "O dogma de Cristo", 163; *O medo à liberdade*, 168, 174, 261-3, 306; "O método e a função de uma psicologia social analítica", 166

Fukuyama, Francis, 401-2, 406

Galbraith, John Kenneth, 100

Genebra, 149, 160, 208

Gerassi, John, 339

Gerlach, Christiane, 104

Gerlach, Kurtz, 86, 104

Geuss, Raymond, 267

Gide, André, 209

Glaser, Eliane, 408

Goebbels, Joseph, 78, 105, 176, 240

Goering, Hermann, 270

Goldmann, Lucien, 318

Grã-Bretanha, 92, 156, 159, 162, 234, 241, 268

Graeber, David, 301, 406

Gramsci, Antonio, 161-2

Grande Depressão, 139, 264

Grande ditador, O (filme), 236, 239

Grande Hotel Abismo, origem do termo, 9-10

Grass, Günter, 281, 359

Grécia: antiga, 341; crise da dívida grega, 391

Gropius, Walter, 80, 83, 254

Grossman, Henryk, 26, 61-4, 67, 83-4, 88, 100-1, 105-6, 132, 152, 158, 162, 168, 264, 276-7, 406-7; *A lei da acumulação e o colapso do sistema capitalista*, 99-100; análise do capitalismo, 99-101; Comitê de Atividades Antiamericanas da Câmara dos Representantes, 275; Horkheimer e, 106

Grosz, George, 174

Grünberg, Carl, 62-3, 78, 82-4, 86-8, 149, 151

Grünbergs Arkiv (revista), 87
Guerra do Vietnã, 10, 214, 333, 337, 357, 361, 364
Guerra Fria, 214, 260, 269, 276, 293, 296, 299, 317-8, 346, 357
Gumperz, Julian, 209
Gurland, Henny, 228, 309

Haas, Norbert, 79
Habermas, Jürgen, 9, 11, 16-7, 82, 278, 281, 372-4; "A inquietude é o primeiro dever do cidadão", 312; ação comunicativa, 215; *An Awareness of What Is Missing* [Uma consciência do que está faltando], 394, 396, 399; atividade política, 311-3; crítica do pós--modernismo, 380; *Die nachholende Revolution* [A revolução em recuperação], 389; e a internet, 385; e a modernidade, 381-5; e a unificação europeia, 389-91; e o nacionalismo, 387-91; e o pensamento da não identidade, 343-4; e Popper, 355; e protestos estudantis, 314, 357-61; e religião, 394-6, 399; "Entre filosofia e ciência: O marxismo como crítica", 319; *Entre naturalismo e religião*, 281; envolvimento na *Historikerstreit*, 387-8, 391; esfera pública, 370-2, 377, 385-6, 393; esperanças utópicas, 132, 372; ética do discurso, 398; *Europa, um projeto vacilante*, 390; *Mudança estrutural da esfera pública*, 313, 370; *O discurso filosófico da modernidade*, 344, 378, 381; otimismo, 392-3; patriotismo constitucional, 389-90, 395; perfil falso no Twitter, 369-70; sistema intelectual, 374-81, 397; *Técnica e ciência como "ideologia"*, 378; *Teoria do agir comunicativo*, 131, 388
Hall, Stuart, 243
Hampton, Lionel, 202
Heberle, Renée, 247
Hegel, G. W. F., 50, 69, 102, 111, 128, 130, 155-60, 168, 214, 261, 303, 321, 325, 341-2, 344-5, 374; *Fenomenologia do espírito*, 102, 128, 155

Heidegger, Martin, 69, 160, 280-3, 285, 341, 345, 374, 384
Heinle, Fritz, 183-4
Hellman, Lillian, 209
Hemingway, Ernest, 209
Heráclito, 111, 341
herança cultural, 191, 193
Herzl, Theodor, 46
Hildesheimer, Wolfgang, 287
história, 13, 24, 27-9, 155, 175, 344, 401, 405-6; progressiva, 29
Historikerstreit (disputa dos historiadores), 387-8, 391
Hitchcock, Alfred, 196, 235
Hitler, Adolf, 12, 17, 81, 85, 104, 119, 138, 144, 148, 167-9, 172-3, 176, 178, 188, 204-7, 217, 220, 229, 234-6, 248, 250-1, 262, 264-5, 267, 269-70, 281, 284, 288-90, 292, 374, 376, 387-8, 390
Hobsbawm, Eric, 99
Hoch, Hannah, 115
Hofstätter, Peter, 285
Hoggart, Richard, 241, 243
Hollywood, 17, 52, 85, 189, 199, 201-2, 233-7, 239-40, 243, 254, 332
Holocausto, 15, 17, 19, 78, 81, 85-6, 256, 271, 340, 373, 387, 391
Honneth, Axel, 16, 39, 131, 402-4, 406
Hook, Sidney, 213, 219
Horkheimer, Max, 9, 25, 46, 64, 83, 146, 319, 372; "A impotência da classe trabalhadora alemã", 106, 138; *Aus der Pubertät* [Da puberdade], 49; como diretor do Instituto de Pesquisa Social, 46, 88, 149-58, 283; complexo de Édipo, 46-52; conceito de trabalho, 128-9; *Dämmerung* [Crepúsculo], 127-8, 131; *Dialética do esclarecimento*, 18, 57, 84, 199, 201, 216, 224, 231-2, 235-6, 239-41, 243, 246-9, 265, 289, 294, 304, 308, 344, 348-9, 377-9, 401, 404; e a atividade política, 311-2; e a cultura de produção em massa, 93; e a Guerra do Vietnã, 364; e a instituição da família, 16, 69, 169; e Fromm,

446

167; e o método científico, 347-8; e o pragmatismo, 215-6; e o triunfo do fascismo, 206; e Pollock, 46-7; e Schopenhauer, 49-51; *Eclipse da razão*, 347-8, 378, 382; *Estudos sobre autoridade e família*, 169; exílio em Genebra, 208; exílio nos Estados Unidos, 70, 82, 204, 208-11, 224, 230-2, 235-48; *Jochai* (conto), 65; *Leonhard Steirer* (novela), 48, 51-2; ligações românticas, 46-7; "Materialismo e metafísica", 51; o debate na *Dissent*, 307-8; "O último ataque à metafísica", 157; oposição ao positivismo, 155-7; perda da fé, 161; *Primavera* (novela), 47; retorno a Frankfurt, 271, 277, 279; "Schopenhauer hoje", 50; sobre a Segunda Guerra Mundial, 19; sobre Marx, 50; "Teoria tradicional e teoria crítica", 157, 347, 352; *Trabalho* (novela), 52

Howe, Irving, 308

Hume, David, 159, 349-50, 376

Huxley, Aldous, 93, 189-90, 241

Iluminismo, 44-5, 156, 243-6, 248, 271, 282, 344, 348, 351, 375-80, 382-5, 393-7

imagem dialética, 121-2, 342

indivíduo autônomo, o, 307-8

indústria cultural, 18, 52, 94, 126, 144, 146, 170, 199-201, 216, 220, 233, 238-41, 243, 331, 337, 379, 409

Instituto de Pesquisa Social: abertura, 77; Adorno como diretor, 283; arquitetura, 82-4, 283; atitudes em relação à União Soviética, 86; autocensura da linguagem, 290; Brecht e, 147; e o antissemitismo, 78; e protestos estudantis, 364; exílio nos Estados Unidos, 70; fechamento, 204; filial de Genebra, 149, 160; fundação, 84; Grünberg como diretor, 86, 149; Horkheimer como diretor, 46, 88, 149-58, 283; marxismo, 87; nome, 86; o Experimento de Grupo, 283-5; projeto, 83; reabertura, 283; sua visão da Alemanha, 103; tendência à interdisciplinaridade, 149-54; *ver também* Escola de Frankfurt

Instituto de Pesquisas Sexuais (Universidade de Indiana), 295

Instituto Internacional de Pesquisa Social (Escola de Frankfurt em Nova York), 209

Instituto Marx-Engels (Moscou), 82, 84, 214

Instituto Max Planck para a Investigação das Condições de Vida do Mundo Técnico-Científico (Starnberg), 373

Intelectuais de Nova York, Os (grupo), 213-4, 216, 308

intelectuais, papel dos, 161-3

internet, 108, 188, 195, 220, 369-70, 385-6, 391, 408-9

islamização, 15

Jackson, Robert H., 270

James, William, 83

Jameson, Fredric, 380, 400, 405-7

Jay, Martin, 25, 101, 152, 176, 210-1, 246, 341, 346

jazz, 114, 152, 174, 188-9, 199-202, 237, 241, 243, 337

Jennings, Michael, 39, 230

jovens, 66

judeus, 56-7, 265-6, 374

Kafka, Franz, 43, 53-5, 70, 116, 137, 178, 180

Kandínski, Wassily, 114

Kant, Immanuel, 66, 156-8, 175, 192, 240, 244, 246, 248, 374-7, 380-4

Karplus, Gretel *ver* Adorno, Gretel

Kaufmann, Walter, 341

Kautsky, Karl, 89-91

Kellner, Douglas, 160

Keynes, John Maynard, 100, 301

Kinsey, Alfred, 295

Kirchheimer, Otto, 105, 260, 266-7, 269, 275

Kittler, Friedrich, 195

Klee, Paul, 114, 178, 185

Klein, Melanie, 247

Koestler, Arthur, 227

Kołakowski, Leszek, 339-40

Konkret (revista), 362
Korčula, ilha de, 317-8, 320
Korrodi, dr. Eduard, 250
Korsch, Karl, 69, 86, 91, 152, 214
Kotzenberg, Karl, 84
Kracauer, Siegfried, 57, 82-3, 110, 115, 151, 263
Krahl, Hans-Jürgen, 358-60, 362
Kraus, Karl, 186
Krenek, Ernst, 112
Kretzschmar, Wendell, 253
Kuhn, Rick, 26, 61
Kuhn, Thomas, 350
Kunkel, Benjamin, 405

Lācis, Asja, 107, 109-10, 113, 181, 186
Landmann, Ludwig, 78, 80
Lang, Fritz, 232
Laski, Harold, 268
Lawrence, D. H., 125-7, 189-90
Layard, Richard, 405
Lazarsfeld, Paul, 217-9
Le Corbusier, 80
Leipzig, 137-8, 140, 276-7; Universidade de, 276
Lênin, V. I., 62, 90-2, 103, 105
Leslie, Esther, 34
Lessenich, Stephan, 407
Levenstein, Adolf, 167
Leverkühn, Adrian, 249, 251-7
Levi, Primo, 286
liberdade, 18, 131, 160, 170, 262, 321-2
Liebknecht, Karl, 11, 65-6, 68, 90
Liga Espartaquista, 68
Locke, John, 159
London School of Economics (lse), 162, 268, 405
Londres, Crystal Palace de, 118
Löwenthal, Leo, 42-5, 57-8, 151, 208, 211, 235, 260, 266, 275
Luhmann, Niklas, 281
Lukács, György, 9-10, 32, 62, 69, 91-2, 94, 96, 98, 102-3, 106, 115, 147, 150, 154, 258-9,

290, 320, 327, 341, 402; *História e consciência de classe*, 91, 102, 150, 290, 402
Lund, Robert S., 209
Luxemburgo, Rosa, 11, 65-8, 90, 100
Lyotard, Jean-François, 258-9, 380-81

MacIntyre, Alasdair, 322, 335
MacIver, Robert, 209
Mahler, Gustav, 254, 258
Malraux, André, 209
Mann, Thomas, 42-3, 232, 234, 236, 250, 254, 257, 288, 290, 328, 338; *Doutor Fausto*, 249-57
Mannheim, Karl, 161-3, 268, 311, 353
Marcuse, Herbert, 9, 12, 25, 67, 71, 151, 159-60, 208, 275, 372; *A dimensão estética*, 338; *A ontologia de Hegel e o fundamento de uma teoria da historicidade*, 159; complexo de Édipo, 56; conferências na Escola de Psiquiatria de Washington, 294; *Crítica da tolerância pura*, 335; crítica dos Estados Unidos, 298-302; Davis e, 333-6; dessublimação repressiva, 202; e a Revolução Alemã (1918-9), 17, 67-9; e cultura, 330-2; e Heidegger, 280; e o método científico, 347-8; e o triunfo do fascismo, 205; e protestos estudantis, 356-64; e sexualidade, 325-32; *Eros e civilização*, 71, 129, 131, 165, 294-5, 297-300, 302-3, 305, 307, 329-30; *Estudo sobre a autoridade*, 174; "Filosofia e teoria crítica", 160; Grande Recusa, 304, 333; "Marxismo e feminismo", 338; *Marxismo soviético*, 317; "O caráter afirmativo da cultura", 142, 286; "O combate ao liberalismo na concepção totalitária do Estado", 205, 263; o debate na *Dissent*, 307-8; *O homem unidimensional*, 163, 318-9, 322-5, 329-30, 333, 337, 345, 347, 404; pensamento negativo, 159; *Razão e revolução*, 155, 159, 320; Sartre e, 339; serviço na Segunda Guerra Mundial, 105, 260, 266-7, 269, 280-1; sobre arte, 256, 337; "Sobre o hedonismo", 295; "Tolerância repressiva", 335;

Um ensaio para a libertação, 338; utopismo, 338-9, 372; vida sexual, 327
Marselha, 108-9, 123-5, 127-9, 226-8, 230
Marx, Karl, 9, 50, 87, 90, 123, 152, 165; conceito de história, 13, 345; conceito de trabalho, 127-31; *Contribuição à crítica da economia política*, 355; e alienação, 102, 158, 318; fetichismo da mercadoria, 32, 92, 95-8, 102-3, 119-20, 145-6, 160, 189; *Manifesto do Partido Comunista*, 99, 102, 168; *Manuscritos econômico-filosóficos*, 102, 128, 154, 160, 318; *O capital*, 95, 145; teoria do valor do trabalho, 99
marxismo, 89-90, 152, 162, 214; cultural, 14, 16
Massing, Paul, 268
May, Ernst, 80
McCarthy, Thomas, 300, 398
McLuhan, Marshall, 195
Mead, George Herbert, 215, 374
mecanização, 93, 96, 103
memes, 191
memória, 33-6; *mémoire involontaire*, 35
Mencken, H. L., 397
método científico, 346-56
mídia social, 385-6, 408
Mingus, Charles, 202
Minnicino, Michael, 15
Mittelmeier, Martin, 110-1
modernidade, 381-5
monopólio, capitalismo de, 141-2, 318
Moore, G. E., 208, 335
Moscou, 82, 84, 108, 113-5, 174
Mozart, Wolfgang Amadeus, 239
mudança histórica, 157, 341
mulheres, 246-7, 338
Müller-Doohm, Stefan, 220
Münzenberg, Willi, 209, 229
Murphy, Douglas, 117
música, 111-2, 199-202, 218-9, 337

Nabokov, Vladimir, 332
nacionalismo, 388-91

Nagel, Ernest, 213
"não identidade", pensamento da, 111, 341-3
Nápoles, 107-10, 113, 115, 123, 227
natureza, domínio da, 244-5
nazismo, 12, 15-6, 29, 37, 79, 85, 106, 144, 159-60, 167, 171-6, 205-6, 226, 248-9, 251, 263-4, 267-70, 280-1, 294, 312, 318, 373, 377, 387
Neue Sachlichkeit, 83-5, 95, 105, 142, 204, 283, 373
Neue Zürcher Zeitung (jornal), 250
Neumann, Franz, 9, 174, 269, 327; *Behemoth*, 174, 264, 267-8; em serviço na Segunda Guerra Mundial, 105, 260, 266-70; sua visão do fascismo, 264-5
Neumann, Osha, 327-8
Neumeier, Suze, 47
Neurath, Otto, 213, 351
Nietzsche, Friedrich, 27, 83, 111, 246, 248, 374, 402-3
Nolte, Ernst, 387
Nova Esquerda, 10-3, 163, 203, 323, 333, 338-9, 360, 372
Nova York, 209-12; Intelectuais de, 213-4, 216, 308
Nuremberg, Tribunal de Crimes de Guerra de, 270, 282, 373

Obama, Barack, 390
Occupy (movimento), 301, 406
Odisseia (Homero), 245-6, 377
Ohnesorg, Benno, 357, 359
Organização Internacional do Trabalho, 149
Outhwaite, William, 131
Oxford, 189, 207-8, 211, 213-4, 216, 347

padrões de vida, 320
Papen, Franz von, 172
Parem, Olga, 180-1
Paris, 12, 26, 98, 116-8, 124, 176, 189, 225, 275, 277, 359
Parker, Charlie, 202-3
Parker, Stephen, 95

Parmênides, 244-5
Partido Social-Democrata da Alemanha (SPD), 65, 67-9, 89-91, 106, 138
Partido Social-Democrata Independente (USPD), 67-8, 90
Partido Social-Democrata Judaico, 61-2, 162
passado, importância do, 33-6
Pato Donald (personagem), 237
patriotismo constitucional, 389-90, 395
Peirce, C. S., 215
pensamento dialético, 155, 157, 208, 216, 346, 362
pensamento negativo, 149, 159, 372
Pensky, Max, 120-2
Pepper, Art, 202
personalidade autoritária, a, 11-2, 15, 170, 262, 289-90, 292
Pettman, Charles, 107
Phillips, Adam, 405
Plano Young, 138
Platão, 128, 340-1, 354, 402
Podemos (movimento), 406
Pollock, Friedrich, 9, 25, 42, 46-7, 52, 68, 83-4, 87-8, 149, 207-9, 211, 216, 232, 235, 260, 264, 266, 276-7, 364
Popper, Karl, 208, 259, 346, 349-56; defesa do método científico, 349-56
Portbou (Espanha), 223, 227-8, 231
positivismo, 30, 146, 154-7, 159, 208, 213-4, 216, 283, 347, 349, 351-3, 406; disputa do positivismo, 157, 351
pós-modernismo, 242, 373, 375, 380, 405
pragmatismo, 157, 211, 213-6
Primeira Guerra Mundial, 17, 40, 47, 53, 56, 63, 66, 83, 89, 103, 138, 173, 178, 183, 360
Princeton, Projeto de Pesquisa do Rádio em, 216-7
princípio do prazer, 71, 297, 299-301, 304, 325, 330
Projeto de Pesquisa do Rádio em Princeton, 216-7
propaganda, 237, 288, 299
protestantismo, 89; ética protestante do trabalho, 60

Proust, Marcel, 35-6, 39, 58, 114, 141, 153, 189, 342
psicanálise, 18, 59, 96, 166-7, 196, 247, 261, 295, 307-8, 346, 350
psicossexual, desenvolvimento, 163, 166
Putnam, Hilary, 398

Quaderer, Hansjörg, 79

racionalismo crítico, 352, 356
Rancière, Jacques, 407
Ratzinger, Joseph, 17, 395
Rawls, John, 382-3, 398
razão: comunicativa, 282, 377-8, 385, 388; instrumental, 158, 247, 343, 347-8, 378-9, 382, 384; razão secular, fraqueza motivacional da, 396
reconhecimento, luta por, 401-3
redenção, 184-5
Reich, Wilhelm, 151, 260, 295-6, 302
reificação, 32, 84, 92, 97, 102, 158, 160, 285, 339, 402-3
Reik, Theodore, 163
Reith, John, 409
religião, 395-6, 399
repressão sexual, 152, 260, 318
República Democrática Alemã (RDA), 280, 389
República Federal da Alemanha (RFA), 279-80, 311, 314
Rescher, Ned, 214
Revolução Alemã (1918-9), 15, 17, 56, 65, 67, 88-9, 92, 268, 317
Revolução Russa, 69, 90-1, 387
Riazanov, David, 82
Riefenstahl, Leni, 71, 240
Riekher, Rose, 47, 52
riso, 238-9
Roeckle, Franz, 78-9, 82-4, 204, 283
Roessler, Sascha, 82, 84
Rorty, Richard, 394
Rosa, Hartmut, 407
Rose, Gillian, 88
Rosenberg, Ethel e Julius, 269

Rosenberg, Harold, 277
Ross, Alex, 408
Rotter, Fritz e Alfred, 78-9
Russell, Bertrand, 208, 244-5
Russell, Harold, 239
Rússia, 11, 56, 62, 90, 116; Revolução Russa, 69, 90-1, 387; *ver também* União Soviética

sadomasoquismo, 152, 204, 206, 261, 263-4
Sartre, Jean-Paul, 262, 339
Schapiro, Meyer, 213
Schlick, Moritz, 156
Schmidt, Alfred, 50
Schoenberg, Arnold, 112, 143-4, 178, 232, 242, 252-5, 258
Scholem, Gershom, 45-6, 65-7, 118, 172, 176, 180-2, 186, 228, 345
Schopenhauer, Arthur, 10, 49-51, 80, 130, 157, 183-4
Schumpeter, Joseph, 182
Schwartz, Stephen, 228-30
Sebald, W. G., 268
Segunda Guerra Mundial, 15, 17, 19, 77, 104-5, 172, 175, 225, 251, 260, 265, 271, 280, 287, 389
Self, Will, 147
Seligson, Rika, 183
sexo, desejo sexual e sexualidade, 295-8, 302, 325-33
Shils, Edward, 292
Skidelsky, Edward, 397
Sloterdijk, Peter, 118
socialismo, 10-1, 44, 62, 84, 86-7, 89, 91, 106, 118, 149-50, 152, 192, 276-7, 317, 320, 338; utópico, 358, 380
sociologia, 353-5
Sorge, Richard, 103-5
Sozialistische Deutsche Studentenbund (SDS) [União dos Estudantes Socialistas Alemães], 10, 359-61
Speyer, Wilhelm, 171
Sproul, Robert G., 235
Stálin, Ióssif, 104, 209-10, 214, 228-30, 240, 264, 292, 318

Stanton, Frank, 218
Steiner, George, 249
Stravínski, Igor, 112, 143-4, 234, 242
Strzelewicz, Willy, 153
Syriza (movimento), 406
Szondi, Peter, 36, 365

Taylor, Frederick, 92
taylorismo, 103, 127, 131
Tchecoslováquia, 217
tecnologia, arte e, 189-99
Terceiro Reich, cerimônias de inauguração do, 173-4
Teufel, Fritz, 359
Thatcher, Margaret, 391, 401
totalitarismo, 265, 292-3, 318, 346, 354, 365
trabalho: conceitos sobre, 127-32; ética protestante do, 60; força de, 99
Truffaut, François, 196
Turner, Christopher, 296

UFA (estúdio cinematográfico nazista), 237
União Europeia, 118, 391
União Soviética, 87, 104-5, 113-4, 174, 209-10, 234, 264-5, 276, 299, 354

Van der Rohe, Mies, 80
Venona, Documentos, 269
verdadeira cultura, 52
Verdi, Giuseppe, 239
Vertov, Dziga, 115
Viena, Círculo de, 156, 213, 347, 351
Vietnã, Guerra do, 10, 214, 333, 337, 357, 361, 364
Vítimas do Fascismo (organização), 276

Wagner, Richard, 128, 140, 175, 239, 332
Wall Street, quebra da Bolsa de Valores em, 138
Washington, Escola de Psiquiatria de, 294
Weber, Max, 60, 83-4, 94-5, 108, 244, 262, 379, 383
Weil, Felix, 78, 86, 89, 167
Weil, Hermann, 78, 85-6

Weill, Kurt, 127, 133, 146; *Ascensão e queda da cidade de Mahagonny*, 127, 137-47, 331
Weill, Simone, 127, 131
Weimar, República de, 106, 138, 140, 148, 173, 175-6, 178, 200, 251
Weininger, Otto, 183
Werfel, Alma Mahler, 254
Werfel, Franz, 254
West, Ed, 16
Wheatland, Thomas, 150, 215
Wiesengrund, Oscar, 25, 56-8, 211, 253, 270
Wiggerhaus, Rolf, 68
Williams, Raymond, 233
Williams, Tennessee, 332

Wittfogel, Karl August, 83
Wittgenstein, Ludwig, 67, 208, 346-7
Wolf, Charlotte, 114
Wollheim, Richard, 196
Woolf, Virginia, 404-5
Woon, Basil, 123
Wyneken, Gustav, 66

Yates, Richard, 300

Zarubina, Elizabeth, 268
Zeitschrift für Sozialforschung (revista), 210
Zhdanov, Andrei, 240
Žižek, Slavoj, 98, 100, 394

1ª EDIÇÃO [2018] 1 reimpressão

ESTA OBRA FOI COMPOSTA EM MINION PELO ACQUA ESTÚDIO
E IMPRESSA PELA GRÁFICA BARTIRA EM OFSETE SOBRE PAPEL PÓLEN SOFT
DA SUZANO S.A. PARA A EDITORA SCHWARCZ EM SETEMBRO DE 2021

A marca FSC® é a garantia de que a madeira utilizada na fabricação do papel deste livro provém de florestas que foram gerenciadas de maneira ambientalmente correta, socialmente justa e economicamente viável, além de outras fontes de origem controlada.